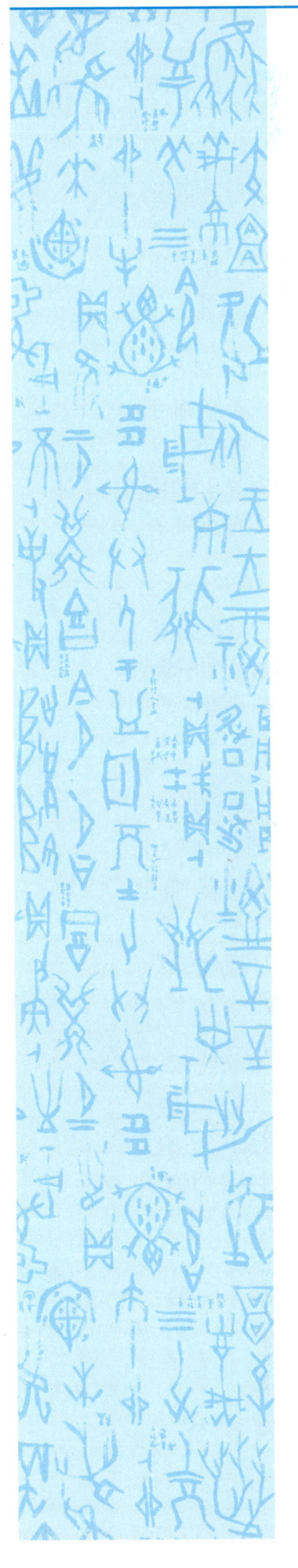

알기쉽게 설명하여

저절로 외워지는 漢字 (1급용)

김 영 진 編著

BM 성안당

• 머리말

┃　　　　필자가 1950년대부터 1960년대에 걸쳐서 한자(漢字)를 공부할 때, 서당의 훈장(訓長)을 비롯하여 여러 선생님께 '未(아닐 미)' 와 '末(끝 말)', '買(물건살 매)' 와 '賣(물건팔 매)' 등등의 구성원리의 차이점과, '器(그릇 기)' 에 왜 犬(개 견)이 포함되어 있는가' 등등을 질문했을 때 '무조건 외워라' 는 대답 외에는 아무런 해답을 얻지 못하였습니다.

┃　　　　그래서 옥편(玉篇)을 펴서 한자(漢字)의 알파벳 214개의 부수(部首)부터 무조건 외우던 중에, '덮다(cover)' 를 의미하는 '冖(덮을 멱)' 을 '민갓머리' 로, '집(house)' 을 의미하는 '宀(집 면)' 을 '갓머리' 로, '꿇어앉은 사람' 을 의미하는 '卩/㔾(무릎마디 절)' 을 '병부절' 로, '앞으로 나아가다' 를 의미하는 '辶/辵(쉬엄쉬엄갈 착)' 을 '책받침' 등등으로 설명하고 있어서, 그렇지 않아도 어려운 한자(漢字) 더욱더 어렵게 만들어 주어 한숨만 나오게 할 뿐이었습니다.

┃　　　　그 후 1970년대 초부터 일본어 강사로 활동하면서 1975년에 [김영진 日本語漢字읽기 사전]을 펴내는 한편, 30여 년 동안 한자(漢字) 구성요소의 근본인 갑골문자(甲骨文字)와 금문(金文)·전문(篆文)에 대한 여러 저서(著書)를 수집·연구한 결과 수많은 한자의 비밀들을 발견하기 시작했습니다.

┃　　　　예를 들면 '未(아닐 미)' 는 '하늘을 향해 한창 자라는 나무 모양(△)' 이며, '末(끝 말)' 은 '수명이 다 되어 자라지 못하는 나무 모양(▽)' 이라는 사실과, '買(물건살 매)' 는 '조가비(貝/화폐역할)로 물건을 사서 그물(网)망태기에 모아들이다' 이며 '賣(물건팔 매)' 는 '出(날 출)＋買＝賣' 로 '사들인 물건(買)을 다시 시장에 내놓다(出)' 라는 구성원리, '器(그릇 기)' 는 '신(神)에게 바친 개(犬)의 피로 제사상(祭祀床)의 여러 그릇들(口 口 口)을 정화(淨化)하였다' 처럼 대부분의 한자(漢字) 구성요소의 비밀들을 발견하여 정리하기 시작했습니다.

┃　　　　이처럼 좋은 연구결과를 대한민국의 모든 분들에게 한자(漢字) 구성요소의 근본인 갑골문자(甲骨文字)와 금문(金文), 전문(篆文)을 곁들여서 [저절로 외워지는 1급용 한자(漢字)]를 가장 빠르고 쉽고 재미있게 전해야 주어야 한다는 일종의 사명감이 1970년대 초부터 저의 뇌리에 자리잡고 있었는데, 30여 년 동안 수집·연구한 결과를 이 책을 통해서 모든 분들에게 일부나마 공개하게 된 것을 참으로 기쁘게 생각하며, 이 책을 포함하여 앞으로 나올 2권과 3권도 평생 잊혀지지 않도록 알기쉽게 설명하여 [저절로 외워지는 漢字 (1급용)]를 가르치기 위한 책으로 적극적으로 권하는 바입니다.

2009年　著者　김　영　진

이 책으로 강의하시는 선생님들께

(1) 발행 목적

이 책은 '한국어문 교육연구회'의 한자능력시험 1급용 한자(漢字) 3,500자(字)를

1권에는 1,210字

2권에는 1,290字

3권에는 1,000字와 기타 중요 단어 및 사자성어(四字成語)를 수록하여

기본적으로는 1개월에 1권씩 3개월에 3,500자(字)를 습득하도록 하였으므로,

학생들이 기본한자를 어느 정도 알고 있느냐에 따라 조절할 수 있도록 하였습니다.

(2) 공부 방법

① 먼저 각 그룹 한자(漢字)의 전체적인 개요를 학생들과 함께 살펴봅니다.

② 두 번째로 각 그룹 한자(漢字)의 **1**번 한자(漢字)에서, 기본 주제 한자(漢字)의 구성 원리
와 개념을 갑골문자(甲骨文字)와 금문(金文), 또는 전문(篆文)을 통해서 충분히 익힙니다.
*여기서 전문(篆文)이라 함은 소전(小篆)을 말합니다.

③ 세 번째로 **2**번, **3**번의 한자(漢字)를 순서대로 익혀 나간다면 개인의 능력에 따라 하루에
30자(字) 내지 50자(字), 또는 100자(字)씩은 힘들이지 않고 정복할 수 있도록 하였습니다.

(3) 부수(部首) 변(邊) 방(傍)의 명칭은 현대어로

부수(部首) 214자(字)와 변(邊), 방(傍)의 명칭은, 기본 주제 한자(漢字) 구성 원리를 설명할
적마다 학생들이 이해하기 쉬운 현대어로 반복적으로 설명하여 두었으므로, 반복적으로 설명해
야 하는 번거로움을 없앴습니다.

(4) 고사성어(故事成語) 및 사자성어(四字成語)를 활용함

강의하는 도중, 예문(例文)에 나와 있는 고사성어(故事成語) 및 사자성어(四字成語)를 학생
들이 스스로 미리 조사하여 와서 발표하도록 하여 학습의욕을 고취시킬 수도 있습니다.

(5) 연상법(聯想法)을 사용하여 다시 복습해 봅니다

각 그룹 한자(漢字)의 주제 한자(漢字)를 학생들과 함께 복습할 때, 이를테면 '家(집 가)'를
예(例)로 들어 다음과 같은 질문들을 하여 사물을 연상(聯想)하면서 익히도록 할 수도 있습니다.

① '宀(집 면) +豕(돼지 시)=?'는 무슨 글자인가?

② 오늘날에는 돼지머리를 갖다 놓고 고사를 지내고 집을 짓지만, 옛날에는 집(宀)을 지을 때
신(神)에게 돼지(豕)나 개(犬)를 바치고 지었는데 무슨 글자가 생각나는가?

◎ 基本主題漢字 : 233字
◎ 總收錄漢字 : 1,210字
◎ 級數와 劃數表記 : ‘한국어문 교육연구회’의 발표에 근거

主要參考文獻

- 甲骨文編 (1965年/中國社會科學院考古研究所編輯)
- 漢字語源 (1976年/角川書店)
- 基礎漢字明解 (1976年/修智書林)
- 漢字話 (1980年/朝日新聞社)
- 連想式漢字記憶術 (1983年/朝日ソノラマ)
- 漢字辭典 (1991年/敎育同人社)
- 漢字成立事典 (1993年/敎育出版)
- 字通 (1996年/平凡社)
- 說文解字 (1997年/岳麓書社)
- 漢韓大字典 (1997年/民衆書林)
- 漢字典 (1997年/新水社)
- 似而非漢字 (2000年/東京堂出版)
- 篆書論語 (2000年/天來書院)
  * 上記書籍外에도 50餘卷參照하였습니다.

이 교재의 **특징**

  본 교재는 중국 정통한자인 번체자(繁體字)의 구성요소인 갑골문자(甲骨文字)와 금문(金文)과 전문(篆文)을 활용하여, '한국어문 교육연구회 한자능력시험' 1급용 한자(漢字)를 누구나 이해하기 쉽고 배우기 쉽게 다음과 같은 특징을 갖추고 있습니다.

(1) 중국의 정통한자/중국의 간체자/일본의 상용한자의 표기

  이 교재의 258페이지 '單 그룹 漢字'에서처럼 지면(紙面)이 허락하는 대로, '單(12획/중국 정통한자)', '単(9획/일본 상용한자)', '单(8획/중국 간체자)'를 비교하며 공부할 수 있도록 병기(倂記)하여 두었습니다.

(2) 도입단계(導入段階)

  맨 먼저 도입단계에서 기본 주제한자(主題漢字)의 구성요소와 개념을 충분히 익히도록 그룹별로 구분하여 두었습니다. 예(例)를 들면 '方(모/네모/방향 방)'이라는 기본 주제한자의 구성요소와 개념을 갑골문자(甲骨文字)와 금문(金文), 또는 고문(古文)과 전문(篆文)을 참조하면서 익히면 '放, 倣, 防, 妨, 房, 訪, 芳, 紡, 坊, 彷, 昉, 肪, 枋'처럼 한 글자(方)를 활용해서 13자(字) 모두 '방'으로 읽으면서 한꺼번에 습득하도록 하였습니다.

(3) 부수(部首) · 변(邊) · 방(傍)의 명칭

  한글의 자음(子音)과 모음(母音), 또는 영어의 알파벳에 해당하는 214개의 부수(部首)의 명칭과, 두 글자 이상 조합하여 만든 회의문자(會意文字)에서 한자(漢字) 왼쪽에 오는 변(邊)과, 한자(漢字) 오른쪽에 오는 방(傍)의 명칭을 현대인들이 이해하기 쉬운 명칭으로 변경하였습니다. 예(例)를 들면, '厂(민엄호)'는 '굴바위 엄'으로, '冖(민갓머리)'는 '덮을 멱'으로, '广(엄호)'는 '집(house) 엄'으로, '宀(갓머리)'는 '집(house) 면'으로, '疒(병질 역)'은 '疒(병들어기댈 역)'으로, '舛(어그러질 천)'은 '舛(왼발오른발/어겨질 천)'으로, '辶(책받침)'은 '쉬엄쉬엄갈 착'으로, '酉(닭 유)'는 '술단지/술병 유'로 변경하여 표기하였습니다.

(4) 기본 주제한자(主題漢字) 233字의 배열

  1대의 자전거가 여러 개의 부속품으로 이루어져 있듯이 수많은 한자(漢字) 역시 부속품에 해당하는 214자의 부수(部首)와 기본 주제한자(主題漢字)들로 이루어져 있는데, 한국인들의 특성에 맞게 한글 가나다 순(順)으로 배열하였는데, '加(가)…10 內(내)…233 多(다)…248 羅(라)…292 馬(마)…366'처럼 배열하였습니다.

目次(목차)

1

$$加 = 力 + 口$$

| 5급 / 5획 | (더할 **가**) | 金文 | 篆文 |

解說　'力(힘 력)'과 '口(입 구)'를 조합(組合)한 회의문자(會意文字)임. 금문(金文)과 전문(篆文)에서는, 농기구인 '가래 / 쟁기(力)'와 신(神)에게 바치는 축문(祝文)이 든 '그릇 (口)'을 함께 묘사하고 있는데, 이것은 '신(神) 앞에서 농기구(力)의 부정(不淨)을 없애야 그 해 농사가 더 잘 된다'는 데서 '수확이 늘다 / 수확이 더해지다'는 뜻의 글자이다. ＊'열심히(力) 일하는 사람에게 먹을 것(口)도 주고, 칭찬도 하며 힘(力)을 북돋아준다'는 데서 '보태다 / 더하다'는 뜻을 나타낸다는 것은 본래의 뜻과는 관계없는 말이다.

例文　①加入(가입) ② 加速度(가속도) ③ 加減乘除(가감승제) ④ 加盟(가맹)

2

$$伽 = 人 + 加$$

| 2급 / 7획 | (절 / 사찰 **가**) |

解說　'人(사람 인)'과 '加(더할 가)'를 조합한 회의문자(會意文字)임. 불교가 중국에 처음으로 들어왔을 때 범어(梵語) 'ka'를 음역(音譯)한 것으로 '절(寺) / 사찰(寺刹)'이라는 뜻을 나타낸다. ＊범어(梵語)는 고대(古代) 인도(印度) 언어 '산스크리트(Sanskrit)'를 가리키는 말인데, 인도의 고급 문장어로서 오늘날까지 전해내려 오며, 불경(佛經)이나 고대 인도문학은 이것으로 기록되어 있다. ＊음역(音譯)이란, 한자(漢字)의 음(音)을 빌려 외국어의 발음을 나타내는 것을 말한다.

例文　① 伽藍(가람 ; 절 / 사찰) ② 僧伽寺(승가사) ③ 伽倻琴(가야금)

3

架 = 加 + 木

3급 / 9획 (시렁 **가**)

解說 '加(더할 가)'와 '木(나무 목)'을 조합한 글자임. '나무(木)를 덧붙여(加) 만든 것'이라는 데서 '시렁 / 선반'이라는 뜻을 나타내며, 또한 '(나무를) 걸치다 / (나무가) 걸쳐지다'라는 뜻도 나타낸다.

例文 ① 高架道路(고가도로) ② 架設(가설) ③ 書架(서가) ④ 十字架(십자가)

4

迦 = 加 + 辶

2급 / 9획 (부처이름 **가**)

解說 '加(더할 가)'와 '辶(쉬엄쉬엄 갈 착)'을 조합한 글자임. 범어(梵語) 'ka'를 음역(音譯)한 것으로 '부처 이름'이라는 뜻을 나타낸다. * '辶(쉬엄쉬엄갈 / 뛸 착)'은 '行 + 止 = 辶 / 辵'으로서 '오다 / 가다'라는 뜻을 나타낸다.

例文 ① 釋迦(석가) ② 釋迦牟尼(석가모니)

5

嘉 = 壴 + 加

1급 / 14획	(아름다울 **가**)	甲骨文字	金文	篆文

解說 '壴(악기세울 주)'와 '加(더할 가)'를 조합한 글자임. 금문(金文)에서는 '악기(壴) 밑에 가래 / 쟁기(力)'와 신(神)에게 바치는 축문(祝文)이 든 '그릇(口)'을 함께 묘사하고 있는데, 이것은 신(神) 앞에서 농기구의 부정(不淨)을 없애기 위해 신(神)에게 음악(壴)을 연주하고 향을 피운다(加)'는 데서 '아름답다'는 뜻을 나타낸다.

例文 ① 嘉禮(가례) ② 嘉尙(가상) ③ 嘉納(가납 ; 고맙게 받아들임)

6

駕 = 加 + 馬

1급 / 15획 (멍에 / 가마 / 능가할 **가**)

解說 '加(더할 가)'와 '馬(말 마)'를 조합한 글자임. '말(馬)에게 짐이 되는 다른 것을 더 추가했다(加)'는 데서 '멍에 / 가마 / 탈것'이라는 뜻을 나타낸다.

例文 ① 임금님의 御駕(어가) ② 駕洛國(가락국) ③ 남을 凌駕(능가)하다.

7
1급 / 11획

$$袈 = 加 + 衣$$

(가사 **가**)

解說　'加(더할 가)'와 '衣(옷 의)'를 조합한 글자임. 범어(梵語) '가사'를 음역(音譯)한 것으로 '승려들이 현재 입고 있는 옷(衣) 위에 하나 더(加) 걸쳐 입는 옷'이라는 데서 '가사(袈裟)'라는 뜻을 나타낸다.

例文　① 장삼(長衫) 위에 袈裟(가사)를 걸쳐 입은 승려

8
특급 / 12획

$$跏 = 足 + 加$$

(책상다리할 **가**)

解說　'足(발 족)'과 '加(더할 가)'를 조합한 글자임. '한쪽 다리(足)를 오그리고 또 다른 한쪽 다리를 그 위에 포개어(加) 앉는 자세'라는 데서, '책상다리를 하다'라는 뜻을 나타낸다. * '足(발 족)'이 다른 글자와 조합하여 글자 왼쪽에 오면 '⻊(발족변)'으로 글자 모양이 바뀐다.

例文　① 結跏趺坐(결가부좌)

9
3급 / 12획

$$賀 = 加 + 貝$$

(하례할 **하**)

解說　'加(더할 가)'와 '貝(돈/재물/조개 패)'를 조합한 글자임. 축하해야 할 일에 '재물/돈(貝)을 보태(加) 주며 축하한다'는 데서 '축하하다/하례(賀禮)하다'는 뜻을 나타낸다. * 종이로 된 돈이 없던 고대(古代) 중국에서는 휘귀한 조가비(貝)가 화폐(貨幣) 역할을 대신하였다. * 중국 간체자(簡體字)는 '贺'임.

例文　① 祝賀(축하)　② 年賀狀(연하장)　③ 賀禮(하례)　④ 慶賀(경하)

1

可 = 口 + 丁

| 5급/5획 | (옳을/허락할 **가**) | 甲骨文字 | 金文 | 篆文 |

🐛 **解說** ‘口’와 ‘丁’을 조합(組合)한 회의문자(會意文字)임. ‘입(口)을 크게 벌리고(丁) "가(可/좋아)"하고 힘차게 말할 때의 입 모양’을 나타내는 것 같다.

🐛 **例文** ① 認可(인가) ② 許可(허가) ③ 可否(가부) ④ 可決(가결)

2

呵 = 口 + 可

| 1급/8획 | (꾸짖을/웃을 **가**) |

🐛 **解說** ‘口(입 구)’와 ‘可(옳을/허락할 가)’를 조합한 글자임. ‘입(口)을 크게 벌려(可) 꾸짖기도 하고 웃기도 한다’는 뜻을 나타낸다.

🐛 **例文** ① 양심에 呵責(가책)을 받다 ② 呵呵大笑(가가대소 ; 큰소리로 웃음)

3

哥 = 可 + 可

| 1급/10획 | (소리 **가**) |

🐛 **解說** ‘可(옳을/허락할 가)’를 2개 조합한 글자임. ‘두 사람의 입(口＋口)에서 나오는 높고 낮은 소리’라는 뜻을 나타낸다. *歌(노래 가)의 초문자(初文字)임.

🐛 **例文** ① 金哥(‘김’가) ② 李哥(‘이’가) ③ 朴哥(‘박’가)

4　**歌** = 哥 + 欠

7급/14획	(노래 **가**)

解說　‘哥(소리 가)’와 ‘欠(하품/입벌릴 흠)’을 조합한 글자임. ‘두 사람(口＋口)이 하품(欠)하듯이 입(口)을 크게 벌리고(丁) 내는 높고 낮은 소리(哥)로 노래하다’에서 ‘노래/노래하다’는 뜻을 나타낸다. ＊‘欠(하품/입벌릴 흠)’은 입(口)을 크게 벌리고 하품하는 모양을 본뜬 상형문자이다.

例文　① 歌手(가수)　② 歌曲(가곡)　③ 校歌(교가)　④ 愛國歌(애국가)

5　**柯** = 木 + 可

2급/9획	(나뭇가지 **가**)

解說　‘木(나무 목)’과 ‘可(옳을/허락할 가)’를 조합한 글자로, ‘나뭇가지’라는 뜻을 나타낸다.

例文　① 南柯一夢(남가일몽 ; 一場春夢)　② 柯葉(가엽)

6　**軻** = 車 + 可

2급/12획	(수레/성씨 **가**)

解說　‘車(수레 거)’와 ‘可(가)’를 조합한 글자로, ‘수레’ 또는 ‘(수레가) 가기 힘들다’라는 뜻을 나타낸다.

例文　① 孟軻(맹가 ; ‘孟子’의 이름)

7　**苛** = 艸 + 可

1급/9획	(가혹할 **가**)

解說　‘艸(풀 초)’와 ‘可(옳을/허락할 가)’를 조합한 글자임. ‘무거운 짐(艸)을 사람(可)의 머리 위에 올려놓은 모습’에서 ‘가혹하다/가혹하게 굴다’는 뜻을 나타낸다. ＊‘艸(풀 초)’가 다른 글자와 조합하여 글자 위쪽에 오면 ‘艹(초두머리)’로 글자 모양이 바뀐다.

例文　① 苛酷(가혹)한 행위　② 苛斂誅求(가렴주구)　③ 苛虐(가학)

8 阿 = 阜 + 可

3급 / 8획	(언덕 **아**)

解說 '阜(언덕 부)'와 '可(옳을 / 허락할 가)'를 조합한 글자임. 갈고리 모양(丁)의 '구불구불한 언덕(阜)'을 나타낸다. * 阜(언덕 / 사다리 부)가 다른 글자와 조합하여 글자 왼쪽에 오면 'ß (좌부변)'으로 글자 모양이 바뀐다.

例文 ① 阿諂(아첨) ② 阿片(아편) ③ 阿鼻叫喚(아비규환) ④ 阿膠(아교)

---

9 河 = 水 + 可

5급 / 8획	(물 **하**)

解說 '水(물 수)'와 '可(옳을 / 허락할 가)'를 조합한 글자임. 물(水)이 소용돌이치며(口) 굽이쳐(丁) 흐르는 '큰물 / 강물'이라는 뜻을 나타낸다. * '水(물 수)'가 다른 글자와 조합하여 글자 왼쪽에 오면 'ⅰ (삼수변)'로 글자 모양이 바뀐다.

例文 ① 낙동강 河口(하구) ② 河川(하천) ③ 수에즈 運河(운하)

---

10 何 = 人 + 可

3급 / 7획	(어찌 **하**)	甲骨文字	金文	篆文

解說 '人(사람 인)'과 '可(옳을 / 허락할 가)'를 조합한 글자임. 금문(金文)에서는 '앞서 가던 사람(人)이 뒤를 돌아보며 "무슨 일이야?"하고 묻는 장면'으로 묘사하여, '어찌 / 무엇'이라는 뜻을 나타낸다고 한다.

例文 ① 何等(하등 ; 아무 / 아무런 / 조금도) ② 何如歌(하여가) ③ 何待明年(하대명년)

---

11 荷 = 艸 + 何

3급 / 11획	(멜 / 짐 **하**)	甲骨文字	金文	篆文

解說 '艸(풀 초)'와 '何(어찌 하)'를 조합한 글자임. 갑골문자(甲骨文字)에서는 '사람(人)의 어깨에 무거운 짐(艸)을 매고 있는 모습'이고, 전문(篆文)에서는 '사람(何)의 머리 위에 무거운 짐(艸)을 얹은 모습'으로 묘사하여 '짐'이라는 뜻을 나타낸다.

例文 ① 手荷物(수하물) ② 入荷(입하) ③ 荷役作業(하역 작업)

1 　家 = 宀 + 豕　　甲骨文字　金文　篆文

| 7급/10획 | (집 가) | 甲骨文字 | 金文 | 篆文 |

解說　갑골문자(甲骨文字)와 금문(金文)에서는 '宀(집 면)'과 '犬(개 견)'을, 전문(篆文)에서는 '宀(집 면)'과 '豕(돼지/짐승 시)'를 조합한 회의문자(會意文字)임. '고대에는 건물(宀)을 짓기 전에 토신(土神)에게 짐승(犬/豕)을 제물로 바쳤다'는 뜻을 나타낸다.

例文　① 家具(가구)　② 家事(가사)　③ 家庭(가정)　④ 家和萬事成(가화만사성)

2 　嫁 = 女 + 家

| 1급/13획 | (시집갈 가) |

解說　女(여자 여)와 家(집 가)를 조합한 글자임. '여자(女)가 자기 집(家)을 떠나 남편의 집으로 간다'는 데서 '시집을 가다'는 뜻을 나타낸다.

例文　① 出嫁外人(출가외인)　② 改嫁(개가 ; 再婚)

3 　稼 = 禾 + 家

| 1급/15획 | (심을/농사/일할 가) |

解說　'禾(벼 화)'와 '家(집 가)'를 조합한 글자임. 옛날에 '집안(家)의 가장 중요한 일은 벼(禾)를 심고 수확하는 일이다'는 데서 '심다/농사짓다/일하다'는 뜻을 나타낸다.

例文　① 機械稼動(기계가동)　② 稼得率(가득률)

叚 (임시 가) 그룹 漢字

1. 叚

| 9획 | (임시 **가**) | | 金文 | 篆文 |

解說 전문(篆文)에서는 '손(又)에 연장을 들고 옥돌(玉)을 캐는 장면'으로 묘사하여, '갓 캐낸 옥돌은 아직 보석이 아니다'라는 데서 '임시'라는 뜻을 나타낸다. * '叚'는 '假(거짓/잠시 가)'의 초문자(初文字)임.

2. 假 = 人 + 叚

| 4급 / 11획 | (거짓 / 잠시 **가**) |

解說 '人(사람 인)'과 '叚(임시 가)'를 조합한 글자임. '막 채취한 옥돌(玉)을 잠시(叚) 보관하고 있는 사람(人)'이라는 데서 '잠시/임시'라는 뜻을 나타낸다.

例文 ① 假建物(가건물) ② 假面(가면) ③ 假稱(가칭) ④ 假弄成眞(가롱성진)

3. 暇 = 日 + 叚

| 4급 / 13획 | (겨를 / 틈 **가**) |

解說 '日(날 일)'과 '叚(임시 가)'를 조합한 글자임. '사치생활과는 거리가 먼 고대의 생활방식에서 옥(玉)을 캐는 것은 한가할 때나 가능하다'는 데서 '짬이 나다/한가하다'는 뜻을 나타낸다.

例文 ① 休暇(휴가) ② 閑暇(한가) ③ 餘暇(여가) ④ 病暇(병가)

4 瑕 = 玉 + 叚

1급 / 13획　　　　(티 **하**)

解說　‘玉(구슬 옥)’과 ‘叚’를 조합한 글자임. ‘손(又)에 연장을 들고 갓 캐어낸 옥(叚)에는 티가 있다’는 데서 ‘티/흠’이라는 뜻을 나타낸다. *玉(구슬 옥)이 다른 글자와 조합하여 글자 왼쪽에 오면 ‘王(구슬옥변)’으로 글자 모양이 바뀐다. 이 경우에는 ‘王(임금왕)’이라고 하지 않음에 유의해야 한다.

例文　① 瑕疵(하자)　② 瑕疵補修工事(하자보수공사)

5 遐 = 叚 + 辶

1급 / 13획　　　　(멀 **하**)

解說　‘叚(가)’와 ‘辶(쉬엄쉬엄갈/뛸 착)’을 조합한 글자임. ‘손(又)에 연장을 들고 옥(玉)을 캐러 멀리 떠나간다(辶)’는 데서 ‘멀다/멀리’라는 뜻을 나타낸다.

例文　① 昇遐(승하)　② 遐年(하년 ; 長壽)　③ 遐壤(하양 ; 먼 땅)

6 蝦 = 虫 + 叚

1급 / 15획　　　　(새우 **하**)

解說　‘虫(벌레 충)’과 ‘叚(가)’를 조합한 글자임. ‘딱딱한 돌산에서 옥(玉)을 캐어내듯이(叚) 딱딱한 껍데기를 손(又)으로 벗겨내고 먹는 벌레(虫)’라는 데서 ‘새우’라는 뜻을 나타낸다. *옛날의 중국 사람들은 새우 종류를 ‘虫(벌레 충)’에 포함시켜 표기하였다.

例文　① 大蝦(대하 ; 큰 새우)　② 蝦醢(하해 ; 새우젓)

7 霞 = 雨 + 叚

1급 / 17획　　　　(노을/안개 **하**)

解說　‘雨(비 우)’와 ‘叚’를 조합한 글자로, ‘노을 ; 수증기가 햇빛을 받아 붉게 보이는 현상’이라는 뜻을 나타낸다.

例文　① 紫霞門(자하문 ; 서울과 경주 불국사에 있음)

1 各		 	각 各 閣 恪 객 客 액 額 격 格 락 洛 落 絡 烙 酪 駱 략 略 뢰 賂		
5급 / 6획	(각각 **각**)		甲骨文字	金文	篆文

🐛 **解說**　'夊(내려오는발자국 / 뒤져올 치)'와 '口(구)'를 조합한 글자임. 갑골문자(甲骨文字)에서는 '위에서 아래로 내려오는 발자국(夊)'과 '신(神)에게 바치는 축문(祝文)을 담은 그릇(口)'으로 묘사하고 있는데, 이것은 '하늘에서 신(神)이 혼자서 내려오는 모습'이라고 하여 '제각기 / 각각'이라는 뜻을 나타낸다. * 신(神)들이 여럿이 함께 내려오는 장면은 57페이지 '皆(모두 / 함께 개)'로 표현한다.

🐛 **例文**　① 各自(각자)　② 各種(각종)　③ 各樣各色(각양각색)　④ 各國(각국)

2 閣 = 門 + 各	
3급 / 14획	(집 / 누각 / 대궐 **각**)

🐛 **解說**　'門(문 문)'과 '各(각각 각)'을 조합한 글자임. '하늘에서 내려온 신(各)이 머무는 집은 커다란 대문(門)이 있는 집'이라는 데서 '누각(樓閣) / 대궐'의 뜻을 나타낸다.

🐛 **例文**　① 鐘閣(종각)　② 內閣責任制(내각책임제)　③ 閣下(각하)

3 恪 = 心 + 各	
1급 / 9획	(삼갈 / 조심할 **각**)

解說   '心(마음 심)'과 '各(각각 각)'을 조합한 글자임. '하늘에서 내려오는 신(各)을 맞이할 때의 마음가짐(心)'이라는 데서 '조심하다/삼가다'는 뜻을 나타낸다. * '心(마음 심)'이 다른 글자와 조합하여 글자 왼쪽에 오면 '忄(마음심변/심방변)'으로 글자 모양이 바뀐다.

例文   ① 恪愼(각신 ; 삼가함/조심함) ② 恪勤(각근 ; 정성껏 일함)

4

客 = 宀 + 各

| 5급 / 9획 | (손 / 손님 객) | 甲骨文字 | 金文 | 篆文 |

解說   '宀(집 면)'과 '各(각각 각)'을 조합한 글자임. 갑골문자(甲骨文字)에서는 '하늘에서 혼자 내려온 신(各)이 머문 집(宀)에서 사람이 무릎을 꿇고 절하고 있는 모습'으로 묘사하여 '손님'이라는 뜻을 나타낸다. * '손(客)이 없는 날에 이사한다'는 말은 이 글자와 관련이 있다.

例文   ① 客室(객실) ② 顧客(고객) ③ 旅行客(여행객) ④ 過客(과객)

5

額 = 客 + 頁

| 4급 / 18획 | (이마 / 머릿수 / 수량 액) |

解說   '客(손 객)'과 '頁(머리 혈)'을 조합한 글자임. '하늘에서 내려온 손님(客)에게 얼굴(頁)을 숙여 이마가 땅에 닿도록 절을 한다'는 데서 '이마'라는 뜻과, '하늘에서 내려온 손님(客)을 맞이하는 곳에 참석한 사람을 머릿수(頁)로 계산한다'는 데서 '수량'이라는 뜻을 나타낸다.

例文   ① 額子(액자) ② 金額(금액) ③ 巨額(거액) ④ 少額(소액)

6

格 = 木 + 各

| 5급 / 10획 | (격식 / 지위 격) |

解說   '木(나무 목)'과 '各(각각 각)'을 조합한 글자임. '신(神)이 하늘에서 내려와 머물러(各) 있는 나무(木)는 다른 나무와 레벨/격(格)이 다르다'는 데서 '격식/지위'라는 뜻을 나타낸다.

例文   ① 格式(격식) ② 格言(격언) ③ 品格(품격) ④ 格物致知(격물치지)

7 洛 = 水 + 各

2급 / 9획 　　(물이름 / 서울 **락**)

解說　'水(물 수)'와 '各(각각 각)'을 조합한 글자로, '각처(各)의 물(水)이 모여드는 서울'이라는 데서 '물이 도달하다 / 서울'이라는 뜻을 나타낸다. * '水(물 수)'가 다른 글자와 조합하여 글자 왼쪽에 오면 'ⅰ(삼수변)'으로 글자 모양이 바뀐다.

例文　① 洛東江(낙동강) ② 洛陽紙貴(낙양지귀) ③ 京洛(경락 ; 서울 / 수도)

---

8 落 = 艸 + 洛

5급 / 13획 　　(떨어질 / 이룰 **락**)

解說　'艸(풀 초)'와 '洛(물이름 락)'을 조합한 글자임. '초목(艸)의 잎이 물(水) 위에 떨어져 / 내려와(各) 있는 모습'에서 '떨어지다'는 뜻을 나타낸다. * '艸(풀 초)'가 다른 글자와 조합하여 글자 위쪽에 오면 '⺿(초두머리)'로 글자 모양이 바뀐다. * '各(각각 각)'에는 위에서 아래로 내려온다는 뜻이 포함되어 있다. * 약자(略字)는 落(12획)임.

例文　① 落葉(낙엽) ② 墜落(추락) ③ 落選(낙선) ④ 落花流水(낙화유수)

---

9 絡 = 糸 + 各

3급 / 12획 　　(이을 / 얽힐 **락**)

解說　'糸(실 사)'와 '各(각각 각)'을 조합한 글자임. '각각(各)의 실(糸)을 서로 이어서 사용한다'는 데서 '잇다 / 얽다 / 얽히다'는 뜻을 나타낸다.

例文　① 連絡(연락) ② 經絡(경락) ③ 脈絡(맥락)

---

10 烙 = 火 + 各

1급 / 9획 　　(지질 / 단금질할 **락**)

解說　'火(불 화)'와 '各(각각 각)'을 조합한 글자임. '방목하는 짐승들 중에서 각자(各)의 소유를 알아볼 수 있도록 불(火)도장을 찍어둔다'에서 '불(火)로 지지다'는 뜻을 나타낸다.

例文　① 烙印(낙인) ② 烙刑(낙형 ; 단근질하는 형벌)

11	**酪** = 酉 + 各
1급/13획	(쇠젖 **락**)

解說 ‘酉(술단지/술병 유)’와 ‘各(각각 각)’을 조합한 글자로, ‘발효된 우유’ 라는 뜻이다.

例文 ① 酪農業(낙농업) ② 酪酸菌(낙산균 ; 부티르산균)

12	**駱** = 馬 + 各
1급/16획	(낙타 **락**)

解說 ‘馬(말 마)’와 ‘各(각각 각)’을 조합한 글자임. ‘하늘에서 내려온 신(各)이 앉을 수 있도록 등에 혹이 있는 말(馬)’이라는 데서 ‘낙타’ 라는 뜻을 나타낸다.

例文 ① 駱駝(낙타) ② 駱馬(낙마 ; 몸은 희고 갈기는 검은 말)

13	**略** = 田 + 各
4급/11획	(간략할/꾀/다스릴 **략**)

解說 ‘田(밭 전)’과 ‘各(각각 각)’을 조합한 글자임. ‘아무리 넓은 땅(田)이라도 각각(各)의 경계선을 정해놓고 다스린다’ 는 데서 ‘간략하다/다스리다’ 는 뜻을 나타낸다.

例文 ① 大略(대략) ② 略歷(약력) ③ 侵略(침략) ④ 策略(책략)

14	**賂** = 貝 + 各
1급/13획	(뇌물/줄 **뢰**)

解說 ‘貝(돈/재물/조개 패)’와 ‘各(각각 각)’을 조합한 글자임. ‘하늘에서 내려온 신(各)에게 재물(貝)을 갖다 바친다’ 는 데서 ‘뇌물/주다’ 라는 뜻을 나타낸다.

例文 ① 賂物(뇌물) ② 受賂(수뢰) ③ 受賂罪(수뢰죄)

1 

角				
6급/7획	(뿔/다툴 **각**)	甲骨文字	金文	篆文

解說 '짐승의 뾰족한 뿔 모양'을 본뜬 상형문자로, '뿔/뿔로 다투다'는 뜻을 나타낸다.

例文 ① 角逐(각축) ② 頭角(두각) ③ 角者無齒(각자무치)

2 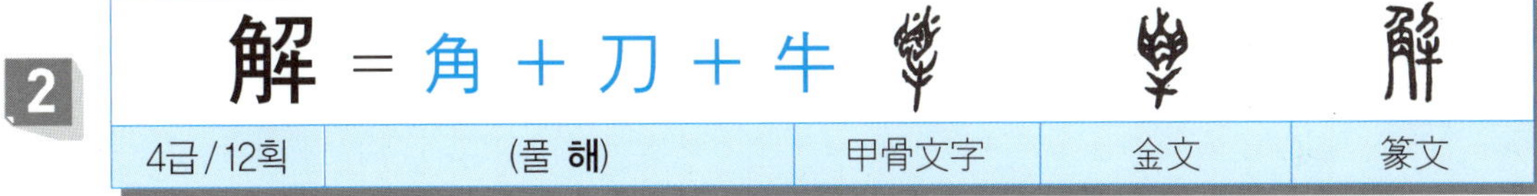

解 = 角 + 刀 + 牛				
4급/12획	(풀 **해**)	甲骨文字	金文	篆文

解說 '角(뿔 각)'과 '刀(칼 도)', '牛(소 우)'를 조합한 글자임. 갑골문자(甲骨文字)와 금문(金文)에서는 '두손으로 소(牛)의 뿔(角)을 잘라내는 모습'이고, 전문(篆文)에서는 '칼(刀)로 소(牛)의 뿔(角)을 잘라내는 모습'에서 '해체하다/얽힌 것을 풀다/쪼개다/흩으다'는 뜻을 나타낸다.

例文 ① 解氷期(해빙기) ② 解熱劑(해열제) ③ 解答(해답) ④ 解任(해임)

3 

懈 = 心 + 解	
1급/14획	(게으를 **해**)

解說 '心(마음 심)'과 '解(풀 해)'를 조합한 글자임. '마음(心)의 긴장이 풀리다(解)'는 데서 '게으르다/게을리 하다'는 뜻을 나타낸다.

例文 ① 懈惰(해타 ; 게으름) ② 懈慢(해만 ; 게으름) ③ 懈弛/解弛(해이)해지다

4 邂 = 解 + 辶

1급 / 17획　　　(만날 해)

解說　'解(풀 해)'와 '辶(쉬엄쉬엄갈 / 뛸 착)'을 조합한 글자로, '우연히 만나다'는 뜻을 나타낸다.

例文　① 邂逅(해후 ; 우연히 서로 만남)

5 觸 = 角 + 蜀

3급 / 20획　　　(닿을 촉)

解說　'角(뿔 각)'과 '蜀(촉)'을 조합한 글자임. '수컷 짐승(蜀)끼리 뿔(角)로 서로 다툰다'는 데서 '닿다/부딪히다'는 뜻을 나타낸다. * 일본 상용한자는 '触'이고, 중국 간체자(簡體字)는 '触'로 약간 다름에 유의해야 한다.

例文　① 觸覺(촉각) ② 觸感(촉감) ③ 接觸(접촉) ④一觸卽發(일촉즉발)

간	干	奸	刊
	肝	幹	竿
	杆		
안	岸		
한	汗	旱	悍
	罕	헌	軒

1　干　　　　　Ｙ　　　Ｙ　　　Ψ

4급/3획	(방패/막을/간여할/말릴 **간**)	甲骨文字	金文	篆文

解說　갑골문자(甲骨文字)와 금문(金文)에서는 '방패 모양'을 본뜬 글자로, 방패의 역할에서 '방패/막다/범하다/간여하다' 라는 뜻을 나타낸다.

例文　① 干涉(간섭)하다　② 干與(간여)하다　③ 干拓地(간척지)

2　奸 = 女 + 干

1급/6획	(간사할 **간**)

解說　'女(여자 여)'와 '干(방패 간)'을 조합한 글자임. '힘이 약한 여자(女)를 범하다(干)'는 데서 '간사하다/간악하다/사특하다' 는 뜻을 나타낸다.

例文　① 奸臣(간신)　② 奸巧(간교)　③ 奸惡(간악)

3　刊 = 干 + 刀

3급/5획	(새길/책펴낼 **간**)

解說　'干(방패 간)'과 '刀(칼 도)'를 조합한 글자임. '방패(干) 모양의 나무판에 칼(刀)로 글자를 새겨서 책을 만들었다' 는 데서 '책을 펴내다' 는 뜻을 나타낸다. ＊刀(칼 도)가 다른 글자와 조합하여 글자 오른쪽에 오면 'リ (선칼도)'로 글자 모양이 바뀐다.

例文　① 日刊(일간)신문　② 週刊(주간)　③ 月刊(월간)　④ 刊行物(간행물)

<table>
<tr><td>**4**</td><td colspan="2">肝 = 肉 + 干</td></tr>
<tr><td></td><td>3급 / 7획</td><td>(간 / 마음 **간**)</td></tr>
</table>

解說 '肉(몸/고기 육)'과 '干(방패 간)'을 조합한 글자임. '몸(肉) 안에서 독을 제거하는 방패(干) 역할을 하는 것이 간(肝)'이라는 뜻을 나타낸다. * '肉(몸/고기 육)'이 다른 글자와 조합하여 글자 왼쪽에 오면 '月(육달월)'로 글자 모양이 바뀐다.

例文 ① 肝臟(간장) ② 肝膽相照(간담상조) ③ 肝油(간유) ④ 肝癌(간암)

<table>
<tr><td>**5**</td><td colspan="2">幹 = 倝 + 干</td></tr>
<tr><td></td><td>3급 / 13획</td><td>(줄기 / 몸뚱이 **간**)</td></tr>
</table>

解說 '倝(해돋을 간)'과 '干(방패 간)'을 조합한 글자임. '해가 비칠(倝) 때 햇빛이 비치지 않도록 가로막는 방패(干) 역할을 하는 나무 줄기'라는 데서 '줄기/몸뚱이'라는 뜻을 나타낸다.

例文 ① 幹部(간부) ② 幹線道路(간선도로) ③ 基幹產業(기간산업)

<table>
<tr><td>**6**</td><td colspan="2">竿 = 竹 + 干</td></tr>
<tr><td></td><td>1급 / 9획</td><td>(낚싯대 / 장대 **간**)</td></tr>
</table>

解說 '竹(대나무 죽)'과 '干(방패 간)'을 조합한 글자임. '긴 대나무(竹) 장대를 방패(干) 삼아 적을 막는다'는 데서 '장대/낚싯대'라는 뜻을 나타낸다.

例文 ① 百尺竿頭(백척간두) ② 釣竿(조간)

<table>
<tr><td>**7**</td><td colspan="2">杆 = 木 + 干</td></tr>
<tr><td></td><td>2급 / 7획</td><td>(몽둥이 **간**)</td></tr>
</table>

解說 '木(나무 목)'과 '干(방패 간)'을 조합한 글자임. '나무막대기(木)도 때로는 방패(干) 역할을 한다'는 데서 '몽둥이'라는 뜻을 나타낸다.

例文 ① 欄杆 / 欄干(난간)

8 **岸** = 山 + 厂 + 干

3급 / 8획　　　(언덕 **안**)

解說　'山(메/뫼 산)'과 '厂(굴바위 엄), '干(방패 간)'을 조합한 글자임. '산자락(山)이 방패(干)처럼 깎인 높은 벼랑(厂)'이라는 데서 '물가의 언덕'이라는 뜻을 나타낸다.

例文　① 南海岸(남해안)　② 岸壁(안벽)　③ 沿岸(연안)

9 **汗** = 水 + 干

3급 / 6획　　　(땀 / 땀날 **한**)

解說　'水(물 수)'와 '干(방패 간)'을 조합한 글자임. '더울 때에는 땀(水)을 흘려 우리 몸을 보호(干)한다'는 데서 '땀'이라는 뜻을 나타낸다. *'水(물 수)가 다른 글자와 조합하여 글자 왼쪽에 오면 'ⅰ(삼수변)'으로 글자 모양이 바뀐다.

例文　① 汗腺(한선)　② 汗蒸幕(한증막)　③ 不汗黨(불한당)　④ 汗牛充棟(한우충동)

10 **旱** = 日 + 干

3급 / 7획　　　(가물 **한**)

解說　'日(해/날 일)'과 '干(방패 간)'을 조합한 글자임. '더운 날(日)이 계속되면 창에 찢긴 방패(干) 모양처럼 땅이 갈라진다'는 데서 '가뭄/가물다'는 뜻을 나타낸다.

例文　① 旱害(한해)　② 旱魃(한발)　③ 旱災(한재)

11 **悍** = 心 + 旱

1급 / 10획　　　(사나울 / 굳셀 **한**)

解說　'心(마음 심)'과 '旱(가물 한)'을 조합한 글자임. '가뭄(旱)이 계속되면 인심(人心)이 사나워진다'는 데서 '사납다'는 뜻을 나타낸다. *'心(마음 심)'이 다른 글자와 조합하여 글자 왼쪽에 오면 'ⅰ(마음심변)'으로 글자 모양이 바뀐다.

例文　① 悍婦(한부 ; 사나운 아낙네)　② 悍勇(한용 ; 사납고 용맹스러움)

12

罕 = 网 + 干

1급 / 7획　　　(드물/그물 **한**)

解說　전문(篆文)에서는 '网(그물 망)'과 '干(방패 간)'을 조합하여 '자루가 달린 긴 그물'임. '그물(网)에 물고기는 잡히지 않고 방패(干)가 걸려 올라온다'는 데서 '드문 일이다'는 뜻을 나타낸다.

例文　① 稀罕(희한 ; 매우 드문)한 일　② 罕見(한견 ; 드물게 봄)

13

軒 = 車 + 干

3급 / 10획　　　(집/처마/높을 **헌**)

解說　'車(수레 거)'와 '干(방패 간)'을 조합한 글자임. '건물 밖으로 수레(車)바큇살처럼 길게 벌어져 뻗어 나와 방패(干)처럼 눈·비를 막아주는 처마가 있는 집'이라는 데서 '큰 집/처마/높다'는 뜻을 나타낸다.

例文　① 東軒(동헌)　② 軒燈(헌등)　③ 軒軒丈夫(헌헌장부)

1 艮

| 2급 / 6획 | (그칠 / 한정할 / 괘이름 **간**) | 篆文 |

解說 금문(金文)에서는 '見(볼 견)'을 반대 방향으로 돌려서 만든 상형문자임. '고개를 뒤로 돌려 사물을 보거나 달아나는 데에는 한계가 있다'는 데서 '그치다'는 뜻을 나타낸다.

例文 ① 艮卦(간괘) ② 艮方(간방 ; 북동쪽)

2 艱 = 堇 + 艮

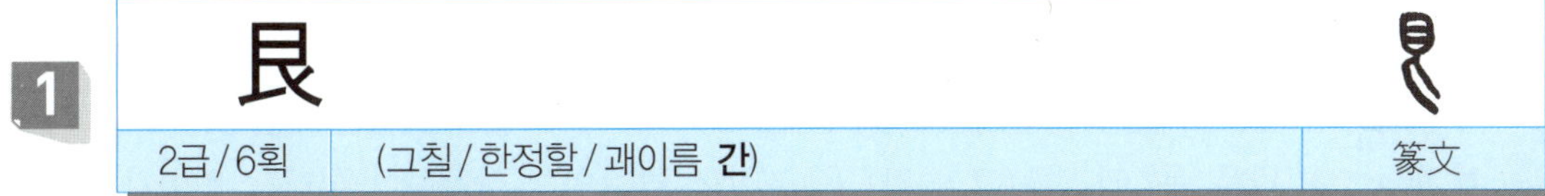

| 1급 / 17획 | (어려울 / 괴로울 **간**) |

解說 '堇(가뭄 / 진흙 근)'과 '艮(그칠 간)'을 조합한 글자임. 금문(金文)에서는 '가뭄(堇)이 들자 그 책임을 물어 무당을 불에 태우는 장면'이고, 전문(篆文)에서는 '진흙탕(堇)에 빠진 사람(艮)이 겨우 빠져나온다'는 데서 '어렵다 / 괴롭다'는 뜻을 나타낸다.

例文 ① 艱難辛苦(간난신고) ② 艱辛(간신)히

3 墾 = 豸 + 艮 + 土

| 1급 / 16획 | (개간할 **간**) |

解說 '豸(해태 치)'와 '艮(그칠 간)', '土(흙 토)'를 조합한 글자임. '무서운 짐승(豸)을 만나면 피해 달아나기도(艮)하면서 땅(土)을 일군다'는 뜻을 나타낸다.

例文 ① 開墾(개간) ② 墾田(간전)

4	**懇** = 豸 + 艮 + 心
3급 / 17획	(간절할 / 정성 **간**)

解說   '豸(해태 치)'와 '艮(그칠 간)', '心(마음 심)'을 조합한 글자임. '무서운 짐승(豸) 을 피해 달아는 사람(艮)의 마음(心)'이라는 데서 '간절하다'는 뜻을 나타낸다. *'해치(獬 豸 ; 해태)'는 옳고 그름을 판단하여 안다고 하는 상상의 동물로서 사자와 비슷하나 머리 가 운데 뿔이 하나 있는데, 궁전 좌우에 석상(石像)으로 세웠다.

例文   ① 懇切(간절) ② 懇曲(간곡) ③ 懇談會(간담회) ④ 懇求(간구)

5	**根** = 木 + 艮
6급 / 10획	(뿌리 / 근본 **근**)

解說   '木(나무 목)'과 '艮(그칠 간)'을 조합한 글자임. '나무(木) 뿌리도 뻗어나가다가 그친다(艮)'는 데서 '뿌리 / 근본'이라는 뜻을 나타낸다.

例文   ① 根本(근본) ② 根性(근성) ③ 根據(근거) ④ 根絶(근절) ⑤ 禍根(화근)

6	**眼** = 目 + 艮
4급 / 11획	(눈 **안**)

解說   '目(눈 목)'과 '艮(그칠 간)'을 조합한 글자임. 전문(篆文)에서는 '고개를 돌려 눈을 부라리며 돌아가는 사람(艮)의 눈(目)은 매섭고 크다'는 데서 '눈'이라는 뜻을 나타낸다.

例文   ① 眼境(안경) ② 眼科(안과) ③ 眼下無人(안하무인) ④ 肉眼(육안)

7	**銀** = 金 + 艮
6급 / 14획	(은 **은**)

解說   '金(쇠 금)'과 '艮(그칠 간)'을 조합한 글자임. '고개를 돌려 쳐다보는 사람의 눈 (艮)이 온통 하얗듯이 하얀 금속(金)'이라는 데서 '은'이라는 뜻을 나타낸다.

例文   ① 銀盤(은반) ② 銀行(은행) ③ 銀幕(은막) ④ 銀錢(은전) ⑤ 銀貨(은화)

8 | 垠 = 土 + 艮
2급 / 9획 | (지경 / 경계선 **은**)

解說　'土(흙 토)'와 '艮(그칠 간)'을 조합한 글자임. '고개를 돌려 달아나다가 멈춘(艮) 땅(土)이 경계선'이라는 데서 '지경 / 경계선'이라는 뜻을 나타내는데, 주로 인명(人名)에 사용한다.

例文　① 李垠(이은 ; 조선왕조의 마지막 왕세자)　② 垠界(은계 ; 경계선)

9 | 恨 = 心 + 艮
4급 / 9획 | (한 / 원망 **한**)

解說　'心(마음 심)'과 '艮(그칠 간)'을 조합한 글자임. '고개를 돌려 눈을 부라리며 돌아가는 사람(艮)의 마음(心)에는 한 / 원망이 많다'는 데서 '원망 / 한'이라는 뜻을 나타낸다.

例文　① 恨歎(한탄)　② 怨恨(원한)　③ 徹天之恨(철천지한)

10 | 限 = 阜 + 艮
4급 / 9획 | (한할 / 막을 **한**) | 金文 | 篆文

解說　'阜(언덕 / 사다리 부)'와 '艮(그칠 간)'을 조합한 글자임. 금문(金文)에서는 '하늘의 신(神)이 사다리(阜)를 타고 내려오는 곳에 아무나 출입하지 못하도록 지켜보는 눈(目)'이고, 전문(篆文)에서는 '신성한 곳(阜)에 아무나 출입할 수가 없어 되돌아가는 사람(艮)'이라는 데서 '한하다 / 막다 / 막히다'는 뜻을 나타낸다.

例文　① 限界(한계)　② 上限線(상한선)　③ 下限線(하한선)　④ 極限(극한)

11 | 痕 = 疒 + 艮
1급 / 11획 | (흔적 / 흉 / 자취 **흔**)

解說　'疒(병들어기댈 역)'과 '艮(그칠 간)'을 조합한 글자임. '병이 들었다가(疒) 나아도 (艮) 상처자국은 남는다'는 데서 '흔적 / 흉 / 자취'라는 뜻을 나타낸다.

例文　① 血痕(혈흔)　② 痕迹 / 痕蹟(흔적)　③ 傷痕(상흔)

1. 柬

| 9획 | (가릴/분별할 **간**) | 金文 | 篆文 |

解說　금문(金文)과 전문(篆文)에서는 '자루 속에 든 물건'을 본뜬 상형문자임. '어떤 물건을 골라서 자루에 넣는다'는 데서 '가려내다/골라내다'는 뜻을 나타낸다.

2. 揀 = 手 + 柬

| 1급/12획 | (가릴/구별할 **간**) |

解說　'手(손 수)'와 '柬(가릴 간)'을 조합한 글자임. '손(手)'으로 물건을 골라 자루에 넣고(八) 묶는다(束)'는 데서 '가리다/가려 뽑다'는 뜻을 나타낸다. * '手(손 수)'가 다른 글자와 조합하여 글자 왼쪽에 오면 '扌(손수변)'으로 글자 모양이 바뀐다.

例文　① 왕세자비 揀擇(간택)　② 分揀(분간)

3. 諫 = 言 + 柬

| 1급/16획 | (간할/비평할 **간**) |

解說　'言(말씀 언)'과 '柬(가릴 간)'을 조합한 글자임. '윗사람 말(言)의 옳고 그름을 골라서(柬) 비평한다'는 데서 '간하다/비평하다'는 뜻을 나타낸다.

例文　① 司諫院(사간원)　② 諫言(간언)

---

4. 練 = 糸 + 柬

5급 / 15획　　　(익힐 / 익숙해질 **련**)

解說　'糸(실 사)'와 '柬(가릴 간)'을 조합한 글자임. '실(糸)을 물에 삶아서 불순물을 가려내기(柬)를 여러 번 한다'는 데서 '익숙해지다 / 누이다'는 뜻을 나타낸다. *일본 상용한자는 '練(14획)'이고, 중국 간체자(簡體字)는 '练'임.

例文　① 練習問題(연습문제)　② 訓練(훈련)

---

5. 鍊 = 金 + 柬

3급 / 17획　　　(단련할 **련**)

解說　'金(쇠 금)'과 '柬(가릴 간)'을 조합한 글자임. '쇠붙이(金)의 성질을 분간하여(柬) 불린다'는 데서 '단련하다 / 불리다'는 뜻을 나타낸다. *일본 상용한자는 '鍊(16획)'이고, 중국 간체자(簡體字)는 '炼'임.

例文　① 鍛鍊(단련)　② 鍊金術(연금술)　③ 鍊磨(연마)

---

6. 煉 = 火 + 柬

2급 / 13획　　　(달굴 **련**)

解說　'火(불 화)'와 '柬(가릴 간)'을 조합한 글자임. '센 불(火) 약한 불(火)을 골라서(柬) 쇠를 달군다'는 데서 '달구다'는 뜻을 나타낸다. *일본 상용한자는 '煉(12획)'이고, 중국 간체자(簡體字)는 '炼'임.

例文　① 煉炭(연탄)　② 煉瓦(연와)　③ 煉獄(연옥)　④ 煉乳(연유)

간	倝 幹
건	乾
한	翰 澣
알	斡
극	戟

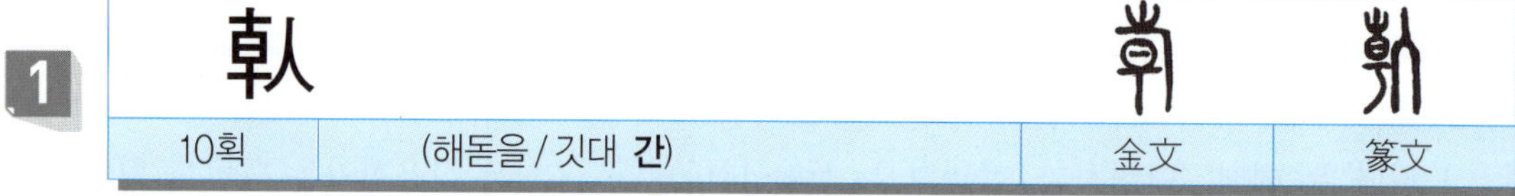

1 倝

| 10획 | (해돋을 / 깃대 **간**) | 金文 | 篆文 |

🐛 **解說**　'幹'에서 '干'을 없앤 글자로, '아침에 초원(艹) 위로 해(日)가 솟아오를(人) 때 높은 깃대에 해가 비친다'는 데서 '해가 돋다 / 깃대'라는 뜻을 나타내나, 단독으로는 거의 쓰이지 않는다.

2 幹 = 倝 + 干

| 3급 / 13획 | (줄기 / 몸뚱이 **간**) |

🐛 **解說**　'倝(해돋을 / 깃대 간)'과 '干(방패 간)'을 조합한 글자임. '해가 돋을(倝) 때 햇빛이 비치지 않도록 가로막는 방패(干) 역할을 하는 나뭇가지'라는 데서 '줄기 / 몸뚱이'라는 뜻을 나타낸다.

🐛 **例文**　① 幹部(간부)　② 幹線道路(간선도로)　③ 基幹産業(기간산업)

3 乾 = 倝 + 乙

| 3급 / 11획 | (하늘 / 마를 **건**) |

🐛 **解說**　'倝(해돋을 / 깃대 간)'과 '乙(둘째 을)'을 조합한 글자임. '해가 돋을(倝) 때 아지랑이가 하늘로 올라가는(乙) 모습'을 본떠서 '하늘 / 마르다 / 건조하다'는 뜻을 나타낸다.

🐛 **例文**　① 乾坤一擲(건곤일척)　② 乾杯(건배)　③ 乾電池(건전지)　④ 乾燥(건조)

4 **翰** = 倝 + 羽

2급 / 16획 　　(편지/글/깃 **한**)

解說　'倝(해돋을/깃대 간)'과 '羽(깃털 우)'를 조합한 글자로, '깃대(倝)처럼 긴 깃털(羽)로 만든 붓으로 글씨를 쓴다'는 데서 '편지/서한'이라는 뜻을 나타낸다. *중국 간체자(簡體字)는 '翰'으로 글자 모양이 약간 다름에 유의해야 한다.

例文　① 書翰(서한)　② 翰林院(한림원)　③ 翰林大學校(한림대학교)

---

5 **澣** = 水 + 幹

1급 / 16획 　　(빨래할/씻을 **한**)

解說　'水(물 수)'와 '幹(줄기 간)'을 조합한 글자로, '빨래하다/세탁하다'는 뜻을 나타낸다. *'水(물 수)가 다른 글자와 조합하여 글자 왼쪽에 오면 'ㆍ氵(삼수변)'으로 글자 모양이 바뀐다.

例文　① 澣滌(한척 ; 물로 씻음/물에 빪)　② 澣濯(한탁 ; 물에 씻음)

---

6 **斡** = 倝 + 斗

1급 / 14획 　　(돌/주장할 **알**)

解說　'倝(해돋을/깃대 간)'과 '斗(국자/말 두)'를 조합한 글자임. '깃대(倝)를 흔들 듯이 국자(斗)을 돌린다'는 데서 '주관하다/돌다'는 뜻을 나타낸다. *'斗(국자/말 두)'에 관한 더 자세한 설명은 p284페이지 참조.

例文　① 斡旋(알선)　② 斡流(알류 ; 물이 빙빙 돌아 흐름)

---

7 **戟** = 倝 + 戈

1급 / 12획 　　(창/찌를 **극**)

解說　'倝(해돋을/깃대 간)'과 '戈(창 과)'를 조합한 글자임. '창(戈) 모양처럼 생긴 깃대(倝)'라는 데서 '창/찌르다'는 뜻을 나타낸다.

例文　① 刺戟(자극)　② 戟盾(극순 ; 창과 방패)

---

1 間 = 門 + 日

| 7급 / 12획 | (사이 **간**) | 金文 | 篆文 |

解說 금문(金文)과 전문(篆文)에서는 '門(문 문)'과 '月(달 월)'을 조합한 글자임. '문(門)틈으로 달빛(月)이 비친다'는 데서 '틈/사이'라는 뜻을 나타낸다.

例文 ① 間食(간식) ② 間接的(간접적) ③ 時間(시간) ④ 行間(행간)

---

2 澗 = 水 + 間

| 1급 / 15획 | (산골물 **간**) |

解說 '水(물 수)'와 '間(사이 간)'을 조합한 글자임. '산과 산 사이(間)에 흐르는 물(水)'이라는 데서 '산골 물'이라는 뜻을 나타낸다. * '水(물 수)가 다른 글자와 조합하여 글자 왼쪽에 오면 'ⅰ(삼수변)'으로 글자 모양이 바뀐다.

例文 ① 石澗水(석간수) ② 澗聲(간성)

---

3 簡 = 竹 + 間

| 4급 / 18획 | (대쪽 / 간략할 **간**) |

解說 '竹(대나무 죽)'과 '間(사이 간)'을 조합한 글자임. 종이가 없던 시절 '대나무조각(竹)에다 간단하게 글씨를 쓴다'는 데서 '대쪽/간단하다'는 뜻을 나타낸다.

例文 ① 簡單(간단) ② 簡便(간편) ③ 簡易(간이) ④ 書簡文(서간문)

4　癎 = 疒 + 間

| 1급 / 17획 | (간질 **간**) |

解說　'疒(병들어기댈 역)'과 '間(사이 간)'을 조합한 글자임. '어떤 시간적인 사이(間)를 두고 일어나는 병(疒)'이라는 데서 '간질'이라는 뜻을 나타낸다.

例文　① 癎疾(간질)　② 癎疾病(간질병)

갈	渴	葛	喝
	竭	褐	鞨
알	謁		
애	靄		
헐	歇		
게	偈	揭	

1 曷 = 曰 + 匃 …… 篆文

9획	(어찌/그칠 **갈**)	篆文

解說 '曰(가로되 왈)'과 '匃'을 조합한 글자임. 원래는 '죽은 사람(匃)을 위해서 신(神)에게 축문(祝文)을 높이 들어 복을 빈다(曰)'는 뜻이었으나, '어찌'로 뜻이 바뀐 글자이다.

2 渴 = 水 + 曷

3급 / 12획	(목마를 **갈**)

解說 '水(물 수)'와 '曷(어찌 갈)'을 조합한 글자임. '신(神)에게 축문을 높이 들고 큰 소리로 외칠(曷) 때 갈증이 난다'는 데서 '목마르다'는 뜻이다. * 일본 상용한자는 '渇(11획)'임.

例文 ① 渴症(갈증) ② 枯渴(고갈) ③ 渴望(갈망) ④ 解渴(해갈)

3 葛 = 艸 + 曷

2급 / 13획	(칡 **갈**)

解說 '艸(풀 초)'와 '曷(어찌 갈)'을 조합한 글자임. '신(神)에게 축문을 높이 들어 하늘을 쳐다보고 큰 소리로 외치듯이(曷) 나무를 휘감고 하늘을 향해 뻗어 가는 식물(艸)'이라는 데서 '칡'이라는 뜻을 나타낸다. * 약자(略字)는 '葛(12획)'임.

例文 ① 葛粉(갈분) ② 葛根(갈근) ③ 葛藤(갈등) ④ 葛巾野服(갈건야복)

4 喝 = 口 + 曷

1급 / 12획 · (꾸짖을 / 외칠 **갈**)

解說 '口(입 구)'와 '曷(어찌 갈)'을 조합한 글자임. '신(神)에게 축문을 높이 들고 큰 소리(口)로 외친다(曷)'는 데서 '꾸짖다 / 외치다'는 뜻을 나타낸다.

例文 ① 拍手喝采(박수갈채) ② 恐喝脅迫(공갈협박) ③ 喝取(갈취)

5 竭 = 立 + 曷

1급 / 14획 · (다할 **갈**)

解說 '立(설 립)'과 '曷(어찌 갈)'을 조합한 글자임. '신(神)에게 축문을 높이 들고 큰 소리로 외칠(曷) 때, 똑바로 일어서서(立) 힘껏 외친다'는 데서 '온힘을 다하다'는 뜻을 나타낸다.

例文 ① 竭力(갈력) ② 竭忠報國(갈충보국)

6 褐 = 衣 + 曷

1급 / 14획 · (갈색 / 굵은베옷 **갈**)

解說 '衣(옷 의)'와 '曷(어찌 갈)'을 조합한 글자임. '신(神)에게 축문을 높이 들고 큰 소리로 외칠(曷) 때, 칡(葛) 섬유로 짠 갈색 베옷(衣)을 입고 있다'는 데서 '갈색 / 굵은 베옷'이라는 뜻을 나타낸다. * '衣(옷 의)'가 다른 글자와 조합하여 글자 왼쪽에 오면 'ネ(옷의변)'으로 글자 모양이 바뀐다.

例文 ① 褐色(갈색) ② 褐炭(갈탄)

7 鞨 = 革 + 曷

2급 / 18획 · (오랑캐이름 **갈**)

解說 '革(가죽 혁)'과 '曷(어찌 갈)'을 조합한 글자임. '중국 북방 민족으로서 가죽(革)옷을 즐겨 입는 사람들'이라는 데서 '오랑캐'라는 뜻을 나타낸다.

例文 ① 靺鞨族(말갈족)

8 **謁** = 言 + 曷

3급 / 16획 (뵐 / 아뢸 **알**)

解說 '言(말씀 언)'과 '曷(어찌 갈)'을 조합한 글자임. '신(神)에게 축문을 높이 들고서 큰 소리(曷)로 모든 것을 말하여(言) 아뢴다'는 데서 '뵙다 / 아뢰다'는 뜻을 나타낸다.

例文 ① 謁見(알현) ② 拜謁(배알) ③ 謁聖及第(알성급제)

9 **靄** = 雨 + 謁

1급 / 24획 (아지랑이 **애**)

解說 '雨(비 우)'와 '謁(아뢸 알)'을 조합한 글자임. '신(神)에게 축문을 높이 들고서 큰 소리(曷)로 모든 것을 말하여 아뢸(謁) 때, 입김이 아지랑이(雨)처럼 피어오른다'는 데서 '아지랑이'라는 뜻을 나타낸다.

例文 ① 和氣靄靄(화기애애) ② 朝靄(조애) ③ 夕靄(석애) ④ 曉靄(효애)

10 **歇** = 曷 + 欠

1급 / 13획 (쉴 **헐**)

解說 '曷(어찌 갈)'과 '欠(하품 / 입벌릴 흠)'을 조합한 글자임. '신(神)에게 축문을 높이 들고 큰 소리로 외치면서도(曷) 가끔 하품(欠)하며 잠깐씩 쉰다'는 데서 '잠깐 쉬다'는 뜻을 나타낸다.

例文 ① 間歇川(간헐천) ② 間歇的(간헐적)

11 **偈** = 人 + 曷

1급 / 11획 (불교글귀 **게**)

解說 '人(사람 인)'과 '曷(어찌 갈)'을 조합한 글자임. '신(神)에게 축문을 높이 들고 큰 소리로 빌듯이 / 외치듯이(曷), 승려(人)가 큰 소리로 염불한다'는 데서 '불교 글귀'라는 뜻을 나타낸다.

例文 ① 偈句(게구) ② 偈頌(게송 ; 부처의 공적을 찬양하는 노래)

12 | **揭** = 手 + 曷

2급 / 12획 | (높이들 / 걸 **게**)

解說 '手(손 수)'와 '曷(어찌 갈)'을 조합한 글자임. '신(神)에게 바치는 축문을 손(手)으로 높이 받들어(曷) 올리다'에서 '높이 들다 / 걸다'라는 뜻을 나타낸다. ＊일본 상용한자는 '揭(11획)'임. ＊'手(손 수)'가 다른 글자와 조합하여 글자 왼쪽에 오면 '扌(손수변)'으로 글자 모양이 바뀐다.

例文 ① 揭示板(게시판) ② 國旗揭揚(국기게양) ③ 揭斧入淵(게부입연)

1

甘

| 4급/5획 | (달 **감**) | 篆文 |

解說　'단맛을 보는 입안의 혓바닥 끝의 모양'을 본뜬 글자로, '맛이 달다/달콤하다'는 뜻을 나타낸다. * '자물쇠/자물통'이라고 주장하는 학자도 있다.

例文　① 甘味料(감미료)　② 甘言利說(감언이설)　③ 甘呑苦吐(감탄고토)

2

柑 = 木 + 甘

| 1급/9획 | (귤 **감**) |

解說　'木(나무 목)'과 '甘(달 감)'을 조합한 글자임. '달콤한(甘) 열매가 열리는 나무(木)'라는 데서 '귤'이라는 뜻을 나타낸다.

例文　① 蜜柑(밀감)　② 柑橘(감귤)

3

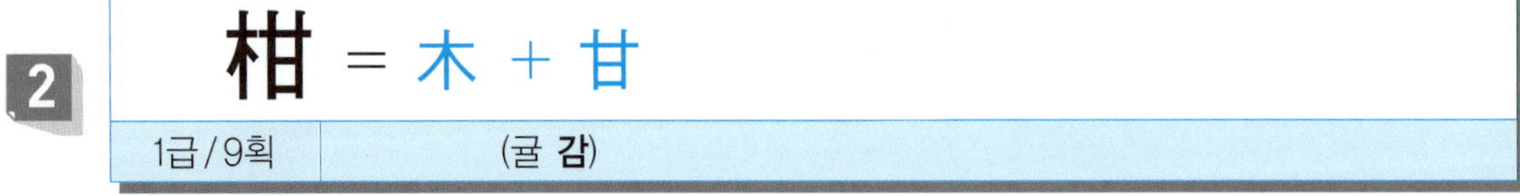

疳 = 疒 + 甘

| 1급/10획 | (감질 **감**) |

解說　'疒(병들어기댈 역)'과 '甘(달 감)'을 조합한 글자임. '달콤한(甘) 것만 좋아하다가 위장이 나빠져서 몸이 야위고 배가 불러지는 병(疒)'에서 '감질'이라는 뜻을 나타낸다.

例文　① 疳疾(감질)　② 疳瘡(감창 ; 음부에 생기는 병)

4　**紺** = 糸 + 甘

1급 / 11획　　　　　(감색 **감**)

解說　'糸(실 사)'와 '甘(달 감)'을 조합한 글자임. '푸른 바탕의 섬유(糸)에 모두가 좋아하는(甘) 붉은 색을 혼합하여 넣은 것'에서 '감색'이라는 뜻을 나타낸다.

例文　① 紺色(감색)　② 紺靑(감청)

5　**邯** = 甘 + 邑

특급 / 8획　　　(조나라서울 **한** / 이름 **감**)

解說　'甘(달 감)'과 '邑(고을 읍)'을 조합한 글자로, 주로 지명(地名)이나 인명(人名)에 많이 사용한다. * '邑(고을 읍)'이 다른 글자와 조합하여 글자 오른쪽에 오면 'ß (우부방)'으로 글자 모양이 바뀐다.

例文　① 邯鄲之步(한단지보)　② 邯鄲之夢(한단지몽)　③ 姜邯贊(강감찬)

1 | 敢 | | 金文 1 | 金文 2 | 篆文 |

4급/12획 · (감히/구태여 **감**)

解說 '신(神)에게 제사지내기 위해 축문(祝文)이 든 그릇(口)을 두는 장소를 정결하게 하기 위해 국자로 술을 떠서 끼얹는 장면'을 본뜬 상형문자로, '신(神) 앞에서 감히/삼가 하여' 라는 뜻을 나타낸다. * 지금도 산(山)에서 식사하면서 술을 마실 때, 운 좋은 날이 되라고 술을 조금 뿌리고 마시는 행위를 종종 목격할 수 있다. * 상형문자(象形文字)는 사물의 모양이나 상태를 그대로 묘사하는 글자인데, 상형문자로 된 한자를 억지로 분해하여 이해하려고 하면 엉뚱한 방향으로 이해하게 되어 다른 뜻으로 받아들일 수 있으므로, 주의를 요하는 글자이다.

例文 ① 果敢(과감) ② 勇敢(용감) ③ 敢行(감행) ④ 敢不生心(감불생심)

2 瞰 = 目 + 敢

1급/17획 · (내려다볼 **감**)

解說 '目(눈 목)'과 '敢(감히 감)'을 조합한 글자임. '신(神)에게 제사 지내는 장소에 술을 끼얹는 장면(敢)을 하늘에서 신(神)이 내려다본다(目)'는 데서 '내려다 보다'는 뜻을 나타낸다. * 중국의 한자(漢字)를 이해하는 데에는, 첫째로 하늘의 신(神)과 둘째로 기타 여러 신(神)들이 존재한다는 것과, 그 신들에게 제사지내며 섬기는 것이 우선순위라는 것을 알아둘 필요가 있다.

例文 ① 鳥瞰圖(조감도)

3 嚴 = 口口 + 厂 + 敢

4급 / 20획　　　(엄할 / 혹독할 **엄**)

解說　‘口＋口’와 ‘厂(굴바위 엄)’과 ‘敢(감히 감)’을 조합한 글자임. ‘신(神)에게 제사지 내는 축문(祝文)을 담은 그릇(口＋口)들을 올려놓는 바위(厂)를 정결하게 하기 위해 술을 끼얹는다(敢)’는 데서 ‘엄하다 / 엄숙하다 / 높으시다 / 혹독하다’는 뜻을 나타낸다. ＊일본 상용한자는 ‘엄(厳)(17획)’이고, 중국 간체자(簡體字)는 ‘严’임.

例文　① 嚴命(엄명)　② 嚴格(엄격)　③ 嚴冬雪寒(엄동설한)　④ 嚴親(엄친)

4 儼 = 人 + 嚴

1급 / 22획　　　(엄연할 / 의젓할 **엄**)

解說　‘人(사람 인)’과 ‘嚴(엄할 엄)’을 조합한 글자임. ‘위엄(嚴)이 있는 사람(人)은 의젓 하다’는 데서 ‘의젓하다 / 엄연하다’는 뜻을 나타낸다.

例文　① 儼然(엄연)한 현실　② 儼存(엄존)

5 巖 = 山 + 嚴

3급 / 23획　　　(바위 / 석굴 **암**)

解說　‘山(메 / 뫼 산)’과 ‘嚴(엄할 엄)’을 조합한 글자임. ‘산(山)에 위엄(嚴) 있게 버티고 있는 바위’, 또는 ‘가까이 하기 어려운 위엄(嚴)있는 산(山)’이라는 데서 ‘바위 / 험준하다’는 뜻을 나타낸다. ＊중국 간체자(簡體字)는 ‘岩’임.

例文　① 巖盤(암반)　② 巖石(암석)　③ 巖壁(암벽 ; 험하게 솟은 바위)

감	監 鑑
람	藍 濫 籃
	襤 覽
함	檻 艦
염	鹽

---

1 監 = 臥 + 皿

4급/14획	(볼/살필/감독할 **감**)	甲骨文字	金文	篆文

解說 '臥(누울 와)'와 '皿(그릇 명)'을 조합한 회의문자(會意文字)임. 금문(金文)에서 처럼, 거울이 없던 옛날에는 '물(一)이 들어 있는 동이(皿)에 몸을 구부려 눈(臣)을 크게 뜨고 자신(人)의 모습을 비춰본다'는 데서 '보다/살펴보다/감독하다'는 뜻을 나타낸다.
* '臣(신하 신)'은 '눈(目)을 크게 뜨고 위쪽을 쳐다보는 모습'의 글자임.

例文 ① 監督(감독) ② 監視網(감시망) ③ 校監(교감) ④ 監獄(감옥)

---

2 鑑 = 金 + 監

3급/22획	(거울/볼 **감**)

解說 '金(쇠 금)'과 '監(볼 감)'을 조합한 글자임. '쇠(金)로 만든 거울에 자신의 모습을 비춰본다(監)'는 데서 '거울/살펴 보다'는 뜻을 나타낸다.

例文 ① 鑑別(감별) ② 鑑賞(감상) ③ 鑑定價(감정가) ④ 鑑察(감찰)

---

3 藍 = 艸 + 監

2급/18획	(쪽/남빛 **람**)

解說 '艸(풀 초)'와 '監(볼 감)'을 조합한 글자로, '쪽/남빛'이라는 뜻을 나타낸다.

例文 ① 靑出於藍(청출어람) ② 藍色(남색 ; 청색과 자주색의 중간색)

4　濫 = 水 + 監

3급 / 17획　　　(넘칠 / 함부로 **람**)

解說　'水(물 수)'와 '監(볼 감)'을 조합한 글자임. '물이 가득한 목욕통(皿)에 사람이 들어가 누우니(臥) 물(水)이 넘쳐흐른다'는 데서 '넘치다 / 함부로'라는 뜻을 나타낸다. * '水(물 수)'가 다른 글자와 조합하여 글자 왼쪽에 오면 'ʔ(삼수변)'으로 글자 모양이 바뀐다.

例文　① 氾濫(범람)　② 濫用(남용)　③ 濫伐(남벌)　④ 濫獲(남획)　⑤ 猥濫(외람)

5　籃 = 竹 + 監

1급 / 20획　　　(바구니 **람**)

解說　'竹(대나무 죽)'과 '監(볼 감)'을 조합한 글자임. '누구든지 흔히 볼(監) 수 있는 대나무(竹)로 엮어 만든 바구니'라는 뜻을 나타낸다.

例文　① 搖籃(요람)　② 魚籃(어람)　③ 花籃(화람)　④ 籃輿(람여 ; 가마)

6　襤 = 衣 + 監

특급 / 19획　　　(헌누더기 / 해진옷 **람**)

解說　'衣(옷 의)'와 '監(볼 감)'을 조합한 글자임. '입던 옷(衣)을 자세히 살펴보니(監) 헤어지지 않은 곳이 없다'는 데서 '헌 누더기'라는 뜻을 나타낸다. * '衣(옷 의)'가 다른 글자와 조합하여 글자 왼쪽에 오면 'ʔ(옷의변)'으로 글자 모양이 바뀐다.

例文　① 襤褸(남루)한 복장

7　覽 = 監 + 見

4급 / 21획　　　(볼 **람**)

解說　'監(볼 감)'과 '見(볼 견)'을 조합한 글자임. '물에 비친 자신의 모습을 보고(監) 또 본다(見)'는 데서 '자세히 보다'는 뜻을 나타낸다. * 일본 상용한자는 '覧(16획)'이고, 중국 간체자(簡體字)는 '览'임.

例文　① 觀覽客(관람객)　② 回覽(회람)　③ 博覽會(박람회)　④ 一覽表(일람표)

8	**檻** = 木 + 監
1급/18획	(난간/함거/우리 **함**)

解說　'木(나무 목)'과 '監(볼 감)'을 조합한 글자임. 사나운 짐승이나 죄수를 '나무(木)로 만든 우리에 가두어 두고 살핀다(監)'는 데서 '난간/함거/우리'라는 뜻을 나타낸다.

例文　① 檻車(함거)　② 檻送(함송)　③ 檻羊(함양)　④ 檻虎(함호)

9	**艦** = 舟 + 監
2급/20획	(큰배 **함**)

解說　'舟(배 주)'와 '監(볼 감)'을 조합한 글자임. '큰 배(舟)에 타고 적군의 동태를 감시한다(監)'는 데서 '큰 배'라는 뜻을 나타낸다. ＊중국 간체자(簡體字)는 '舰'임.

例文　① 航空母艦(항공모함)　② 軍艦(군함)　③ 艦艇(함정)　④ 艦隊(함대)

10	**鹽** = 監 + 鹵
3급/24획	(소금 **염**)

解說　'監(볼 감)'과 '鹵(소금 로)'을 조합한 글자임. '염전에 바닷물을 끌어들여서 잘 관리하여(監) 만든 소금(鹵)'이라는 데서 '소금'이라는 뜻을 나타낸다. ＊일본 상용한자는 '塩(13획)'이고, 중국 간체자(簡體字)는 '盐'임.

例文　① 鹽田(염전)　② 食鹽(식염)　③ 天日鹽(천일염)　④ 鹽素(염소)

<table>
<tr><td>갑</td><td>甲 岬 鉀
匣 閘</td></tr>
<tr><td>압</td><td>押 鴨</td></tr>
</table>

1

甲		十	田	中
4급 / 5획	(갑옷 / 첫째 **갑**)	甲骨文字	金文	篆文

解說　갑골문자(甲骨文字)와 금문(金文)에서는 '딱딱한 거북이 등껍질'이고, 전문(篆文)에서는 '투구를 뒤집어쓴 사람 모습'의 상형문자임. '딱딱한 거북이 등껍질'과 '투구를 뒤집어쓰고 있는 모습'에서 '갑옷 / 첫째'라는 뜻을 나타낸다.

例文　① 甲殼類(갑각류)　② 甲冑(갑주)　③ 甲論乙駁(갑론을박)　④ 甲男乙女(갑남을녀)

2

岬 = 山 + 甲

2급 / 8획	(곶 / 산허리 **갑**)

解說　'山(메 / 뫼 산)'과 '甲(갑)'을 조합한 글자임. '바다나 호수로 거북이 모양(甲)처럼 쭉 뻗어있는 육지(山)의 끝 부분'이라는 데서 '곶 / 곶이 / 산허리'라는 뜻을 나타낸다.

例文　① 長山岬(장산갑)　② 충남 공주 岬寺(갑사)

3

鉀 = 金 + 甲

2급 / 13획	(갑옷 **갑**)

解說　'金(쇠 금)'과 '甲(갑옷 갑)'을 조합한 글자임. '쇠붙이(金)가 달린 튼튼한 갑옷(甲)'이라는 뜻인데, 주로 인명(人名)에 사용한다.

4	匣 = 匚 + 甲	
1급 / 7획		(갑 / 작은상자 **갑**)

🐛 **解說**　'匚(상자 방)'과 '甲(갑옷 갑)'을 조합한 글자임. '귀중한 물건(甲)을 넣어서 보관하는 상자(匚)'라는 데서 '작은 상자'라는 뜻을 나타낸다.

🐛 **例文**　① 手匣(수갑)　② 文匣(문갑)　③ 紙匣(지갑)　④ 掌匣(장갑)

5	閘 = 門 + 甲	
1급 / 13획		(수문 / 닫을 **갑**)

🐛 **解說**　'門(문 문)'과 '甲(갑)'을 조합한 글자임. '저수지나 호수의 물을 흘려보내는 문(門)'이라는 데서 '수문(水門) / 물 문'이라는 뜻을 나타낸다.

🐛 **例文**　① 운하의 閘門(갑문)　② 閘頭(갑두 ; 가끔 열고 닫는 수문)

6	押 = 手 + 甲	
3급 / 8획		(누를 / 잡을 **압**)

🐛 **解說**　'手(손 수)'와 '甲(갑)'을 조합한 글자임. '톡 튀어나온 부분(甲)을 손(手)으로 누르거나 잡는다'는 데서 '누르다 / 잡다'는 뜻을 나타낸다. ＊'手(손 수)'가 다른 글자와 조합하여 글자 왼쪽에 오면 '扌(손수변)'으로 글자 모양이 바뀐다.

🐛 **例文**　① 押釘(압정)　② 押送(압송)　③ 押收(압수)　④ 差押(차압)

7	鴨 = 甲 + 鳥	
2급 / 16획		(오리 **압**)

🐛 **解說**　'甲(갑)'과 '鳥(새 조)'를 조합한 글자임. '새(鳥)의 일종인 오리의 울음소리가 "甲(갑)"과 비슷하다'는 데서 '오리'라는 뜻을 나타낸다.

🐛 **例文**　① 鴨綠江(압록강)　② 鴨黃(압황 ; 오리새끼)

1

岡 = 网 + 山

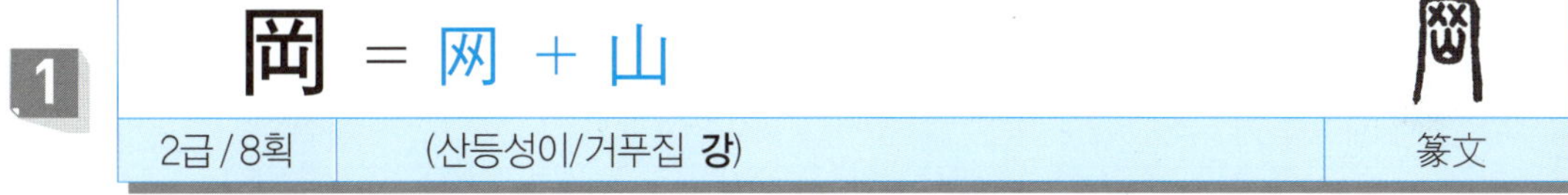

| 2급 / 8획 | (산등성이/거푸집 **강**) | 篆文 |

解說　'网(그물 망)'과 '山(뫼 산)'을 조합한 글자라는 학설과, '网(그물 망)'과 '火(불 화)'를 조합하여 '거푸집'을 나타내는 회의문자(會意文字)라는 학설이 있는데, 여기서는 '아치(网) 모양의 산(山)'을 본떠서 '산등성이'라는 뜻을 나타낸다. ＊'그물'을 나타내는 기본 글자에는 '网, 罒, 冈, 罔'이 있다는 것을 알아두면 한자 공부에 많은 도움이 된다.

例文　① 岡曲(강곡 ; 언덕 모퉁이) ② 岡陵(강릉 ; 언덕 / 구릉)

2

剛 = 岡 + 刀

| 3급 / 10획 | (굳셀 **강**) |

解說　'岡(산등성이 / 거푸집 강)'과 '刀(칼 도)'를 조합한 글자임. '단단한 거푸집(岡)을 칼(刀)로 쪼갠다'는 데서 '굳세다 / 강하다'는 뜻을 나타낸다. ＊'刀(칼 도)'가 다른 글자와 조합하여 글자 오른쪽에 오면 '刂 (선칼도)'로 글자 모양이 바뀐다.

例文　① 剛直(강직) ② 外柔內剛(외유내강) ③ 金剛山(금강산)

3

綱 = 糸 + 岡

| 3급 / 14획 | (벼리 **강**) |

解說　'糸(실 사)'와 '岡(산등성이 강)'을 조합한 글자임. '그물(网) 가장자리의 튼튼한 밧 줄(糸)'이라는 데서 '벼리/근본/다스림'이라는 뜻을 나타낸다. ＊'벼리'라는 것은 '그물 의 위쪽 코를 꿰어 오므렸다 폈다 하는 줄'을 말한다.

例文　① 綱領(강령)　② 大綱(대강)　③ 政綱(정강)　④ 紀綱(기강)

4

鋼 = 金 + 岡

3급 / 16획　　　(강철 **강**)

解說　'金(쇠 금)'과 '岡(산등성이/거푸집 강)'을 조합한 글자임. '거푸집(岡)에서 굳어진 쇠(金)는 단단하다'는 데서 '강철'이라는 뜻을 나타낸다.

例文　① 鋼鐵(강철)　② 鋼管(강관)　③ 鋼板(강판)　④ 鐵鋼(철강)

5

崗 = 山 + 岡

2급 / 11획　　　(언덕 **강**)

解說　'山(메/뫼 산)'과 '岡(산등성이 강)'을 조합한 글자로 "岡"의 속자(俗字)임. '산등 성이(岡) 위에 또 하나의 산(山)'이라는 데서 '큰 언덕'이라는 뜻을 나타낸다.

例文　① 花崗巖(화강암)

畺(지경 강) 그룹 漢字

---

1 畺 = 三 + 田 + 田

13획	(지경 / 경계선 **강**)	金文	篆文

解說　'三(석 삼)'과 '田+田(밭 전)'을 조합한 지사문자(指事文字)임. '밭(田)과 밭(田) 사이의 밭두둑(三)'이 '경계선'이라는 뜻을 나타내는데, "疆(강)"의 초문자(初文字)이다.

---

2 彊 = 弓 + 畺

2급 / 16획	(굳셀 **강**)

解說　'弓(활 궁)'과 '畺(경계선 강)'을 조합한 글자임. '활(弓)처럼 구불구불한 오래된 밭두둑(畺)은 튼튼하다'는 데서 '강하다/굳세다'는 뜻을 나타내는데, 주로 중국 사람의 인명(人名)에 사용한다.

---

3 疆 = 弓 + 土 + 畺

2급 / 19획	(지경 / 경계선 **강**)

解說　'弓(활 궁)'과 '土(흙 토)', '畺(경계선 강)'을 조합한 글자임. '활(弓)처럼 구불구불한 오래된 땅(土)의 밭두둑(畺)이 경계선'이라는 뜻을 나타낸다.

例文　① 疆界(강계 ; 국경)　② 祖國疆土(조국강토)　③ 萬壽無疆(만수무강)

4 薑 = 艸 + 畺

1급/17획　　　(생강 **강**)

解說　'艸(초)'와 '畺(경계선 강)'을 조합한 글자임. '밭두둑(畺)에서도 잘 자라는 식물(艸)'이라는 데서 '생강'이라는 뜻을 나타낸다. *'艸(풀 초)'가 다른 글자와 조합하여 글자 위쪽에 오면 '艹(초두머리)'로 글자 모양이 바뀐다. *약자(略字)는 '薑(16획)'임. *일본 상용한자와 중국 간체자(簡體字)에서는 '艹(4획/초두머리)'를 '艹(3획/초두머리)'로 표기함에 유의해야 한다.

例文　① 生薑(생강)　② 乾薑(건강 ; 마른 생강)

1	介		
	3급 / 4획	(낄 **개**)	甲骨文字　篆文

解說　갑골문자(甲骨文字)와 전문(篆文)에서는 '갑옷 속에 들어가 있는 사람의 모습'을 본뜬 상형문자임. 원래는 '갑옷 속에 들어가 있는 사람'에서 '어떤 문제를 해결하기 위해 두 사람(人) 사이에 끼어든 사람(儿)'이라는 뜻으로 발전하여 '끼어들다 / 개입하다'는 뜻이다.

例文　① 介入(개입)　② 紹介(소개)　③ 介意(개의)　④ 仲介(중개)

2	价 = 人 + 介
	2급 / 6획　(클 / 심부름할 **개**)

解說　'人(사람 인)'과 '介(낄 개)'를 조합한 글자임. '어떤 어려운 문제를 해결해 주기 위해 사람(人)과 사람(人) 사이에 끼어들다(介)'라는 데서 '(마음이) 크다 / 착하다 / 중개하다'는 뜻을 나타낸다.

例文　① 价人(개인 ; 큰 사람)　② 使价(사개 ; 심부름꾼)

3	芥 = 艸 + 介
	1급 / 8획　(겨자 / 티끌 **개**)

解說 '艸(풀 초)'와 '介(낄 개)'를 조합한 글자임. '음식에 끼어(介) 들어 입맛을 돋우는 식물(艸)'이라는 데서 '겨자'라는 뜻을 나타낸다. *약자(略字)는 '芥(7획)'임. *'艸(풀 초)'가 다른 글자와 조합하여 글자 위쪽에 오면 '艹(초두머리)'로 글자 모양이 바뀐다.

例文 ① 芥子(개자) ② 草芥(초개) ③ 塵芥(진개)

---

4 界 = 田 + 介

6급 / 9획   (지경 / 경계선 **계**)

解說 '田(밭 전)'과 '介(낄 개)'를 조합한 글자임. '밭(田)과 밭(田) 사이에 끼어(介) 있는 경계선'이라는 뜻을 나타낸다.

例文 ① 世界(세계) ② 業界(업계) ③ 限界(한계) ④ 境界線(경계선)

---

1 皆 = 比 + 曰

| 3급 / 9획 | (다 / 모두 **개**) | 金文 | 篆文 |

🐛 **解說** 금문(金文)과 고문(古文)에서는 '比(견줄 비)'와 '曰(가로 왈)'을 조합한 글자임. '하늘에서 여러 명(比)의 신(神)들이, 신(神)에게 바치는 축문(祝文)이 든 그릇(曰)으로 내려온다'는 데서 '모두 / 다'라는 뜻을 나타낸다. * 혼자 내려오는 신(神)은 19페이지 '各(각각 각)'으로 표현한다.

🐛 **例文** ① 皆勤賞(개근상) ② 皆旣日蝕(개기일식) ③ 皆骨山(개골산)

---

2 階 = 阜 + 皆

| 4급 / 12획 | (섬돌 / 층계 **계**) |

🐛 **解說** '阜(언덕 / 사다리 부)'와 '皆(모두 개)'를 조합한 글자임. '하늘의 여러 명(比)의 신(神)들이 모두(皆) 오르내리는 사다리(阜)가 있는 곳'이라는 데서 '섬돌 / 층계'라는 뜻을 나타낸다. * '섬돌'이란, '오르내리게 된 돌층계'를 가리키는 말이다. * '阜(언덕 / 사다리 부)'가 다른 글자와 조합하여 글자 왼쪽에 오면 'ß (좌부변)'으로 글자 모양이 바뀐다.

🐛 **例文** ① 階段(계단) ② 階級(계급) ③ 階層(계층) ④ 位階秩序(위계질서)

---

3 偕 = 人 + 皆

| 1급 / 11획 | (함께 **해**) |

解說 '人(사람 인)'과 '皆(모두 개)'를 조합한 글자임. '하늘에서 내려온 신들(皆)과 사람(人)이 함께 있다'는 데서 '함께'라는 뜻을 나타낸다.

例文 ① 百年偕老(백년해로) ② 偕老同穴(해로동혈)

4

楷 = 木 + 皆

1급/13획   (본보기/해서 **해**)

解說 '木(나무 목)'과 '皆(모두 개)'를 조합한 글자임. '하늘에서 내려온 신들(皆)이 머무는 나무(木)'라는 데서 '모범/본보기가 된다'는 뜻을 나타낸다.

例文 ① 楷書(해서 ; 正書) ② 楷字(해자 ; 楷書)

5

諧 = 言 + 皆

1급/16획   (화할/농지거리 **해**)

解說 '言(말씀 언)'과 '皆(모두 개)'를 조합한 글자임. '분위기가 어색할 때 그 자리에 참석한 모두(皆)가 농담 한 마디씩 말하면(言) 분위기가 부드러워진다'는 데서 '화합(和合)하다/어울리다/농지거리하다'는 뜻을 나타낸다.

例文 ① 諧謔(해학 ; 품위 있는 농담) ② 諧語(해어 ; 농담)

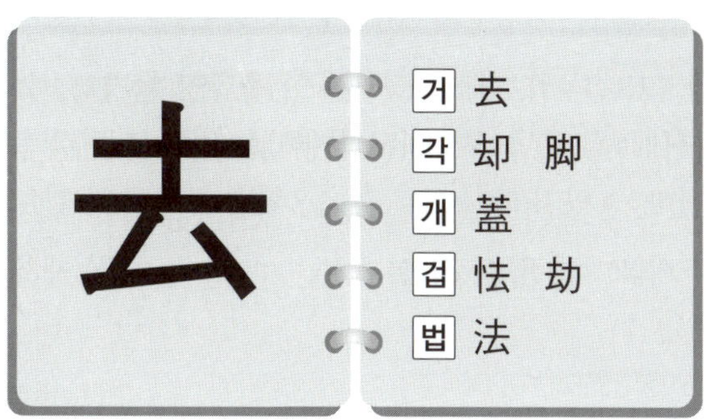

1 去 = 大 + 凵

5급/5획	(갈 **거**)

解說 '大(큰 대)'와 '凵(입벌릴 감)'을 조합한 회의문자(會意文字)임. 옛날에는 '신(神)'을 모독한 사람(大)이 재판에서 지면 죽이고, 그가 신(神)에게 맹세했던 축문이 든 그릇(口)은 뚜 껑을 제거하고/부수고(凵) 버린다'는 데서 '제거하다/떠나가다/가다'는 뜻을 나타낸다.

例文 ① 過去(과거) ② 去來(거래) ③ 收去(수거) ④ 去頭截尾(거두절미)

2 却 = 去 + 卩

3급/7획	(물리칠/물러날 **각**)

解說 '去(갈 거)'와 '卩/卪(꿇어앉은사람/무릎마디 절)'을 조합한 글자임. '신(神)'을 모 독한 사람이 재판에 지고 물러날(去) 때는 무릎걸음(卪)으로 물러난다'는 뜻을 나타낸다.

例文 ① 棄却(기각) ② 賣却(매각) ③ 退却(퇴각)

3 脚 = 肉 + 却

3급/11획	(다리 **각**)

解說 '肉(고기 육)'과 '却(물리칠 각)'을 조합한 글자임. '신(神)'을 모독한 사람이 재판에 지고 무릎걸음(卪)으로 물러날(却) 때 사용하는 몸(肉)'은 '다리/정강이'라는 뜻을 나타낸다.

例文 ① 脚線美(각선미) ② 脚氣病(각기병) ③ 橋脚(교각) ④ 脚本(각본)

4 蓋 = 艸 + 去 + 皿

3급 / 14획 　　　　(덮을 **개**)

解說　'艸(풀 초)'와 '去(갈 거)', '皿(그릇 명)'을 조합한 글자임. '신(神)을 모독한 사람(去) 과 그가 사용하던 그릇(皿)을 구덩이에 묻고 풀(艸)로 덮어 가린다'는 데서 '덮개로 덮다/뚜 껑'이라는 뜻을 나타낸다. ＊약자(略字)는 '蓋(13획)'이고, 중국 간체자(簡體字)는 '盖'임.

例文　① 頭蓋骨(두개골)　② 覆蓋川(복개천)　③ 蓋世之才(개세지재)

5 怯 = 心 + 去

1급 / 8획 　　　　(겁낼 **겁**)

解說　'心(마음 심)'과 '去(갈 거)'를 조합한 글자임. '신(神)을 모독한 사람(去)의 두려운 마음(心)'이라는 데서 '두려워하다/겁이 많다'는 뜻을 나타낸다.

例文　① 怯(겁)이 많다　② 卑怯(비겁)

6 劫 = 去 + 力

1급 / 7획 　　　　(위협할 / 겁탈할 **겁**)

解說　'去(갈 거)'와 '力(힘 력)'을 조합한 글자임. '신(神)을 모독한 사람(去)에게 힘(力) 을 과시하다'에서 '위협하다'는 뜻을 나타낸다.

例文　① 劫奪(겁탈)　② 永劫(영겁 ; 영원한 세월)

7 法 = 水 + 去

5급 / 8획 　　　　(법 / 불교 **법**)　　　　金文　　　　篆文

解說　'水(물 수)'와 '去(갈 거)'를 조합한 글자임. '신(神)을 모독하여 재판에 진 사람 (大)은 죽이고, 그가 맹세했던 축문이 든 그릇(口)은 부서뜨려(凵) 물(水)에 떠내려 보내는 (去) 것'이 옛날의 '법/법도'이었다. ＊'순리대로 흘러가는(去) 물(水)처럼 법(法)도 만인 에게 순리대로 집행되어야 한다'는 것은 원래의 뜻과 다른 해석이다.

例文　① 憲法(헌법)　② 民法(민법)　③ 商法(상법)　④ 刑法(형법)
　　　⑤ 民事訴訟法(민사소송법)　⑥ 刑事訴訟法(형사소송법)

巨(클 거) 그룹 漢字

거	巨 拒 距 渠
구	矩

1

巨			臣	巨
4급/5획	(클 **거**)		金文	篆文

解說 '가운데에 손잡이가 달린 커다란 자/잣대'를 본뜬 상형문자임. '손잡이가 달릴 정도의 큰 잣대'라는 데서 '아주 크다/굉장히 크다'는 뜻을 나타낸다.

例文 ① 巨大(거대) ② 巨物(거물) ③ 巨額(거액)

2

拒 = 手 + 巨	
4급/8획	(막을 **거**)

解說 '手(손 수)'와 '巨(클 거)'를 조합한 글자임. '손잡이(手)가 달린 큰 잣대(巨) 모양의 틀을 만들어 길의 통행을 막는다'는 데서 '막다/물리치다'는 뜻을 나타낸다. * '手(손 수)'가 다른 글자와 조합하여 글자 왼쪽에 오면 'ㅣ(손수변)'으로 글자 모양이 바뀐다.

例文 ① 拒絕(거절) ② 拒逆(거역) ③ 拒否(거부) ④ 抗拒(항거)

3

距 = 足 + 巨	
3급/12획	(상거(相距)할/떨어질 **거**)

解說 '足(발 족)'과 '巨(클 거)'를 조합한 글자임. '닭 뒷발굽치(足)에 톡 튀어나온(巨) 며느리발톱은 외따로 떨어져 있다'는 데서 '사이를 떼다/거리가 떨어지다'는 뜻을 나타낸다.

例文 ① 距離感(거리감) ② 短距離(단거리) ③ 長距離(장거리)

4 渠 = 水 + 巨 + 木

| 1급/12획 | (개천/도랑 **거**) |

解說   '水(물 수)'와 '巨(거)', '木(나무 목)'을 조합한 글자임. '물(水)이 흘러가는 도랑/개울(巨)을 나무(木)로 짜서 인공적으로 만들었다'는 데서 '인공적으로 만든 도랑/개울'이라는 뜻을 나타낸다.

例文   ① 溝渠(구거 ; 도랑/개울) ② 下水管渠(하수관거) 공사(工事)

5 矩 = 矢 + 巨

| 1급/10획 | (모날/법/곱자 **구**) |

解說   '矢(화살 시)'와 '巨(클 거)'를 조합한 글자임. '화살(矢)처럼 곧고 똑바른 자(巨)로 각도를 잰다'는 데서 '법/곱자/모나다'는 뜻을 나타낸다.

例文   ① 矩度(구도 ; 법/법칙) ② 矩尺(구척 ; 곱자)

1

車			車	車	車
7급/7획		(수레 **거/차**)	甲骨文字	金文	篆文

解說　'양쪽에 바퀴가 달린 수레'를 본뜬 상형문자로, '양쪽에 바퀴가 달린 수레'라는 뜻을 나타낸다. ＊중국 간체자(簡體字)는 '车'임.

例文　① 車載斗量(거재두량)　② 自轉車(자전거)　③ 車費(차비)　④ 自動車(자동차)

2

庫 = 广 + 車

4급/10획	(곳집/창고 **고**)

解說　'广(집 엄)'과 '車(수레 거)'를 조합한 글자임. '수레(車)를 넣어두는 집(广)'이라는 데서 '창고/곳집'이라는 뜻을 나타낸다.

例文　① 車庫(차고)　② 金庫(금고)　③ 冷藏庫(냉장고)　④ 倉庫(창고)

3

轟 = 車 + 車 + 車

1급/21획	(수레소리 **굉**)

解說　'車(수레 거/차)' 세 글자를 조합한 글자임. '여러 대의 수레(車+車+車)가 요란하게 소리를 내며 굴러간다'는 데서 '굉장한 소리가 울리다/굉장한 소리를 내다'는 뜻이다.

例文　① 轟音(굉음)　② 轟破(굉파 ; 포격하여 파괴함)

4 **輦** = 夫 + 夫 + 車

1급 / 15획　　　(손수레 **련**)

解說　'夫(지아비 부)' 두 글자와 '車(수레 거/차)'를 조합한 글자임. '두 사람(夫+夫)이 앞에서 수레(車)를 끌고 간다' 는 데서 '가마/손수레' 라는 뜻을 나타낸다.

例文　① 輦車(연차 ; 손수레) ② 玉輦(옥련 ; 임금이 타는 수레)

5 **軋** = 車 + 乙

1급 / 8획　　　(삐걱거릴 **알**)

解說　'車(수레 거/차)' 와 '乙(둘째 을)' 을 조합한 글자임. '수레(車)가 굴러가지 못하도록 돌멩이(乙)를 고아두었다' 는 데서 '움직이지 않고 삐걱거리다' 는 뜻을 나타낸다.

例文　① 軋轢(알력 ; 不和) ② 軋刑(알형 ; 수레바퀴로 깔아뭉개는 형벌)

6 **軟** = 車 + 欠

3급 / 11획　　　(연할 **연**)

解說　'車(수레 거/차)' 와 '欠(하품/입벌릴 흠)' 을 조합한 글자임. '수레/가마(車)를 탄 사람이 하품(欠)할 정도로 조심스럽게 끌고 간다' 는 데서 '부드럽다/연하다' 는 뜻을 나타낸다. *중국 간체자(簡體字)는 '软' 임.

例文　① 軟膏(연고) ② 軟弱(연약) ③ 軟體動物(연체동물 ; 문어 따위)

7 **陣** = 阜 + 車

4급 / 10획　　　(진칠 **진**)

解說　원래는 '陳' 이었으나, '阜(언덕/사다리 부)' 와 '車(수레 거/차)' 를 조합한 글자임. '신(神)들이 사다리(阜)를 타고 오르내리는 곳' 에, 또는 '언덕(阜) 위에 병거(兵車)를 배치해야 승리한다' 는 데서 '진을 치다' 는 뜻을 나타낸다. *阜(언덕/사다리 부)가 다른 글자와 조합하여 글자 왼쪽에 오면 'ß (좌부변)' 으로 글자 모양이 바뀐다.

例文　① 陣營(진영) ② 敵陣(적진) ③ 陣地(진지) ④ 陣頭指揮(진두지휘)

1

1급 / 3획	(수건 **건**)	甲骨文字	金文	篆文

解說 '헝겊에 끈을 달아 허리띠에 찔러넣은 모양'을 본뜬 상형문자로, '수건 / 헝겊 / 천' 이라는 뜻을 나타낸다.

例文 ① 手巾(수건) ② 頭巾(두건) ③ 巾帽건모)

2

繭

1급 / 19획	(고치 **견**)

解說 '뽕잎을 먹고 자란 누에(虫)가 실(糸)을 토해내어 고치(巾)를 만들어 그 속에 들어 가 있는 모습'을 본뜬 글자로, '누에고치'라는 뜻을 나타낸다. * 일본 상용한자는 '繭(18 획)'이고, 중국 간체자(簡體字)는 '茧'임.

例文 ① 繭絲(견사) ② 蠶繭(잠견) ③ 山繭(산견) ④ 野繭(야견)

1 建 = 聿 + 廴

| 5급 / 9획 | (세울 **건**) | 金文 | 篆文 |

解說 '聿(붓 율)'과 '廴(길게걸을 인)'을 조합한 글자임. 원래 '廴'은 어떤 의식(儀式)을 행하는 중정(中廷) 주변의 벽(壁)을 의미하는데, 그 중정(中廷)에 '붓(聿)'을 세워서 쓰러지는 쪽으로 방위(方位)나 지상(地相)을 점쳐서 위치를 정하여 측량하고 건축의 기초를 다져 도읍(都邑)을 정한다'는 것이 본래의 의미였으나, 훗날 '(건물을) 세우다 / 건립하다'는 뜻으로 발전하여 쓰이게 되었다. * 자료에 의하면, 국가의 중요한 건축물을 짓는 데에는 먼저 신(神)에게 희생제물(豕)을 바치고 땅에 묻어 토신(土神)이 노하지 않도록 제사를 지낸 다음에 공사를 시작했다고 한다. 그 대표적인 한자로 '宀(집 면)+豕(돼지 / 짐승 시)＝家(집 가)'가 있다.

例文 ① 建立(건립) ② 建築工事(건축공사) ③ 建設會社(건설회사)

2 健 = 人 + 建

| 5급 / 11획 | (굳셀 / 건장할 **건**) |

解說 '人(사람 인)'과 '建(세울 건)'을 조합한 글자임. '몸을 똑바로 세우고(建) 걷는 사람(人)은 건강하다'는 데서 '건강하다 / 굳세다 / 굳세고 튼튼하다'는 뜻을 나타내는데, 때로는 '보통 이상으로 / 대단히 / 심히'라는 뜻을 나타내기도 한다.

例文 ① 健康(건강) ② 健全(건전)한 정신 ③ 保健所(보건소) ④ 健忘症(건망증)

3 鍵 = 金 + 建

2급/17획 (자물쇠/열쇠 **건**)

解說 '金(쇠 금)'과 '建(세울 건)'을 조합한 글자임. '문을 걸어 잠글 때 쇠(金)로 된 자물쇠를 세워(建)서 걸어두기도 하고 풀기도 한다'는 데서 '자물쇠/열쇠'라는 뜻을 나타낸다.

例文 ① 鍵盤樂器(건반악기) ② 關鍵(관건)

4 腱 = 肉 + 建

1급/13획 (힘줄 **건**)

解說 '肉(몸/고기 육)'과 '建(세울 건)'을 조합한 글자임. '몸(肉)이 제대로 서(建) 있도록 받쳐주는 것'은 '힘줄'이라는 뜻을 나타낸다. * '肉(몸/고기 육)'이 다른 글자와 조합하여 글자 왼쪽에 오면 '月(육달월)'로 글자 모양이 바뀐다.

例文 ① 아킬레스腱(건) ② 腱反射(건반사 ; 근육이 일으키는 반사)

1

桀 = 舛 + 木

2급 / 10획	(홰/사나울 **걸**)	古文	篆文

解說　'舛(왼발오른발/어그러질 천)'과 '木(나무 목)'을 조합한 글자임. '닭이 두 발(舛)로 앉아 있는 나무(木)'라는 데서 '홰/횃대'라는 뜻을 나타내고, '나무(木)에 두 다리(舛)를 묶어 두었다'는 데서 '사납다'는 뜻을 나타낸다. * '舛(왼발오른발/어그러질 천)'은 두 발이 서로 반대 방향으로 향해 있는 모양을 본뜬 상형문자이며, 그 대표적인 한자인 '舞(춤출 무)'는 '양쪽 발(舛)을 이리저리 옮겨가며 춤춘다'는 뜻의 한자이다.

例文　① 하(夏) 나라의 桀王(걸왕)　② 桀犬吠堯(걸견폐요)

2

傑 = 人 + 桀

4급 / 12획	(뛰어날/호걸 **걸**)

解說　'人(사람 인)'과 '桀(홰 걸)'을 조합한 글자임. '홰(桀)에 늠름하게 앉아서 이리저리 살피고 있는 수탉처럼 뛰어난 사람(人)'이라는 데서 '뛰어나게 높고 훌륭한 인물/호걸/준걸'이라는 뜻을 나타낸다.

例文　① 英雄豪傑(영웅호걸)　② 傑作品(걸작품)　③ 俊傑(준걸)

| 격 | 鬲 隔 膈 |
| 융 | 融 |

1

鬲

| 10획 | (오지병 / 멀 **격** / 솥 **력**) | 甲骨文字 | 金文 | 篆文 |

解說 '다리가 셋 달린 솥 / 오지병'을 본뜬 상형문자임. '솥 / 오지병의 다리가 서로 멀리 떨어져 있다'는 데서 '멀다'는 뜻을 나타낸다.

2

隔 = 阜 + 鬲

| 3급 / 13획 | (사이뜰 / 막을 **격**) |

解說 '阜(언덕 / 사다리 부)'와 '鬲(오지병 격)'을 조합한 글자임. '신(神)이 오르내리는 사다리(阜)가 있는 신성한 곳에, 속이 빈 그릇(鬲)들을 외따로 묻어 두어 그곳에 신(神)이 머물게 하였다'는 데서 '사이가 뜨다 / 가로막다'는 뜻을 나타낸다고 한다. * '阜(언덕 / 사다리 부)'가 다른 글자와 조합하여 글자 왼쪽에 오면 'ß (좌부변)'으로 글자 모양이 바뀐다.

例文 ① 隔離(격리) ② 隔世之感(격세지감) ③ 隔月(격월) ④ 隔週(격주) ⑤ 隔靴搔癢(격화소양)

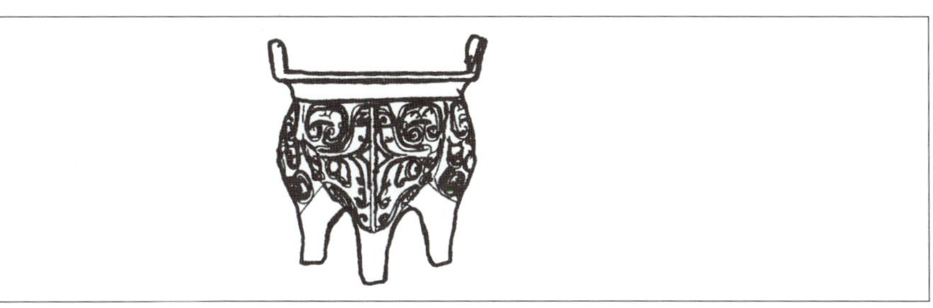

3

膈 = 肉 + 鬲

| 1급 / 14획 | (가슴 **격**) |

解說　'肉(몸/고기 육)'과 '鬲(오지병 격/굽은솥 력)'을 조합한 글자임. '우리 몸(肉)에서 오지병/솥(鬲) 모양을 하고 가슴을 떠받친다'는 데서 '가슴/흉격'이라는 뜻을 나타낸다. *'肉(몸/고기 육)'이 다른 글자와 조합하여 글자 왼쪽에 오면 '月(육달월)'로 글자 모양이 바뀐다.

例文　① 橫膈膜(횡격막) ② 胸膈(흉격 ; 심장과 비장 사이의 가슴 부분)

4

融 = 鬲 + 虫

| 2급 / 16획 | (녹을 **융**) |

解說　'鬲(오지병 격)'과 '虫(벌레 충)'을 조합한 글자임. '오지병 그릇(鬲)에 보관한 음식이 녹아서 부패되면 벌레(虫)가 생긴다'는 데서 '녹다/녹이다'는 뜻을 나타낸다.

例文　① 融化(융화) ② 融合(융합) ③ 金融機關(금융기관) ④ 融通性(융통성)

---

1 轂 / 轂 = 軎 + 殳

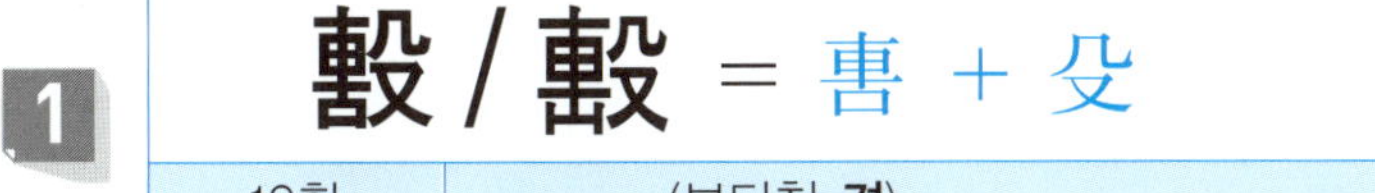

| 13획 | (부딪칠 **격**) | 篆文 |

解說   '軎(굴대끝 세)＋殳(몽둥이 수)'를 조합한 글자임. 수레(車)와 수레(車)가 맞닿아, '바퀴굴대의 비녀장이 서로 부딪히다' 라는 뜻을 나타낸다. ＊'轂'은 '轂' 에서 변형된 글자임.

---

2 撃 = 轂 + 手

| 4급 / 17획 | (칠 **격**) |

解說   '轂(부딪칠 격)' 과 '手(손 수)'를 조합한 글자임. '수레(車)와 수레(車)의 바퀴가 맞닿아 바퀴굴대의 끝(軎)이 서로 부딪칠 정도로 가까이 접근하여 손(手)에 든 무기(殳)로 공격한다' 는 데서 '치다／공격하다' 는 뜻을 나타낸다. ＊일본 상용한자는 '撃(15획)' 임.

例文   ① 攻擊(공격) ② 射擊(사격) ③ 擊退(격퇴) ④ 擊沈(격침)

---

3 繫 = 轂 + 糸

| 3급 / 19획 | (맬 **계**) |

解說   '轂(부딪칠 격)' 과 '糸(실 사)'를 조합한 글자임. '수레(車)와 수레(車)가 맞닿아 바퀴굴대의 끝(軎)이 서로 부딪칠 정도로 2대의 수레를 끈(糸)으로 연결해 두었다' 는 데서 '잇다／매다／연결시키다' 는 뜻을 나타낸다.

例文   ① 비행기 繫留場(계류장) ② 連繫(연계)

견	犬
돌	突
헌	獻
옥	獄
수	獸

1. 犬

4급/4획	(개 **견**)	甲骨文字	金文	篆文

解說 갑골문자(甲骨文字)에서는 '늠름한 사냥개 모양'을 본뜬 글자임.

例文 ① 犬馬之勞(견마지로) ② 犬猿之間(견원지간) ③ 犬兔之爭(견토지쟁)

2. 突 = 穴 + 犬

3급/9획	(갑자기/부딪칠 **돌**)

解說 '穴(구멍 혈)'과 '犬(개 견)'을 조합한 글자임. '개(犬)가 구멍(穴)에서 갑자기 튀어 나온다'는 데서 '갑자기 쑥 내밀다/돌출하다/부딪치다'는 뜻을 나타낸다. *일본 상용한자는 '突(8획)'임.

例文 ① 突進(돌진) ② 突起(돌기) ③ 突擊(돌격) ④ 追突事故(추돌사고)

3. 獻 = 虍 + 鬲 + 犬

3급/20획	(드릴/권할 **헌**)

解說 '虍(범무늬 호)'와 '鬲(오지병 격)', '犬(개 견)'을 조합한 글자임. '제사용으로 만든 그릇(鬲)이 완성되면 먼저 개(犬) 피를 뿌려서 얼룩얼룩(虍)하게 하여 부정(不淨)을 없애고 신(神)에게 바쳤다'는 데서 '신(神)에게 바치다/드리다'는 뜻을 나타낸다.

例文 ① 獻金(헌금) ② 獻身(헌신) ③ 獻納(헌납) ④ 文獻(문헌)

4	獄 = 犬 + 言 + 犬		金文	篆文
3급 / 14획	(감옥 **옥**)			

解說 ‘犬＋犬(개 견)’과 ‘言(말씀 언)’을 조합한 글자임. 재판을 신청한 두 사람이 각각 제출한 두 마리의 개(犬＋犬)와, 신(神)에게 바치는 축문이 든 그릇(口)을 앞에 두고 맹세한 것이 거짓으로 드러나면 바늘(辛)로 문신을 하는 형벌을 받아도 좋다는 뜻의 “언(言)”을 조합한 재판(裁判)에 관한 글자이다. *두 마리(犬＋犬)의 개처럼 말다툼(言)하다가 감옥에 간다는 말은 본래의 뜻과는 거리가 멀다. *‘犬(개 견)’이 다른 글자와 조합하여 글자 왼쪽에 오면 ‘犭(개견변/개사슴록변)’으로 글자 모양이 바뀐다.

例文 ① 獄舍(옥사) ② 監獄(감옥) ③ 獄苦(옥고) ④ 投獄(투옥) ⑤ 地獄(지옥)

5	獸 = 單 + 口 + 犬		甲骨文字	金文	篆文
3급 / 19획	(짐승 **수**)				

解說 ‘單(홑 단)’과 ‘口’와 ‘犬(개 견)’을 조합한 글자로, 갑골문자(甲骨文字)와 금문(金文)에서는 “狩(사냥 수)”의 초문자(初文字)이었음. ‘신(神)에게 바치는 축문이 든 그릇(口)을 앞에 두고 신(神)에게 바치기 위해 방패(單)를 들고 개(犬)를 동원하여 사냥해서 잡은 짐승’이라는 뜻이나, 지금은 단순히 ‘짐승’이라는 뜻으로 쓰인다. *‘單(홑 단)’이 ‘방패’라는 것은 258페이지 ‘單(홑 단)’ 참조. *일본 상용한자는 ‘獣(16획)’이고, 중국 간체자(簡體字)는 ‘兽(11획)’임.

例文 ① 禽獸(금수) ② 獸醫師(수의사) ③ 猛獸(맹수) ④ 野獸(야수)

1 **开** **开**
| 6획 | (평탄할 **견**) | 篆文 |

解說　'여자의 머리에 꽂는 비녀 2개를 나란히 세운 모양'의 상형문자임. '2개의 비녀를 나란히 꽂아 나란히 한다'는데서 '평탄하다/나란히 하다'는 뜻이나, 단독으로는 잘 쓰이지 않는다. * '비녀'는 쪽진 머리가 풀어지지 않도록 여자의 머리에 꽂는 장신구(裝身具)임.

2 **研 = 石 + 开**
| 4급 / 11획 | (갈/연구할 **연**) |

解說　'石(돌 석)'과 '开(평탄할 견)'을 조합한 글자임. '비녀(开)를 만들 때 돌(石)을 이용해서 갈고 닦는다'는 데서 '갈다/갈고 다듬다/연구하다'는 뜻을 나타낸다. * 일본 상용한자는 '研(9획)'임.

例文　① 研磨(연마)　② 研究所(연구소)　③ 研修院(연수원)

3 **妍 = 女 + 开**
| 2급 / 9획 | (고울 **연**) |

解說　'女(여자 여)'와 '开(평탄할 견)'을 조합한 글자임. '머리에 예쁜 비녀(开)를 꽂은 여자(女)'라는 데서 '곱다/예쁘다'는 뜻을 나타내는데, 주로 인명(人名)에 사용한다.

견	見
관	寬
연	硯
친	親
현	現　峴
멱	覓

1. 見

5급/7획	(볼 **견**/뵈올 **현**)	甲骨文字	金文	篆文

解說　'사물을 보는 사람의 눈(目)'을 강조한 상형문자임.

例文　① 見蚊拔劍(견문발검)　② 見物生心(견물생심)　③ 謁見(알현)
④ 見危致命(견위치명)

2. 寬 = 宀 ＋ 卝 ＋ 見 ＋ 丶

3급/15획	(너그러울 **관**)	篆文

解說　'宀(집 면)'과 '卝', '見', '丶'을 조합한 글자임. '눈썹을 진하게 그린 무당이 신(神)을 섬기는 집(宀)에서 신들린 상태가 되어 너그럽다/관대하다/관용을 베풀다'는 뜻임.
＊일본 상용한자는 '寛(13획)'이고, 중국 간체자(簡體字)는 '宽(10획)'임.

例文　① 寬大(관대)　② 寬容(관용)　③ 寬仁大度(관인대도)

3. 硯 = 石 ＋ 見

2급/12획	(벼루 **연**)

解說　'石(돌 석)'과 '見(볼 견)'을 조합한 글자임. '눈을 크게 뜨고(見) 벼루(石)에다 먹을 가는 사람 모양'을 본떠서 '벼루'라는 뜻을 나타낸다.

例文　① 硯臺(연대 ; 벼루)　② 硯滴(연적)　③ 硯池(연지)

4 親 = 辛 + 木 + 見

| 6급/16획 | (친할/어버이 **친**) | 甲骨文字 | 金文 | 篆文 |

解說 '辛(매울 신)'과 '木(나무 목)', '見(볼 견)'을 조합한 글자임. '손잡이가 달린 침 (辛)을 던져서 선택한 나무(木)를 도끼(斤)로 잘라서 부모님의 위패(位牌)를 만들어 늘 가까이에 두고 본다(見)'는 데서 '친하다/어버이'라는 뜻을 나타낸다. ＊'자라는(立) 나무(木)를 돌보듯이(見) 자라는 자식들을 돌본다'는 말은 본래의 뜻과는 관계가 없는 이야기이다.

例文 ① 親切(친절) ② 親父母(친부모) ③ 父親(부친) ④ 母親(모친)

5 現 = 玉 + 見

| 6급/11획 | (나타날/지금 **현**) |

解說 '玉(구슬 옥)'과 '見(볼 견)'을 조합한 글자임. '구슬(玉)을 갈고 닦으면 아름다운 무늬가 나타난다(見)'는 데서 '나타나다/지금'이라는 뜻을 나타낸다. ＊玉(구슬 옥)이 다른 글자와 조합하여 글자 왼쪽에 오면 '王(구슬옥변)'으로 글자 모양이 바뀐다. 이 경우에는 '王(임금왕)'이라고 하지 않음에 유의해야 한다.

例文 ① 現代(현대) ② 現金(현금) ③ 現在(현재) ④ 現實主義(현실주의)

6 峴 = 山 + 見

| 2급/10획 | (고개/재 **현**) |

解說 '山(메/뫼 산)'과 '見(볼 견)'을 조합한 글자임. '높은 곳(山)에 올라서면 모든 것이 다 보인다(見)'는 데서 '고개/재'라는 뜻을 나타낸다.

例文 ① 서울 阿峴洞(아현동) ② 경기도 고양시 炭峴洞(탄현동)

7 覓 = 爪 + 見

| 2급/11획 | (찾을 **멱**) |

解說 '爪(손톱 조)'와 '見(볼 견)'을 조합한 글자임. '손(爪)으로 파헤치며 본다(見)'는 데서 '찾다'는 뜻을 나타낸다.

例文 ① 覓得(멱득) ② 覓索(멱색)

1 臤 = 臣 + 又

| 8획 | (굳을 **견**) | 金文 | 篆文 |

解說　'臣(신하 신)'과 '又(오른손/또 우)'를 조합한 글자임. 금문(金文)에서는 '눈동자(臣)를 손(又)으로 찔러서 장님을 만들어 신을 섬기게 한다' 는 글자이나 단독으로는 쓰이지 않는다.

2 堅 = 臤 + 土

| 4급 / 11획 | (굳을 **견**) |

解說　'臤(굳을 견)', '土(흙 토)'를 조합한 글자임. '임금은 제일 먼저 신하(臣)를 한 손(又)에 움켜쥐어야 나라(土)가 굳건해진다' 는 데서 '굳세다/강하다' 는 뜻을 나타낸다.

例文　① 堅固(견고) ② 堅持(견지) ③ 堅果類(견과류 ; 호두/잣/땅콩 등)

3 緊 = 臤 + 糸

| 3급 / 14획 | (긴할 / 급할 **긴**) |

解說　'臤(굳을 견)', '糸(실 사)'를 조합한 글자임. '죄를 지은 신하(臣)의 손(又)을 재빨리 줄(糸)로 묶는다' 는 데서 '긴급하다 / 요긴하다' 는 뜻을 나타낸다.

例文　① 緊扱措置(긴급조치) ② 緊迫感(긴박감) ③ 緊張(긴장) ④ 緊要(긴요)

4　腎 = 臤 + 肉

| 2급 / 12획 | (콩팥 **신**) |

解說　‘臤(굳을 견)’과 ‘肉(고기 / 몸 육)’을 조합한 글자로, ‘콩팥’이라는 뜻을 나타낸다.
＊ ‘肉(고기 / 몸 육)’이 다른 글자의 아래에 오면 ‘月(육달 월)’로 글자 모양이 바뀐다.

例文　① 腎臟(신장)　② 腎不全症(신부전증)　③ 腎虛腰痛(신허요통)

5　賢 = 臤 + 貝

| 4급 / 15획 | (어질 **현**) |

解說　‘臤(굳을 견)’과 ‘貝(돈 / 재물 / 조개 패)’를 조합한 글자임. ‘어진 신하(臣)는 자주
(又) 남에게 재물(貝)을 베푼다’는 데서 ‘어질다 / 돈이 많다’는 뜻을 나타낸다.

例文　① 賢明(현명)　② 賢母良妻(현모양처)　③ 賢人(현인)　④ 賢君(현군)

6　竪 = 臤 + 立

| 1급 / 13획 | (세울 / 아이 **수**) |

解說　‘臤(굳을 견)’과 ‘立(설 립)’을 조합한 글자로, ‘세우다 / 더벅머리’라는 뜻을 나타
낸다. ＊ 원래는 ‘豎’이나, 지금은 속자(俗字)인 ‘竪’가 널리 쓰이고 있다.

例文　① 橫說竪說(횡설수설)　② 竪童(수동 ; 심부름하는 더벅머리 아이)

1 遣

| 3급 / 14획 | (보낼 **견**) | 甲骨文字 | 金文 | 篆文 |

解說 갑골문자(甲骨文字)와 금문(金文)에서는 '고깃덩어리(自)를 두 손에 들고(舁) 가는 모양'의 글자임. '전쟁하러 출정할 때 신(神)에게 승리를 기원하는 제사를 지내고, 그 수호령(守護靈)이 깃든 고깃덩어리(自)를 군인들의 양손에 들려(舁) 멀리 전쟁터로 보낸다(辶/쉬엄쉬엄갈 착)'는 데서 '파견하다/멀리 보내다'는 뜻이고, 전문(篆文)에서는 '舁'와 '自', '辶(쉬엄쉬엄갈/뛸 착)'을 조합한 글자로, '고깃덩어리를 두 손에 들려(舁) 신(神)이 오르내리는 신성한 곳(自)으로 보낸다/파견한다'는 뜻을 나타낸다. *군인들이 전쟁터로 갖고 떠나는 고깃덩어리는 '건조시킨 포(脯)'라고 한다. *일본 상용한자와 중국 간체자(簡體字)는 '遣(13획)'임.

例文 ① 派遣(파견) ② 派遣員(파견원)

2 

| 1급 / 17획 | (꾸짖을 **견**) |

解說 '言(말씀 언)'과 '遣(보낼 견)'을 조합한 글자임. '죄인을 말(言)로 꾸짖어 멀리 내치다(遣)'는 데서 '꾸짖다'는 뜻을 나타낸다. *중국 간체자(簡體字)는 '谴'임.

例文 ① 譴責(견책) ② 譴責事由(견책사유)

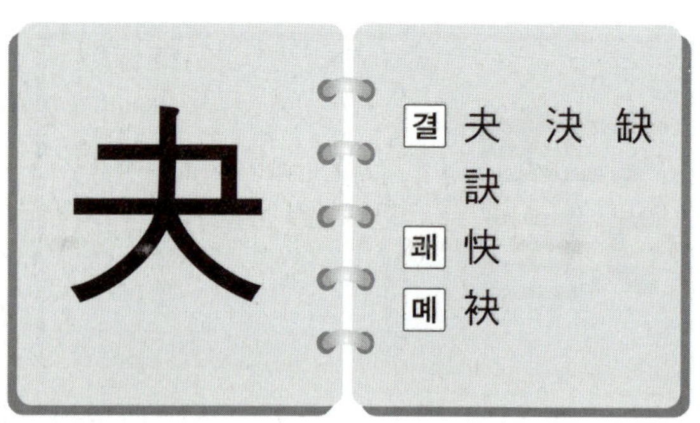

---

1 夬

| 4획 | (깍지 **결**/터놓을 **쾌**) | 篆文 |

解說 '활시위를 당기기 위해 손가락에 깍지(활을 쏠 때 끼는 가죽 장갑)를 끼워 손가락 사이가 벌어진 모양'에서 '터놓다/갈라놓다/틈이 벌어지다'라는 뜻을 나타낸다.

---

2 決 = 水 + 夬

| 5급/7획 | (결단할 **결**) |

解說 '水(물 수)'와 '夬(깍지 결/터놓을 쾌)'를 조합한 글자임. '고인 물(水)의 물꼬를 터서(夬) 흘러가게 한다'는 데서 '끊다/결단하다/결정하다'는 뜻을 나타낸다. * '水(물 수)가 다른 글자와 조합하여 글자 왼쪽에 오면 'ㅣ(삼수변)'으로 글자 모양이 바뀐다.

例文 ① 決定(결정) ② 決斷(결단) ③ 決死反對(결사반대) ④ 決心(결심)

---

3 缺 = 缶 + 夬

| 4급/10획 | (이지러질/모자랄 **결**) |

解說 '缶(질그릇 부)'와 '夬(깍지 결/터놓을 쾌)'를 조합한 글자임. '질그릇(缶)에 금(夬)이 갔다'는 데서 '못쓰게 되다/이지러지다/부족하다/모자라다'는 뜻을 나타낸다. * 일본 상용한자는 '欠(4획)'임.

例文 ① 缺席(결석) ② 缺損(결손) ③ 缺食兒童(결식아동) ④ 缺點(결점)

4

訣 = 言 + 夬

| 3급 / 11획 | (이별할 / 비결 **결**) |

解說   '言(말씀 언)'과 '夬(깍지 결 / 터놓을 쾌)'를 조합한 글자임. '말(言)'에 의한 실수로 두 사람(人) 사이가 갈라지다(夬)'는 데서 '헤어지다 / 이별하다'는 뜻을 나타낸다.

例文   ① 訣別(결별)　② 永訣式(영결식)　③ 秘訣(비결)

5

快 = 心 + 夬

| 4급 / 7획 | (유쾌할 **쾌**) |

解說   '心(마음 심)'과 '夬(깍지 결 / 터놓을 쾌)'를 조합한 글자임. '마음(心)이 확 트인다 (夬)'는 데서 '유쾌하다 / 즐겁다'는 뜻을 나타낸다. ＊'心(마음 심)'이 다른 글자와 조합하여 글자 왼쪽에 오면 '忄(마음심변 / 심방변)'으로 글자 모양이 바뀐다.

例文   ① 快樂(쾌락)　② 輕快(경쾌)　③ 快活(쾌활)　④ 爽快(상쾌)

6

袂 = 衣 + 夬

| 1급 / 9획 | (소매 **메**) |

解說   '衣(옷 의)'와 '夬(깍지 결 / 터놓을 쾌)'를 조합한 글자임. '원통형의 옷(衣)에서 양 옆으로 터진(夬) 곳'이라는 데서 '소매'라는 뜻을 나타낸다. ＊'衣(옷 의)'가 다른 글자와 조합하여 글자 왼쪽에 오면 '衤(옷의변)'으로 글자 모양이 바뀐다.

例文   ① 袂別(메별 ; 헤어짐)　② 分袂(분메 ; 작별함)

겸	兼 謙
렴	廉 濂 簾
혐	嫌
병	秉

1　兼 = 禾 + 禾 + 又

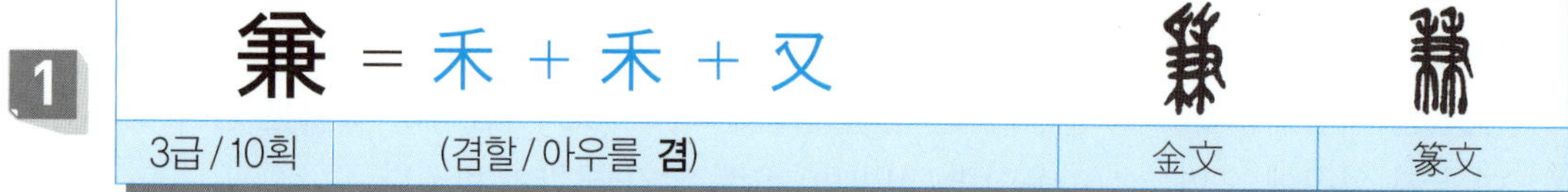

| 3급 / 10획 | (겸할 / 아우를 **겸**) | 金文 | 篆文 |

解說　'禾＋禾(벼 화)'와 '又(오른손/또 우)'를 조합한 글자임. '한 손(又)에 두 포기의 벼(禾＋禾)를 거머쥐고 있는 모양'을 본떠서 '겸하다/아우르다'는 뜻을 나타낸다.

例文　① 兼職(겸직)　② 兼備(겸비)　③ 兼床(겸상)　④ 兼用(겸용)　⑤ 兼任(겸임)

2　謙 = 言 + 兼

| 3급 / 17획 | (겸손할 / 사양할 **겸**) |

解說　'言(말씀 언)'과 '兼(겸할 겸)'을 조합한 글자임. '신(神)에게 맹세하는 말(言)을 여러 번(兼) 한다'는 데서 '겸손하다/사양하다'는 뜻을 나타낸다.

例文　① 謙遜(겸손)　② 謙讓(겸양)　③ 謙讓語(겸양어)　④ 謙虛(겸허)

3　廉 = 广 + 兼

| 3급 / 13획 | (청렴할 / 값쌀 **렴**) |

解說　'广(집 엄)'과 '兼(겸할 겸)'을 조합한 글자임. '두 가지(兼) 직업을 가질 정도로 집안(广)이 가난하다'는 데서 '청렴하다/맑고 깨끗하다/값이 싸다'는 뜻을 나타낸다.

例文　① 淸廉潔白(청렴결백)　② 廉恥(염치)　③ 破廉恥(파렴치)　④ 廉價(염가)

4	濂 = 水 + 廉	
2급 / 16획	(물이름 **렴**)	

🐛 **解說** '水(물 수)'와 '廉(겸할 겸)'을 조합한 글자임. '맑고 깨끗한(廉) 물(水)'이라는 뜻으로, 주로 지명(地名)이나 인명(人名)에 사용한다. * '水(물 수)가 다른 글자와 조합하여 글자 왼쪽에 오면 'ㆍ(삼수변)'으로 글자 모양이 바뀐다.

🐛 **例文** ① 濂溪學派(염계학파 ; 程朱學派)

5	簾 = 竹 + 廉	
1급 / 19획	(발 **렴**)	

🐛 **解說** '竹(대나무 죽)'과 '广(집 엄)', '廉(겸할 겸)'을 조합한 글자임. '대나무(竹)나 갈대를 엮어서(廉) 드리운다(广)'는 데서 '발'이라는 뜻을 나타낸다.

🐛 **例文** ① 珠簾(주렴 ; 구슬을 꿰어 만든 발) ② 垂簾聽政(수렴청정)

6	嫌 = 女 + 兼	
3급 / 13획	(싫어할 **혐**)	

🐛 **解說** '女(여자 여)'와 '兼(겸할 겸)'을 조합한 글자임. '한 여자(女)가 두 남자(禾+禾)를 겸(兼)하여 사귄다'는 데서, 또는 '두 남자(禾+禾)가 한 여자(女)를 두고 경쟁적으로 프러포즈한다'는 데서 '혐오스럽다/싫어하다'는 뜻을 나타낸다. * 일본 상용한자와 중국 간체자(簡體字)는 '嫌'임.

🐛 **例文** ① 嫌惡(혐오) ② 嫌疑(혐의)

7	秉 = 禾 + 又				
2급 / 8획	(잡을 **병**)		甲骨文字	金文	篆文

🐛 **解說** '禾(벼 화)'와 '又(오른손/또 우)'를 조합한 글자임. '한 손(又)으로 벼(禾)를 잡고 있다'는 데서 '손으로 잡다'는 뜻을 나타내나, 주로 인명(人名)에 사용한다.

🐛 **例文** ① 李秉喆(이병철)

36 巠 (물줄기 경) 그룹 漢字

---

1 巠

| 7획 | (물줄기 / 지하수 **경**) | | 金文 | 篆文 |

🐛 **解說** '베를 짤(工) 때 날실(川) 모양'을 본뜬 글자임. 그 날실 모양이 '흐르는 물줄기(川) 와 비슷하다' 하여 '지하수 / 물줄기'라는 뜻을 나타내나, 단독으로는 쓰이지 않는다.

---

2 徑 = 彳 + 巠

| 3급 / 10획 | (지름길 / 지름 **경**) |

🐛 **解說** '彳(조금씩걸을 척)'과 '巠(물줄기 경)'을 조합한 글자임. '흐르는 물(巠)을 가로질 러 간다(彳)'는 데서 '지름길 / 길'이라는 뜻을 나타낸다. * 일본 상용한자는 '径(8획)'임.

🐛 **例文** ① 直徑(직경) ② 半徑(반경) ③ 口徑(구경) ④ 徑路(경로)

---

3 經 = 糸 + 巠

| 4급 / 13획 | (지날 / 글 **경**) |

🐛 **解說** '糸(실 사)'와 '巠(물줄기 경)'을 조합한 글자임. '베(糸)를 짤 때 물줄기(川) 모양 의 날실(巠 / 세로줄)을 씨실(糸 / 가로줄)이 지나간다'는 데서 '지나가다 / 거쳐가다'는 뜻이 다. * 유교(儒敎)에서 실(糸)로 엮은 서적을 '경서(經書)'라고 한데서 '(종교와 관련된)책 / 서적'이라는 뜻을 나타내기도 한다. * 일본 상용한자는 '経(11획)'임.

🐛 **例文** ① 經由(경유) ② 經典(경전) ③ 聖經(성경) ④ 佛經(불경)

4 輕 = 車 + 巠

5급 / 14획　　　　　(가벼울 **경**)

解說　'車(수레 거/차)'와 '巠(물줄기 경)'을 조합한 글자임. '흐르는 강물(巠)에도 배에 실어 가볍게 건널 수 있는 수레(車)'라는 데서 '가볍다'는 뜻을 나타낸다. ＊일본 상용한자는 '軽(12획)'이고, 중국 간체자(簡體字)는 '轻'임.

例文　① 輕工業(경공업)　② 輕重(경중)을 가리다　③ 輕擧妄動(경거망동)

5 勁 = 巠 + 力

1급 / 9획　　　　　(굳셀 **경**)

解說　'巠(물줄기 경)'과 '力(힘 력)'을 조합한 글자임. '힘차게 흐르는 강물(巠)처럼 힘(力)이 세다'는 데서 '굳세다/강하다'는 뜻을 나타낸다.

例文　① 勁猛(경맹 ; 굳세고 사나움)　② 勁風(경풍 ; 강한 바람)

6 脛 = 肉 + 巠

1급 / 11획　　　　　(정강이 **경**)

解說　'肉(고기/몸 육)'과 '巠(물줄기 경)'을 조합한 글자임. '베틀의 날실(巠/세로줄)처럼 몸통(肉)에서 아래로 쪽 곧은 정강이'라는 뜻을 나타낸다. ＊'정강이'는 아랫다리 앞쪽의 뼈가 있는 부분을 말함.

例文　① 脛骨(경골 ; 정강이 뼈)

7 莖 = 艸 + 巠

1급 / 11획　　　　　(줄기 **경**)

解說　'艸(풀 초)'와 '巠(물줄기 경)'을 조합한 글자임. '베틀의 날실(巠/세로줄) 모양의 식물(艸)의 줄기'라는 데서 '줄기'라는 뜻을 나타낸다. ＊'艸(풀 초)'가 다른 글자와 조합하여 글자 위쪽에 오면 '艹(초두머리)'로 글자 모양이 바뀐다. ＊일본은 '茎(8획)'임.

例文　① 根莖(근경)　② 陰莖(음경)　③ 包莖手術(포경수술)

8 頸 = 巠 + 頁

1급 / 16획　　　　(목 **경**)

解說　'巠(물줄기 경)'과 '頁(머리 혈)'을 조합한 글자임. '몸통에서 머리(頁)로 연결되는 날실(巠 / 세로줄) 모양의 목'이라는 뜻을 나타낸다. * 중국 간체자(簡體字)는 '颈'임.

例文　① 頸椎(경추 ; 목의 척추 뼈)　② 頸動脈(경동맥)　③ 刎頸之交(문경지교)

9 痙 = 疒 + 巠

1급 / 12획　　　　(심줄땅길 **경**)

解說　'疒(병들어기댈 역)'과 '巠(물줄기 경)'을 조합한 글자임. '팽팽한 날실(巠 / 세로줄)처럼 근육이 땅기는 병(疒)'이라는 데서 '(근육이) 경직되다 / 경련을 일으키다'는 뜻을 나타낸다. * 중국 간체자(簡體字)는 '痉'임.

例文　① 痙攣(경련)

1

京		甲骨文字	金文	篆文
6급 / 8획	(서울 **경**)			

解說 '군영(軍營)이나 도성(都城)의 입구에 지어진 망루 모양의 높은(高) 건물'을 본뜬 상형문자로, '서울 / 도읍'이라는 뜻을 나타낸다.

例文 ① 上京(상경) ② 京春線(경춘선 ; 서울 ↔ 춘천 철도) ③ 京畿道(경기도)

2

景 = 日 + 京

5급 / 12획	(볕 / 경치 **경**)

解說 '日(날 / 해 일)'과 '京(서울 경)'을 조합한 글자임. '서울(京)의 궁궐 위로 태양(日)이 높이 떠올라 비춘다'는 데서 '햇빛 / 경치'라는 뜻을 나타낸다.

例文 ① 景福宮(경복궁) ② 風景(풍경) ③ 景致(경치) ④ 景氣(경기)

3

憬 = 心 + 景

1급 / 15획	(깨달을 / 그리워할 **경**)

解說 '心(마음 심)'과 '京(서울 경)'을 조합한 글자임. '햇빛(景)이 비치는 것처럼 마음(心)이 활짝 개어 밝아진다'는 데서 '깨닫다 / 그리워하다'는 뜻을 나타낸다. * '心(마음 심)'이 다른 글자와 조합하여 글자 왼쪽에 오면 '忄(마음심변 / 심방변)'으로 글자 모양이 바뀐다.

例文 ① 憬悟(경오 ; 깨달음) ② 憧憬(동경)

4　**璟** = 玉 ＋ 景

2급 / 16획　　　(옥빛 **경**)

解說　‘玉(구슬 옥)’과 ‘京(서울 경)’을 조합한 글자임. ‘햇빛(景)이 비치는 것처럼 옥(玉)에서 광채가 난다’는 데서 ‘옥빛’이라는 뜻을 나타내는데, 주로 인명(人名)에 사용한다.
　＊玉(구슬 옥)이 다른 글자와 조합하여 글자 왼쪽에 오면 ‘王(구슬옥변)’으로 글자 모양이 바뀐다. 이 경우에는 ‘王(임금왕)’이라고 하지 않음에 유의해야 한다.

5　**鯨** = 魚 ＋ 京

1급 / 19획　　　(고래 **경**)

解說　‘魚(물고기 어)’와 ‘京(서울 경)’을 조합한 글자임. ‘높은 망루(京)처럼 엄청나게 큰 물고기(魚)’ 또는 ‘서울(京) 사람이 다 먹고도 남을 만큼 엄청나게 큰 물고기(魚)’라는 데서 ‘고래’라는 뜻이다.

例文　① 捕鯨(포경)　② 捕鯨船(포경선)

6　**涼** = 水 ＋ 京

3급 / 11획　　　(서늘할 **량**)

解說　‘水(물 수)’와 ‘京(서울 경)’을 조합한 글자임. ‘물가(水)의 높은 건물(京)은 선선하다’는 데서 ‘선선하다 / 시원하다 / 서늘하다’는 뜻을 나타낸다. ＊‘水(물 수)’가 다른 글자와 조합하여 글자 왼쪽에 오면 ‘氵(삼수변)’으로 글자 모양이 바뀐다.

例文　① 納涼(납량 ; 시원한 바람을 쐼)　② 淸涼飮料(청량음료)

7　**諒** = 言 ＋ 京

3급 / 15획　　　(살펴알 **량**)

解說　‘言(말씀 언)’과 ‘京(서울 경)’을 조합한 글자임. ‘벼슬이 높은(京) 사람의 말(言)은 살펴 헤아려야 한다’는 데서 ‘살펴 알다’는 뜻을 나타낸다.

例文　① 諒解(양해)　② 諒知(양지)

8

$$影 = 景 + 彡$$

3급 / 15획   (그림자 **영**)

解說   '景(볕 경)'과 '彡(무늬 삼)'을 조합한 글자임. '햇빛(景)이 비치면 당연히 그림자 (彡)가 생긴다'는 데서 '그림자'라는 뜻을 나타낸다.

例文   ① 撮影(촬영) ② 影響(영향) ③ 影像(영상) ④ 影印本(영인본)

9

$$掠 = 手 + 京$$

3급 / 11획   (노략질할 **략**)

解說   '手(손 수)'와 '京(서울 경)'을 조합한 글자임. 적군(敵軍)이 한 나라의 상징인 서울 (京)을 한 손(手)에 움켜쥐었다'는 데서 '노략질하다/물건을 빼앗다'는 뜻을 나타낸다.
  *'手(손 수)'가 다른 글자와 조합하여 글자 왼쪽에 오면 '扌(손수변)'으로 글자 모양이 바뀐다.

例文   ① 擄掠(노략)질 ② 侵掠(침략) ③ 掠奪(약탈)

10

$$就 = 京 + 犬$$

4급 / 10획   (나아갈 **취**)

解說   '京(서울 경)'과 '犬(개 견)'을 조합한 글자임. 옛날에는 도성(都城)의 입구에 세워진 망루(京)가 완성되어 낙성식(落成式)을 할 때는 개(犬)를 희생제물로 바치고, 그 피를 뿌려서 부정(不淨)을 없애는 것을 '就'라고 한 데서 '(어떤 자리에) 나아가다/(일이) 이루어지다/되다'는 뜻을 나타낸다.

例文   ① 就業(취업) ② 就任(취임) ③ 就職(취직) ④ 就寢(취침) ⑤ 成就(성취)

1 更 = 丙 + 攵

| 4급/7획 | (고칠 **경**/다시 **갱**) | 甲骨文字 | 金文 | 篆文 |

解說 '丙(밝을 병)'과 '攵(칠/때릴 복)'을 조합한 글자임. '어떤 물건을 놓아두는 받침대 (丙)를 두들겨(攵) 그 기능을 변경시켜 사용한다'는 데서 '고치다/다시'라는 뜻을 나타낸다.

例文 ① 變更(변경) ② 更正(경정) ③ 更生(갱생) ④ 更新(갱신/경신)

2 硬 = 石 + 更

| 3급/12획 | (굳을 **경**) |

解說 '石(돌 석)'과 '更(고칠 경/다시 갱)'을 조합한 글자임. '단단한 돌(石)은 변형(更) 시켜 사용하기가 어렵다'는 데서 '굳다/단단하다'는 뜻을 나타낸다.

例文 ① 肝硬化(간경화) ② 硬直(경직) ③ 强硬(강경) ④ 硬度(경도)

3 梗 = 木 + 更

| 1급/11획 | (줄기/막힐 **경**) |

解說 '木(나무 목)'과 '更(고칠 경/다시 갱)'을 조합한 글자임. '나무(木)가 똑바로 자라 도록 다듬는다(更)'는 데서 '대개/곧다/막히다'는 뜻을 나타낸다.

例文 ① 梗槪(경개 ; 대강의 줄거리) ② 梗塞政局(경색정국)

<table>
<tr><td>**4**</td><td>**便** = 人 + 更</td></tr>
<tr><td></td><td>7급 / 9획   (편할 **편** / 똥오줌 **변**)</td></tr>
</table>

解說   '人(사람 인)'과 '更(고칠 경 / 다시 갱)'을 조합한 글자임. (1) '사람(人)이 사용하기에 편하도록 고쳐서(更) 쓴다'는 데서 '편하다'는 뜻을 나타내고, (2) '생리 현상인 똥오줌을 배설하면 속이 편해진다'는 데서 '똥·오줌'이라는 뜻을 나타내기도 한다.

例文   ① 便利(편리)   ② 便安(편안)   ③ 大小便(대소변)   ④ 便器(변기)

<table>
<tr><td>**5**</td><td>**鞭** = 革 + 便</td></tr>
<tr><td></td><td>1급 / 18획   (채찍 **편**)</td></tr>
</table>

解說   '革(가죽 혁)'과 '便(편할 편)'을 조합한 글자임. '가축을 가죽(革) 채찍으로 때려서 사람(人)의 용도에 알맞게 부린다(更)'는 데서 '채찍'이라는 뜻을 나타낸다.

例文   ① 走馬加鞭(주마가편)   ② 指導鞭撻(지도편달)

<table>
<tr><td>**6**</td><td>**甦** = 更 + 生</td></tr>
<tr><td></td><td>1급 / 12획   (깨어날 **소**)</td></tr>
</table>

解說   '更(고칠 경 / 다시 갱)'과 '生(날 생)'을 조합한 글자임. '다시(更) 살아난다(生)'는 데서 '소생하다 / 깨어나다'는 뜻을 나타낸다. * 중국 간체자(簡體字)는 '苏'임.

例文   ① 甦生(소생)

경 庚

강 康 慷 糠

1	庚			
3급/8획	(일곱째천간/곡식/별 **경**)	甲骨文字	金文	篆文

解說 갑골문자(甲骨文字)와 금문(金文)에서는, '움막집(广)에서 두 손(又)으로 절굿공이를 들고 절구질하고 있는 모습'을 나타내는 상형문자로, '가을의 곡식'이라는 뜻을 나타낸다. * 십간(十干)에서는 제7위(第七位)이고, 방위로는 서쪽, 오행(五行)으로는 금(金)에 속한다.

例文 ① 庚炎(경염 ; 삼복 더위 중에서 가장 심한 더위)

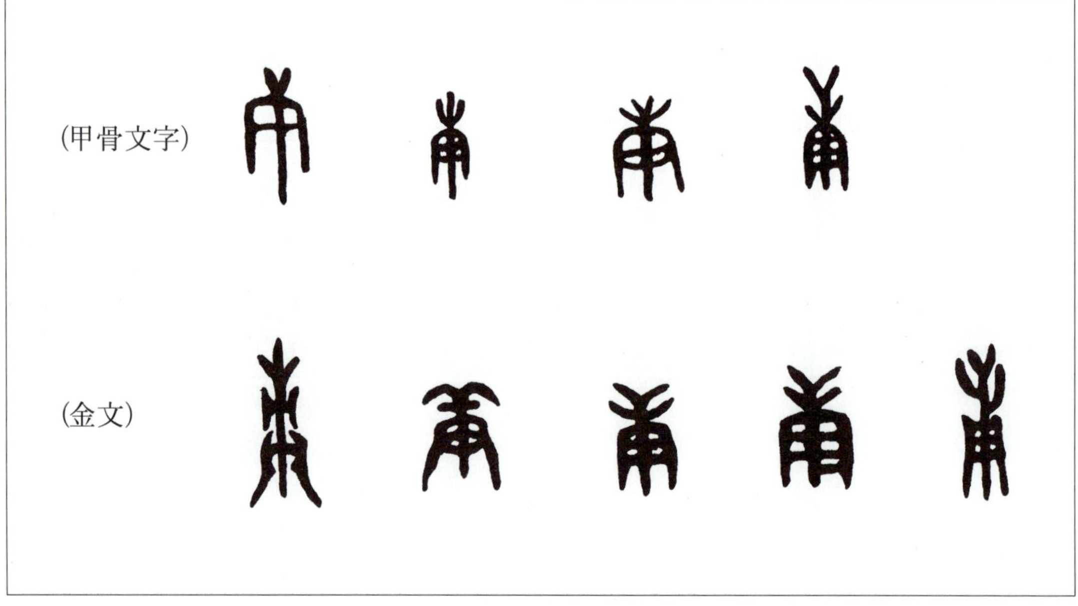

(甲骨文字)

(金文)

2	**康** = 庚 + 米		萧	萧	萧
	4급 / 11획	(편안할 **강**)	甲骨文字	金文	篆文

🐛 **解說** '庚(곡식 경)'과 '米(쌀 미)'를 조합한 글자임. '움막집(广)에서 두 손(又)으로 절굿공이를 들고 곡식(米)을 절구질한다'는 데서 '(곡식이 있어서) 생활이 안락하다 / 편안하다'는 뜻을 나타낸다.

🐛 **例文** ① 健康(건강) ② 平康(평강) ③ 壽福康寧(수복강녕) ④ 康衢煙月(강구연월)

3	**慷** = 心 + 康	
	1급 / 14획	(강개할 **강**)

🐛 **解說** '心(마음 심)'과 '康(편안할 강)'을 조합한 글자임. '편안하게(康)만 살려고 하는 마음(心)'이라는 데서, '한탄하다'는 뜻을 나타낸다. * '心(마음 심)'이 다른 글자와 조합하여 글자 왼쪽에 오면 '忄(마음심변 / 심방변)'으로 글자 모양이 바뀐다.

🐛 **例文** ① 悲憤慷慨(비분강개) ② 慷慨之士(강개지사)

4	**糠** = 米 + 康	
	1급 / 17획	(쌀겨 **강**)

🐛 **解說** '米(쌀 미)'와 '康(편안할 강)'을 조합한 글자임. '쌀(米)을 먹기 편하게 가공할(康) 때 나오는 벼의 껍질'이라는 데서 '쌀겨'라는 뜻을 나타낸다.

🐛 **例文** ① 糠粃(강비 ; 겨와 쭉정이) ② 糟糠之妻(조강지처)

1 頃 = 匕 + 頁

| 3급 | (이랑 / 잠깐 **경**) | 篆文 |

解說　'匕(구부릴 비)'와 '頁(머리 혈)'을 조합한 글자임. 전문(篆文)에서는 '벼슬이 높은 사람(頁)에게 몸을 굽혀(匕) 잠깐 절을 하는 모습'으로 묘사한 데서 '잠깐/즈음'이라는 뜻을 나타낸다.

例文　① 萬頃蒼波(만경창파)　② 12시 頃(경)　③ 食頃(식경)

2 傾 = 人 + 頃

| 4급 | (기울 **경**) |

解說　'人(사람 인)'과 '頃(잠깐 경)'을 조합한 글자임. '벼슬이 높은 사람(頁)에게 몸을 굽혀(匕) 절하고, 아예 그쪽 편 사람(人)이 된다'는 데서 '(한쪽으로) 기울다/기울어지다'는 뜻을 나타낸다. ＊중국 간체자(簡體字)는 '倾'임.

例文　① 傾斜(경사)　② 傾向(경향)　③ 右傾化(우경화)　④ 左傾化(좌경화)
　　　⑤ 傾國之色(경국지색)

1 竟 = 音 + 儿

| 3급 / 11획 | (다할 / 마침내 **경**) | 甲骨文字 | 篆文 |

解說 '音(소리 음)'과 '儿(걷는사람 / 어진사람 인)'을 조합한 글자임. 설문(說文)에서는 '신(神)에게 바치는 음악(音)을 다 끝마친 사람(儿)'이라는 데서 '끝마치다 / 마침내' 라는 뜻을 나타낸다고 한다.

例文 ① 畢竟(필경 ; 마침내) ② 終竟(종경 ; 끝마침)

2 境 = 土 + 竟

| 4급 / 14획 | (지경 / 경계선 **경**) |

解說 '土(흙 토)'와 '竟(다할 / 마침내 경)'을 조합한 글자임. '자기가 소유한 땅(土) 끝(竟)'이라는 데서 '지경 / 경계선' 이라는 뜻을 나타낸다.

例文 ① 國境(국경) ② 境界線(경계선) ③ 環境(환경) ④ 境遇(경우) ⑤ 逆境(역경)

3 鏡 = 金 + 竟

| 4급 / 19획 | (거울 **경**) |

解說 '金(쇠 금)'과 '竟(다할 / 마침내 경)'을 조합한 글자로, '거울' 이라는 뜻을 나타낸다.

例文 ① 鏡臺(경대) ② 望遠鏡(망원경) ③ 眼鏡(안경) ④ 破鏡(파경)

1	敬			甲	金	篆
	5급 / 13획		(공경할 / 삼갈 **경**)	甲骨文字	金文	篆文

解說 갑골문자(甲骨文字)에서는 '머리에 뿔이 난 걸로 보아 목축업을 하는 사람을 포로로 사로잡아서 무릎을 꿇린 모습'이고, 금문(金文)에서는 '신(神)에게 바치는 축문(祝文)이 든 그릇(口)앞에 무릎을 꿇리고 손(又)에 든 막대기(攴)로 때리는 모습'으로 보아 '신(神)을 공경하지 않는 사람의 머리에 뭔가를 씌우고(?) 무릎을 꿇린 사람(句)을 때리는(攴) 모습'에서 '신(神)을 공경하다/(행동을) 삼가다'는 뜻을 나타낸다. * 자료에 의하면, 북쪽 지방의 목축업(牧蓄業)을 하는 티베트 지방 사람들을 사로잡아다가 신(神)에게 희생제물로 바쳤다고 하는 기록이 있다. * 일본 상용한자와 중국 간체자(簡體字)는 '敬(12획)'임.

例文 ① 敬老思想(경로사상) ② 敬禮(경례) ③ 敬意(경의) ④ 尊敬(존경)
⑤ 敬而遠之(경이원지) ⑥ 敬天愛人(경천애인)

2	警 = 敬 + 言
	4급 / 20획 (깨우칠 **경**)

解說 '敬(공경할 경)'과 '言(말씀 언)'을 조합한 글자임. '행동을 삼가(敬)하도록 말(言)로 깨우쳐 준다'는 데서 '깨우치다/경계하다'는 뜻을 나타낸다. * 일본 상용한자는 '警(19획)'이고, 중국 간체자(簡體字)는 '警(19획)'임.

例文 ① 警告(경고) ② 警戒警報(경계경보) ③ 警察署(경찰서) ④ 警察官(경찰관)

3 **驚** = 敬 + 馬

4급 / 23획　　　(놀랄 **경**)

解說　'敬(공경할 경)'과 '馬(말 마)'를 조합한 글자임. '말(馬)은 조심해서(敬) 다루지 않으면 잘 놀라는 동물'이라는 데서 '놀라다'는 뜻을 나타낸다. * 일본 상용한자는 '驚(22획)'이고, 중국 간체자(簡體字)는 '惊(11획)'임.

例文　① 驚氣(경기)　② 驚歎(경탄)　③ 驚蟄(경칩)　④ 驚天動地(경천동지)

4 **儆** = 人 + 敬

2급 / 15획　　　(경계할 **경**)

解說　'人(사람 인)'과 '敬(삼갈 경)'을 조합한 글자임. '포로로 사로잡힌 사람(人)은 주변 사람을 삼간다(敬)'는 데서 '경계하다'는 뜻을 나타내는데, 주로 인명(人名)에 사용한다.　* 약자(略字)는 '儆(14획)'임.

例文　① 儆新(경신) 중학교　② 儆新(경신) 고등학교

1 睘 = 目 + 袁 　　　　　金文　篆文

| 13획 | (놀라볼 **경**) | 金文 | 篆文 |

解說　원래는 '目(눈 목)'과 '袁(긴옷 원)'을 조합한 '경(睘)'이나, 주로 속자(俗字)인 '睘'을 사용함. '죽은 사람(袁)이 눈(目)을 크게 뜨고 살아 돌아오기를 바란다'에서 '놀라서 보다'는 뜻을 나타낸다. *'袁(긴옷 원)'은 '죽은 사람이 입은 옷'을 의미한다.

2 環 = 玉 + 睘

| 4급/17획 | (고리/옥/돌 **환**) |

解說　'玉(구슬 옥)'과 '睘(놀라볼 경)'을 조합한 글자임. 죽은 사람(袁)이 살아 돌아오기를 기원하는 의식에 사용하는 옥구슬(玉)을 '環'이라고 했다는 데서 '고리/옥/빙글빙글 돌다'라는 뜻을 나타낸다.

例文　① 環境(환경) ② 循環(순환) ③ 花環(화환) ④ 指環(지환)

3 還 = 睘 + 辶

| 3급/17획 | (돌아올 **환**) |

解說　'睘(놀라볼 경)'과 '辶(쉬엄쉬엄갈 착)'을 조합한 글자임. '죽어서 멀리 떠난 사람(袁)이 살아 되돌아(辶) 오기를 바란다'는 데서 '돌아오다/되돌아오다'는 뜻을 나타낸다.

例文　① 還生(환생) ② 生還(생환) ③ 歸還(귀환)

1 磬 = 殸 + 石

1급 / 16획	(경쇠 **경**)	甲骨文字	篆文

🐛 **解說**　‘殸(악기 경)’과 ‘石(돌 석)’을 조합한 글자임. ‘돌(石)이나 옥(玉)으로 만든 악기 (殸)를 막대기나 몽둥이(殳)로 두들긴다’는 데서 ‘경쇠’라는 뜻을 나타낸다.

🐛 **例文**　① 磬石(경석 ; 정으로 치면 맑은 소리가 나는 돌)　② 玉磬(옥경)

2 聲 = 殸 + 耳

4급 / 17획	(소리 **성**)	甲骨文字 1	甲骨文字 2	篆文

🐛 **解說**　‘殸(악기 경)’과 ‘耳(귀 이)’를 조합한 글자임. ‘악기(殸)를 막대기나 몽둥이(殳)로 두들겨서 신(神)을 부르는 소리가 귀(耳)에 들린다’는 데서 ‘소리’라는 뜻을 나타낸다. * 일본 상용한자와 중국 간체자(簡體字)는 ‘声(7획)’임.

🐛 **例文**　① 聲樂家(성악가)　② 名聲(명성)　③ 聲優(성우)　④ 音聲(음성)

3 馨 = 殸 + 香

2급 / 20획	(꽃다울 / 향기 **형**)	篆文

🐛 **解說**　‘殸(악기 경)’과 ‘香(향기 향)’을 조합한 글자임. ‘악기(殸) 소리가 울려퍼지듯이 꽃향기(香)가 퍼진다’는 데서 ‘꽃처럼 곱다 / 향기’라는 뜻으로, 주로 인명(人名)에 사용한다.

1 　戒 = 廾 + 戈

| 4급 / 7획 | (경계할 **계**) | 甲骨文字 | 金文 | 篆文 |

解說 　‘廾(두손으로받들 공)’과 ‘戈(창 과)’를 조합한 글자임. ‘양손(廾)으로 창(戈)을 높이 들어올려 적(敵)을 경계한다’는 데서 ‘경계하다’는 뜻을 나타낸다.

例文 　① 警戒警報(경계경보) ② 訓戒(훈계) ③ 十戒(십계) ④ 十戒命(십계명)

2 　械 = 木 + 戒

| 3급 / 11획 | (기계 **계**) |

解說 　‘木(나무 목)’과 ‘戒(경계할 계)’를 조합한 글자임. ‘죄인을 벌주기(戈) 위해 나무(木)로 만든 형틀(廾)’이었는데, 훗날 이것을 ‘기계(機械)’라는 뜻으로 쓰이게 되었다.

例文 　① 機械(기계) ② 器械體操(기계체조)

3 　誡 = 言 + 戒

| 특급 / 14획 | (경계할 / 훈계할 **계**) |

解說 　‘言(말씀 언)’과 ‘戒(경계할 계)’를 조합한 글자임. ‘말(言)로 타이르다 / 경계하다(戒)’에서 ‘훈계하다’는 뜻을 나타낸다.

例文 　① 訓誡(훈계) ② 誡罰(계벌 ; 경계하여 처벌함)

1 季 = 禾 + 子

| 4급 / 8획 | (계절 **계**) | 甲骨文字 | 金文 | 篆文 |

解説 '禾(벼 화)'와 '子(아들 자)'를 조합한 글자임. '농사(禾)가 잘 되기를 비는 젊은이 (子)들이 볏단을 짊어지고 춤추는 농악대의 모습에서 계절이 시작된다'는 데서 '계절'이라 는 뜻을 나타낸다. * 지금도 시골에서는 해마다 연초가 되면 한 해의 농사가 잘 되기를 비는 농악대(農樂隊)의 모습을 흔히 볼 수 있다.

例文 ① 季節(계절) ② 春季(춘계) ③ 夏季(하계) ④ 秋季(추계) ⑤ 冬季(동계)

2 悸 = 心 + 季

| 1급 / 11획 | (두근거릴 **계**) |

解説 '心(마음 심)'과 '季(계절 계)'를 조합한 글자임. '계절(季)이 바뀔 때마다 새로운 기대감으로 가슴(心)이 설레다'는 데서 '심장이 두근거리다'는 뜻을 나타낸다. * '心(마음 심)'이 다른 글자와 조합하여 글자 왼쪽에 오면 '忄(마음심변 / 심방변)'으로 글자 모양이 바 뀐다.

例文 ① 動悸(동계 ; 심장의 고동이 보통 때보다 심함)

1

癸 = 癶 + 天

| 3급 / 9획 | (북방 / 열째천간 **계**) | 甲骨文字 | 金文 | 篆文 |

解說   '癶(걸을 발)'과 '天(하늘 천)'을 조합한 글자임. '여행을 떠날 때 북쪽 하늘(天)의 북극성을 중심으로 하여 별자리를 보고 떠난다(癶)'는 데서 '북방'이라는 뜻을 나타낸다.

例文   ① 癸丑日記(계축일기) ② 癸水(계수 ; 월경)

2

揆 = 手 + 癸

| 2급 / 12획 | (헤아릴 / 법도 / 벼슬 **규**) |

解說   '手(손 수)'와 '癸(북방 계)'를 조합한 글자임. '하늘(天)의 별들이 일정한 규칙에 따라 운행(癶)하듯이, 사람도 손뼘(手)과 발걸음(癶)의 폭을 잣대로 사용한다'는 데서 '헤아리다'는 뜻을 나타내는데, 주로 인명(人名)에 사용한다.

例文   ① 右揆(우규 ; 우의정) ② 左揆(좌규 ; 좌의정)

3

葵 = 艸 + 癸

| 1급 / 13획 | (해바라기 **규**) |

解說   '艸(풀 초)'와 '癸(북방 계)'를 조합한 글자임. '하늘(天)의 태양만 바라보며 따라가는(癶) 식물(艸)'이라는 데서 '해바라기'라는 뜻이다. * 약자(略字)는 '葵(12획)'임.

例文   ① 葵花(규화 ; 해바라기) ② 葵花向日(규화향일 ; 해바라기가 해를 향함)

1

契 = 丰 + 刀 + 大

篆文

3급 / 9획	(맺을 / 계약 **계**)

解說 '丰(어여쁠/우거질 봉)'과 '刀(칼 도)', '大(큰 대)'를 조합한 글자임. '중대(大)한 약속을 맺을 때는 계약의 표시로 칼(刀)로 자국(丰)을 내어 나누어 갖는다'는 데서 '약속하다/계약을 맺다'는 뜻을 나타낸다. * 일본 상용한자는 '契' 임.

例文 ① 契約書(계약서) ② 親睦契(친목계) ③ 契機(계기)

2

喫 = 口 + 契

1급 / 12획	(먹을 / 마실 **끽**)

解說 '口(입 구)'와 '契(계)'를 조합한 글자임. '입안(口)의 큰 덩어리(大) 음식(丰)을 치아(刀)로 씹는다'는 데서 '(잘게 쪼개어) 먹다/마시다'는 뜻을 나타낸다.

例文 ① 喫煙(끽연) ② 滿喫(만끽)

3

潔 = 水 + 丰 + 刀 + 糸

4급 / 15획	(깨끗할 **결**)

解說 '水(물 수)'와 '丰(우거질 봉)', '刀(칼 도)', '糸(실 사)'를 조합한 글자임. '우거진 삼(丰)을 베어서(刀) 실(糸)로 만들어 물(水)에 헹군다'는 데서 '깨끗하다'는 뜻을 나타낸다.

例文 ① 潔白(결백) ② 潔癖症(결벽증) ③ 淸潔(청결) ④ 純潔(순결)

49 古 (옛 고) 그룹 漢字

고	古故苦枯姑
	辜固痼錮
개	個箇
거	居倨据
호	祜
주	做

1

古 = 十 + 口		🐛	✢	古
6급/5획	(옛/예 **고**)	甲骨文字	金文	篆文

解說 갑골문자(甲骨文字)에서는 '干(방패 간)'과 '口(입 구)'를 조합한 글자이고, 전문(篆文)에서는 '十'과 '口'를 조합한 글자임. 신(神)에게 바치는 축문(祝文)이 든 그릇(口) 위에 방패(干)를 덮어두어, '기도의 효과가 오랫동안 지속되기를 바란다'는 데서 '오래되다/옛날'이라는 뜻을 나타낸다. * '여러(十) 세대의 입(口)을 거쳐 전해진 이야기'라는 것은 원래의 뜻과는 다른 말이다. * '고(古)'와 관련된 '胡(오랑캐 호), 湖(호수 호), 糊(풀/모호할 호), 蝴(나비 호)'는 "胡(호)그룹 漢字"에서 설명할 것임.

例文 ① 古典(고전 ; 옛날의 기록) ② 古宮(고궁) ③ 古物商(고물상)

2

故 = 古 + 攴
4급/9획   (연고/죽을 **고**)

解說 '古(옛 고)'와 '攴(때릴/칠 복)'을 조합한 글자임. '옛날(古) 일을 들추어내서(攴) 그 원인·이유를 알아본다'는 데서 '연고/이미 죽은'이라는 뜻을 나타낸다. * 손(又)에 몽둥이/매(卜)를 들고 있는 모습의 '攴(칠/때릴 복)'이 다른 글자와 조합하여 글자 오른쪽에 오면 '攵'으로 글자 모양이 바뀐다. * 또한 '攴=攵(칠/때릴 복)'은 '때리다/치다/특정한 행동을 하게 하다'는 뜻을 나타낸다.

例文 ① 故事成語(고사성어) ② 故人(고인) ③ 故意的(고의적)

3 做 = 人 + 故

1급 / 11획	(지을 / 만들 **주**)

解說 ‘人(사람 인)’과 ‘故(연고 고)’를 조합한 글자임. ‘사회생활을 하려면 아는(故) 사람(人), 즉 ‘연고(故)가 있는 사람(人)을 많이 만들어야 한다’는 데서 ‘사람이 고의(故意)로 하다/만들다’는 뜻을 나타낸다.

例文 ① 看做(간주 ; 그렇게 생각함)

4 苦 = 艸 + 古

6급 / 9획	(쓸 / 괴로울 **고**)

解說 ‘艸(풀 초)’와 ‘古(옛 고)’를 조합한 글자임. ‘갓 돋아난 풀은 연하지만, 오래된(古) 풀(艸)은 맛이 쓰다’는 데서 ‘(맛이) 쓰다/괴롭다’는 뜻이다. *약자(略字)는 ‘苦(8획)’임.

例文 ① 苦生(고생) ② 苦學(고학) ③ 苦痛(고통) ④ 苦盡甘來(고진감래)
⑤ 苦肉之計(고육지계) ⑥ 苦肉之策(고육지책)

5 枯 = 木 + 古

3급 / 9획	(마를 **고**)

解說 ‘木(나무 목)’과 ‘古(옛 고)’를 조합한 글자임. ‘나무(木)도 오래(古)되어 수명이 다 되면 말라죽게 마련이다’는 데서 ‘마른나무/(나무가) 마르다’는 뜻을 나타낸다.

例文 ① 枯木(고목) ② 枯渴(고갈) ③ 枯葉劑(고엽제)

6 姑 = 女 + 古

3급 / 8획	(시어미 / 고모 **고**)

解說 ‘女(여자 여)’와 ‘古(옛 고)’를 조합한 글자임. ‘갓 시집온 여자(女)도 자녀를 낳고 살다가 오래되면(古) 자연히 시어머니가 된다’는 데서 ‘시어머니’라는 뜻을 나타낸다.

例文 ① 姑婦間(고부간) ② 姑母(고모) ③ 姑從四寸(고종사촌) ④ 姑息(고식)
⑤ 姑息之計(고식지계) ⑥ 姑息的(고식적)인 措處(조처)

7 辜 = 古 + 辛

1급 / 12획　　　(허물 **고**)

解說　'古(옛 고)'와 '辛(매울/혹독할/고생 신)'을 조합 글자임. '옛날(古)에는 허물이 있는 죄인의 이마에다 혹독하게(辛) 문신을 했다'는 데서 '허물'이라는 뜻을 나타낸다. * '辛(매울/혹독할/고생 신)'은 죄인의 이마에다 문신할 때 사용하는 뾰족한 바늘 모양을 나타내는 글자이다.

例文　① 無辜(무고)　② 無辜疳(무고감)

8 固 = 囗 + 古

5급 / 8획　　　(굳을 **고**)

解說　'囗(에워쌀 위)'와 '古(옛 고)'를 조합한 글자임. '도성을 둘러싼 오래된(古) 성벽(囗)은 튼튼하다'는 데서 '단단하다/굳다'는 뜻을 나타낸다.

例文　① 固定(고정)　② 堅固(견고)　③ 固體(고체)　④ 固執不通(고집불통)

9 痼 = 疒 + 固

1급 / 13획　　　(고질병 **고**)

解說　'疒(병들어기댈 역)'과 '固(굳을 고)'를 조합한 글자임. '병(疒)이 오래되어 굳어져서(固) 잘 낫지 않는다'는 데서 '고질병'이라는 뜻을 나타낸다.

例文　① 痼疾(고질)　② 痼疾病(고질병)

10 錮 = 金 + 固

1급 / 16획　　　(막을 / 땜질할 **고**)

解說　'金(쇠 금)'과 '固(굳을 고)'를 조합한 글자임. '오래되어(古) 구멍난(囗) 쇠붙이(金)를 땜질한다'는 데서 '땜질하다/단단히 가두다'는 뜻을 나타낸다. * 중국 간체자(簡體字)는 '锢'임.

例文　① 禁錮(금고)　② 禁錮刑(금고형)

11 個 = 人 + 固

4급 / 10획	(낱 **개**)

解說　'人(사람 인)'과 '固(굳을 고)'를 조합한 글자임. '사람(人)마다 자기 혼자만의 굳어진(固) 성격이 있다'는 데서 '하나/한 사람'이라는 뜻을 나타낸다. *중국 간체자(簡體字)는 '个'임.

例文　① 個人(개인)　② 個人主義(개인주의)　③ 個性(개성)　④ 個別的(개별적)

12 箇 = 竹 + 固

1급 / 14획	(낱 **개**)

解說　'竹(대나무 죽)'과 '固(굳을 고)'를 조합한 글자임. '단단한(固) 대쪽(竹)을 하나, 둘, 셋' 하고 세어 본다'에서 '주로 물건을 세는 단위'로 사용한다.

例文　① 箇數(개수)　② 箇中(개중)

13 居 = 尸 + 古

4급 / 8획	(살 / 있을 **거**)	金文	篆文

解說　'尸(몸 시)'와 '古(옛 고)'를 조합한 글자임. 금문(金文)에서는 '신(神)에게 바치는 축문(祝文)이 든 그릇 위에 방패(干)를 덮어두어, 기도의 효과가 오랫동안 지속되기를 바란다'는 '古(고)'에 사람(尸)이 걸터앉아 있는 모습'이었으나, 훗날 '사람(尸)'이 '几(안석 궤)'에 앉아 있는 모습'을 본떠서 '사람이 있다 / 살아 있다'는 뜻을 나타내고 있다.

例文　① 同居(동거)　② 居住地(거주지)　③ 居室(거실)　④ 居安思危(거안사위)

14 倨 = 人 + 居

1급 / 10획	(거만할 **거**)

解說　'人(사람 인)'과 '居(살 / 있을 거)'를 조합한 글자임. '한 사람(人)은 서 있는데도 불구하고 또 한 사람(尸)은 오랫동안(古) 앉아 있다(居)'는 데서 '거만하다'는 뜻을 나타낸다.

例文　① 倨慢(거만)

15

据 = 手 + 居

특급/11획　　(일할/의거할 **거**)

解說　'手(손 수)'와 '居(살/있을 거)'를 조합한 글자임. '걸터앉아서(居) 손(手)으로 일한다'는 데서 '일하다/의거하다'는 뜻을 나타낸다. ＊'手(손 수)'가 다른 글자와 조합하여 글자 왼쪽에 오면 '扌(손수변)'으로 글자 모양이 바뀐다.

例文　① 3年据置(거치) 5年分割償還(5년 분할상환)

16

祜 = 示 + 古

2급/10획　　(복 **호**)

解說　'示(보일/제사 시)'와 '古(옛 고)'를 조합한 글자임. '자신의 소원을 신(示＝神)에게 오랫동안(古) 소원을 빌면/기도하면 그 신(神)이 들어준다'는 데서 '복/행복'이라는 뜻을 나타내는데, 주로 인명(人名)에 사용한다. ＊'示(제사/보일 시)'는 신(神)에게 제사지내는 '제삿상'을 의미하는 글자이다. ＊중국 간체자(簡體字)는 '祜(9획)'임.

1 告

| 5급/7획 | (고할/알릴 **고/곡**) | 甲骨文字 | 金文 | 篆文 |

解說 갑골문자(甲骨文字)에서는 '나뭇가지에다 신(神)에게 바치는 축문(祝文)이 든 그릇을 걸어두고 신(神)에게 아뢴다'는 모습을 본뜬 상형문자로, 금문(金文)과 전문(篆文)에서는 '소(牛)를 잡아 제물(祭物)로 바치고 신(神)에게 아뢴다(口)'는 회의문자(會義文字)로 '신(神)에게 고하다/알리다'는 뜻을 나타내는 글자이었는데, 훗날 '(윗사람에게) 호소하다/알리다/고하다'는 뜻으로 쓰이게 되었다. * 일본과 간체자(簡體字)는 '告'임.

例文 ① 告白(고백) ② 報告(보고) ③ 出必告(출필곡 ; 외출시 부모에게 고함)

2 造 = 告 + 辶

| 4급/11획 | (지을/만들 **조**) | 金文 1 | 金文 2 | 金文 3 | 篆文 |

解說 '告(고할 고)'와 '辶(쉬엄쉬엄갈 착)'을 조합한 글자임. 금문(金文)에서는 '舟＋告 / 广＋舟＋告 / 辶＋舟＋告'로 '신(神)에게 고(告)하러 갈 때 사용한 제물(祭物)을 만들어 배처럼 길고 커다란 그릇(舟)에 담아서 간다(辶)'는 데서, 전문(篆文)에서는 '신(神)에게 고(告)하러 갈(辶) 때 사용할 제물(祭物)을 만든다'는 데서 '(물건을) 만들다/(건물을) 짓다'라는 뜻을 나타낸다. * '舟(배 주)'는 원래는 '사다리 모양의 길고 커다란 그릇'으로서 잔치 음식을 담아 주고 받는 데 사용했으나, 훗날 '강에서 물건을 실어나르는 배'라는 뜻으로도 쓰이게 되었다. * 일본과 간체자(簡體字)는 '造(10획)'임.

例文 ① 木造建物(목조건물) ② 造花(조화) ③ 造成(조성)

3

浩 = 水 + 告

3급 / 10획	(넓을 **호**)

解說 ‘水(물 수)’와 ‘告(고할 고)’를 조합한 글자임. ‘넓은 바다(水)에서의 뱃길이 무사하기를 신(神)에게 제사지낸다(告)’는 데서 ‘넓다’는 뜻을 나타낸다. *‘水(물 수)가 다른 글자와 조합하여 글자 왼쪽에 오면 ‘氵(삼수변)’으로 글자 모양이 바뀐다. *일본 상용한자와 중국 간체자(簡體字)는 ‘浩’로 글자 모양이 약간 다름.

例文 ① 浩然之氣(호연지기) ② 浩蕩(호탕)

4

晧 = 日 + 告

2급 / 11획	(밝을 **호**)

解說 ‘日(날/해 일)’과 ‘告(고할 고)’를 조합한 글자임. ‘날씨가 좋은 날(日)에 신(神)에게 제사지낸다(告)’는 데서 ‘밝다’는 뜻을 나타내는데, 주로 인명(人名)에 사용한다.

例文 ① 晧月(호월 ; 밝은 달)

5

皓 = 白 + 告

2급 / 12획	(흴 **호**)

解說 ‘白(흰 백)’과 ‘告(고할 고)’를 조합한 글자로, ‘희다/하얗다’는 뜻을 나타내는데, 주로 인명(人名)에 사용한다.

例文 ① 丹脣皓齒(단순호치) ② 朱脣皓齒(주순호치) ③ 皓齒丹脣(호치단순)

6

滈 = 水 + 皓

2급 / 15획	(넓을 **호**)

解說 ‘水(물 수)’와 ‘皓(흴 호)’를 조합한 글자로, ‘浩(넓을 호)’와 같은 뜻의 글자인데, 주로 인명(人名)에 쓰인다. *‘水(물 수)가 다른 글자와 조합하여 글자 왼쪽에 오면 ‘氵(삼수변)’으로 글자 모양이 바뀐다.

7 梏 = 木 + 告

1급 / 11획 | (수갑 / 묶을 **곡**)

解說　'木(나무 목)'과 '告(고할 고)'를 조합한 글자임. '죄인에게 허물이 있음을 알리고 (告) 나무(木) 고랑에 채운다'는 데서 '고랑 / 수갑'이라는 뜻을 나타낸다.

例文　① 桎梏(질곡 ; 자유를 구속함) ② 梏亡(곡망 ; 어지럽혀 멸망시킴.)

8 鵠 = 告 + 鳥

1급 / 18획 | (고니 / 과녁 **곡**)

解說　'告(고할 고)'와 '鳥(새 조)'를 조합한 글자로, '고니는 "곡 곡 곡"하고 울어댄다' 는 데서 '고니 / 과녁'이라는 뜻을 나타낸다.

例文　① 鴻鵠(홍곡 ; 큰 고니 / 큰 인물) ② 正鵠(정곡 ; 핵심)

9 酷 = 酉 + 告

2급 / 14획 | (심할 **혹**)

解說　'酉(술단지 / 술병 유)'와 '告(고할 고)'를 조합한 글자임. '신(神)에게 바치기(告) 위해 만든 술(酉)은 독하다'는 데서 '심하다 / 독하다 / 괴롭다'는 뜻을 나타낸다. ＊일본 상 용한자와 중국 간체자(簡體字)는 '酷'으로 글자 모양이 약간 다름.

例文　① 酷毒(혹독)하다 ② 酷寒(혹한) ③ 酷暑(혹서)

1 高

6급 / 10획 | (높을 **고**) | 甲骨文字 | 金文 | 篆文

解說　'도성(都城)의 입구에 망루(望樓)처럼 높게 지어진 누각(京)'과 '(口)'를 조합한 회의문자(會意文字)임. '그 높은 건물(高)에 신(神)에게 바치는 축문이 든 그릇(口)을 두어 악귀(惡鬼)들의 출입을 막는다'는 데서 '높다 / 뛰어나다 / 비싸다'는 뜻의 글자가 되었다.

例文　① 高級(고급)　② 高等學校(고등학교)　③ 高價(고가)　④ 高枕安眠(고침안면)

2 稿 = 禾 + 高

3급 / 15획 | (원고 / 볏짚 **고**)

解說　'禾(벼 화)'와 '高(높을 고)'를 조합한 글자임. '볏짚(禾)으로 만든 조악한 종이에다 글씨를 대충 흘려 쓰는 것이 초고(草稿)'라는 뜻을 나타낸다.

例文　① 原稿料(원고료)　② 投稿欄(투고란)　③ 寄稿(기고)

3 敲 = 高 + 攴

1급 / 14획 | (두드릴 **고**)

解說　'高(높을 고)'와 '攴(때릴 / 칠 복)'을 조합한 글자임. '높고 큰 집(高) 앞에 서서 사람을 부르기 위해 대문을 두드린다(攴)'는 데서 '두드리다'는 뜻을 나타낸다.

例文　① 推敲(퇴고 ; 글을 쓸 때 여러 번 고치고 다듬음)

---

4 | 膏 = 高 + 肉

1급 / 14획　　(살찔 / 기름 **고**)

解說　'高(높을 고)'와 '肉(고기 / 몸 육)'을 조합한 글자임. '살(肉)'이 쪄서 몸이 불어난다 (高)'는 데서 '살찌다 / 기름지다'는 뜻을 나타낸다. * '肉(고기 / 몸 육)'이 다른 글자와 조합하여 글자 아래쪽에 오면 '月(육달월)'로 글자 모양이 바뀐다.

例文　① 膏藥(고약)　② 膏粱珍味(고량진미 ; 아주 맛있는 음식)

---

5 | 鎬 = 金 + 高

2급 / 18획　　(호경 / 냄비 **호**)

解說　'金(쇠 금)'과 '高(높을 고)'를 조합한 글자임. '음식을 만드는 높다란(高) 쇠그릇 (金)'이라는 뜻을 나타내지만, 주로 인명(人名)에 사용한다.

例文　① 鎬京(호경 ; 주(周)나라 무왕(武王)이 도읍한 서울)

---

6 | 毫 = 高 + 毛

3급 / 11획　　(터럭 / 잔털 / 붓 **호**)

解說　'高(높을 고)'와 '毛(털 모)'를 조합한 글자임. '길고 뾰족한(高) 털(毛)'이라는 데서 '털 / 붓 / 조금'이라는 뜻을 나타낸다.

例文　① 秋毫(추호)　② 揮毫(휘호)

---

7 | 豪 = 高 + 豕

3급 / 14획　　(호걸 / 굳셀 **호**)

解說　'高(높을 고)'와 '豕(돼지 시)'를 조합한 글자임. '성난 멧돼지(豕)가 몸을 높이(高) 치켜들고 덤벼든다'는 데서 '뛰어나다 / 굳세다 / 영웅 / 호걸'이라는 뜻으로 발전하여 쓰이게 되었다.

例文　① 英雄豪傑(영웅호걸)　② 强豪(강호)　③ 豪雨注意報(호우주의보)

---

8 濠 = 水 + 豪

2급 / 17획 　　(호주 / 해자 / 연못 **호**)

解說　'水(물 수)'와 '豪(호걸 호)'를 조합한 글자임. '성난 멧돼지(豪) 같은 적군들도 쳐들어오지 못하게 성(城)을 빙 둘러싼 연못(水)'이라는 데서 '해자(垓字)'라는 뜻을 나타낸다. * '水(물 수)가 다른 글자와 조합하여 글자 왼쪽에 오면 'ㆍ(삼수변)'으로 글자 모양이 바뀐다.

例文　① 濠洲(호주)　② 濠梁(호량)　③ 外濠(외호)　④ 內濠(내호)

---

9 壕 = 土 + 豪

2급 / 17획 　　(해자 / 구덩이 **호**)

解說　'土(흙 토)'와 '豪(호걸 호)'를 조합한 글자임. '멧돼지(豪)처럼 흙(土)을 파서 만든 구덩이'라는 데서 '구덩이 / 대피 시설'이라는 뜻을 나타낸다.

例文　① 防空壕(방공호)　② 塹壕(참호)

---

10 嚆 = 口 + 艸 + 高

1급 / 17획 　　(소리울릴 / 효시 **효**)

解說　'口(입 구)'와 '艸(풀 초)', '高(높을 고)'를 조합한 글자임. '숲(艸)에서 큰(高) 소리(口)를 친다'는 데서 '소리가 울리다'는 뜻을 나타낸다.

例文　① 嚆矢(효시 ; 전쟁을 시작할 때 쏘는 소리내는 화살 / 사물의 시작)

---

11 亮 = 高 + 儿

2급 / 9획 　　(밝을 **량**)

解說　'京(서울 경)'과 '儿(어진사람 인)'을 조합한 글자임. '높은 곳(京)에 있는 사람(儿)은 멀리까지 내다볼 수 있다'는 데서 '높고 상쾌하며 밝다'는 뜻을 나타내는데 주로 인명(人名)에 사용한다. * '高(높을 고)'와 '儿'을 조합한 글자라고 주장하는 학자도 있다.

例文　① 諸葛亮(제갈량)

1

賈 = 襾 + 貝

| 2급 / 13획 | (장사 **고** / 성씨 **가**) | 篆文 |

🐛 **解說** '襾(덮을 아)'와 '貝(돈 / 재물 / 조개 패)'를 조합한 글자임. '물건(貝)을 잘 포장해서(襾) 사고팔고 한다'는 데서 '장사하다'는 뜻을 나타낸다. *중국 간체자(簡體字)는 '贾'임.

🐛 **例文** ① 商賈(상고 ; 물건을 사고 팖) ② 商賈船(상고선)

2

價 = 人 + 賈

| 5급 / 15획 | (값 **가**) |

🐛 **解說** '人(사람 인)'과 '賈(장사 고)'를 조합한 글자임. '장사(賈)하는 사람(人)이 값을 매겨서 거래를 한다'는 데서 '값 / 값어치'라는 뜻을 나타낸다. *일본 상용한자는 '価(8획)'이고, 중국 간체자(簡體字)는 '价(6획)'임.

🐛 **例文** ① 價格(가격) ② 定價(정가) ③ 原價(원가) ④ 販賣價(판매가)

1

$$雇 = 戶 + 隹$$

2급 / 12획	(품팔 / 머슴 **고**)	甲骨文字	篆文

解說 ‘戶(문 / 집 호)’와 ‘隹(새 추)’를 조합한 글자임. ‘새(隹)가 먹이를 물어다가 새끼 입 (戶)에 넣어주듯이, 일꾼은 열심히 일해 주인에게 이익을 가져다 준다’는 데서 ‘품을 팔다 / 머슴살다’는 뜻을 나타낸다. *일본 상용한자는 ‘雇’이고, 중국 간체자(簡體字)는 ‘雇’임.

例文 ① 雇用主(고용주) ② 雇用人(고용인)

2

$$顧 = 雇 + 頁$$

3급 / 21획	(돌아볼 **고**)

解說 ‘雇(품팔 고)’와 ‘頁(머리 혈)’을 조합한 글자임. ‘머슴(雇)이 주인의 부름에 얼굴 (頁)을 돌리고 돌아본다’는 데서 ‘돌아보다 / 돌보다’는 뜻을 나타낸다. *일본 상용한자는 ‘顧’이고, 중국 간체자(簡體字)는 ‘顾’임.

例文 ① 回顧(회고) ② 回顧錄(회고록) ③ 顧客(고객)

1 谷

| 3급/7획 | (계곡/골 **곡**) | 甲骨文字 | 金文 | 篆文 |

解說 갑골문자(甲骨文字)와 금문(金文)에서는 산등성이에서 흘러내리는 물(水)이 모이는 '골짜기의 연못(口)'를 본뜬 상형문자이나, 전문(篆文)에서는 '벌거벗은 여인의 몸'임을 "浴(목욕할 욕)"에서 알 수 있다.

例文 ① 溪谷(계곡) ② 深山幽谷(심산유곡)

2 俗 = 人 + 谷

| 4급/9획 | (풍속/속될 **속**) | 金文 | 篆文 |

解說 '人(사람 인)'과 '谷(계곡 곡)'을 조합한 글자임. '벌거벗은 여자(谷) 옆에 누워 있는 사람(人)'이라는 데서 '속되다/풍속'이라는 뜻을 나타낸다.

例文 ① 俗(속)되다 ② 俗物(속물) ③ 民俗村(민속촌) ④ 風俗(풍속)

3 浴 = 水 + 谷

| 5급/10획 | (목욕할 **욕**) | 甲骨文字 | 篆文 |

解說 '水(물 수)'와 '谷(계곡 곡)'을 조합한 글자임. 갑골문자(甲骨文字)에서는 '벌거벗은 여자(谷)가 목욕통에서 물(水)로 몸을 씻는 장면'으로 '목욕하다'는 뜻을 나타낸다.

例文 ① 沐浴(목욕) ② 浴槽(욕조) ③ 浴室(욕실) ④ 日光浴(일광욕)

4 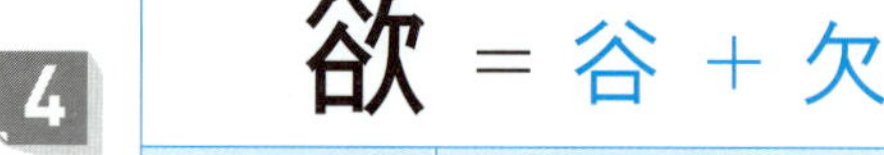

3급 / 11획	(하고자할 / 바랄 **욕**)	
		篆文

解說　'谷(계곡 곡)'과 '欠(하품 / 입벌릴 흠)'을 조합한 글자임. '벌거벗은 여자(谷) 곁에서 입을 벌리고(欠) 탐낸다'는 데서 '(그것을) 하고자 한다 / 바라다'는 뜻을 나타낸다.

例文　① 欲求不滿(욕구불만)　② 欲情(욕정)

5　慾 = 欲 + 心

3급 / 15획	(욕심 **욕**)

解說　'欲(하고자할 욕)'과 '心(마음 심)'을 조합한 글자임. '벌거벗은 여자(谷)를 보니 사랑을 하고픈(欲) 마음(心)이 생긴다'는 데서 '욕심'이라는 뜻을 나타낸다.

例文　① 慾心(욕심)　② 貪慾(탐욕)

6　裕 = 衣 + 谷

3급 / 12획	(넉넉할 **유**)	金文 1	金文 2	篆文

解說　'衣(옷 의)'와 '谷(계곡 곡)'을 조합한 글자임. 금문(金文)1에서는 '커다란 옷을 입은 여자의 몸(谷)'인데 비하여, 금문(金文)2와 전문(篆文)에서는 '옷(衣)을 벗어 옆에 놔둔 여자'임을 알 수 있다. '마음이 부유한 여자가 옷(衣)을 벗어 남에게 줌으로써 자신은 벌거벗었다(谷)'는 데서 '넉넉하다 / 옷이 많다'는 뜻을 나타내기도 한다. * '衣(옷 의)'가 다른 글자와 조합하여 글자 왼쪽에 오면 '衤(옷의변)'으로 글자 모양이 바뀐다.

例文　① 餘裕(여유)　② 裕福(유복)　③ 富裕(부유)

1 哭 = 口口 + 犬

| 3급 / 10획 | (울 곡) | 篆文 |

解說　'口+口'와 '犬(개 견)'을 조합한 글자임. '사람이 죽으면 신(神)에게 개(犬)를 제물로 바치고 많은 사람들이 엉엉(口口) 울었다'는 데서 '소리내어 울다'는 뜻을 나타낸다.

例文　① 痛哭(통곡 ; 목놓아 큰소리로 욺)　② 慟哭(통곡 ; 큰 소리로 서럽게 욺)

2 器 = 口口口口 + 犬

| 4급 / 16획 | (그릇 기) | 金文 | 篆文 |

解說　'口口口口'와 '犬(개 견)'을 조합한 글자임. '신(神)에게 제물(祭物)로 바친 개(犬)의 피로 제삿상의 여러 그릇들(口口口口)을 정화(淨化)하였다'는 데서 '그릇'이라는 뜻을 나타낸다. * 일본 상용한자는 '器(15획)'임.

例文　① 食器(식기)　② 廚房器具(주방 기구)　③ 大器晩成(대기만성)

3 喪 = 哭 + 亡

| 3급 / 12획 | (잃을 상) | 金文 | 篆文 |

解說　'哭(울 곡)'과 '亡(망할/죽을 망)'을 조합한 글자임. '사람이 죽어(亡) 슬피 운다(哭)'는 데서 '(사람이) 죽다/복(服)입다/(물건을) 잃다'는 뜻을 나타낸다.

例文　① 喪家之狗(상가지구)　② 國喪(국상)　③ 問喪(문상)　④ 喪失(상실)

곡 穀

각 殼

1　穀 = 士 + 冖 + 一 + 禾 + 殳

| 4급 / 15획 | (곡식 **곡**) | 篆文 |

解說　까끄라기 모양의 '士'와 껍질을 의미하는 '冖(덮을 멱)'과 '禾(벼 화)'와 '殳(몽둥이 수)'를 조합한 글자임. '손에 절굿공이(殳)를 들고 벼(禾) 껍질(冖)을 벗겨내는 모양'을 본뜬 글자로, 禾(벼 화)가 중심이 되어 '곡식'이라는 뜻을 나타낸다. * 일본 상용한자는 '穀(14획)'임.

例文　① 穀物(곡물)　② 穀倉(곡창)　③ 五穀(오곡)　④ 雜穀(잡곡)

2　殼 = 士 + 冖 + 一 + 几 + 殳

| 1급 / 12획 | (껍질 **각**) | 篆文 |

解說　까끄라기 모양의 '士'와 껍질을 의미하는 '冖(덮을 멱)'과 '几'와 '殳(몽둥이 수)'를 조합한 글자임. '손에 절굿공이(殳)를 들고 곡식의 껍질(冖+几)을 벗겨내는 모양'을 본뜬 글자로, 껍질을 의미하는 '几'가 중심이 되어 '껍질'이라는 뜻을 나타낸다. * 일본 상용한자는 '殼(11획)'이고, 중국 간체자(簡體字)는 '壳(7획)'임.

例文　① 地殼變動(지각변동)　② 卵殼(난각)　③ 堅殼(견각 ; 딱딱한 껍질)

1

昆

| 1급 / 8획 | (벌레/맏 곤) | 金文 | 篆文 |

解說 금문(金文)과 전문(篆文)에서는 '머리 모양의 "日"과 발 모양의 "比"로 묘사한 벌레'를 나타내는 상형문자인데, '벌레/(벌레는 발이) 많다'는 뜻을 나타낸다.

例文 ① 昆蟲(곤충) ② 昆弟(곤제 ; 형제) ③ 昆孫(곤손 ; 6대 孫)

2

棍 = 木 + 昆

| 1급 / 12획 | (몽둥이/방망이 곤) |

解說 '木(나무 목)'과 '昆(벌레 곤)'을 조합한 글자임. '벌레(昆)를 잡기 위해 만든 나무 막대기(木)'라는 데서 '몽둥이/방망이'라는 뜻을 나타낸다.

例文 ① 棍棒(곤봉) ② 棍杖(곤장) ③ 棍刑(곤형 ; 매로 치는 형벌)

3

混 = 水 + 昆

| 4급 / 11획 | (섞일 혼) |

解說 '水(물 수)'와 '昆(벌레 곤)'을 조합한 글자임. '물(水)이 있는 곳에 여러 가지 벌레(昆)가 떼지어 모인다'에서 '섞이다/섞다'라는 뜻을 나타낸다.

例文 ① 混合(혼합) ② 混沌(혼돈) ③ 混雜(혼잡)

1 骨

| 4급 / 10획 | (뼈 **골**) | 篆文 |

解說　'살(肉)이 붙어 있는 뼈 모양'을 본뜬 상형문자로, '뼈'라는 뜻을 나타낸다.

例文　① 骨格(골격)　② 骨折(골절)　③ 骨盤(골반)　④ 骸骨(해골)　⑤ 肋骨(늑골)
⑥ 骨肉相殘(골육상잔)　⑦ 無骨好人(무골호인)

2 滑 ＝ 水 ＋ 骨

| 2급 / 13획 | (미끄러울 **활** / 익살 **골**) |

解說　'水(물 수)'와 '骨(뼈 골)'을 조합한 글자임. '뼈(骨)의 표면은 기름기(水)가 있어서 미끄럽다'는 데서 '미끄러지다 / 미끄럽다'는 뜻을 나타낸다.

例文　① 滑降(활강)　② 潤滑油(윤활유)　③ 圓滑(원활)　④ 滑稽(골계 ; 익살)

3 猾 ＝ 犬 ＋ 骨

| 1급 / 13획 | (교활할 **활**) |

解說　'犬(개 견)'과 '骨(뼈 골)'을 조합한 글자임. '개(犬)가 입에 뼈다귀(骨)를 물고 도망친다'는 데서 '교활하다 / 약삭빠르다 / 어지럽히다'는 뜻을 나타낸다. ＊'犬(개 견)'이 다른 글자와 조합하여 글자 왼쪽에 오면 'ㅤ犭(개견변 / 개사슴록변)'으로 글자 모양이 바뀐다.

例文　① 狡猾(교활)　② 猾吏(활리 ; 교활한 관리)

공	工 功 攻 空
	控 貢 恐 鞏
홍	紅 鴻 虹 訌
강	江 腔
항	項 肛 缸
교	巧

1

工　　　工　工　工

7급/3획	(장인/만들 **공**)	甲骨文字	金文	篆文

解說　'물건을 만들 때 사용하는 자/잣대', 또는 '손잡이가 달린 공구(工具)' 또는 무당이 '신(神)을 부르는 도구' 모양을 본뜬 상형문자로, '물건을 만드는 도구/기술자/공장'이라는 뜻을 나타낸다.

例文　① 工場(공장)　② 工業(공업)　③ 木工(목공)　④ 石工(석공)

2

功 = 工 + 力

6급/5획	(공 **공**)

解說　'工(만들 공)'과 '力(힘 력)'을 조합한 글자임. '힘(力)들여 일(工)한 보람이 있다'는 데서 '공이 있다'는 뜻을 나타낸다.

例文　① 功(공)든 탑　② 功臣(공신)　③ 功勞(공로)　④ 功績(공적)

3

攻 = 工 + 攴

4급/7획	(칠 **공**)

解說　'工(만들 공)'과 '攴(때릴/칠 복)'을 조합한 글자임. '손에 연장을 들고(攴) 때려서 물건을 만들거나(工) 부순다'는 데서 '치다/공격하다'는 뜻을 나타낸다.

例文　① 攻擊(공격)　② 攻略(공략)　③ 공세(攻勢)　④ 速攻(속공)　⑤ 猛攻(맹공)

4 空 = 穴 + 工

7급/8획　　　(빌/하늘 **공**)

解說　‘穴(구멍 혈)’과 ‘工(만들 공)’을 조합한 글자임. ‘굴(穴)처럼 구멍을 뚫어 만드니(工) 구멍/굴 안에는 아무 것도 없다’는 데서 ‘비어 있다/아무 것도 없는 하늘’이라는 뜻을 나타낸다.

例文　① 空間(공간)　② 空軍(공군)　③ 空中(공중)　④ 空氣(공기)　⑤ 蒼空(창공)
　　　⑥ 空中樓閣(공중누각)

5 控 = 手 + 空

특급/12획　　　(당길 **공**)

解說　‘手(손 수)’와 ‘空(빌/하늘 공)’을 조합한 글자임. ‘하늘(空)을 향하여 손(手)으로 활시위를 당긴다’는 데서 ‘당기다/끌어당기다’는 뜻을 나타낸다. ＊‘手(손 수)’가 다른 글자와 조합하여 글자 왼쪽에 오면 ‘扌(손수변)’으로 글자 모양이 바뀐다.

例文　① 控除(공제)　② 控弦(공현 ; 활시위를 잡아당김)

6 貢 = 工 + 貝

3급/10획　　　(바칠 **공**)

解說　‘工(만들 공)’과 ‘貝(돈/재물/조개 패)’를 조합한 글자임. ‘공들여 만든(工) 재물(貝)을 윗사람에게 바친다’는 데서 ‘바치다’는 뜻을 나타낸다.

例文　① 租貢(조공)　② 貢獻(공헌)

7 恐 = 工 + 凡 + 心

3급/10획　　　(두려울 **공**)

解說　‘工(만들 공)’과 ‘凡(무릇 범)’, ‘心(마음 심)’을 조합한 글자임. ‘금문(金文)과 전문(篆文)에서는 ‘무당이 양손으로 신(神)을 부르는 도구인 “工”을 두렵고 떨리는 마음(心)으로 들어올린다’는 데서 ‘두렵다/무섭다’는 뜻을 나타낸다.

例文　① 恐喝(공갈)　② 恐怖感(공포감)

8 鞏 = 工 + 凡 + 革

1급 / 15획 　　(굳을 / 묶을 **공**)

🐛 **解說**　'工(만들 공)'과 '凡(무릇 범)', '革(가죽 혁)'을 조합한 글자임. '연장(工)을 한곳에 모아(凡) 가죽(革) 주머니에 넣어둔다'는 데서 '묶다 / 굳다'라는 뜻을 나타낸다.

🐛 **例文**　① 동맹국과 유대를 鞏固(공고)히 하다

---

9 虹 = 虫 + 工

1급 / 9획 　　(무지개 **홍**) 　　　甲骨文字 　　　篆文

🐛 **解說**　'虫(벌레 충)'과 '工(만들 공)'을 조합한 글자임. '머리가 2개(工) 달린 용(龍)과 같은 파충류(虫)가 물을 마시기 위해 여러 가지 색깔로 나타났다'고 생각한 데서 '무지개'라는 뜻을 나타낸다.

🐛 **例文**　① 虹橋(홍교 ; 무지개 다리)　② 彩虹(채홍 ; 무지개)

---

10 紅 = 糸 + 工

4급 / 9획 　　(붉을 **홍**)

🐛 **解說**　'糸(실 사)'와 '工(만들 공)'을 조합한 글자임. '신(神)을 부르는 도구(工)에 붉은 색의 실(糸)로 된 천을 묶었다'는 데서 '붉다 / 붉은 빛'이라는 뜻을 나타낸다. *붉은 색은 악한 영(靈)을 물리치고 행운을 가져온다고 한다.

🐛 **例文**　① 紅桃(홍도)　② 紅玉(홍옥)　③ 紅茶(홍차)　④ 紅柿(홍시)　⑤ 紅疫(홍역)
　　　⑥ 紅爐點雪(홍로점설)　⑦ 紅一點(홍일점)

---

11 訌 = 言 + 工

1급 / 10획 　　(어지러울 **홍**)

🐛 **解說**　'言(말씀 언)'과 '工(만들 공)'을 조합한 글자임. '무당이 신(神)을 부르는 도구(工)를 이용하여 말(言)로 남을 저주한다'는 데서 '(말로) 치다 / 공격하다'는 뜻을 나타낸다.

🐛 **例文**　① 訌爭(홍쟁 ; 분쟁)　② 內訌(내홍 ; 내분)

12 **鴻** = 江 + 鳥

3급/17획　　(기러기 **홍**)

解說　'江(물/강 강)'과 '鳥(새 조)'를 조합한 글자임. '강(江)에서 물고기를 잡아먹고 사는 커다란 새(鳥)'는 '큰기러기'라는 뜻을 나타낸다. ＊'水(물 수)'가 다른 글자와 조합하여 글자 왼쪽에 오면 'ʔ(삼수변)'으로 글자 모양이 바뀐다.

例文　① 鴻恩(홍은 ; 큰 은혜)　② 鴻志(홍지 ; 큰 뜻)

13 **江** = 水 + 工

7급/6획　　(강/물 **강**)

解說　'水(물 수)'와 '工(만들 공)'을 조합한 글자임. '많은 물(水)이 땅을 이리저리(工) 흘러가는 모양'을 본뜬 글자로, '강'이라는 뜻을 나타낸다.

例文　① 漢江(한강)　② 江湖煙波(강호연파)　③ 江南(강남)　④ 江北(강북)

14 **腔** = 肉 + 空

1급/12획　　(속빌 **강**)

解說　'肉(고기/몸 육)'과 '工(만들 공)'을 조합한 글자임. '몸(肉)안의 텅 빈(空) 곳'이라는 데서 '비어 있다/공허하다'는 뜻을 나타낸다. ＊'肉(몸/고기 육)'이 다른 글자와 조합하여 글자 왼쪽에 오면 '月(육달월)'로 글자 모양이 바뀐다.

例文　① 口腔炎(구강염)　② 腔腸動物(강장동물 ; 해파리/말미잘/산호)

15 **項** = 工 + 頁

3급/12획　　(항목 **항**)

解說　'工(만들 공)'과 '頁(머리 혈)'을 조합한 글자임. '머리(頁)와 몸통 사이의 목덜미(工) 모양'을 본떠서 '목덜미/항목'이라는 뜻을 나타낸다. ＊중국 간체자(簡體字)는 '项'임.

例文　① 項目(항목)　② 事項(사항)　③ 條項(조항)　④ 項羽壯士(항우장사)

16 肛 = 肉 + 工

1급 / 7획 　　　　(항문 **항**)

解說　'肉(고기 / 몸 육)'과 '工(만들 공)'을 조합한 글자로, '항문 / 똥구멍'이라는 뜻을 나타낸다. * '肉(몸 / 고기 육)'이 다른 글자와 조합하여 글자 왼쪽에 오면 '月(육달월)'로 글자 모양이 바뀐다.

例文　① 肛門(항문)　② 脫肛(탈항)

17 缸 = 缶 + 工

1급 / 9획 　　　　(항아리 **항**)

解說　'缶(질그릇 부)'와 '工(만들 공)'을 조합한 글자임. '흙으로 만든(工) 질그릇(缶)'이라는 데서 '항아리'라는 뜻을 나타내고 있다.

例文　① 酒缸(주항 ; 술도가니)　② 缸面酒(항면주 ; 처음으로 익은 술)

18 巧

3급 / 5획 　　　　(공교할 / 교묘할 **교**)

解說　'구부러진 조각칼로 교묘하게 구불구불하게 만들었다(工)'는 데서 '교묘하다 / 공교하다'는 뜻을 나타낸다.

例文　① 巧妙(교묘)　② 精巧(정교)　③ 巧言令色(교언영색)

1

公		心	心	心
6급 / 4획	(공평할 / 드러낼 **공**)	甲骨文字	金文	篆文

解說　'궁중에서 어떤 행사를 하는 공개된 넓은 장소'를 나타내는 상형문자로, '공평하다/관청'이라는 뜻을 나타낸다.

例文　① 公平(공평)　② 公立(공립)　③ 公開(공개)　④ 公私多忙(공사다망)

2

松 = 木 + 公

4급 / 8획	(소나무 **송**)

解說　'木(나무 목)'과 '公(공평할 공)'을 조합한 글자임. '어디서든 모두(公)에게 사랑받는 나무(木)'라는 데서 '소나무'라는 뜻을 나타낸다.

例文　① 松林(송림)　② 松板(송판)　③ 靑松(청송)　④ 松魚(송어)　⑤ 松林(송림)

3

訟 = 言 + 公

3급 / 11획	(송사할 **송**)

解說　'言(말씀 언)'과 '公(공평할 공)'을 조합한 글자임. '재판정에서는 공정(公正)하게 말(言)해야 한다'는 데서 '소송하다/고소하다'는 뜻을 나타낸다.

例文　① 訟事(송사)　② 訴訟事件(소송사건)　③ 民事訴訟(민사소송)

4 **頌** = 公 + 頁

4급 / 13획　　(기릴 / 칭송할 **송**)

解說　'公(공평할 공)'과 '頁(머리 혈)'을 조합한 글자임. '공평(公平)하게 일을 처리하는 예의바른 사람(頁)을 칭찬한다'라는 데서 '기리다 / 칭송하다'는 뜻을 나타낸다.　* 중국 간체자(簡體字)는 '颂(10획)'임.

例文　① 頌德碑(송덕비)　② 讚頌(찬송)　③ 稱頌(칭송)

5 **翁** = 公 + 羽

3급 / 10획　　(늙은이 **옹**)

解說　'公(공평할 공)'과 '羽(깃털 우)'를 조합한 글자임. '노인의 수염이 새의 몸에 골고루(公) 난 깃털(羽)과 같다'는 데서 '노인'이라는 뜻을 나타낸다.　* 일본 상용한자와 중국 간체자(簡體字)는 '翁'으로 글자 모양이 바뀜.

例文　① 老翁(노옹)　② 不倒翁(부도옹)　③ 翁主(옹주)　④ 塞翁之馬(새옹지마)

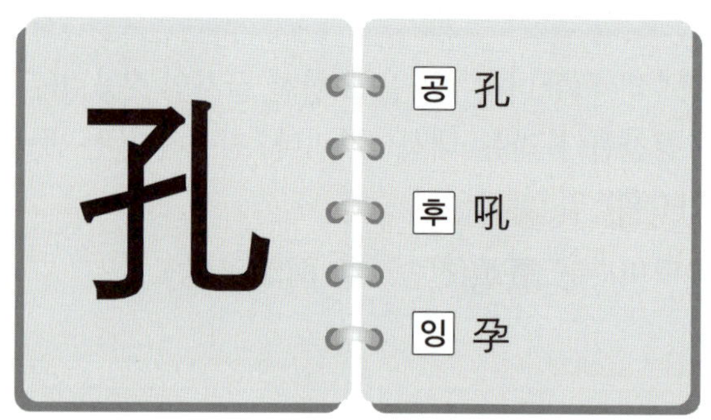

1

孔

| 4급/4획 | (구멍 **공**) | 金文 | 篆文 |

🐛 **解說**　금문(金文)에서는 '아이(子)가 어머니 젖가슴(乙)을 물고 젖을 빠는 모습'을 나타내는 상형문자인데, '젖꼭지의 구멍'이라는 뜻을 나타낸다.

🐛 **例文**　① 孔雀(공작) ② 毛孔(모공) ③ 孔孟(공맹 ; 공자와 맹자)

2

吼 = 口 + 孔

| 1급/7획 | (울 **후**) |

🐛 **解說**　'口(입 구)'와 '孔(구멍 공)'을 조합한 글자임. '사자가 입(口)을 크게 벌리고(孔) 으르렁거린다'는 데서 '울다'는 뜻을 나타낸다.

🐛 **例文**　① 獅子吼(사자후 ; 크게 열변을 토함)

3

孕 = 乃 + 子

| 1급/5획 | (아이밸 **잉**) | 甲骨文字 | 篆文 |

🐛 **解說**　갑골문자(甲骨文字)에서는 '여자의 뱃속(乃)에 아이(子)가 들어 있는 모양'에서 '아이를 배다/임신하다'는 뜻을 나타낸다.

🐛 **例文**　① 孕胎(잉태)

共 (함께 공) 그룹 漢字

1 共			
6급 / 6획	(한가지 / 함께 **공**)	甲骨文字	金文	篆文

解說 갑골문자(甲骨文字)와 금문(金文)에서는 '양손(廾)에 각각 하나씩 물건(卄)을 든다'는 회의문자(會意文字)이며, 전문(篆文)에서는 '두 손으로 하나의 물건을 떠받친다'는 데서 '일을 함께 하다'는 뜻을 나타낸다.

例文 ① 共存共生(공존공생) ② 共和國(공화국) ③ 共同生活(공동생활)

2 供 = 人 + 共

3급 / 8획	(이바지할 **공**)

解說 '人(사람 인)'과 '共(함께 공)'을 조합한 글자임. '양손(廾)으로 물건(卄)을 떠받쳐 윗사람(人)에게 드린다'는 데서 '물건을 바치다 / 드리다 / 이바지하다'는 뜻을 나타낸다.

例文 ① 供給(공급) ② 提供(제공) ③ 供養米(공양미)

3 恭 = 共 + 心

3급 / 10획	(공손할 / 받들 **공**)

解說 '共(함께 공)'과 '心(마음 심)'을 조합한 글자임. '신(神)에게 양손(廾)으로 물건(卄)을 떠받칠 때의 마음가짐(心)'에서 '공손하다 / 받들다'라는 뜻을 나타낸다.

例文 ① 恭遜(공손) ② 恭敬(공경)

4 拱 = 手 + 共

| 1급 / 9획 | (두손맞잡을 **공**) |

解說　'手(손 수)'와 '共(함께 공)'을 조합한 글자임. '양손(手)으로 물건(卄)을 들어올릴 (卄) 때처럼 마주 잡는다'는 데서 '두 손을 맞잡다'는 뜻을 나타낸다. * '手(손 수)'가 다른 글자와 조합하여 글자 왼쪽에 오면 '扌(손수변)'으로 글자 모양이 바뀐다.

例文　① 拱手(공수)　② 拱木(공목 ; 아름드리 나무)

5 洪 = 水 + 共

| 3급 / 9획 | (넓을 / 큰물 **홍**) |

解說　'水(물 수)'와 '共(함께 공)'을 조합한 글자임. '많은 물(水)이 모여서 함께(共) 흘러간다'는 데서 '큰 물 / (강물이) 넓다'는 뜻을 나타낸다. * '水(물 수)가 다른 글자와 조합하여 글자 왼쪽에 오면 '氵(삼수변)'으로 글자 모양이 바뀐다.

例文　① 洪水(홍수)　② 洪魚(홍어)　③ 洪福(홍복 ; 큰 행복)

6 哄 = 口 + 共

| 1급 / 9획 | (떠들 **홍**) |

解說　'口(입 구)'와 '共(함께 공)'을 조합한 글자임. '여러 사람이 함께(共) 내는 소리(口)'라는 데서 '시끄럽다 / 떠들썩하다 / 떠들다'는 뜻을 나타낸다.

例文　① 哄笑(홍소 ; 큰 웃음)　② 哄動(홍동 ; 여러 사람이 떠듦)

7 巷 = 共 + 邑

| 3급 / 9획 | (거리 **항**) | | 篆文 1 | 篆文 2 |

解說　'共(함께 공)'과 '邑(고을 읍)'을 조합한 글자임. '여러 사람이 함께(共) 모여 사는 고을(邑)'이라는 데서 '거리 / 마을'이라는 뜻을 나타낸다. * '邑(고을 읍)'이 다른 글자와 조합하여 글자 아래쪽에 오면 '巳'로 글자 모양이 바뀐다.

例文　① 巷間(항간 ; 서민들 사이)　② 巷談(항담 ; 소문)

8 港 = 水 + 巷

4급 / 12획　　　　　(항구 **항**)

解說　'水(물 수)'와 '共(함께 공)'을 조합한 글자임. '바다(水)에 배가 다니는 길(巷)이 있으면 머무는 곳도 있어야 한다'는 데서 '배가 머무는 항구'라는 뜻을 나타낸다. * 일본 상용한자는 '港'으로 글자 모양이 바뀜.

例文　① 港口(항구)　② 港灣(항만)　③ 港都(항도)　④ 空港(공항)

1

瓜

| 2급/5획 | (외/오이 **과**) | 金文 | 篆文 |

解說 '덩굴에 매달린 오이' 모양을 본뜬 상형문자로, '외/오이' 라는 뜻을 나타낸다.

例文 ① 瓜年(과년 ; 임기가 끝난 해/여자의 16세) ② 瓜田不納履(과전불납리)

2

孤 = 子 + 瓜

| 4급/8획 | (외로울 **고**) |

解說 '子(아들 자)'와 '瓜(오이 과)'를 조합한 글자임. '덩굴이 먼저 마르고 홀로 남은 가을의 외로운 오이(瓜)처럼 부모를 여읜 외로운 아이(子)' 라는 데서 '외롭다/쓸쓸하다' 는 뜻을 나타낸다.

例文 ① 孤兒(고아) ② 孤立無援(고립무원) ③ 孤獨(고독) ④ 孤掌難鳴(고장난명)

3

呱 = 口 + 瓜

| 1급/8획 | (울 **고**) |

解說 '口(입 구)'와 '瓜(오이 과)'를 조합한 글자임. '모태에서 갓 태어난 아이(瓜)의 울음소리(口)' 라는 데서 '갓난아이의 울음소리' 라는 뜻을 나타낸다.

例文 ① 呱呱之聲(고고지성 ; 아기가 태어나면서 우는 소리)

4 　狐 = 犬 + 瓜

1급 / 8획	(여우 **호**)

解說 ‘犬(개 견)’과 ‘瓜(오이 과)’를 조합한 글자임. ‘머리와 꼬리가 오이(瓜)처럼 기다랗게 생긴 개(犬)’라는 데서 ‘여우’라는 뜻을 나타낸다. ＊‘犬(개 견)’이 다른 글자와 조합하여 글자 왼쪽에 오면 ‘犭(개견변/개사슴록변)’으로 글자 모양이 바뀐다.

例文 ① 九尾狐(구미호) ② 狐媚(호미 ; 아양으로 호림) ③ 狐假虎威(호가호위)

5 　弧 = 弓 + 瓜

1급 / 8획	(활 **호**)

解說 ‘弓(활 궁)’과 ‘瓜(오이 과)’를 조합한 글자임. ‘오래된 오이(瓜)는 활(弓)처럼 휘어 있다’는 데서 ‘활’이라는 뜻을 나타낸다.

例文 ① 括弧(괄호) ② 弧矢(호시 ; 나무로 된 활과 화살)

1 夸 = 大 + 亐

| 6획 | (큰체할 **과**) | | 金文 | 篆文 |

解說 '大(큰 대)'와 '亐(우)'를 조합한 글자임. '사람(大)이 커다란 물건(亐) 길이에 맞추어 가랑이를 크게 벌리고 서 있다'는 데서 '과장하다/자랑하다'는 뜻을 나타낸다.

2 誇 = 言 + 夸

| 3급 / 13획 | (자랑할 **과**) |

解說 '言(말씀 언)'과 '夸(큰체할 과)'를 조합한 글자임. '실제보다 더 부풀려서(夸) 과장되게 말한다(言)'는 데서 '자랑하다/자만하다'는 뜻을 나타낸다. *중국 간체자(簡體字)는 '夸'임.

例文 ① 誇大廣告(과대광고) ② 誇大宣傳(과대선전) ③ 誇示(과시) ④ 誇張(과장)

3 袴 = 衣 + 夸

| 1급 / 11획 | (바지 **고**) |

解說 '衣(옷 의)'와 '夸(큰체할 과)'를 조합한 글자로, '바지'라는 뜻을 나타낸다. *'衣(옷 의)'가 다른 글자와 조합하여 글자 왼쪽에 오면 'ネ(옷의변)'으로 글자 모양이 바뀐다.

例文 ① 袴衣(고의) ② 袴褶(고습 ; 騎馬服) ③ 短袴(단고)

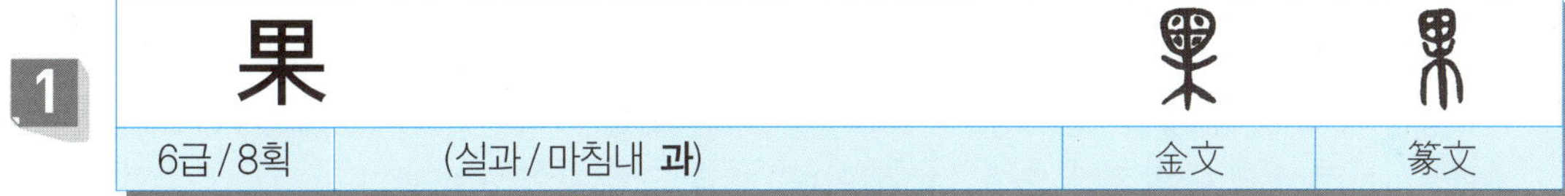

1 果

| 6급 / 8획 | (실과 / 마침내 **과**) | 金文 | 篆文 |

🐛 **解說** '나무(木)에 과일이 주렁주렁(田) 매달린 과일나무'를 본뜬 상형문자로, '과일 / 과일나무 / 결과'라는 뜻을 나타낸다.

🐛 **例文** ① 果樹園(과수원) ② 結果(결과) ③ 成果(성과) ④ 因果應報(인과응보)

2 課 = 言 + 果

| 5급 / 15획 | (공부할 / 과정 **과**) |

🐛 **解說** '言(말씀 언)'과 '果(과일 과)'를 조합한 글자임. '공부한 결과(果)를 말(言)로 물어보아 평가한다'는 데서 '공부하다 / 공부하는 과정'이라는 뜻을 나타낸다.

🐛 **例文** ① 學課(학과) ② 日課(일과) ③ 課外授業(과외수업)

3 菓 = 艸 + 果

| 2급 / 12획 | (과자 **과**) |

🐛 **解說** '艸(풀 초)'와 '果(과일 과)'를 조합한 글자임. '옛날에는 식물(艸)의 열매(果)로 과자를 만들었다'는 데서 '과자'라는 뜻을 나타낸다.

🐛 **例文** ① 菓子(과자) ② 製菓店(제과점) ③ 韓菓(한과) ④ 茶菓會(다과회)

4　顆 = 果 + 頁

1급 / 17획	(낱알 **과**)

解說　'果(과일 과)'와 '頁(머리 혈)'을 조합한 글자임. '열매(果)처럼, 사람의 얼굴(頁)처럼 둥근 모양의 알갱이'라는 데서 '낱알 / 잔 알갱이'라는 뜻을 나타낸다.

例文　① 顆粒(과립 ; 둥글고 잔 알갱이)

5　裸 = 衣 + 果

2급 / 13획	(벗을 **라**)

解說　'衣(옷 의)'와 '果(과일 과)'를 조합한 글자임. '과일나무의 과일(果)처럼 옷(衣)을 안 입은 상태'라는 데서 '벌거숭이 / 벌거벗다'라는 뜻을 나타낸다. * '衣(옷 의)'가 다른 글자와 조합하여 글자 왼쪽에 오면 '衤(옷의변)'으로 글자 모양이 바뀐다.

例文　① 裸身(나신)　② 裸婦(나부)　③ 裸體(나체)　④ 赤裸裸(적나라)

6　巢 = ⟨⟨⟨ + 果

2급 / 11획	(새집 / 무리지을 **소**)

解說　'나무 위의 둥지(果) 속에 들어 있는 새(⟨⟨⟨)들의 머리 모양'을 본뜬 상형문자로, '새집 / 보금자리'라는 뜻을 나타낸다. * 일본 상용한자는 '巣'로 글자 모양이 바뀜.

例文　① 卵巢(난소)　② 巢窟(소굴)　③ 歸巢性(귀소성)

7　彙 = 彑 + ⼍ + 果

1급 / 13획	(무리 / 모을 **휘**)	
		篆文

解說　'彑(돼지머리 계)'와 '⼍', '果'를 조합한 글자임. '빽빽하게 털이 난 고슴도치(彑)가 몸을 웅크리고 있는 모양'을 본뜬 상형문자로, '(같은 종류끼리) 무리짓다 / (같은 종류를) 모으다'는 뜻을 나타낸다.

例文　① 語彙(어휘)　② 語彙力(어휘력)　③ 萬彙群象(만휘군상)

1 郭 = 享 + 邑

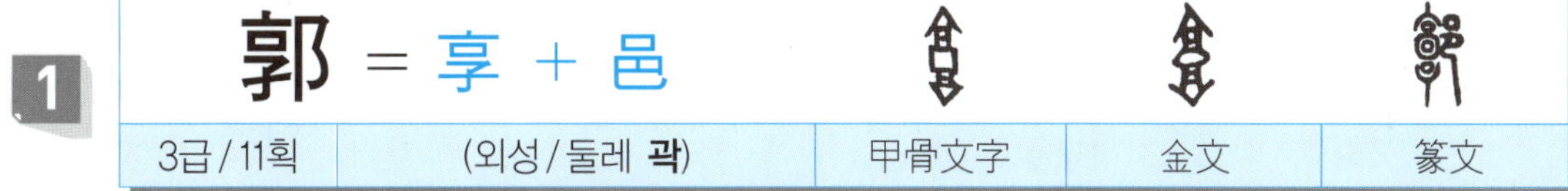

3급 / 11획	(외성 / 둘레 **곽**)	甲骨文字	金文	篆文

解說 갑골문자(甲骨文字)와 금문(金文)에서는 '망루(望樓)를 중심으로 하여 양쪽 또는 사방으로 뻗어나간 성곽 모양'이고, 전문(篆文)에서는 '도성(邑)을 지키기 위한 성곽 모양'으로, '둘레 / 외성(邑)'이라는 뜻을 나타낸다.

例文 ① 城郭(성곽) ② 外城(외성) ③ 輪郭(윤곽) ④ 胸郭(흉곽)

2 廓 = 广 + 郭

1급 / 14획	(둘레 **곽** / 클 **확**)

解說 '广(집 엄)'과 '郭(외성 / 둘레 곽)'을 조합한 글자로, '둘레'라는 뜻을 나타낸다.

例文 ① 輪廓(윤곽) ② 胸廓(흉곽)

3 槨 = 木 + 郭

1급 / 15획	(외관(**外棺**) / 덧널 **곽**)

解說 '木(나무 목)'과 '郭(외성 곽)'을 조합한 글자로, 관(棺)의 겉을 둘러싼 '외관(外棺) / 밧집'이라는 뜻을 나타낸다.

例文 ① 木槨(목곽) ② 石槨墳(석곽분) ③ 棺槨(관곽)

1

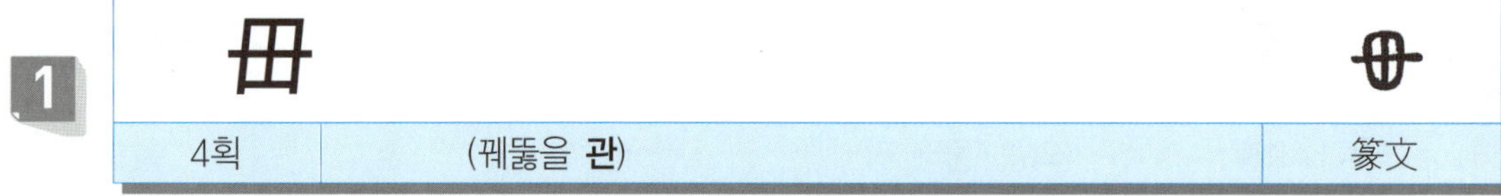

| 4획 | (꿰뚫을 관) | 篆文 |

解說 '어떤 물건에 구멍을 내어 꿰뚫은 모양' 을 본뜬 상형문자(象形文字)임.

2

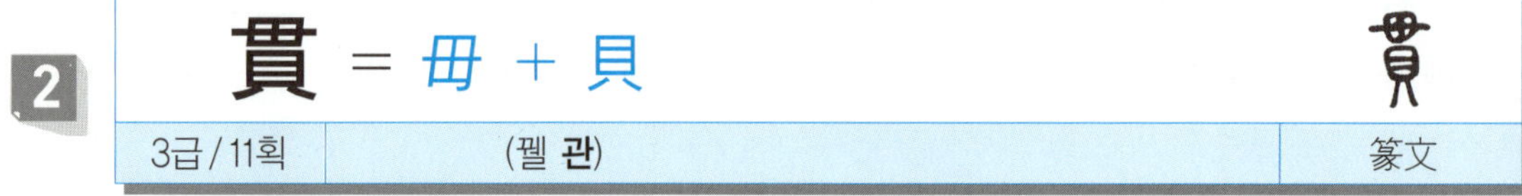

$$貫 = 毌 + 貝$$

| 3급 / 11획 | (꿸 관) | 篆文 |

解說 '毌(꿰뚫을 관)' 과 '貝(조개 패)'를 조합한 글자임. '조가비(貝)에 구멍을 내서 꿰어 (毌) 두었다' 는 데서 '꿰다 / 꿰뚫다' 는 뜻을 나타낸다.

例文 ① 貫通(관통) ② 貫徹(관철) ③ 一貫(일관) ④ 本貫(본관)

3

$$慣 = 心 + 貫$$

| 3급 / 14획 | (익숙할 관) |

解說 '心(마음 심)' 과 '貫(꿰뚫을 관)' 을 조합한 글자임. '일을 시키는 사람이 무엇을 원 하는지 상대방의 마음(心)을 꿰뚫어(貫)보고 일을 하면 일을 하기가 쉬워진다' 는 데서 '익 숙해지다 / 습관이 되다' 는 뜻을 나타낸다. * '心(마음 심)' 이 다른 글자와 조합하여 글자 왼 쪽에 오면 '忄(마음심변/심방변)' 으로 글자 모양이 바뀐다.

例文 ① 習慣(습관) ② 慣習(관습) ③ 慣例(관례) ④ 慣行(관행)

4

實 = 宀 + 貫

5급 / 14획   (열매 / 사실 **실**)

解說   '宀(집 면)'과 '貫(꿰뚫을 관)'을 조합한 글자임. '재물(貝)을 꿰어(毋) 신(神)을 섬기는 사당(宀)에 바친다'는 데서 '(풍족한) 재물/열매'라는 뜻을 나타내나, 훗날 '참으로/진실로/실제로'라는 뜻으로 발전하여 사용하게 되었다. ＊일본 상용한자와 중국 간체자(簡體字)는 '実'로 글자 모양이 바뀜.

例文   ① 果實(과실) ② 實技(실기) ③ 實際(실제) ④ 實用的(실용적)

68 官 (벼슬 관) 그룹 漢字

1 官

| 4급/8획 | (벼슬 **관**) | 甲骨文字 | 金文 | 篆文 |

解說 '宀(집 면)'과 '自'를 조합한 회의문자(會意文字)임. '전쟁에서의 승리를 기원하는 제사를 지낼 때 사용할 고기(自)를 보관하는 신성한 집(宀)'이라는 데서 '관청/벼슬아치'라는 뜻을 나타낸다. * '自'와 관련된 한자(漢字)로는 '帥(장수 수), 師(스승 사), 遣(보낼 견), 追(쫓을/따를 추), 歸(돌아갈 귀)' 등이 있다.

例文 ① 官廳(관청) ② 政府官吏(정부관리) ③ 官公署(관공서) ④ 官僚(관료)

2 管 = 竹 + 官

| 4급/14획 | (대롱/주관할 **관**) |

解說 '竹(대나무 죽)'과 '官(벼슬 관)'을 조합한 글자임. '대나무(竹)로 만든 피리를 불어서 관청(官)의 행사를 시작한다'는 데서 '대롱/주관하다'는 뜻을 나타낸다.

例文 ① 管絃樂器(관현악기) ② 氣管支(기관지) ③ 主管(주관) ④ 管轄(관할)
⑤ 管鮑之交(관포지교 ; 서로 믿고 이해하며 아끼는 정다운 친구)

3 館 = 食 + 官

| 3급/17획 | (집 **관**) |

解說 ‘食(밥/먹을 식)’과 ‘官(벼슬 관)’을 조합한 글자임. ‘군대 사령관이 제사도 지내며 식사(食)도 하고 묵는 곳(官)’이라는 데서 ‘큰 집/저택’이라는 뜻을 나타낸다.

例文 ① 圖書館(도서관) ② 美術館(미술관) ③ 大使館(대사관) ④ 旅館(여관)

---

4 珀 = 玉 + 官

2급 / 12획 　　　　(옥피리 **관**)

解說 ‘玉(구슬 옥)’과 ‘官(벼슬 관)’을 조합한 글자임. ‘관청(官)에서 사용하는 옥(玉)으로 만든 피리’라는 데서 ‘옥피리’라는 뜻을 나타내는데, 주로 인명(人名)에 사용한다.

---

5 棺 = 木 + 官

1급 / 12획 　　　　(널 **관**)

解說 ‘木(나무 목)’과 ‘官(벼슬 관)’을 조합한 글자임. ‘죽은 시체를 나무(木)로 만든 관에 넣는다’는 데서 ‘널/관’이라는 뜻을 나타낸다.

例文 ① 木棺(목관) ② 石棺(석관) ③ 入棺(입관)

雚		甲骨文字	金文	篆文
18획	(부엉이/황새 **관**)			

解說 '머리 양쪽에 털이 귀 모양으로 생겼고, 눈이 커다란 새(隹) 부엉이' 또는 '황새'를 본뜬 상형문자(象形文字)로 '눈을 크게 뜨고 잘 보다'는 뜻을 나타낸다. ＊학자에 따라서 '부엉이' 또는 '황새'라고 주장하기도 한다. ＊약자(略字)는 '雚(17획)'으로 표기하고 있음에 유의해야 한다.

2

觀 = 雚 + 見

5급/25획	(볼 **관**)

解說 '雚(부엉이/황새 관)'과 '見(볼 견)'을 조합한 글자임. '부엉이(雚)가 먹잇감을 찾으려고 두 눈을 크게 뜨고 살펴본다(見)'는 데서 '보다/관찰하다'는 뜻을 나타낸다. ＊일본 상용한자는 '觀(18획)'이고, 중국 간체자(簡體字)는 '观'임.

例文 ① 觀察(관찰) ② 觀衆(관중) ③ 觀客(관객) ④ 觀相(관상)

3

灌 = 水 + 雚

1급/21획	(물댈 **관**)

解說　'水(물 수)'와 '雚(황새 관)'을 조합한 글자임. '황새(雚)가 물(水)이 흐르는 곳에서 먹잇감을 찾는다'는 데서 '물을 대다'라는 뜻을 나타낸다.

例文　① 灌木(관목 ; 앵두나무 종류)　② 灌腸(관장)　③ 灌漑農業(관개농업)

4　權 = 木 + 雚

| 4급 / 22획 | (권세 **권**) |

解說　'木(나무 목)'과 '雚(부엉이 관)'을 조합한 글자임. '조용히 나무(木) 위에 앉아서 커다란 눈만 움직이며 위엄이 있어 보이는 부엉이(雚)가, 마치 권력 있는 사람처럼 보인다'는 데서 '권력 / 권세'라는 뜻을 나타낸다. * 일본 상용한자는 '権(15획)'이고, 중국 간체자(簡體字)는 '权(6획)'임.

例文　① 權力(권력)　② 權勢(권세)　③ 權威(권위)　④ 公權力(공권력)
　　　　⑤ 權不十年(권불십년)　⑥ 權謀術數(권모술수)

5　勸 = 雚 + 力

| 4급 / 20획 | (권할 **권**) |

解說　'雚(부엉이 관)'과 '力(힘 력)'을 조합한 글자임. '농사를 지으려면(力) 부엉이(雚)처럼 눈을 크게 뜨고 살펴보라고 권했다'는 데서, 또는 '새(雚)에 의한 점을 쳐보고 하라'는 데서 '권하다 / 권유하다'는 뜻을 나타낸다. * 일본 상용한자는 '勧(13획)'이고, 중국 간체자(簡體字)는 '劝(4획)'임.

例文　① 勸(권)하다　② 勸告(권고)　③ 勸誘(권유)　④ 勸善懲惡(권선징악)

6　顴 = 雚 + 頁

| 1급 / 27획 | (광대뼈 **권 / 관**) |

解說　'雚(부엉이 관)'과 '頁(머리 혈)'을 조합한 글자임. '부엉이(雚) 얼굴 모양과 사람 얼굴(頁) 모양이 닮은 곳'이라는 데서 '광대뼈'라는 뜻을 나타낸다. * 중국 간체자(簡體字)는 '颧'임.

例文　① 顴骨(권골 / 관골 ; 광대뼈)

7 歡 = 雚 + 欠

4급 / 22획　　　　　　　(기쁠 **환**)

解說　'雚(부엉이/황새 관)'과 '欠(하품/입벌릴 흠)'을 조합한 글자임. '부엉이/황새(雚)
가 먹이를 발견하고 입을 크게 벌려(欠) 좋아하는 모습'에서 '기뻐하다'는 뜻을 나타낸다.
＊일본 상용한자는 '歓(15획)'이고, 중국 간체자(簡體字)는 '欢(6획)'임.

例文　① 歡迎式(환영식)　② 歡送式(환송식)　③ 歡呼(환호)

8 驩 = 馬 + 雚

1급 / 28획　　　　　　　(기뻐할 **환**)

解說　'馬(말 마)'와 '雚(부엉이 관)'을 조합한 글자임. '말(馬) 등에 부엉이/황새(雚)가
한 마리 앉아 서로 사이좋게 지낸다'는 데서 '기뻐하다'는 뜻을 나타낸다.

例文　① 交驩競技(교환경기)

		甲骨文字	金文	篆文
1 光 = 火 + 儿				
6급 / 6획	(빛 광)			

解說 '火(불 화)'와 '儿(어진사람 / 걷는사람 인)'을 조합한 회의문자(會意文字)임. '사람이 무릎(儿)을 꿇고 머리 위로 불(火)을 떠받들고 있는 모습'을 본떠서 '불빛이 멀리까지 비친다'는 데서 '빛 / 광채'라는 뜻을 나타낸다. ＊고대에 불(火)은 매우 신성한 것이어서, 불을 잘 관리하여 신(神)처럼 섬긴 데서, '光'은 불을 취급하는 종교 교직자(教職者)를 의미하였다고 한다.

例文 ① 光彩(광채) ② 光速(광속) ③ 光明(광명) ④ 光復節(광복절)

2 胱 = 肉 + 光

1급 / 10획	(방광 광)

解說 '肉(고기 / 몸 육)'과 '光(빛 광)'을 조합한 글자로, '방광'이라는 뜻을 나타낸다.

例文 ① 膀胱(방광) ② 膀胱炎(방광염)

3 晃 = 日 + 光

2급 / 10획	(밝을 황)

解說 '日(날 / 해 일)'과 '光(빛 광)'을 조합한 글자임. '태양(日)이 사람 머리 위에서 밝게 빛(光)난다'는 데서 '밝다'라는 뜻을 나타내는데, 주로 인명(人名)에 사용한다.

4 **滉** = 水 + 晃

2급 / 13획　　　　(깊을 **황**)

解說　'水(물 수)'와 '光(빛 광)'을 조합한 글자임. '물(水)이 맑으면 햇빛(日)이 깊은 곳까지 비친다(光)'는 데서 '깊다'는 뜻을 나타내는데, 주로 인명(人名)에 사용한다. ＊'水(물 수)가 다른 글자와 조합하여 글자 왼쪽에 오면 'ɣ(삼수변)'으로 글자 모양이 바뀐다.

例文　① 李滉(이황 ; 조선 시대의 학자 / 이퇴계 선생)

5 **恍** = 心 + 光

1급 / 9획　　　　(황홀할 **황**)

解說　'心(마음 심)'과 '光(빛 광)'을 조합한 글자임. '마음(心)이 환히 빛나는(光) 상태'라는 데서 '황홀하다 / 마음이 미묘하여 알 수 없다'는 뜻을 나타낸다. ＊'心(마음 심)'이 다른 글자와 조합하여 글자 왼쪽에 오면 '忄(마음심변 / 심방변)'으로 글자 모양이 바뀐다.

例文　① 恍惚(황홀)　② 恍惚感(황홀감)

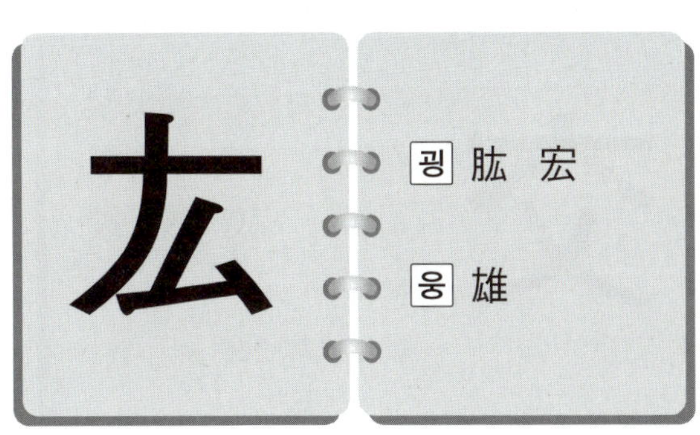

---

1 肱 = 肉 + 厷

| 1급 / 8획 | (팔뚝 **굉**) | 篆文 |

解說 '肉(몸/고기 육)'과 '厷(팔뚝 굉)'을 조합한 글자임. '우리 몸(肉)의 팔과 손(又)을 안쪽으로 구부린 모양(厶)'에서 '팔뚝'이라는 뜻을 나타낸다.

例文 ① 股肱之臣(고굉지신 ; 임금이 가장 신임하는 신하)

---

2 宏 = 宀 + 厷

| 1급 / 7획 | (클 **굉**) |

解說 '宀(집 면)'과 '厷(팔뚝 굉)'을 조합한 글자임. '두 팔(又)로 안을(厶) 정도의 큰 기둥이 있는 집(宀)'이라는 데서 '아주 크다'라는 뜻을 나타낸다.

例文 ① 宏壯(굉장) ② 宏大(굉대 ; 아주 큼)

---

3 雄 = 厷 + 隹

| 1급 / 12획 | (수컷/굳셀/뛰어날 **웅**) |

解說 '厷(팔뚝 굉)과 '隹(새 추)'를 조합한 글자임. '날개(又)를 펴서 암컷 새(隹)를 끌어안는다(厶)'는 데서 '수컷'이라는 뜻을 나타낸다.

例文 ① 雌雄(자웅) ② 雄壯(웅장) ③ 雄辯(웅변) ④ 英雄(영웅)

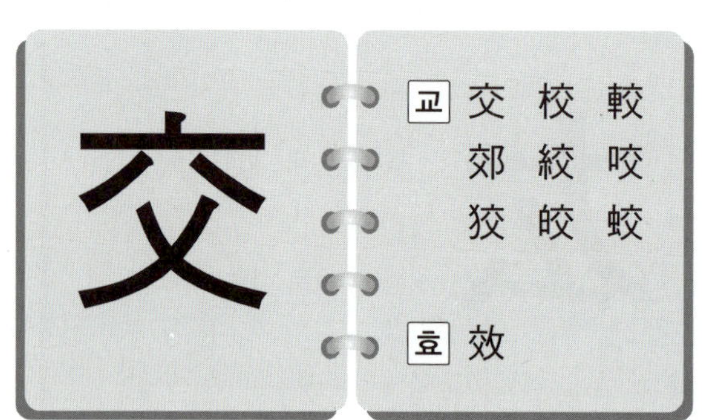

1 交

| 6급 / 6획 | (사귈/엇걸/바꿀 **교**) | 甲骨文字 | 金文 | 篆文 |

解說 갑골문자(甲骨文字)에서는 '남자와 사랑을 하여 임신한 여자가 다리를 벌리고 누워 있는 모양' 이고, 금문(金文)과 전문(篆文)에서는 '양쪽 다리를 벌리고 누워 있는 사람의 모양' 을 본뜬 상형문자(象形文字)임. '남녀가 사랑을 하려고 벌렁 누워 있는 모양' 에서 '사귀다/주고받다/교환하다/교차하다' 는 뜻을 나타낸다.

例文 ① 交際(교제) ② 交通(교통) ③ 社交(사교) ④ 交涉(교섭) ⑤ 國交(국교)

2 校 = 木 + 交

| 8급 / 10획 | (학교/바로잡을 **교**) |

解說 '木(나무 목)'과 '交(사귈 교)'를 조합한 글자임. '갓 심은 나무(木)를 버팀목(交)으로 바로잡아 주듯이, 사람을 올바른 길로 가도록 바로잡아 주는 곳' 이라는 데서 '학교/바로잡다' 는 뜻을 나타낸다.

例文 ① 學校(학교) ② 校歌(교가) ③ 校長(교장) ④ 校訂(교정) ⑤ 校閱(교열)

3 較 = 車 + 交

| 3급 / 13획 | (견줄 / 비교할 **교**) |

解說 　‘車(수레 거)’와 ‘交(사귈 교)’를 조합한 글자임. ‘수레(車)에 실린 짐의 묶인 상태(交)를 비교해 본다’는 데서 ‘비교하다’는 뜻을 나타낸다.

例文 　① 比較(비교) ② 日較差(일교차)

---

4 郊 = 交 + 邑

3급 / 9획 　(들/성밖 **교**)

解說 　‘交(사귈 교)’와 ‘邑(고을 읍)’을 조합한 글자임. ‘도성(都城)에서 쉽게 왕래(交)할 수 있는 고을(邑)’이라는 데서 ‘성밖 마을’이라는 뜻을 나타낸다. * ‘邑(고을 읍)’이 다른 글자와 조합하여 글자 오른쪽에 오면 ‘阝(우부방)’으로 글자 모양이 바뀐다.

例文 　① 서울 近郊(근교) ② 郊外(교외)

---

5 絞 = 糸 + 交

2급 / 12획 　(목맬 **교**)

解說 　‘糸(실 사)’와 ‘交(사귈 교)’를 조합한 글자임. ‘밧줄(糸)을 올가미(交)로 만들어 목을 맨다’는 데서 ‘목을 매다’라는 뜻을 나타낸다.

例文 　① 絞首刑(교수형) ② 絞殺(교살 ; 목 졸라 죽임)

---

6 咬 = 口 + 交

1급 / 9획 　(새소리/씹을 **교**)

解說 　‘口(입 구)’와 ‘交(사귈 교)’를 조합한 글자임. ‘새들은 입(口)으로 지저귀면서 사귄다(交)’는 데서 ‘새들의 지저귀는 소리’라는 뜻을 나타낸다.

例文 　① 咬傷(교상 ; 짐승에 물린 상처)

---

7 皎 = 白 + 交

1급 / 11획 　(달밝을 **교**)

解說 ‘白(흰 백)’과 ‘交(사귈 교)’를 조합한 글자임. ‘달 밝은(白) 밤에 만나서 교제한다 (交)’는 데서 ‘달이 밝다/맑다’는 뜻을 나타낸다.

例文 ① 皎皎月色(교교월색 ; 밝게 빛나는 달) ② 皎月(교월 ; 밝은 달)

8

狡 = 犬 + 交

| 1급 / 9획 | (교활할 **교**) |

解說 ‘犬(개 견)’과 ‘交(사귈 교)’를 조합한 글자임. ‘개(犬)처럼 아무하고나 사귄다(交)’는 데서 ‘교활하다’는 뜻을 나타낸다. *‘犬(개 견)’이 다른 글자와 조합하여 글자 왼쪽에 오면 ‘犭(개견변/개사슴록변)’으로 글자 모양이 바뀐다.

例文 ① 狡猾(교활) ② 狡智(교지 ; 교활한 지혜)

9

蛟 = 虫 + 交

| 1급 / 12획 | (교룡 / 이무기 **교**) |

解說 ‘虫(벌레 충)’과 ‘交(사귈 교)’를 조합한 글자임. ‘용이 되려다 못 되고 물속에 사는 몸이 뒤틀린(交) 파충류(虫)’라는 데서 ‘이무기/교룡’이라는 뜻을 나타낸다.

例文 ① 蛟龍得雲雨(교룡득운우 ; 영웅이 때를 만나면 뜻을 이룬다)

10

效 = 交 + 攴

| 5급 / 10획 | (본받을 / 보람 **효**) | 甲骨文字 | 金文 | 篆文 |

解說 갑골문자(甲骨文字)에서는 ‘矢(화살 시)’와 ‘攴(칠 / 때릴 복)’을 조합한 글자로서, 이것은 ‘구부러진 화살(矢)을 탁탁 때려가며(攴) 똑바로 펴는 장면’이고, 금문(金文)과 전문(篆文)에서는 ‘交(사귈 교)’와 ‘攴(때릴 / 칠 복)’을 조합한 글자임. ‘더욱더 잘하도록 채찍질(攴)하여 본받게(交)한다’는 데서 ‘본받다/보람’이라는 뜻을 나타낸다. *‘攴(칠 / 때릴 복)’이 다른 글자와 조합하여 글자 오른쪽에 오면 ‘攵’으로 글자 모양이 바뀐다. *일본 상용한자는 ‘効(8획)’로 글자 모양이 바뀜.

例文 ① 效果(효과) ② 效能(효능) ③ 效力(효력) ④ 效用(효용) ⑤ 無效(무효)

1

喬 = 夭 + 高

| 1급 / 12획 | (높을 **교**) | 甲骨文字 | 金文 | 篆文 |

解說　'夭(굽을 요)'와 '高(높을 고)'를 조합한 회의문자(會意文字)임. '높은(高) 건물 위에 신(神)을 부르는 펄럭이는(夭) 깃발 모양'이라는 데서 '높다'라는 뜻을 나타낸다. * 오늘날에도 무당 집에는 신(神)을 부르는 기(旗)가 높이 세워져 있다.

例文　① 喬木(교목 ; 키 큰 나무)　② 喬樹(교수 ; 키 큰 나무)

2

橋 = 木 + 喬

| 5급 / 16획 | (다리 **교**) |

解說　'木(나무 목)'과 '喬(높을 교)'를 조합한 글자임. '물이 흐르는 계곡에 높게(喬) 걸쳐놓은 나무(木)다리'라는 데서 '다리 / 교량'이라는 뜻을 나타낸다.

例文　① 橋梁(교량)　② 漢江大橋(한강대교)　③ 橋脚(교각)　④ 陸橋(육교)

3

矯 = 矢 + 喬

| 3급 / 17획 | (바로잡을 **교**) |

解說　'矢(화살 시)'와 '喬(높을 교)'를 조합한 글자임. '굽은(夭) 화살(矢)을 똑바르게(高) 편다'는 데서 '바로잡다'는 뜻을 나타낸다.

例文　① 矯導所(교도소)　② 矯角殺牛(교각살우)　③ 齒列矯正(치열교정)

4 2급 / 14획　**僑** = 人 + 喬　(더부살이 **교**)

解說　‘人(사람 인)’과 ‘喬(높을 교)’를 조합한 글자임. ‘벼슬이 높은(高) 사람한테 더부살이하여 사는 사람(人)’이라는 데서 ‘더부살이하다’는 뜻을 나타낸다.

例文　① 在日僑胞(재일교포)　② 在美僑胞(재미교포)

5 1급 / 15획　**嬌** = 女 + 喬　(아리따울 **교**)

解說　‘女(여자 여)’와 ‘喬(높을 교)’를 조합한 글자임. ‘키가 크고(喬) 날씬한 여자(女)’라는 데서 ‘요염하도록 아름답다 / 사랑스럽다’라는 뜻을 나타낸다.

例文　① 愛嬌(애교)　② 嬌態(교태)　③ 嬌聲(교성)

6 1급 / 19획　**轎** = 車 + 喬　(가마 **교**)

解說　‘車(수레 거 / 차)’와 ‘喬(높을 교)’를 조합한 글자임. ‘사람이 높이(喬) 앉아 있는 수레(車)’라는 데서 ‘가마’라는 뜻을 나타낸다.

例文　① 轎子(교자 ; 가마)　② 轎軍(교군 ; 가마 / 가마꾼)

7 1급 / 22획　**驕** = 馬 + 喬　(교만할 **교**)

解說　‘馬(말 마)’와 ‘喬(높을 교)’를 조합한 글자임. ‘키가 큰(喬) 말(馬)을 타고 사람을 내려다본다’는 데서 ‘교만하다 / 거만하다’는 뜻을 나타낸다. * 중국 간체자(簡體字)에서는 ‘喬’는 모두 ‘乔’로 글자 모양이 바뀜에 따라서 ‘橋’는 ‘桥’로, ‘矯’는 ‘矫’로, ‘僑’는 ‘侨’로, ‘嬌’는 ‘娇’로, ‘轎’는 ‘轿’로, ‘驕’는 ‘骄’로 글자 모양이 바뀜.

例文　① 驕慢(교만)　② 驕人(교인 ; 교만한 사람)

1

九

| 8급/2획 | (아홉 **구**) | 甲骨文字 | 金文 | 篆文 |

解說 원래는 '구불구불한 용(龍)'을 본뜬 글자이나, '열(十)에서 하나가 모자란다' 는 데서 '아홉/아홉 번째/수효가 많음' 이라는 뜻을 나타낸다.

例文 ① 九折羊腸(구절양장) ② 九重宮闕(구중궁궐) ③ 九牛一毛(구우일모)

2

究 = 穴 + 九

| 4급/7획 | (연구할/궁구할 **구**) |

解說 '穴(구멍 혈)'과 '九(아홉 구)'를 조합한 글자임. '굴(穴)을 파고 몸을 구부려서(九) 들어가 본다' 는 데서 '연구하다/파고들다' 는 뜻을 나타낸다.

例文 ① 硏究(연구) ② 探究(탐구) ③ 講究(강구)

3

仇 = 人 + 九

| 1급/4획 | (원수/짝 **구**) |

解說 '人(사람 인)'과 '九(아홉 구)'를 조합한 글자임. '진정한 친구는 열(十)명 중에서 한 명 뿐이고, 나머지 아홉(九) 명은 모두 좋지 않은 사이' 라는 뜻을 나타낸다.

例文 ① 仇匹(구필 ; 짝) ② 仇怨(구원 ; 원한)

4   鳩 = 九 + 鳥

1급/13획   (비둘기 **구**)

解說   '九(아홉 구)'와 '鳥(새 조)'를 조합한 글자임. '비둘기는 '구구구(九九九)'하며 우는 새(鳥)'라는 데서 '비둘기'라는 뜻을 나타낸다.

例文   ① 傳書鳩(전서구) ② 鳩居鵲巢(구거작소) ③ 鳩首會議(구수회의)

5   軌 = 車 + 九

3급/9획   (바큇자국 **궤**)

解說   '車(수레 거/차)'와 '九(아홉 구)'를 조합한 글자로, 원래는 수레바퀴와 바퀴의 양쪽 사이를 '軌'라고 하였는데, 그 폭은 6척(尺)6촌(寸)이라는 규정이 있었으나, '평행선을 달리는 수레(車) 바큇자국'이라는 뜻을 나타낸다.

例文   ① 軌道(궤도 ; 레일) ② 軌跡(궤적 ; 바큇자국)

6   染 = 水 + 朵

3급/9획   (물들 **염**)

解說   전문(篆文)에서는 '水(물 수)'와 '朵(늘어질 타)'를 조합한 글자임. '휘늘어진(朵) 나뭇가지의 열매나 잎의 즙(水)으로 물들인다'는 데서 '물들이다/염색하다'는 뜻을 나타낸다. * 해서(楷書)에서는 '乃'가 '九'로 글자 모양이 바뀌었다.

例文   ① 染色(염색) ② 染料(염료) ③ 感染(감염)

7   旭 = 九 + 日

2급/6획   (아침해 / 해뜰 **욱**)

解說   '九(아홉 구)'와 '日(날/해 일)'을 조합한 글자임. '오전 아홉(九) 시(時)의 해(日)'라는 데서 '아침 해/해가 뜨다'는 뜻을 나타낸다고 하면 기억하기가 쉬울 것 같다.

例文   ① 旭光(욱광 ; 아침 햇빛) ② 旭日昇天(욱일승천)

8　拋 = 手 + 九 + 力

| 2급/8획 | (던질/버릴 **포**) |

解說　'手(손 수)'와 '九(아홉 구)', '力(힘 력)'을 조합한 글자임. '물건을 든 손(手)과 팔을 구부렸다가(九) 펴면서 힘껏(力) 멀리 던져 버린다'는 데서 '던지다/버리다/포기하다'는 뜻을 나타낸다. *원래 '抛'는 '拋'의 속자(俗字)임.

例文　① 拋棄(포기)　② 拋物線(포물선)

9　丸

| 3급/3획 | (둥글/알약/탄환 **환**) | 甲骨文字 | 篆文 |

解說　갑골문자(甲骨文字)에서는 '활(弓)시위에 둥근 탄알을 갖다대고 튕기려고 하는 장면'으로 묘사하여, '둥글다/탄알/알약'이라는 뜻으로 발전하여 쓰이게 되었다.

例文　① 投砲丸(투포환) ② 彈丸(탄환) ③ 丸藥(환약) ④丸劑(환제)

1 叫 = 口 + ㄐ

| 3급/5획 | (부르짖을 **규**) | 篆文 |

解說 '口'와 'ㄐ(얽힐 구)'를 조합한 글자임. '신(神)에게 바치는 축문(祝文)이 든 그릇(口)을 앞에 두고 신(神)에게 끊임없이(ㄐ) 부르짖다'는 데서 '부르짖다'는 뜻을 나타낸다.

例文 ① 絶叫(절규) ② 阿鼻叫喚(아비규환)

2 糾 = 糸 + ㄐ

| 3급/8획 | (얽힐/모을 **규**) | 篆文 |

解說 '糸(실 사)'와 'ㄐ(얽힐 구)'를 조합한 글자임. '실(糸)이 식물 덩굴처럼 얽혀(ㄐ) 꼬여 있다'는 데서 '얽히다/모으다'라는 뜻을 나타낸다.

例文 ① 紛糾(분규) ② 糾合(규합) ③ 糾明(규명) ④ 糾彈(규탄)

3 收 = ㄐ + 攴

| 3급/6획 | (거둘 **수**) | 篆文 |

解說 'ㄐ(얽힐 구)'와 '攴(칠/때릴 복)'을 조합한 글자임. '덩굴 식물(ㄐ)을 어떤 도구(攴)를 사용해서 거두어 들인다'는 데서 '거두다/거두어 들이다'는 뜻을 나타낸다.

例文 ① 收金(수금) ② 收拾(수습) ③ 回收(회수) ④ 撤收(철수) ⑤ 收容(수용)

---

1 久

| 3급/3획 | (오랠 **구**) | 篆文 |

🐛 **解說** 전문(篆文)에서는 무슨 이유인지는 모르겠지만, '죽은 사람(人)을 나무막대기로 떠받들고 있는 모습'을 본뜬 상형문자임. '죽은 사람(久)은 영원히 잠을 잔다'는 데서 '오래다/시간이 길다'는 뜻을 나타낸다.

🐛 **例文** ① 永久(영구) ② 持久力(지구력) ③ 長久(장구)한 세월

---

2 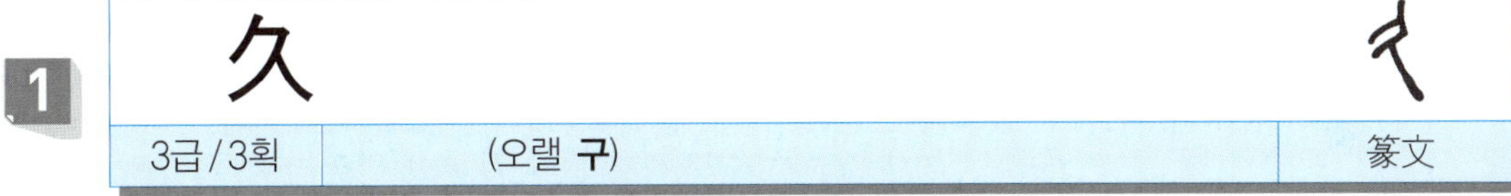玖 = 玉 + 久

| 2급/7획 | (옥돌 **구**) |

🐛 **解說** '玉(구슬 옥)'과 '久(오랠 구)'를 조합한 글자임. '옥(玉)은 오랜 세월(久)에도 변하지 않는 돌'이라는 데서 '옥돌'이라는 뜻을 나타내며, 주로 인명(人名)에 사용한다.

🐛 **例文** ① 李玖(이구 ; 조선왕조 마지막 왕세손)

---

3 灸 = 久 + 火

| 1급/7획 | (뜸 **구**) |

🐛 **解說** '久(오랠 구)'와 '火(불 화)'를 조합한 글자로, '뜸/뜸질하다'는 뜻을 나타낸다.

🐛 **例文** ① 鍼灸師(침구사) ② 灸治(구치 ; 뜸으로 치료함)

4　柩 = 木 + 匚 + 久

| 1급/9획 | (널/관 **구**) |

解說　'木(나무 목)'과 '匚(상자 방)', '久(오랠 구)'를 조합한 글자임. '죽은 사람(久)을 나무(木) 관(匚) 속에 넣는다'는 데서 '널/관'이라는 뜻을 나타낸다.

例文　① 運柩(운구)　② 靈柩車(영구차)

5　畝 = 每 + 久

| 1급/10획 | (밭이랑 **무**/밭두둑 **묘**) |

解說　'每(매양 매)'와 '久(오랠 구)'를 조합한 글자임. '사람이 항상(每) 오래도록(久) 지나다니며 농사를 지을 수 있도록 만든 밭두둑/밭이랑'이라는 뜻을 나타낸다.

例文　① 一畝(일묘/일무 ; 30평)

1

丘		ᗰᗰ	ᗢᗢ	川
3급/5획	(언덕 **구**)	甲骨文字	金文	篆文

解說　'마을 주위를 둘러싼 약간 높은 2개의 언덕 모양'을 본뜬 상형문자로 '언덕'이라는 뜻을 나타낸다.

例文　① 丘陵地(구릉지 ; 약 300미터 이하의 언덕)　② 比丘(비구 ; 남자 중)

2

邱 = 丘 + 邑

2급/8획	(언덕 **구**)

解說　'丘(언덕 구)'와 '邑(고을 읍)'을 조합한 글자임. '마을(邑) 주위를 둘러싼 약간 높은 언덕(丘)'이라는 뜻을 나타내는데, 주로 지명(地名)에 쓰인다.

例文　① 大邱(대구)　② 東大邱(동대구)

3

岳 = 丘 + 山

3급/8획	(큰산 **악**)

解說　'丘(언덕 구)'와 '山(메/뫼 산)'을 조합한 글자임. '산(山) 위의 언덕(丘)'이라는 데서 '큰 산'이라는 뜻을 나타낸다.

例文　① 서울 冠岳山(관악산)　② 岳父(악부 ; 장인)　③ 岳母(악모 ; 장모)

1

句 = 勹 + 口

| 4급/5획 | (글귀/굽을 **구**) | 甲骨文字 | 金文 | 篆文 |

解說　'勹(포장할/쌀 포)'와 '口'를 조합한 회의문자(會意文字)임. 원래는 '몸을 구부리고(勹) 죽은 사람의 모습'을 본뜬 글자이나, '물건(口)을 따로따로 포장하듯이(勹), 글을 읽을 때 한 구절(口)씩 끊어서(勹) 읽는다'는 데서 '구절/글귀'라는 뜻을 나타낸다.

例文　① 文句(문구)　② 句句節節(구구절절)　③ 句讀點(구두점)

2

拘 = 手 + 句

| 3급/8획 | (잡을 **구**) |

解說　'手(손 수)'와 '句(구)'를 조합한 글자임. '팔(手)을 구부려(勹) 사람(口)을 붙잡는다'는 데서 '잡다/잡히다'는 뜻을 나타낸다.

例文　① 拘束(구속)　② 拘留(구류)　③ 拘禁(구금)　④ 拘置所(구치소)

3

狗 = 犬 + 句

| 3급/8획 | (개 **구**) |

解說　'犬(개 견)'과 '句(구)'를 조합한 글자임. '개(犬)가 몸을 웅크리고(句) 있는 모양'을 본떠서 '개'라는 뜻을 나타낸다. ＊원래는 '강아지'라는 뜻임.

例文　① 黃狗(황구)　② 海狗(해구)　③ 羊頭狗肉(양두구육)　④ 狗尾續貂(구미속초)

4　苟 = 艸 + 句

3급 / 9획	(구차할 / 진실로 **구**)

解說　'艸(풀 초)'와 '句(글귀 구)'를 조합한 글자임. '시골(艸)에 묻혀 글귀(句)만 읽는 생활'에서 '구차하다 / 가난하다 / 진실되다'는 뜻을 나타낸다. * 약자(略字)는 '苟(8획)'으로 표기함.

例文　① 苟安(구안 ; 일시적인 편안) ② 苟且(구차)한 생활

5　枸 = 木 + 句

1급 / 9획	(구기자 / 굽을 **구**)

解說　'木(나무 목)'과 '句(구)'를 조합한 글자임. '활처럼 굽은(勹) 나뭇가지(木)에 열리는 열매(口)'라는 데서 '구기자 / 구기자나무'라는 뜻을 나타낸다.

例文　① 枸杞子(구기자) ② 枸木(구목 ; 굽은 나무)

6　鉤 = 金 + 句

1급 / 13획	(갈고리 **구**)

解說　'金(쇠 금)'과 '句(구)'를 조합한 글자임. '쇠(金)로 된 갈고리(勹)'라는 데서 '갈고리'라는 뜻을 나타낸다.

例文　① 單鉤法(단구법) ② 鉤勒法(구륵법)

7　駒 = 馬 + 句

1급 / 15획	(망아지 **구**)

解說　'馬(말 마)'와 '句(구)'를 조합한 글자임. '어떤 구역(勹) 안을 빙글빙글(口) 뛰어 돌아다니는 말(馬)'이라는 데서 '망아지'라는 뜻을 나타낸다. * 중국 간체자(簡體字)는 '驹'으로 표기함.

例文　① 駒隙(구극 ; '白駒過隙'의 준말) ② 白駒過隙(백구과극 ; 인생의 허무함)

1

臼
古文　篆文

1급/6획　(절구 **구**)　古文　篆文

解說　'곡식이 들어 있는 절구 모양'을 본뜬 상형문자로, '절구' 라는 뜻을 나타낸다.

例文　① 臼齒(구치 ; 어금니)　② 臼杵(구저 ; 절구와 공이)

2

舅 = 臼 + 男

1급/13획　(시아비/장인 **구**)

解說　'臼(절구 구)'와 '男(사내 남)'을 조합한 글자임. '석기(石器) 시대의 절구(臼)가 소중한 가재도구인 것처럼, 절구(臼)처럼 말이 없으면서도 소중한 존재인 남자(男)' 라는 데서 '시아버지/장인' 이라는 뜻을 나타낸다.

例文　① 舅姑(구고 ; 시부모)　② 外舅(외구 ; 장인)

3

舊 = 艹 + 隹 + 臼

5급/18획　(옛 **구**)　甲骨文字　金文　篆文

解說　'艹'와 '隹(새 추)', '臼(절구 구)'를 조합한 글자임. 갑골문자(甲骨文字)와 금문(金文)에서는 새덫이나 새장(臼)에 갇힌지 오래된 뿔(艹)이 난 귀중한 새(隹) 라는 데서 '옛날/늙은이' 라는 뜻을 나타낸다. *일본과 중국에서는 '旧(5획)' 임.

例文　① 舊式(구식)　② 舊石器時代(구석기시대)　③ 親舊(친구)　④ 復舊(복구)

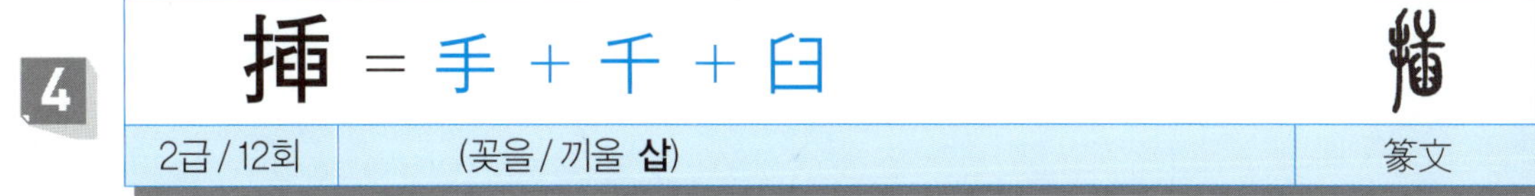

4 揷 = 手 + 千 + 臼

2급 / 12획	(꽂을 / 끼울 **삽**)	篆文

解說 ‘手(손 수)’ 와 ‘千’, ‘臼(절구 구)’ 를 조합한 글자임. ‘손(手)에 절굿공이(千)를 들고 절구통(臼)에서 절구질을 한다’ 는 데서 ‘꽂다 / 끼우다 / 끼워 넣다’ 는 뜻을 나타낸다.

* 일본 상용한자는 ‘挿(10획)’ 임. * ‘揷’ 은 초문자(初文字)임.

例文 ① 揷畫(삽화) ② 揷入(삽입)

5 鼠

1급 / 13획	(쥐 **서**)	篆文

解說 ‘잇빨(臼)을 드러내고 꼬리가 긴 쥐 모양’ 을 본뜬 상형문자임.

例文 ① 鼠生員(서생원) ② 鼠狼(서랑 ; 족제비) ③ 鼠疫(서역 ; 흑사병)

1 求

| 4급 / 7획 | (구할 **구**) | 篆文 |

解說 '털이 보송보송한 짐승 가죽(求)'을 본뜬 상형문자임. '털이 보송보송한 짐승 가죽(求)은 누구나 갖고 싶어한다'는 데서 '구하다/탐내다'는 뜻을 나타낸다.

例文 ① 求職(구직) ② 求人廣告(구인광고) ③ 求乞(구걸) ④ 求愛(구애)

2 球 = 玉 + 求

| 6급 / 11획 | (공/둥글 **구**) |

解說 '玉(구슬 옥)'과 '求(구할 구)'를 조합한 글자임. '둥근 옥(玉)은 누구나 갖고 싶어한다(求)'는 데서 '구슬/둥근 물건'이라는 뜻을 나타낸다.

例文 ① 眼球(안구) ② 球技種目(구기종목) ③ 野球(야구) ④ 蹴球(축구)

3 救 = 求 + 攴

| 5급 / 11획 | (구원할 **구**) |

解說 '求(구할 구)'와 '攴(때릴/칠 복)'을 조합한 글자임. '짐승(求)을 때려(攴)잡아 신(神)에게 바치고 도와달라고 비는 모양'에서 '구원하다/구출하다'는 뜻을 나타낸다. ＊'攴(칠/때릴 복)'이 다른 글자와 조합하여 글자 오른쪽에 오면 '攵'으로 글자 모양이 바뀐다.

例文 ① 救助(구조) ② 救助隊(구조대) ③ 救出(구출) ④ 救急車(구급차)

1 具 = 鼎 + 廾

5급 / 8획	(갖출 **구**)	甲骨文字	金文	篆文

解說 갑골문자(甲骨文字)와 금문(金文)에서는, '鼎(솥 정)'과 '廾(두손으로받들 공)'을 조합한 회의문자(會意文字)임. '솥(鼎)을 양손(廾)으로 들어 올려 제단에 바치는 모양'을 본떠서 '(준비를) 갖추다'는 뜻을 나타낸다. *일본 상용한자는 '具'로 글자 모양이 바뀜.

例文 ① 具備(구비) ② 文具店(문구점) ③ 家具店(가구점) ④ 具色(구색)

2 俱 = 人 + 具

3급 / 10획	(함께 **구**)

解說 '人(사람 인)'과 '具(갖출 구)'를 조합한 글자임. '여러 사람(人)이 함께(廾) 솥(鼎)을 들어올린다'는 데서 '함께/모두'라는 뜻을 나타낸다.

例文 ① 俱樂部(구락부 ; 클럽) ② 不俱戴天(불구대천)

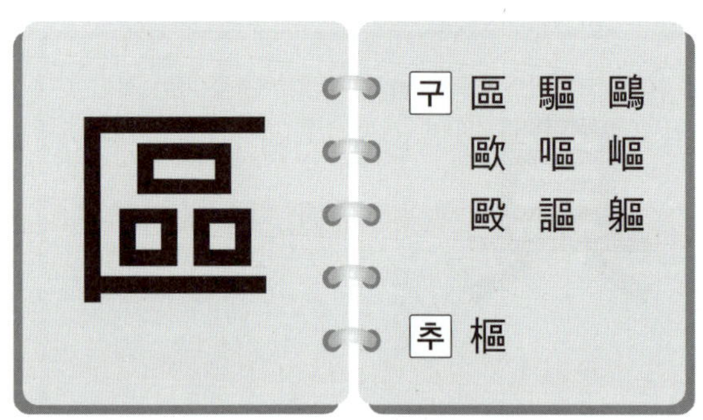

1

區 = 匚 + 品

| 6급 / 11획 | (구분할 / 지경 **구**) | 甲骨文字 | 金文 | 篆文 |

解說 '匚(감출 혜)'와 '口口口'를 조합한 회의문자(會意文字)임. '골방(匚)에다 신(神)에게 바치는 축문이 든 그릇(口口口)들을 늘어놓고 신에게 기도하는 작은 구역'이라는 데서 '작은 구역/경계선/구분하다'는 뜻을 나타낸다. * 일본과 중국은 '区'로 표기함.

例文 ① 區分(구분) ② 區別(구별) ③ 區劃整理(구획정리) ④ 區間(구간)

2

驅 = 馬 + 區

| 3급 / 21획 | (말몰 **구**) |

解說 '馬(말 마)'와 '區(구분할 구)'를 조합한 글자임. '어떤 구역(區) 안으로 말(馬)을 몰아낸다'는 데서 '말을 몰다/몰아대다/쫓아 보내다'는 뜻을 나타낸다. * 자료에 의하면, 고대에는 군대가 출발할 때 말(馬)을 탄 선발대(先發隊)를 먼저 보내거나 포로를 앞세워 길(道)의 부정(不淨)을 없앤 후에 본대(本隊)가 출발하는 것을 '驅'라고 하였다고 한다.

例文 ① 先驅者(선구자) ② 驅步(구보) ③ 驅蟲劑(구충제) ④ 驅迫(구박)

3

鷗 = 區 + 鳥

| 2급 / 22획 | (갈매기 **구**) |

解說 '區(구분할 구)'와 '鳥(새 조)'를 조합한 글자임. '갈매기는 푸른 바닷물과 구별(區)되게 몸 전체가 하얀 새(鳥)'라는 데서 '갈매기'라는 뜻을 나타낸다.

例文 ① 白鷗(백구) ② 鷗鷺(구로 ; 갈매기와 백조) ③ 狎鷗亭洞(압구정동)

---

4 歐 = 區 + 欠

2급 / 15획　　(구라파 / 노래할 **구**)

解說 '區(구분할 구)'와 '欠(하품 / 입벌릴 흠)'을 조합한 글자임. '골방(匚)에다 신(神)에게 바치는 축문이 든 그릇(口口口)들을 늘어놓고 입을 크게 벌리고(欠) 기도한다'는 데서 '노래하다'는 뜻인데, 일본에서는 '유럽 / 구라파'라는 뜻으로 쓰인다.

例文 ① 歐羅巴(구라파) ② 歐美地域(구미지역)

---

5 嘔 = 口 + 區

1급 / 14획　　(게울 / 토할 **구**)

解說 '口(입 구)'와 '區(구분할 구)'를 조합한 글자임. '욕심을 내서 지나치게 많은 음식(口口口)을 먹게 되면 결국은 입(口)으로 토해버린다'는 데서 '토하다 / 구토하다'는 뜻을 나타낸다.

例文 ① 嘔吐(구토) ② 嘔逆(구역)질

---

6 嶇 = 山 + 區

1급 / 14획　　(험할 **구**)

解說 '山(메 / 뫼 산)'과 '區(구분할 구)'를 조합한 글자임. '다른 산(山)들과 특별히 구별(區)될 정도로 봉우리들(品)이 높다'는 데서 '험하다 / 가파르다'는 뜻을 나타낸다.

例文 ① 崎嶇(기구)한 운명 ② 嶇路(구로 ; 험한 길)

---

7 毆 = 區 + 殳

1급 / 15획　　(때릴 **구**)

解說 '區(구분할 구)'와 '殳(몽둥이 수)'를 조합한 글자임. '골방(匸)에다 신(神)에게 바치는 축문이 든 그릇(口口口)들을 늘어놓고 몽둥이(殳)로 치면서 신(神)에게 소원성취를 빌다'는 데서 '때리다／구타하다'라는 뜻을 나타낸다.

例文 ① 毆打(구타) ② 毆殺(구살 ; 사람을 때려서 죽임)

8

謳 = 言 + 區

1급／18획　　　　　　(노래 **구**)

解說 '言(말씀 언)'과 '區(구분할 구)'를 조합한 글자임. '골방(區)에서 신(神)에게 소원성취를 계속 빌 때의 말(言) 소리가 노래하는 것 같다'는 데서 '노래하다／읊다'는 뜻을 나타낸다. ＊중국 간체자(簡體字)는 '讴'임.

例文 ① 謳歌(구가) ② 謳吟(구음 ; 노래를 부름)

9

軀 = 身 + 區

1급／18획　　　　　　(몸 **구**)

解說 '身(몸 신)'과 '區(구분할 구)'를 조합한 글자임. '우리 몸(身)은 여러 부분(品)으로 구분(區)되어 있다'는 데서 '몸／신체'라는 뜻을 나타낸다. ＊중국 간체자(簡體字)는 '躯'임.

例文 ① 體軀(체구) ② 巨軀(거구)

10

樞 = 木 + 區

1급／15획　　　　(지도리／한가운데 **추**)

解說 '木(나무 목)'과 '區(구분할 구)'를 조합한 글자임. '문설주(木)에 매달린 문짝(區)이 원활하게 열리고 닫히게 하는 중심 역할'을 하는 것이 '돌쩌귀／지도리／한가운데'라는 뜻을 나타낸다. ＊일본 상용한자와 중국 간체자(簡體字)는 '枢(8획)'로 글자 모양이 바뀜.

例文 ① 樞機卿(추기경) ② 中樞神經(중추신경)

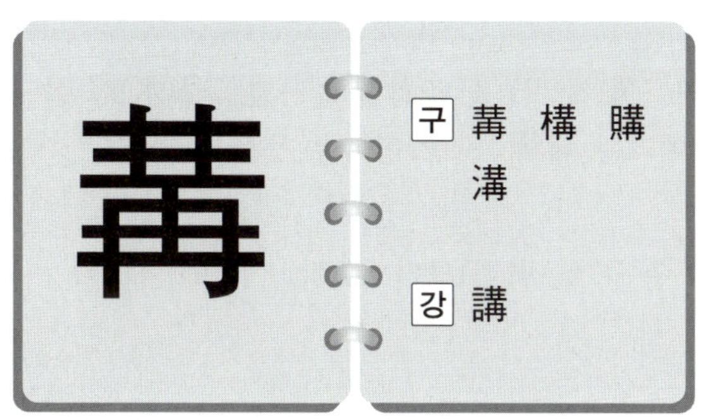

1 | 轟 | | (짤 **구**) | 甲骨文字 | 金文 | 篆文
10획

解說 '2층 모양으로 얼기설기 짠 대나무 바구니 모양'을 본뜬 상형문자이다.

2 構 = 木 + 轟

4급 / 14획 (얽을 **구**)

解說 '木(나무 목)'과 '轟(짤 구)'를 조합한 글자임. '대나무 바구니(轟)처럼 나무(木)를 가로 세로로 얽어 짜 맞춘 모양'에서 '얽어 만들다 / 짜 맞추다 / 꾸미다'는 뜻을 나타낸다.

例文 ① 構造(구조) ② 構成(구성) ③ 構想(구상) ④ 構內賣店(구내매점)

3 購 = 貝 + 轟

2급 / 17획 (물건살 **구**)

解說 '貝(조개 / 재물 패)'와 '轟(짤 구)'를 조합한 글자임. '돈(貝)을 주고 산 물건을 바구니(轟)에 담는다'는 데서 '물건을 사다 / 구매하다'는 뜻을 나타낸다. * '買(물건살 매)'는 '网(그물 망)'과 '貝(돈 / 재물 / 조개 패)'를 조합한 글자로, 역시 '돈(貝)을 주고 산 물건을 그물(网) 망태에 담는다'는 뜻을 나타낸다.

例文 ① 購入(구입) ② 購買(구매) ③ 購讀(구독)

4

$$溝 = 水 + 耩$$

1급 / 13획　　　　　　(도랑 **구**)

解說　‘水(물 수)’와 ‘耩(짤 구)’를 조합한 글자임. ‘물(水)이 잘 흘러가도록 둥근 바구니(耩)처럼 생긴 도랑’이라는 데서 ‘도랑’이라는 뜻을 나타낸다. * 중국 간체자(簡體字)는 ‘沟(7획)’임.

例文　① 下水溝(하수구)　② 溝渠(구거 ; 도랑)

5

$$講 = 言 + 耩$$

4급 / 17획　　　　　　(욀/강론할 **강**)

解說　‘言(말씀 언)’과 ‘耩(짤 구)’를 조합한 글자임. ‘잘 짜여진 바구니(耩)처럼 말(言)을 조리 있게 짜 맞추어서 자세히 설명한다’는 데서 ‘강론하다／강의하다／뜻풀이하다’는 뜻을 나타낸다. * 일본 상용한자는 ‘耩’가 ‘冓’로 바뀜에 따라서 ‘構’는 ‘構’로, ‘購’는 ‘購’로, ‘溝’는 ‘溝’로, ‘講’은 ‘講’으로 바뀜. 중국 간체자(簡體字)는 ‘構’는 ‘构’로, ‘購’는 ‘购’로, ‘溝’는 ‘沟’로, ‘講’은 ‘讲’으로 바뀜에 유의해야 함.

例文　① 講義(강의)　② 講堂(강당)　③ 講師(강사)　④ 講習會(강습회)

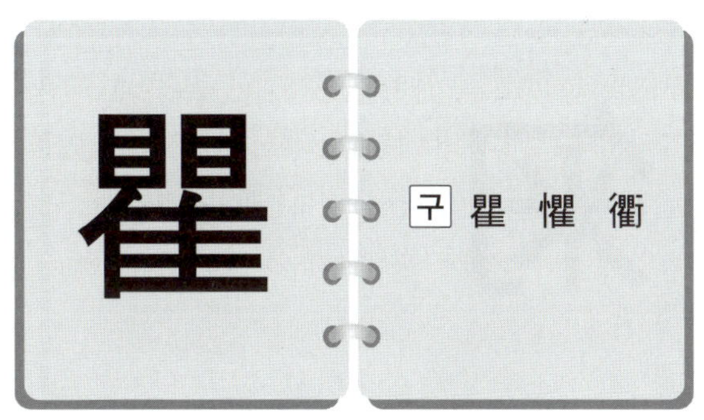

1　瞿 = 目目 + 隹　　瞿 篆文

| 18획 | (놀라볼 **구**) | 篆文 |

解說　'目+目(눈 목)'과 '隹(새 추)'를 조합한 회의문자(會意文字)임. '새(隹)가 놀라서 두 눈(目+目)을 크게 뜨고 두리번거린다' 는 데서 '놀라서 보다' 라는 뜻을 나타낸다.

2　懼 = 心 + 瞿

| 3급/21획 | (두려울 **구**) |

解說　'心(마음 심)'과 '瞿(놀라볼 구)'를 조합한 글자임. '겁 많은 새(隹)가 뭔가에 놀라서 두 눈(目+目)을 크게 뜨고 가슴(心)이 두근거린다' 는 데서 '두렵다' 라는 뜻을 나타낸다.

例文　① 悚懼(송구)　② 勇者不懼(용자불구)

3　衢 = 行 + 瞿

| 1급/24획 | (네거리 **구**) |

解說　'行(갈 행)'과 '瞿(놀라볼 구)'를 조합한 글자임. '사람이 다니는 거리(行)에 내려앉은 새(隹)가 놀란 모습(瞿)으로 두리번거린다' 는 데서 '네거리' 라는 뜻을 나타낸다.

例文　① 康衢煙月(강구연월 ; 평화로운 밤거리)

1

匊 = 勹 + 米

8획	(움킬/뜰 **국**)	金文	篆文

解說 '勹(포장할 포)'와 '米(쌀 미)'를 조합한 회의문자(會意文字)임. '몸을 구부리고 (勹) 쌀(米)을 껴안는 모양'에서 '움키다/(쌀을) 뜨다'라는 뜻을 나타낸다.

2

菊 = 艸 + 匊

3급 / 12획	(국화 **국**)

解說 '艸(풀 초)'와 '匊(움킬 국)'을 조합한 글자임. '쌀(米)이 공간(勹) 안에 모여있듯이 가지런하게 모여 피는 꽃(艸)'에서 '국화꽃'이라는 뜻을 나타낸다.

例文 ① 菊花(국화) ② 菊花酒(국화주) ③ 菊版(국판 ; A4 용지의 크기)

3

鞠 = 革 + 匊

2급 / 17획	(공/국문할 **국**)

解說 '革(가죽 혁)'과 '匊(움킬 국)'을 조합한 글자임. '몸을 구부려(勹) 쌀(米)을 뜨려면 (勹) 몸이 둥근 것처럼 가죽(革)으로 둥글게 만든 공'이라는 데서 '공/볼(ball)'이라는 뜻을 나타낸다.

例文 ① 鞠廳(국청) ② 鞠問(국문)

軍 (군사 군) 그룹 漢字

1

軍 = 冖 + 車

8급 / 9획	(군사 **군**)	金文	篆文

解說　'冖(덮을 멱)'과 '車(수레 거/차)'를 조합한 회의문자(會意文字)임. '군대 장수가 탄 수레(車)가 깃발(冖)을 펄럭이면서 달리는 모양'에서 '군대/군사'라는 뜻을 나타낸다.

例文　① 軍人(군인)　② 軍隊(군대)　③ 軍事作戰(군사작전)　④ 陸海空軍(육해공군)

2

運 = 軍 + 辶

6급 / 13획	(옮길 / 운전할 / 운수 **운**)

解說　'車(수레 거/차)'와 '辶(쉬엄쉬엄갈/뛸 착)'을 조합한 글자임. '장수(將帥)가 탄 전차(軍)의 깃발 모양에 따라 군인들이 움직인다(辶)'는 데서 '운반하다'는 뜻을 나타낸다.

例文　① 運行(운행)　② 運轉(운전)　③ 運搬(운반)　④ 運命(운명)

3

渾 = 水 + 軍

1급 / 12획	(흐릴 / 온전할 **혼**)

解說　'水(물 수)'와 '軍(군사 군)'을 조합한 글자임. '빙글빙글 돌며 힘차게 훈련하는 군인(軍)처럼 물(水)이 힘차게 출렁인다'는 데서 '온전하다/흐리다'는 뜻을 나타낸다.

例文　① 渾沌 / 混沌(혼돈)　② 渾身(혼신)의 힘

4 暈 = 日 + 軍

1급 / 13획 　　(달무리 / 현기증날 **훈**)

解說　'日(날/해 일)'과 '軍(군사 군)'을 조합한 글자임. '빙글빙글 돌며 힘차게 훈련하는 군인(軍)' 처럼 '태양(日)/달(月)을 에워싸는(軍) 햇무리/달무리' 라는 뜻에서 '현기증이 나다' 는 뜻으로 발전하여 쓰이게 되었다.

例文　① 暈輪(훈륜 ; 큰 햇무리/달무리)　② 暈船(훈선 ; 뱃멀미)

5 揮 = 手 + 軍

4급 / 12획 　　(휘두를 / 지휘할 **휘**)

解說　'手(손 수)'와 '軍(군사 군)'을 조합한 글자임. '손(手)짓으로 군대(軍)를 지휘한다' 는 데서 '지휘하다 / 손을 휘두르다' 는 뜻을 나타낸다.

例文　① 指揮棒(지휘봉)　② 發揮(발휘)　③ 揮發油(휘발유)

6 輝 = 光 + 軍

3급 / 15획 　　(빛날 **휘**)

解說　'光(빛 광)'과 '軍(군사 군)'을 조합한 글자임. '잘 손질한 군인(軍)들의 무기가 햇빛을 받아 빛난다(光)' 는 데서 '빛나다' 는 뜻을 나타낸다.

例文　① 明輝(명휘 ; 밝은 빛)　② 輝煌燦爛(휘황찬란)

1 弓 甲骨文字 金文 篆文

| 3급/3획 | (활 **궁**) | 甲骨文字 | 金文 | 篆文 |

解說 '활 모양'을 본뜬 글자로 '활/화살을 쏘는 동작'을 나타내는데, 때로는 '구부정하다'는 뜻도 나타낸다.

例文 ① 弓道(궁도) ② 弓術(궁술) ③ 弓矢(궁시) ④ 洋弓(양궁)

2 

躬 = 身 + 弓

| 1급/10획 | (몸/몸소할 **궁**) |

解說 '身(몸 신)'과 '弓(활 궁)'을 조합한 글자임. '활(弓)'처럼 S라인이 있는 날씬한 몸(身)'이라는 뜻을 나타낸다.

例文 ① 躬行(궁행 ; 몸소 행함) ② 躬稼(궁가 ; 직접 농사를 지음)

3 窮 = 穴 + 身 + 弓

| 4급/15획 | (다할/궁할 **궁**) |

解說 '穴(구멍 혈)', '身(몸 신)', '弓(활 궁)'을 조합한 글자임. '돈이 떨어져 구불구불한(弓) 굴속(穴)에서 사는 신세(身)'라는 데서 '가난하다/다하다'는 뜻을 나타낸다.

例文 ① 窮理(궁리) ② 貧窮(빈궁) ③ 無窮花(무궁화) ④ 追窮(추궁)

4 穹 = 穴 + 弓

| 1급/8획 | (하늘 **궁**) |

🐛 **解說** '穴(구멍 혈)'과 '弓(활 궁)'을 조합한 글자임. '굴(穴)이나 활(弓)처럼 아치형 모양의 하늘'이라는 데서 '하늘'이라는 뜻을 나타낸다.

🐛 **例文** ① 穹蒼(궁창 ; 높고 푸른 하늘) ② 靑穹(청궁 ; 푸른 하늘)

5 弼 = 弓 + 百 + 弓

| 2급/12획 | (도울 **필**) |

🐛 **解說** '弓+弓(활 궁)'과 '百(일백 백)'을 조합한 글자임. '정상적인 활(弓)과 뒤틀린 활(弓)을 비교해가면서 활을 똑바로 바로잡아주는 도지개(百) 모양'을 본뜬 글자로, '돕다/도와주다'라는 뜻을 나타낸다.

🐛 **例文** ① 弼成(필성 ; 도와서 이루게 함) ② 輔弼(보필)

6 弔 = 人 + 弓

| 3급/4획 | (조상할 / 위문할 **조**) |

🐛 **解說** '人(사람 인)'과 '弓(활 궁)'을 조합한 글자임. 옛날의 장례(葬禮)는 '葬(장사지낼 장)'처럼 시체(死)를 풀(艸)로 덮기만 하였기에 '짐승들이 시체를 먹지 못하도록 활(弓)을 쏘아 쫓아버리는 사람(人)'이라는 데서 '조상(弔喪)하다/위문하다'는 뜻을 나타낸다.

＊자료에 의하면, 죽은 사람을 풀로 덮어 두었다가 뼈(歹)만 남게 되면, 그 뼈(歹)만 모아서 다시 땅에 묻기 전에 엎드려(匕) 절하는 모습을 '死(죽을 사)'라고 한다.

1

$$拳 = 尜 + 手$$

3급 / 10획	(주먹 / 움켜쥘 **권**)	篆文

解說 '尜(움켜쥘 권)'에 추가로 '手(손 수)'를 조합한 글자임. '양손(手＋手)의 손가락을 말아 불끈 쥔 두 주먹' 모양을 본뜬 글자로, '주먹'이라는 뜻을 나타낸다.

例文 ① 拳鬪(권투) ② 拳銃(권총) ③ 跆拳道(태권도)

2

$$券 = 尜 + 刀$$

4급 / 8획	(문서 **권**)	篆文

解說 '尜(움켜쥘 권)'과 '刀(칼 도)'를 조합한 글자임. '두 사람(手＋手)이 움켜쥔 것을 칼(刀)로 둘로 잘라서 훗날 증거로 삼는다'는 데서 '문서 / 계약서'라는 뜻을 나타낸다.

例文 ① 福券(복권) ② 證券(증권) ③ 食券(식권) ④ 商品券(상품권)

3

$$卷 = 尜 + 㔾$$

4급 / 8획	(책 / 두루마리 / 감을 **권**)	篆文

解說 '尜(움켜쥘 권)'과 㔾(꿇어앉은사람 / 무릎마디 절)'을 조합한 글자임. '무릎(㔾)을 구부린 모양처럼 손(手)으로 접거나 둘둘 말아서 / 감아서 보관하는 두루마리'라는 데서 '책 / 두루마리 / 감다'라는 뜻을 나타낸다. ＊일본 상용한자는 '巻'임.

例文 ① 上卷(상권) ② 下卷(하권) ③ 席卷(석권) ④ 壓卷(압권)

4 圈 = 囗 + 卷

2급 / 11획	(우리 / 범위 **권**)

解說 '囗(에워쌀 위)'와 '卷(두루마리 권)'을 조합한 글자임. '두루마리(卷)를 둘둘 말듯이 가축을 모두 우리(囗) 안으로 몰아넣는다'는 데서 '우리/범위'라는 뜻을 나타낸다. * 일본 상용한자는 '圏'으로, 중국 간체자(簡體字)는 '圈'으로 글자 모양이 바뀜.

例文 ① 一日生活圈(일일생활권) ② 上位圈(상위권) ③ 首都圈(수도권)

5 倦 = 人 + 卷

1급 / 10획	(게으를 **권**)

解說 '人(사람 인)'과 '卷(두루마리 권)'을 조합한 글자임. '두루마리 책(卷)만 가까이 하고 다른 일은 아무 것도 하지 않는 사람(人)'이라는 데서 '게으르다/싫증을 내다'는 뜻을 나타낸다. * 중국 간체자(簡體字)는 '倦'으로 글자 모양이 바뀜.

例文 ① 倦怠(권태) ② 倦怠期(권태기)

6 捲 = 手 + 卷

1급 / 11획	(거둘 / 말 / 힘쓸 **권**)

解說 '手(손 수)'와 '卷(두루마리 권)'을 조합한 글자임. '손(手)으로 두루마리(卷)처럼 말아서/감아서 거둔다'는 데서 '걷다/말다/힘쓰다'는 뜻을 나타낸다. * 중국은 '卷'임.

例文 ① 捲勇(권용 ; 큰 용기) ② 捲土重來(권토중래)

7 眷 = 龹 + 目

1급 / 11획	(돌볼 **권**)

解說 '龹(움켜쥘 권)'과 '目(눈 목)'을 조합한 글자임. '두 손(龹)으로 감싸는 것처럼 주변 사람들에게 골고루 눈(目)을 돌려서 신경을 쓴다'는 데서 '돌보다/돌아보다'는 뜻을 나타낸다. * 중국 간체자(簡體字)는 '眷'으로 글자 모양이 바뀜.

例文 ① 眷屬(권속 ; 친족) ② 眷率(권솔 ; 집안 식구)

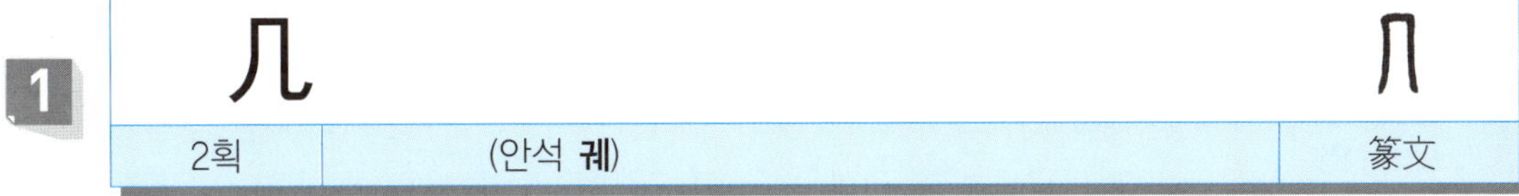

1 几

| 2획 | (안석 **궤**) | 篆文 |

解說 기대어 앉는 '안석', 또는 '나지막한 책상'을 본뜬 상형문자이나, 거의 단독으로는 쓰이지 않는다.

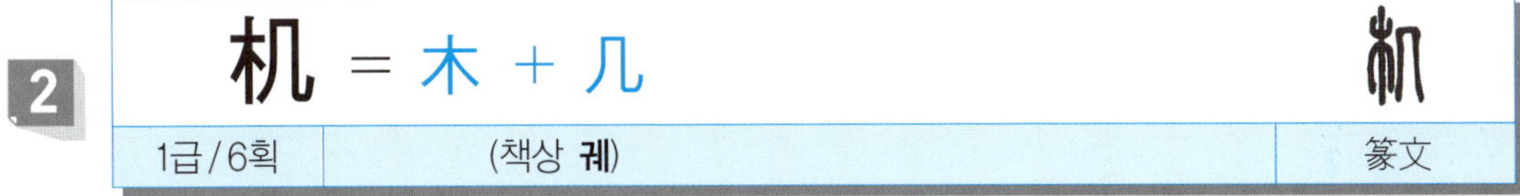

2 机 = 木 + 几

| 1급/6획 | (책상 **궤**) | 篆文 |

解說 '木(나무 목)'과 '几(안석 궤)'를 조합한 글자임. '사람(木)이 책상(几) 앞에 앉아 공부하는 모양'을 본떠서 '책상'이라는 뜻을 나타낸다.

例文 ① 机上(궤상) ② 机上之論(궤상지론 ; 卓上空論)

3 飢 = 食 + 几

| 3급/11획 | (주릴 **기**) |

解說 '食(먹을 식)'과 '几(안석 궤)'를 조합한 글자임. '먹질(食) 못해 기운이 없어서 안석/책상(几)에 엎드려 있는 모양'을 본떠서 '굶주리다'는 뜻을 나타낸다. * 일본 상용한자는 '飢'로, 중국 간체자(簡體字)는 '饥'로 글자 모양이 약간 바뀜.

例文 ① 飢饉(기근) ② 飢餓(기아) 상태

<table>
<tr><td>**4**</td><td>肌 = 肉 + 几
1급/6획 　　　(살/피부 **기**)</td><td>
篆文</td></tr>
</table>

 **解說**　'肉(몸/고기 육)'과 '几(안석 궤)'를 조합한 글자임. '뼈(几)를 덮고 있는 살갗(肉)'이라는 데서 '피부/살갗'이라는 뜻을 나타낸다. * '肉(몸/고기 육)'이 다른 글자와 조합하여 글자 왼쪽에 오면 '月(육달월)'로 글자 모양이 바뀐다.

例文　① 玉肌(옥기 ; 옥처럼 아름다운 피부)　② 肌骨(기골 ; 피부와 뼈)

1　貴 = 臾 + 貝　篆文

5급 / 12획	(귀할 **귀**)	篆文

解說　'臾(잠깐 유)'와 '貝(돈/재물/조개 패)'를 조합한 글자임. 전문(篆文)에서는 '양손으로 귀중한 물건(貝)을 위로 끌어올리는(臾) 모양'에서 '귀하다/귀중하다'는 뜻을 나타낸다.

例文　① 貴賓(귀빈)　② 貴族(귀족)　③ 貴金屬(귀금속)　④ 貴下(귀하)

2　潰 = 水 + 貴

1급 / 15획	(무너질 **궤**)

解說　'水(물 수)'와 '貴(귀할 귀)'를 조합한 글자임. '아무리 귀중한(貴) 물건이라도 물(水)속에 있으면, 녹슬거나 녹아서 무너져 내린다'는 데서 '무너지다'는 뜻을 나타낸다.

例文　① 潰滅(궤멸)　② 胃潰瘍(위궤양)　③ 崩潰(붕궤)

3　櫃 = 木 + 匚 + 貴

1급 / 18획	(함 **궤**)

解說　'木(나무 목)'과 '匚(상자 방)', '貴(귀할 귀)'를 조합한 글자임. '귀중한(貴) 물건을 넣어 두는 나무(木) 상자(匚)'라는 데서 '궤/함'이라는 뜻을 나타낸다.

例文　① 書櫃(서궤 ; 서적을 넣어두는 궤)　② 櫃封(궤봉 ; 함을 봉함)

4	遺 = 貴 + 辶		金文	篆文
4급/16획	(남길/잃을 **유**)			

🐛 **解說** '貴(귀할 귀)'와 '辶(쉬엄쉬엄 갈 착)'을 조합한 글자임. '사람이 죽을 때는 귀중한 (貴) 물건을 남기고 간다(辶)'는 데서 '남기다/잃어버리다'는 뜻을 나타낸다. ＊일본 상용 한자는 '遺(15획)'이고, 중국 간체자(簡體字)는 '遗'로 글자 모양이 바뀜.

[주의] ＊중국 간체자(簡體字)에서는 '貴'가 '贵'로 바뀜에 따라서 '潰'는 '溃'로 바뀜.

🐛 **例文** ① 遺言狀(유언장) ② 遺族(유족) ③ 遺産(유산) ④ 遺失物(유실물)

귀	鬼
괴	塊 愧 傀 槐 魁
수	蒐

1

鬼   甲骨文字   金文   篆文

| 3급 / 10획 | (귀신 / 도깨비 **귀**) | 甲骨文字 | 金文 | 篆文 |

解說 '무시무시한 가면을 머리에 쓰고, 또 한손에는 무기를 든 사람의 모양'을 본뜬 상형문자로, '귀신 / 괴상하다' 는 뜻을 나타낸다. * 중국 간체자(簡體字)는 '鬼(9획)'임.

例文 ① 鬼神(귀신) ② 魔鬼(마귀) ③ 鬼才(귀재) ④ 神出鬼沒(신출귀몰)

2

塊 = 土 + 鬼

| 3급 / 13획 | (흙덩이 / 덩어리 **괴**) |

解說 '土(흙 토)'와 '鬼(귀신 귀)'를 조합한 글자임. '괴상한 모양(鬼)의 흙덩이(土)'라는 데서 '흙덩이'라는 뜻을 나타낸다.

例文 ① 塊炭(괴탄) ② 金塊(금괴) ③ 銀塊(은괴)

3

愧 = 心 + 鬼

| 3급 / 13획 | (부끄러울 **괴**) |

解說 '心마음 심)'과 '鬼(귀신 귀)'를 조합한 글자임. '마음(心)에 괴상한(鬼) 감정을 느낀다' 는 데서 '부끄럽다 / 부끄러워하다' 는 뜻을 나타낸다.

例文 ① 自愧之心(자괴지심) ② 愧色(괴색) ③ 慙愧(참괴 ; 부끄럽게 여김)

---

4 **傀** = 人 + 鬼

2급 / 12획　　(허수아비 **괴**)

解說　'人(사람 인)'과 '鬼(귀신 귀)'를 조합한 글자임. '논밭에 괴상한 모습(鬼)을 하고 서 있는 사람(人)'이라는 데서 '허수아비'라는 뜻을 나타낸다.

例文　① 傀儡(괴뢰)　② 傀儡軍(괴뢰군)　③ 傀儡師(괴뢰사 ; 인형 조종사)

---

5 **槐** = 木 + 鬼

2급 / 14획　　(느티나무 / 회화나무 **괴**)

解說　'木(나무 목)'과 '鬼(귀신 귀)'를 조합한 글자임. '나무줄기에 이상한 모양의 옹두리(鬼)가 생긴 나무(木)'라는 데서 '느티나무 / 회화나무'라는 뜻을 나타낸다.

例文　① 槐木(괴목 ; 느티나무)　② 槐安國(괴안국 ; 개미의 나라 / 南柯一夢)

---

6 **魁** = 鬼 + 斗

1급 / 14획　　(괴수 / 우두머리 **괴**)

解說　'鬼(귀신 귀)'와 '斗'를 조합한 글자임. '귀신(鬼) 같은 모습에 무시무시한 무기(斗)를 들고 서 있는 사람'이라는 데서 '우두머리 / 두목'이라는 뜻을 나타낸다.

例文　① 魁首(괴수 ; 악인의 두목)

---

7 **蒐** = 艸 + 鬼

1급 / 14획　　(모을 / 사냥 **수**)

解說　'艸(풀 초)'와 '鬼(귀신 귀)'를 조합한 글자임. '이상한 모양(鬼)의 풀(艸)만을 모아들인다'는 데서 '모으다 / 수집하다'는 뜻을 나타낸다. * '艸(풀 초)'가 다른 글자와 조합하여 글자 위쪽에 오면 '⺿(초두머리)'로 글자 모양이 바뀐다. * 중국 간체자(簡體字)에서는 '蒐(12획)'으로 바뀜.

例文　① 우표 蒐集(수집)

1 圭 = 土 + 土

| 2급/6획 | (서옥(瑞玉)/쌍토 **규**) | 金文 | 篆文 |

解說 ‘土’와 ‘土’를 조합한 글자로, 옛날에 천자(天子)가 제후(諸侯)를 임명할 때 준 패(牌), 즉 ‘서옥(瑞玉 ; 홀)의 모양’을 본뜬 상형문자임. * 서옥(瑞玉)이란 위쪽이 둥글고 아래쪽은 모가 나 있고, 전체적으로는 길쭉한 것으로 조회(朝會) 때 손에 들고 참석하는 것으로 신분을 나타내는 표이다.

例文 ① 圭角(규각 ; 서옥의 뾰족한 모서리) ② 刀圭(도규 ; 약 숟가락)

2 奎 = 大 + 圭

| 2급/9획 | (별 **규**) |

解說 ‘大(큰 대)’와 ‘圭(서옥 규)’를 조합한 글자임. ‘밤하늘에 “커다란(大) 서옥(圭)” 모양의 별자리’에서 ‘별’이라는 뜻을 나타내는데, 주로 인명(人名)에도 많이 사용한다.

例文 ① 奎章閣(규장각 ; 왕실 문서 보관소)

3 珪 = 玉 + 圭

| 2급/10획 | (홀 **규**) |

解說 ‘玉(구슬 옥)’과 ‘圭(서옥 규)’를 조합한 글자임. ‘천자(天子)가 권위의 상징으로 손에 든 옥(玉)으로 된 서옥(圭)’이라는 데서 ‘홀’이란 뜻을 나타내며, 인명(人名)에도 많이

사용한다. * 玉(구슬 옥)이 다른 글자와 조합하여 글자 왼쪽에 오면 '王(구슬옥변)'으로 글자 모양이 바뀐다.

例文 ① 珪石(규석 ; 석영(石英)) ② 珪璋(규장 ; 예식 때 사용하는 장식용 玉)

---

4 閨 = 門 + 圭

2급 / 14획 (안방 **규**)

解說 '門(문 문)'과 '圭(서옥 규)'를 조합한 글자임. '집안(門)에서 서옥(圭)처럼 귀하고 아름다운 여자가 있는 곳'이라는 데서 '안방'이라는 뜻을 나타낸다.

例文 ① 閨秀(규수) ② 閨秀作家(규수작가) ③ 閨房文學(규방문학)

---

5 硅 = 石 + 圭

1급 / 11획 (규소 **규**)

解說 '石(돌 석)'과 '圭(서옥 규)'를 조합한 글자임. '서옥(圭)처럼 아름다운 유리를 만드는 재료가 되는 돌(石)'이라는 데서 '규소'라는 뜻을 나타낸다.

例文 ① 硅砂(규사 ; 유리의 원료) ② 硅素(규소)

---

6 佳 = 人 + 圭

3급 / 8획 (아름다울 **가**)

解說 '人(사람 인)'과 '圭(서옥 규)'를 조합한 글자임. (1) '홀(圭)을 들고 있는 사람(人)은 아름다워 보인다'와, (2) '아주 균형 잡힌 몸매(圭)의 사람(人)'이라는 데서 '아름답다'는 뜻을 나타낸다.

例文 ① 佳作(가작) ② 佳人薄命(가인박명) ③ 百年佳約(백년가약)

---

7 街 = 行 + 圭

4급 / 12획 (거리 **가**)

解說 '行(다닐 행)'과 '圭(서옥 규)'를 조합한 글자임. '많은 사람들이 다니는(行) 여러 갈래(圭)의 길'이라는 데서 '거리'라는 뜻을 나타낸다.

例文 ① 街路樹(가로수) ② 商街(상가) ③ 街頭宣傳(가두선전)

---

8 **桂** = 木 + 圭

3급 / 10획 　　(계수나무 **계**)

解說　'木(나무 목)'과 '圭(서옥 규)'를 조합한 글자임. '하나의 줄기에 아카시아처럼 잎이 마주 나(圭)있는 쌍떡잎 나무(木)'가 '계수나무'라는 뜻을 나타낸다.

例文　① 桂林(계림 ; 文人들의 사회)　② 桂皮(계피)　③ 月桂冠(월계관)

9 **卦** = 圭 + 卜

1급 / 8획 　　(점괘 / 걸 **괘**)

解說　'圭(서옥 규)'와 '卜(점 복)'을 조합한 글자임. '홀(圭)을 든 천자(天子)가 반드시 점(卜)을 쳐서 길흉(吉凶)을 알아보고 정치를 한다'는 데서 '점괘'라는 뜻을 나타낸다.

例文　① 占卦(점괘)　② 卦兆(괘조)

10 **封** = 圭 + 寸

3급 / 9획 　　(봉할 / 북돋을 **봉**)

解說　'圭(서옥 규)'와 '寸(오른손 / 마디 촌)'을 조합한 글자임. '서옥(瑞玉)을 손(寸)에 들고 조정회의에 참석한 사람을 제후(諸侯)에 봉한다'에서 '봉하다 / 경계선'이라는 뜻을 나타낸다. *'寸(마디 촌)'은 '又(오른손 / 또 우)'와 '一'을 조합한 글자로, '손목에서 맥박(ヽ)이 뛰는 곳까지의 길이', 또는 '손가락 한 마디의 굵기 / 길이'를 나타내는 글자로 '손(手)'을 의미한다.

例文　① 封鎖(봉쇄)　② 封套(봉투)　③ 封印(봉인)　④ 封庫罷職(봉고파직)

11 **幇** = 封 + 巾

1급 / 12획 　　(도울 / 동아리 **방**)

解說　'封(봉할 봉)'과 '巾(수건 건)'을 조합한 글자임. '친한 친구끼리는 서로 허물을 감싸(封)주고 덮어(巾) 준다'는 데서 '돕다 / 동아리 / 패거리 / 단체'라는 뜻을 나타낸다.

例文　① 幇助(방조 ; 도와 줌)　② 3人幇(3인방 ; 3총사)　③ 4人幇(4인방)

1

規 = 夫 + 見

篆文

| 5급 / 11획 | (법/본뜰 **규**) | 篆文 |

解說 '夫(지아비 부)'와 '見(볼 견)'을 조합한 글자임. '남자(夫)들은 사물을 볼(見) 때 원칙과 법을 중요시한다'는 데서 '법'이라는 뜻을 나타낸다. *중국 간체자(簡體字)에서는 '规'로 표기함.

例文 ① 規格(규격) ② 規約(규약) ③ 規則(규칙) ④ 法規(법규) ⑤ 規律(규율)

2

窺 = 穴 + 規

| 1급 / 16획 | (엿볼 **규**) |

解說 '穴(구멍 혈)'과 '規(법 규)'를 조합한 글자임. '어떤 남자(夫)가 구멍(穴)을 들여다 본다(見)'는 데서 '엿보다'는 뜻을 나타낸다. *중국 간체자(簡體字)에서는 '窥'로 표기함.

例文 ① 窺視(규시 ; 엿봄) ② 窺知(규지 ; 엿보아 앎)

1

克

| 3급/7획 | (이길 **극**) | 甲骨文字 | 金文 | 篆文 |

解說 갑골문자(甲骨文字)와 금문(金文)에서는 '손잡이가 달린 조각칼'을 본뜬 상형문자임. '조각칼로 구멍을 뚫거나 조각을 하면 손쉽게 할 수 있다'는 데서 '(자신의 어려움을) 이기다/극복하다'는 뜻을 나타낸다.

例文 ① 克己訓鍊(극기훈련) ② 克己復禮(극기복례) ③ 克服(극복)

2

剋 = 克 + 刀

| 1급/9획 | (이길/정할 **극**) |

解說 '克(이길 극)'과 '刀(칼 도)'를 조합한 글자임. '투구를 쓰고(克) 칼(刂)을 가진 사람이 이긴다'는 뜻을 나타내나, '주로 남을 이기다'는 뜻으로 쓰인다.

例文 ① 下剋上(하극상) ② 相剋(상극)

3

兢 = 克 + 克

| 2급/14획 | (떨릴/조심할 **긍**) | 篆文 |

解說 '克(이길 극)'과 '克(이길 극)'을 조합한 글자임. '머리에 관(冠)을 쓰고 축문(祝文)을 읽는 두 사람(克＋克)의 모습'에서 '신(神)이 두려워 떨리다'는 뜻이다.

例文 ① 戰戰兢兢(전전긍긍)

---

1 劇 = 虍 + 豕 + 刀

| 4급 / 15획 | (심할 / 연극 **극**) | 篆文 |

解說 '虍(범무늬 호)'와 '豕(돼지 시)', '刀(칼 도)'를 조합한 글자임. '연극배우가 호랑이(虍) 모습과 멧돼지(豕) 모습으로 분장하여 서로 칼(刀)을 들고 싸우는 모습이 정도가 심하다' 는 데서 '연극/아주 심하다' 는 뜻을 나타낸다.

例文 ① 劇藥(극약) ② 悲劇(비극) ③ 演劇(연극) ④ 劇本(극본)

---

2 據 = 手 + 虍 + 豕

| 4급 / 16획 | (근거 / 의지할 **거**) |

解說 '手(손 수)'와 '虍(범무늬 호)', '豕(돼지 시)'를 조합한 글자로 '의지하다/근거하다' 는 뜻을 나타낸다. * 일본 상용한자는 '拠(8획)' 이고, 중국 간체자(簡體字)는 '据(11획)' 임.

例文 ① 據點(거점 ; 활동의 근거지) ② 根據(근거) ③ 證據物(증거물)

---

3 醵 = 酉 + 虍 + 豕

| 1급 / 20획 | (추렴할 **갹/거**) |

解說 '酉(술병/술단지 유)'와 '虍(범무늬 호)', '豕(돼지 시)'를 조합한 글자로, 술(酉)값으로 돈을 조금씩 내놓는다' 는 데서 '추렴하다/조금씩 돈을 내다' 는 뜻을 나타낸다.

例文 ① 醵出(갹출 / 거출)

斤 (도끼 근) 그룹 漢字

근	斤	近
흔	欣	장 匠
소	所	
단	斷	
기	祈	沂
병	兵	

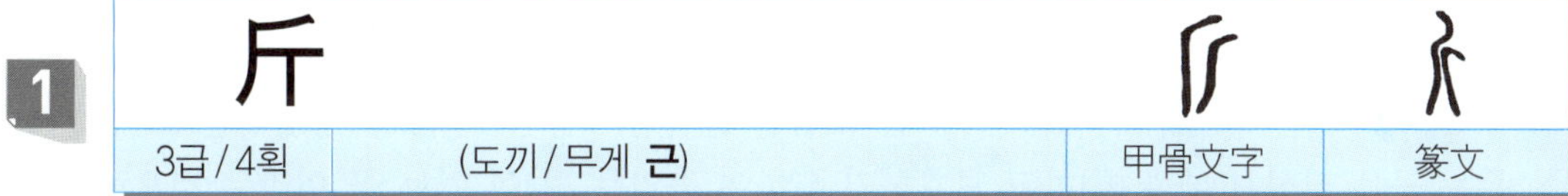

1 斤

| 3급 / 4획 | (도끼/무게 **근**) | 甲骨文字 | 篆文 |

🐛 **解說** '도끼 모양'을 본뜬 상형문자로, '도끼/무게'라는 뜻을 나타낸다.

🐛 **例文** ① 斧斤(부근 ; 도끼) ② 斤量(근량 ; 저울로 단 무게)

---

2 近 = 斤 + 辶

| 6급 / 8획 | (가까울 **근**) |

🐛 **解說** '斤(도끼 근)'과 '辶(쉬엄쉬엄 갈 착)'을 조합한 글자임. 고문(古文)에서는 '止(발자국/그칠 지)'와 '斤(도끼 근)'을 조합한 글자인데, 이것은 '왕권(王權)을 상징하는 도끼(斤)에다 발(止)을 얹고 도성 가까운 곳으로 출발했다'는 고사(故事)를 표현한 글자이다.
　* '도끼질(斤)을 할 때는 나무 가까이에 가서(辶) 한다'로 하면 외우기가 쉽다.

🐛 **例文** ① 近方(근방) ② 近處(근처) ③ 近距離(근거리) ④ 近墨者黑(근묵자흑)

3 欣 = 斤 + 欠

| 1급 / 8획 | (기뻐할 **흔**) |

🐛 **解說** '斤(도끼 근)'과 '欠(하품/입벌릴 흠)'을 조합한 글자임. '도끼 날(斤)처럼 입을 크게 벌리고(欠) 웃는다'는 데서 '기뻐하다'는 뜻을 나타낸다.

🐛 **例文** ① 欣快(흔쾌)히 ② 欣悅(흔열 ; 기뻐함)

4　匠 ＝ 匚 ＋ 斤

1급/6획　　　　　　(장인 **장**)

解說　‘匚(상자 방)’과 ‘斤(도끼 근)’을 조합한 글자임. ‘도끼(斤)를 사용하여 가재도구(匚)를 만든다’는 데서, 또는 ‘기술자는 도구(斤)를 소중히 여겨 상자(匚)에 보관한다’는 데서 ‘장인/기술자’라는 뜻을 나타낸다.

例文　① 匠人(장인)　② 巨匠(거장)　③ 意匠登錄(의장등록)

5　所 ＝ 戶 ＋ 斤

7급/8획　　　　　　(바/곳/쯤 **소**)

解說　‘戶(문 호)’와 ‘斤(도끼 근)’를 조합한 글자임. ‘왕권(王權)을 상징하는 도끼(斤)를 두는 곳을 신성시(神聖視)하고 보호하기 위하여 출입문(戶)이 있는 곳’이라는 것으로 보아 ‘거룩한 곳/장소/지위’라는 뜻을 나타낸다. ＊일본 상용한자는 ‘所’임.

例文　① 所見(소견)　② 所管(소관)　③ 所得(소득)　④ 場所(장소)

6　斷 ＝ 㡭 ＋ 斤

4급/18획　　　　　　(끊을 **단**)

解說　‘㡭’와 ‘斤(도끼 근)’를 조합한 글자임. ‘베틀에 걸어 다 짠 직물(絲)을 도끼(斤)로 자른다’는 데서 ‘자르다/끊다/절단하다’는 뜻을 나타낸다. ＊일본, 중국은 ‘断’임.

例文　① 斷絕(단절)　② 斷定(단정)　③ 切斷(절단)　④ 斷機之戒(단기지계)

7　祈 ＝ 示 ＋ 斤

3급/9획　　　　　　(빌 **기**)　　　甲骨文字　　　金文　　　篆文

解說　‘示(보일 시)’와 ‘斤(도끼 근)’를 조합한 글자임. ‘제사상(示) 앞에서 도끼(斤) 모양처럼 두 손을 모아 신(神)에게 빌다’는 데서 ‘기도하다/빌다’는 뜻을 나타낸다. ＊갑골문자(甲骨文字)에서는 ‘방패 앞에서’, 금문(金文)에서는 ‘방패 앞과 깃발 아래서 두 손 모아 비는 것’으로 보아 군대(軍隊)가 떠날 때 이기고 돌아오기를 비는 장면임을 알 수 있다.

例文　① 祈禱(기도)　② 祈願(기원)　③ 祈雨祭(기우제)

---

8 沂 = 水 + 斤

2급/7획	(물이름 **기**)

🐛 **解說**   '水(물 수)'와 '斤(도끼 근)'를 조합한 글자로, 주로 지명(地名)을 나타내는데 사용한다. * '水(물 수)'가 다른 글자와 조합하여 글자 왼쪽에 오면 'ⅰ(삼수변)'으로 글자 모양이 바뀐다.

🐛 **例文**   ① 沂水(기수 ; 山東省에서 발원한 강) ② 沂河(기하 ; 沂水)

9 兵 = 斤 + 廾

5급/7획	(군사 **병**)	甲骨文字	金文	篆文

🐛 **解說**   '斤(도끼 근)'과 '廾(두손으로받들 공)'을 조합한 글자임. '양손(廾)에 도끼(斤)를 들고 휘두르는 사람'이라는 데서 '군사/병사'라는 뜻을 나타낸다.

🐛 **例文**   ① 兵士(병사) ② 兵卒(병졸) ③ 將兵(장병) ⑤ 軍兵力(군병력)

1 　菫　　　　11획　　(가뭄/진흙 근)　　甲骨文字　　金文　　篆文

解說　갑골문자(甲骨文字)와 금문(金文)에서는, '가뭄이 들어 기우제(祈雨祭)를 지내도 비가 내리지 않자 그 책임을 물어 박수(남자무당)를 불태우는 장면' 인데, '비가 오지 않으면 하천(河川) 바닥의 진흙이 드러난다' 는 데서 '가뭄/진흙' 이라는 뜻을 나타낸다.

2 　勤 = 菫 + 力　　4급 / 13획　　(부지런할 근)

解說　'菫(가뭄/진흙 근)'과 '力(힘 력)'을 조합한 글자임. '가뭄(菫)이 들수록 부지런(力)해야 한다' 는 데서 '힘쓰다/부지런하다' 는 뜻을 나타낸다. * 일본은 '勤(12획)'임.

例文　① 勤勉(근면)　② 勤勞者(근로자)　③ 勤務(근무)　④ 勤政殿(근정전)

3 　僅 = 人 + 菫　　3급 / 13획　　(겨우 근)

解說　'人(사람 인)'과 '菫(진흙 근)'을 조합한 글자임. '가뭄(菫)이 들면 사람(人)들이 겨우겨우/근근이 살아간다' 는 데서 '겨우' 라는 뜻을 나타낸다. * 간체자는 '仅'임.

例文　① 僅少(근소)　② 僅僅(근근)

---

4 謹 = 言 + 菫

3급 / 18획　　　　(삼갈 **근**)

解說　'言(말씀 언)'과 '菫(가뭄 근)'을 조합한 글자임. '가뭄(菫)이 들수록 하늘에 대해 원망하지 말고 조심스럽게 말(言)을 해야 한다'는 데서, '삼가다 / 조심하다'는 뜻을 나타낸다. *가뭄을 지배하는 神(신)이 있다는 것을 믿고 있던 사람들의 사고방식을 반영하는 글자이다. *일본 상용한자는 '謹'이고, 중국 간체자(簡體字)는 '谨'으로 글자 모양이 바뀜.

例文　① 謹身(근신)　② 謹賀新年(근하신년)　③ 謹弔(근조)

5 槿 = 木 + 菫

2급 / 15획　　　　(무궁화나무 **근**)

解說　'木(나무 목)'과 '菫(가뭄 근)'을 조합한 글자임. '가뭄(菫)에도 잘 자라는 나무(木)'라는 데서 '무궁화'라는 뜻을 나타낸다.

例文　① 槿花(근화)　② 槿花一日榮(근화일일영 ; 잠시 동안의 영화)

6 瑾 = 玉 + 菫

2급 / 15획　　　　(아름다운옥 **근**)

解說　'玉(구슬 옥)'과 '菫(진흙 근)'을 조합한 글자임. '옥(玉)은 진흙(菫) 속에 묻혀도 변함없이 아름다운 옥(玉)이다'는 데서 '아름답다'는 뜻을 나타낸다. *玉(구슬 옥)이 다른 글자와 조합하여 글자 왼쪽에 오면 '王(구슬옥변)'으로 글자 모양이 바뀐다.

例文　① 瑾瑜匿瑕(근유익하 ; 아름다운 옥에도 티가 있음)

7 覲 = 菫 + 見

1급 / 18획　　　　(뵐 **근**)

解說　'菫(가뭄 근)'과 '見(볼 견)'을 조합한 글자임. '불태워지는 박수(菫 / 남자무당)을 지켜보는(見) 장면'에서 '뵈다 / 만나다'라는 뜻을 나타낸다.

例文　① 覲見(근현 ; 만나 뵘)　② 覲禮(근례 ; 諸侯가 天子를 알현하는 의식)

8 饉 = 食 + 堇

1급 / 20획　　　　　　(흉년들 **근**)

🐛 **解說**　'食(먹을/밥 식)'과 '堇(가뭄 근)'을 조합한 글자임. '가뭄((堇)이 계속되어 먹을 (食) 것이 부족하다'는 데서 '흉년이 들다'라는 뜻을 나타낸다. ＊간체자는 '馑' 임.

🐛 **例文**　① 饑饉(기근)

---

9 難 = 堇 + 隹　　　　　　　　　勤　　　難

4급 / 19획　　　　　　(어려울 **난**)　　　　　金文　　　篆文

🐛 **解說**　'堇(진흙 근)'과 '隹(새 추)'를 조합한 글자임. '진흙(堇)에 발이 빠진 새(隹)가 간 신히 빠져나온다' 또는 '가뭄(堇)이 계속되니 새(隹)도 먹이가 부족해 살아가기 힘들다'는 데서 '무척 힘들다 / 어렵다'라는 뜻을 나타낸다. ＊일본은 '難'이고, 중국은 '难'임.

🐛 **例文**　① 難易度(난이도)　② 難關(난관)　③ 難兄難弟(난형난제)　④ 難攻不落(난공불락)

---

10 儺 = 人 + 難

1급 / 21획　　　　　　(역귀쫓을 **나**)

🐛 **解說**　'人(사람 인)'과 '難(어려울 난)'을 조합한 글자임. '악귀(惡鬼) 또는 역귀(疫鬼)에 들려 어려운(難) 처지에 놓인 사람(人)의 악귀 / 역귀를 쫓아낸다'는 데서 '악귀를 쫓다 / 역 귀를 쫓다'는 뜻을 나타낸다. ＊중국 간체자(簡體字)는 '傩'임.

🐛 **例文**　① 儺禮歌(나례가 ; 무당들이 역귀를 쫓는 노랫소리)

---

11 灘 = 水 + 難

2급 / 22획　　　　　　(여울 **탄**)

🐛 **解說**　'水(물 수)'와 '難(어려울 난)'을 조합한 글자임. '물(水)이 세차게 흐르기 때문에, 건너가거나 고기잡이가 어려운(難) 곳'이라는 데서 '여울'이라는 뜻을 나타내는데, 주로 지 명(地名)에 사용한다. ＊'水(물 수)가 다른 글자와 조합하여 글자 왼쪽에 오면 'ⅰ(삼수변)' 으로 글자 모양이 바뀐다. ＊중국 간체자(簡體字)는 '滩'임.

🐛 **例文**　① 경기도 漢灘江(한탄강)

---

12 **歎** = 堇 + 欠

4급 / 15획 (탄식할 **탄**)

解說 '堇(가뭄 근)'과 '欠(하품/입벌릴 흠)'을 조합한 글자임. '가뭄이 들어 기우제(祈雨祭)를 지내도 비가 내리지 않아 그 책임을 물어 박수(남자무당)를 불태우자, 큰 소리(欠)로 살려달라고 구조를 요청한다'는 데서 '탄식하다/한탄하다'는 뜻을 나타낸다. * 일본 상용한자는 '嘆'으로, 중국 간체자(簡體字)는 '叹'으로 글자 모양이 바뀜.

例文 ① 歎息(탄식) ② 恨歎(한탄)

13 **漢** = 水 + 堇

7급 / 14획 (한나라 / 한수 **한**)

解說 '水(물 수)'와 '堇(진흙 근)'을 조합한 글자임. '유방(劉邦)이 진(秦) 나라를 멸하고 가뭄(堇) 걱정이 없는 물(水)이 풍부한 곳에 세운 한(漢) 나라'라는 데서 '한(漢) 나라/한수(漢水)'라는 뜻을 나타낸다. * 일본 상용한자는 '漢(13획)'으로, 중국 간체자(簡體字)는 '汉'으로 글자 모양이 바뀜.

例文 ① 漢高祖(한고조) ② 漢字(한자) ③ 漢文(한문) ④ 서울 漢江(한강)

1

今

| 6급 / 4획 | (이제 **금**) | 甲骨文字 | 金文 | 篆文 |

解說　'뚜껑(스)을 덮어서 지금도 뭔가(ㄱ)를 잘 보관하고 있다' 는 뜻을 나타내는 상형문자로, '이제 / 지금 / 현재' 라는 뜻을 나타낸다.

例文　① 今年(금년)　② 今月(금월)　③ 今週(금주)　④ 今昔之感(금석지감)

2

琴 = 玉 + 玉 + 今

| 3급 / 12획 | (거문고 **금**) |

解說　'玉 + 玉(구슬 옥)'과 '今(이제 금)'을 조합한 글자임. "쌍옥(玉 + 玉)"은 거문고 줄을, "今"은 거문고 단면(斷面)'을 본떠서 '거문고' 라는 뜻을 나타내고 있는 것 같다.

例文　① 伽倻琴(가야금)　② 琴瑟(금슬 ; 거문고와 비파)　③ 琴瑟之樂(금슬지락)

3

衾 = 今 + 衣

| 1급 / 10획 | (이불 **금**) |

解說　'今(이제 금)'과 '衣(옷 의)'를 조합한 글자임. '사람의 몸을 완전히 덮는(스) 옷(衣)'이라는 데서 '이불' 이라는 뜻을 나타낸다.

例文　① 衾枕(금침)　② 鴛鴦衾枕(원앙금침)

4
1급 / 9획

$矜 = 矛 + 今$

(자랑할 / 불쌍할 **긍**)

解說 '矛(창 모)'와 '今(이제 금)'을 조합한 글자임. '창(矛)'을 든 씩씩한 모습의 사람(人)'을 본떠서 '자랑하다 / 자랑스럽다'는 뜻과, '창(矛)에 찔려 죽는 사람(人)'이라는 데서 '불쌍하다'는 뜻을 나타낸다.

例文 ① 矜持(긍지) ② 自矜心(자긍심) ③ 矜恤(긍휼)

5
5급 / 8획

$念 = 今 + 心$

(생각 **념**)

解說 '今(이제 금)'과 '心(마음 심)'을 조합한 글자임. '지금 현재(今)의 마음(心)'이라는 데서 '생각 / 생각하다'는 뜻을 나타낸다.

例文 ① 信念(신념) ② 雜念(잡념) ③ 念頭(염두) ④ 念願(염원)

6
3급 / 7획

$吟 = 口 + 今$

(읊을 / 탄식할 **음**)

解說 '口(입 구)'와 '今(이제 금)'을 조합한 글자임. '입(口)안의 소리를 모아서(스) 말한다'는 데서 '읊다 / 탄식하다'는 뜻을 나타낸다.

例文 ① 呻吟(신음) ② 吟味(음미) ③ 吟詩(음시 ; 시를 읊음)

7
4급 / 11획

$陰 = 阜 + 今 + 云$

(그늘 **음**)

	金文	篆文

解說 '阜(언덕 부)'와 '今(이제 금)', '云(구름 운)'을 조합한 글자임. '언덕(阜)이나 구름(云)에 가려서 현재(今) 그늘이 생겼다'는 데서 '그늘 / 보이지 않음'이라는 뜻을 나타낸다. *阜(언덕 / 사다리 부)가 다른 글자와 조합하여 글자 왼쪽에 오면 'ß (좌부변)'으로 글자 모양이 바뀐다. *'云'은 '雲'의 초문자(初文字)임. *중국 간체자(簡體字)는 '阴'임.

例文 ① 陰謀(음모) ② 陰毛(음모) ③ 陰地植物(음지식물)

8 蔭 = 艹 + 陰

1급/15획　　(덕택/그늘 **음**)

解說　‘艹(풀 초)’와 ‘陰(그늘 음)’을 조합한 글자임. ‘숲(艹)이 많이 우거진 초목의 그늘(陰)’이라는 데서 ‘그늘/덕택’이라는 뜻을 나타낸다. ＊약자(略字) ‘蔭(14획)’이고, 중국 간체자(簡體字)는 ‘荫’임.

例文　① 蔭官(음관 ; 조상의 공덕으로 얻은 벼슬) ② 조상의 蔭德(음덕)

9 貪 = 今 + 貝

3급/11획　　(탐낼 **탐**)

解說　‘今(이제 금)’과 ‘貝(돈/재물/조개 패)’를 조합한 글자임. ‘사람은 현재(今) 가진 돈(貝)으로 만족하는 법이 없다’는 데서 ‘탐하다/탐내다’는 뜻을 나타낸다. ＊중국 간체자(簡體字)에서는 ‘贪’으로 표기함.

例文　① 貪心(탐심) ② 貪官汚吏(탐관오리) ③ 貪慾(탐욕) ④ 小貪大失(소탐대실)

10 含 = 今 + 口

3급/7획　　(머금을 **함**)

解說　‘今(이제 금)’과 ‘口(입 구)’를 조합한 글자임. ‘사람이 죽었을 경우, 그 기(氣)가 입(口)으로 빠져 나가지 못하도록 옥(玉)을 입(口)에 물리는 관습이 있었는데, 지금(今)도 옥(玉)을 입(口)안에 머금고 있다’는 데서 ‘머금다/포함하다’는 뜻을 나타낸다. ＊중국 간체자(簡體字)에서는 ‘含’으로 글자 모양이 약간 바뀜.

例文　① 包含(포함) ② 含有量(함유량) ③ 含憤蓄怨(함분축원)

1 金

8급 / 8획	(쇠 **금** / 성씨 **김**)	甲骨文字	金文	篆文

解說 '흙으로 덮인 산(人)의 땅(土)속에서도 번쩍번쩍 빛나는 금 모양', 또는 '거푸집에서 일정한 형태로 만든 쇳덩어리 모양'을 본뜬 상형문자로, '쇠 / 쇳덩어리 / 황금'이라는 뜻을 나타내나, 인명(人名)이나 지명(地名)을 나타낼 때는 '김'으로 읽는다.

例文 ① 金科玉條(금과옥조) ② 金蘭之交(금란지교) ③ 金城湯池(금성탕지)
④ 金石盟約(금석맹약) ⑤ 金枝玉葉(금지옥엽)

2 錦 = 金 + 帛

3급 / 16획	(비단 **금**)

解說 '金(쇠 금)'과 '帛(비단 백)'을 조합한 글자로, '황금(金)빛으로 빛나는 비단(帛)'이라는 뜻을 나타낸다. * 중국 간체자(簡體字)에서는 '锦'으로 글자 모양이 바뀜.

例文 ① 錦上添花(금상첨화) ② 錦繡江山(금수강산) ③ 錦衣夜行(금의야행)
④ 錦衣還鄕(금의환향)

1	禽		ᢢ	禽
	3급	(날짐승/새 금)	金文	篆文

解說 금문(金文)에서는 '날짐승(离)을 그물(스)로 덮치는 장면'으로 묘사하여, '날짐승/새'라는 뜻을 나타낸다.

例文 ① 家禽(가금) ② 禽獸(금수) ③ 猛禽(맹금) ④ 禽困覆車(금곤복거)

2	擒 = 手 + 禽	
	1급	(사로잡을 금)

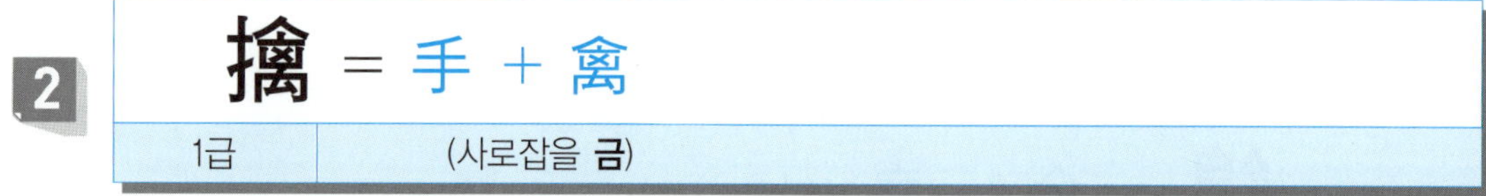

解說 '手(손 수)'와 '禽(날짐승 금)'을 조합한 글자임. '날짐승(禽)을 그물로 덮치고 손(手)으로 잡는다'는 데서 '사로잡다'는 뜻을 나타낸다. * '手(손 수)'가 다른 글자와 조합하여 글자 왼쪽에 오면 'ㅕ(손수변)'으로 글자 모양이 바뀐다.

例文 ① 擒賊先擒王(금적선금왕 ; 도적들을 잡으려면 먼저 두목부터 잡는다)

1 禁 = 林 + 示

| 4급 / 13획 | (금할 **금**) | 篆文 |

解說 '林(수풀 림)'과 '示(제사/보일 시)'를 조합한 글자임. '신(神)'이 머물거나, 신에게 제사(示)지내는 숲(林)이나 나무에 접근해서는 안 된다'는 데서 '금하다/금지하다'는 뜻을 나타낸다. * 성경 창세기 3장에는 죄를 지은 아담과 하와가 생명나무(林)에 접근하지 못하도록(禁) 하느님이 벌을 주신 장면이 나온다.

例文 ① 禁錮刑(금고형) ② 禁忌(금기) ③ 禁煙(금연) ④ 禁止(금지)

2 襟 = 衣 + 禁

| 1급 / 18획 | (옷깃 / 마음 **금**) |

解說 '衣(옷 의)'와 '禁(금할 금)'을 조합한 글자임. '남이 내 몸을 함부로 넘보지 못하도록(禁) 옷(衣)깃을 여민다'는 데서 '옷깃/속마음'이라는 뜻을 나타낸다. * '衣(옷 의)'가 다른 글자와 조합하여 글자 왼쪽에 오면 '衤(옷의변)'으로 글자 모양이 바뀐다.

例文 ① 襟兄弟(금형제 ; 妻弟나 妻兄의 남편) ② 胸襟(흉금)

1 及 = 人 + 又

| 3급/4획 | (미칠 **급**) | 甲骨文字 | 金文 | 篆文 |

解說 '人(사람 인)'과 '又(오른손/또 우)'를 조합한 글자임. '뒷사람이 손(又)을 뻗쳐 앞사람(人)을 붙잡는 장면'에서 '손이 미치다/따라붙다'라는 뜻이다. *일본과 중국은 '及'임.

例文 ① 及第(급제) ② 普及(보급) ③ 波及效果(파급효과)

2 級 = 糸 + 及

| 6급/10획 | (등급/층계 **급**) |

解說 '糸(실 사)'와 '及(미칠 급)'을 조합한 글자임. '뒷사람이 손(又)을 뻗쳐 앞사람(人)을 붙잡듯이, 베를 짤 때 앞의 실(糸)에 이어서 다음 실(糸)이 따라붙듯이 순서가 있다'는 데서 '등급/단계'라는 뜻을 나타낸다.

例文 ① 級數(급수) ② 留級(유급) ③ 階級(계급) ④ 職級(직급)

3 扱 = 手 + 及

| 1급/7획 | (거둘/다룰 **급**) |

解說 '手(손 수)'와 '及(미칠 급)'을 조합한 글자임. '손(手)이 닿는(及) 곳의 물건을 만진다'는 데서 '다루다'는 뜻을 나타낸다. *일본과 중국은 '扱'임.

例文 ① 取扱(취급) ② 取扱注意(취급주의)

4

汲 = 水 + 及

| 1급 / 7획 | (물길을 **급**) |

解說　'水(물 수)'와 '及(미칠 급)'을 조합한 글자임. '뒷사람이 손(又)을 뻗쳐 앞사람(人)을 잡아당기듯이 필요한 물(水)을 끌어당겨 쓴다'는 데서 '물을 긷다'라는 뜻을 나타낸다.

例文　① 汲水(급수 ; 물을 길음)　② 樵童汲婦(초동급부 ; 일반 백성)

5

急 = 及 + 心

| 6급 / 9획 | (급할 **급**) |

解說　'及(미칠 급)'과 '心(마음 심)'을 조합한 글자임. '급한 마음(心)에 뒷사람이 손(又)을 뻗쳐 앞사람(人)을 잡아당긴다'는 데서 '급하다/서두르다'라는 뜻을 나타낸다.

例文　① 急行列車(급행열차)　② 急流(급류)　③ 救急車(구급차)

6

吸 = 口 + 及

| 4급 / 7획 | (마실/빨 **흡**) |

解說　'口(입 구)'와 '及(미칠 급)'을 조합한 글자임. '뒷사람이 손(又)을 뻗쳐 앞사람(人)을 잡아당기듯이, 입(口)으로 공기를 끌어당긴다'는 데서 '마시다/빨아들이다/호흡하다/숨쉬다'는 뜻을 나타낸다.

例文　① 吸入(흡입)　② 吸收(흡수)　③ 呼吸(호흡)　④ 吸煙室(흡연실)

7

煞 = 及 + 攵 + 火

| 1급 / 13획 | (죽일 **살**) |

解說　'及(미칠 급)'과 '攵(때릴/칠 복)', '火(불 화)'를 조합한 글자임. '도망가는 죄인을 붙잡아(及) 매로 때리고(攵) 불(火)태워 죽인다'는 데서 '죽이다'라는 뜻을 나타낸다. *손(又)에 몽둥이/매를 들고 있는 모습의 '攴(칠/때릴 복)'이 다른 글자와 조합하여 글자 오른쪽에 오면 '攵'으로 글자 모양이 바뀐다.

例文　① 急煞(급살)　② 役馬煞(역마살)

104 亘 (뻗칠 궁) 그룹 漢字

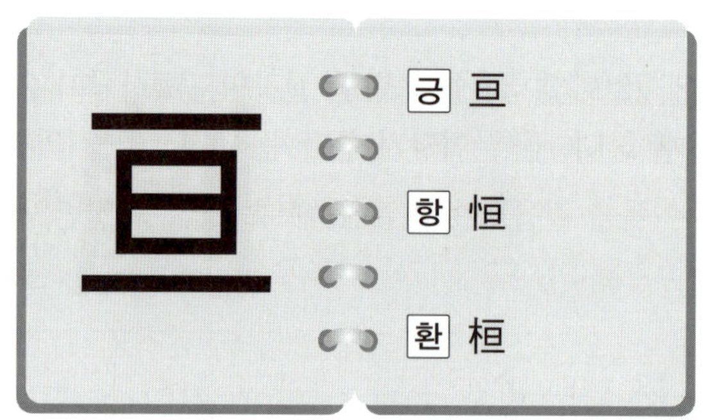

1 亘 | 亘 | 亘

| 1급/6획 | (뻗칠 **긍**/구할/돌 **선**) | 甲骨文字 | 篆文 |

解說 '빙글빙글 돌면서 왔다갔다 한다' 는 데서 '뻗치다/구하다/돌다' 는 뜻을 나타낸다.

例文 ① 亘古(긍고 ; 세월이 길고 오램) ② 亘帶(긍대 ; 널리 둘러쌈)

2 恒 = 心 + 亘

| 3급/9획 | (항상 **항**) | 甲骨文字 | 金文 | 篆文 |

解說 '心(마음 심)' 과 '亘(뻗칠 긍/돌 선)' 을 조합한 글자임. 갑골문자(甲骨文字)와 금문(金文)에서는 '양쪽(二) 사이를 항상 일정한 기간에 걸쳐 왔다갔다 하면서 변하는 달(月) 모양' 으로 '변함없는 마음/항상' 이라는 뜻을 나타낸다. * '恒' 은 '恆' 의 속자(俗字)임.

例文 ① 恒常(항상) ② 恒星(항성) ③ 恒久的(항구적) ④ 恒時(항시)

3 桓 = 木 + 亘

| 2급/10획 | (굳셀 / 푯말 **환**) |

解說 '木(나무 목)' 과 '亘' 을 조합한 글자임. '신성한 장소에 푯말(木)을 세워서 일반인들이 되돌아(亘)가도록 알린다' 는 데서 '푯말/위엄이 있다/굳세다' 라는 뜻을 나타낸다.

例文 ① 桓雄(환웅 ; 단군 신화에 나오는 인물)

1

己		乙	乙	乙
5급 / 3획	(몸 **기**)	甲骨文字	金文	篆文

解說 갑골문자(甲骨文字)와 전문(篆文)에서는 '직각으로 구부러진 잣대' 또는 '실을 감아두는 실패의 모양'을 본뜬 글자인데, '사람이 무릎을 꿇고 앉아 있는 모양'이라 하여 '나 자신/나 자신의 몸'이라는 뜻을 나타낸다.

例文 ① 自己自身(자기자신) ② 克己訓鍊(극기훈련) ③ 利己主義(이기주의)

2

記 = 言 + 己	
7급 / 10획	(기록할 **기**)

解說 '言(말씀 언)'과 '己(몸 기)'를 조합한 글자임. '윗사람이 말(言)하는 것을 실패(己)에 실을 감듯이 차례대로 기록한다'는 데서 '기록하다/마음에 새기다'라는 뜻을 나타낸다.

例文 ① 記錄(기록) ② 記念(기념)하다 ③ 記憶力(기억력) ④ 筆記(필기)

3

起 = 走 + 巳		𧺆
4급 / 10획	(일어날 **기**)	篆文

解說 원래는 '走(달릴 주)'와 '巳(뱀 사)'를 조합한 글자임. '도망가기(走) 위해 뱀(巳)이 머리를 쳐든다'는 데서 '일어나다/(일을)시작하다'라는 뜻을 나타낸다.

例文 ① 起立拍手(기립박수) ② 起床(기상) ③ 起伏(기복) ④ 起死回生(기사회생)

4

$$紀 = 糸 + 己$$

4급/9획	(벼리/법 **기**)

解說 '糸(실 사)'와 '己(몸 기)'를 조합한 글자임. '실패(己)에 질서정연하게 감긴 실(糸)'이라는 데서 '법/질서/규칙'이라는 뜻을 나타낸다.

例文 ① 紀綱(기강) ② 軍紀(군기) ③ 紀律(기율)

5

$$忌 = 己 + 心$$

3급/7획	(꺼릴 **기**)

解說 '己(몸 기)'와 '心(마음 심)'을 조합한 글자임. '신(神) 앞에 나아가 몸을 굽히고(己) 섬기고자 하는 사람의 마음(心)은 여러 가지 부정(不淨)한 것을 피하게 마련이다'는 데서 '꺼리다/삼가다'라는 뜻을 나타낸다.

例文 ① 忌中(기중) ② 禁忌事項(금기사항) ③ 忌憚(기탄)

6

$$杞 = 木 + 己$$

1급/7획	(구기자/나무이름 **기**)

解說 '木(나무 목)'과 '己(몸 기)'를 조합 글자임. '구기자나무는 나뭇가지가 휘어(己) 있는 나무(木)'라는 데서 주로 나무 이름에 사용한다.

例文 ① 枸杞子(구기자) ② 杞憂(기우 ; 쓸데없는 걱정)

7

$$妃 = 女 + 巳$$

3급/6획	(왕비 **비**)	甲骨文字	金文	篆文

解說 원래는 '女(여자 여)'와 '巳(뱀 사)'를 조합한 글자임. 갑골문자(甲骨文字)와 금문(金文)에서는 '뱀(巳)과 대화하는 여자(女)', 또는 '뱀(巳)을 섬기는 여자(女)'로 묘사하고 있는데, 그 여자가 '임금님의 아내'라는 데서 '왕비'라는 뜻을 나타낸다. * 지금도 어떤 지방에서는 뱀(巳)을 신(神)으로 섬기고 있는 곳이 있다.

例文 ① 王妃(왕비) ② 大妃(대비) ③ 妃嬪(비빈) ④ 楊貴妃(양귀비)

8 改 = 巳 + 攴

5급/7획	(고칠 **개**)	甲骨文字	金文	篆文

解說　금문(金文)에서는 '巳(뱀 사)'와 '攴(칠/때릴 복)'을 조합한 글자임. 갑골문자(甲骨文字)에서는 '제멋대로 가려고하는 뱀(巳)을 막대기로 피가 나도록 때려서(攴) 똑바로 가게 한다'는 데서 '바로잡다/고치다'라는 뜻을 나타낸다. ＊자료에 의하면, '자신에게 가해지는 뱀(巳)에 의한 재앙을 다른 사람에게 옮겨가게 한다'는 뜻의 글자라고 한다. ＊손(又)에 몽둥이/매를 들고 있는 모습의 '攴(칠/때릴 복)'이 다른 글자와 조합하여 글자 오른쪽에 오면 '攵'으로 글자 모양이 바뀐다.

例文　① 改造(개조)　② 改善(개선)　③ 改名(개명)　④ 改良(개량)　⑤ 改革(개혁)
　　　⑥ 改過遷善(개과천선)

9 配 = 酉 + 己

4급/10획	(짝/나눌 **배**)	甲骨文字	金文	篆文

解說　'酉(술병/술단지 유)'와 '己(몸 기)'를 조합한 글자임. 갑골문자(甲骨文字)에서는 '술 단지(酉) 앞에 무릎을 꿇고 앉아 있는 모습(己)'에서 '술(酉)이란 벗과 함께 나누어 마신다'는 데서 '나누다/분배하다/짝'이라는 뜻을 나타낸다.

例文　① 配偶者(배우자)　② 配匹(배필)　③ 交配(교배)　④ 分配(분배)

氣 = 气 + 米　　　篆文 1　篆文 2

7급/10획	(기운/공기 **기**)

解說　'气(구름/기운 기)'와 '米(쌀 미)'를 조합한 글자임. 금문(金文)에서는 '米+气 모양'이고, 전문(篆文) 2에서는 '食+氣'로 기운/기체/기질/마음'이라는 뜻을 나타낸다.

例文　① 空氣(공기)　② 氣管支炎(기관지염)　③ 氣力(기력)　④ 士氣(사기)
⑤ 氣高萬丈(기고만장)　⑥ 氣盡脈盡(기진맥진)

汽 = 水 + 气　　　篆文

5급/7획	(물끓는김 **기**)

解說　'水(물 수)'와 '气(구름/기운 기)'를 조합한 글자임. '물(水)이 증발할 때의 수증기(气)처럼 올라가는 김'이라는 뜻을 나타낸다.

例文　① 汽車(기차)　② 汽船(기선)　③ 汽笛(기적)

愾 = 心 + 氣

1급/13획	(성낼 **개**)

解說　'心(마음 심)'과 '氣(기운 기)'를 조합한 글자임. '한탄·노여움으로 인해 심장(心)에서 나오는 한숨(氣)'이라는 데서 '성내다'는 뜻을 나타낸다.

例文　① 敵愾心(적개심)　② 愾憤(개분 ; 적에 대하여 분개함)

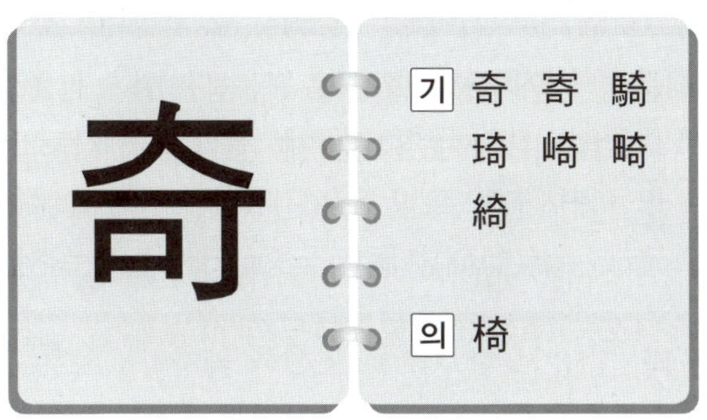

---

1 奇 = 大 + 可

| 4급 / 8획 | (기특할 / 홀수 **기**) | 篆文 |

解說 '大'와 '可'를 조합한 글자임. 서커스에서 '줄타기 묘기', 또는 '커다란 칼날(可) 위에 무당(大)이 이상한 모습으로 혼자서 춤추고 있는 모양'을 본떠서 '보통과는 다르다 / 특이하다 / 기특하다 / 홀수' 라는 뜻을 나타내는 것 같다. *무당이 작두(풀 · 짚 · 약재(藥材) 따위를 써는 연장) 위에서 춤을 추며 신(神)을 부르는 모습은 흔히 있는 일이다.

例文 ① 新奇(신기) ② 奇妙(기묘) ③ 奇巖怪石(기암괴석) ④ 奇數(기수)

---

2 寄 = 宀 + 奇

| 4급 / 11획 | (부칠 / 부쳐살 / 줄 **기**) |

解說 '宀(집 면)'과 '奇(기특할 기)'를 조합한 글자임. '무당(奇)이 자기 집에서 생활하지 않고 신(神)을 섬기는 집(宀)에서 생활한다'는 데서 '붙어살다 / 제공해 주다' 라는 뜻을 나타낸다.

例文 ① 寄生蟲(기생충) ② 寄宿舍(기숙사) ③ 寄附(기부) ④ 寄贈(기증)

---

3 騎 = 馬 + 奇

| 3급 / 18획 | (말탈 **기**) |

解說 ‘馬(말 마)’와 ‘奇(기특할 기)’를 조합한 글자임. ‘사람(大)이 말(馬) 안장(可)에 앉아 있는 모습’을 본떠서 ‘말을 타다’라는 뜻을 나타낸다. * 간체자는 ‘骑’임.

例文 ① 騎士(기사) ② 騎馬兵(기마병) ③ 騎兵隊(기병대) ④ 騎虎之勢(기호지세)

---

4 **琦** = 玉 + 奇

2급 / 12획　　　(옥이름 **기**)

解說 ‘玉(구슬 옥)’과 ‘奇(기특할 기)’를 조합한 글자임. ‘보통 돌과는 특이하게(奇) 다른 옥(玉)돌’이라는 데서 ‘옥(玉)’이라는 뜻을 나타내나, 주로 인명(人名)에 사용한다. * 玉(구슬 옥)이 다른 글자와 조합하여 글자 왼쪽에 오면 ‘王(구슬옥변)’으로 글자 모양이 바뀐다. 이 경우에는 ‘王(임금왕)’이라고 하지 않음에 유의해야 한다.

---

5 **崎** = 山 + 奇

1급 / 11획　　　(험할 **기**)

解說 ‘山(메 / 뫼 산)’과 ‘奇(기특할 기)’를 조합한 글자임. ‘산(山) 모양이 보통과는 다르게 특이하다(奇)’는 데서 ‘산길이 험하다’는 뜻을 나타낸다.

例文 ① 崎嶇(기구)한 운명

---

6 **畸** = 田 + 奇

1급 / 13획　　　(뙈기밭 **기**)

解說 ‘田(밭 전)’과 ‘奇(기특할 기)’를 조합한 글자임. ‘조그마한 쪼가리 땅(田)은 똑바르지 않고 이상한 모양(奇)을 하고 있다’는 데서 ‘구부러져 있다 / 비정상적이다 / 병신’이라는 뜻으로 발전하여 쓰이게 되었다.

例文 ① 畸形兒(기형아) ② 畸形的(기형적)

---

7 **綺** = 糸 + 奇

1급 / 14획　　　(비단 **기**)

解說 　‘糸(실 사)’와 ‘奇(기특할 기)’를 조합한 글자임. ‘일반 섬유(糸)와는 달리 특이하게 (奇) 고운 섬유’라는 데서 ‘비단’이라는 뜻을 나타낸다.

例文 　① 綺羅星(기라성)

8　椅 = 木 + 奇
1급 / 12획　　　(의자 **의**)

解說 　‘木(나무 목)’과 ‘奇(기특할 기)’를 조합한 글자임. ‘나무(木)로 된 걸상(可)에 사람(大)이 앉아 있는 모양’에서 ‘의자 / 걸상’이라는 뜻을 나타낸다.

例文 　① 椅子(의자)　② 回轉椅子(회전의자)

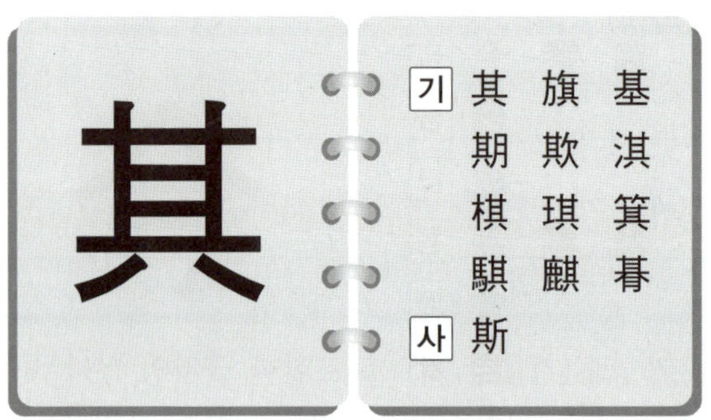

其 旗 基 期 欺 淇 棋 琪 箕 騏 麒 朞 斯

1

其

| 3급/8획 | (그/그것/어조사 **기**) | 甲骨文字 | 金文 | 篆文 |

解說 '곡식의 쭉정이를 날려 보내는 도구인 키 모양'을 본뜬 상형문자로, '키를 사용하고 나면 항상 그곳에 둔다'는 데서 '그/그것'이라는 뜻을 나타낸다.

例文 ① 其他(기타 ; 그밖에) ② 各其(각기)

2

旗 = 㫃 + 其

| 7급/14획 | (기/깃발 **기**) |

解說 '㫃(깃발 언)'과 '其(그 기)'를 조합한 글자임. '바람이 부는 방향에 따라 펄럭이는 깃발(㫃)이 키(其) 모양'이라는 데서 '기/깃발'이라는 뜻을 나타낸다.

例文 ① 國旗(국기) ② 太極旗(태극기) ③ 校旗(교기) ④ 旗手(기수)

3

基 = 其 + 土

| 5급/11획 | (터 **기**) |

解說 '其(그 기)'와 '土(흙 토)'를 조합한 글자임. '곡식을 까부는 키(其) 모양처럼 사각형으로 터(土)를 다진다'는 데서 '근본/기초/터'라는 뜻을 나타낸다.

例文 ① 基礎工事(기초공사) ② 基本(기본) ③ 軍事基地(군사기지)

4	**期** = 其 + 月		𣄰	期
	5급/12획	(기약할/때 **기**)	金文	篆文

解說　'其(그 기)'와 '月(달 월)'을 조합한 글자임. '일정한(其) 세월(月)의 흐름'이라는 데서 '기약/기간'이라는 뜻을 나타낸다. *달력이 없던 고대에는 달(月)을 중심으로 하여 날짜 계산을 하였다는 것을 알 수 있는 글자이다.

例文　① 期間(기간)　② 時期(시기)　③ 思春期(사춘기)　④ 二學期(2학기)

5	**欺** = 其 + 欠
	3급/12획　　(속일 **기**)

解說　'其(그 기)'와 '欠(하품/입벌릴 흠)'을 조합한 글자임. '축제 때 곡식을 까부는 키(其)와 같은 네모난 가면을 쓰고 연기를 하는 사람(欠)'이라는 데서 '속이다/거짓말하다'는 뜻을 나타낸다.

例文　① 詐欺(사기)　② 欺瞞(기만)

6	**淇** = 水 + 其
	2급/11획　　(물이름 **기**)

解說　'水(물 수)'와 '其(그 기)'를 조합한 글자로, 주로 지명(地名)에 사용한다. *'水(물 수)가 다른 글자와 조합하여 글자 왼쪽에 오면 'ㆍ(삼수변)'으로 글자 모양이 바뀐다.

例文　① 淇水(기수 ; 중국 河南省에서 발원하는 黃河의 지류)

7	**棋** = 木 + 其
	2급/12획　　(바둑/장기 **기**)

解說　'木(나무 목)'과 '其(그 기)'를 조합한 글자임. '나무(木) 판 위에 키(其)처럼 가로·세로로 질서정연하게 선이 그어진 물건'에서 '바둑/장기'라는 뜻을 나타낸다. *고대 중국의 바둑판은 가로·세로 17도(道)이었다.

例文　① 將棋(장기)　② 棋院(기원)　③ 棋譜(기보)　④ 棋聖(기성)

8 琪 = 玉 + 其

2급 / 12획　　　(아름다운옥 **기**)

解說　'玉(구슬 옥)'과 '其(그 기)'를 조합한 글자임. '키(其) 모양의 아름다운 옥(玉)'이라는 데서 '옥(玉)'이라는 뜻으로, 주로 인명(人名)에 사용한다. * 玉(구슬 옥)이 다른 글자와 조합하여 글자 왼쪽에 오면 '王(구슬옥변)'으로 글자 모양이 바뀐다. 이 경우에는 '王(임금왕)'이라고 하지 않음에 유의해야 한다.

9 箕 = 竹 + 其

2급 / 14획　　　(키/삼태기 **기**)

解說　'竹(대나무 죽)'과 '其(그 기)'를 조합한 글자임. '곡식을 까부는 키(其)는 대나무(竹)로 엮은 것'이라는 데서 '키/삼태기'라는 뜻을 나타낸다.

例文　① 箕子(기자 ; 은나라 紂王의 숙부)　② 箕子朝鮮(기자조선)

10 騏 = 馬 + 其

2급 / 18획　　　(준마 **기**)

解說　'馬(말 마)'와 '其(그 기)'를 조합한 글자임. '곡식을 까부는 키(其)처럼 늘씬하며, 시원스럽게 잘 달리는 말(馬)'이라는 데서 '검푸른 말/준마'라는 뜻을 나타낸다. * 중국 간체자(簡體字)에서는 '骐'로 표기함.

例文　① 騏驎之衰也駑馬先之(기린지쇠야노마선지)

11 麒 = 鹿 + 其

2급 / 19획　　　(기린 **기**)

解說　'鹿(사슴 녹)'과 '其(그 기)'를 조합한 글자임. '사슴(鹿)처럼 생겼으면서도 목이 긴(其) 동물'이라는 데서 '기린'이라는 뜻을 나타낸다.

例文　① 麒麟(기린)　② 麒麟兒(기린아)

12 朞 = 其 + 月

1급/12획 　　　　(돌/1년 **기**)

🐛 **解說**　'其(그 기)'와 '月(달 월)'을 조합한 글자로, '1년/1개월'이라는 뜻을 나타낸다.

🐛 **例文**　① 朞年(기년 ; 1년)　② 朞年服(기년복)　③ 朞月(기월 ; 만 1개월)

13 斯 = 其 + 斤

3급/12획 　　　　(이 **사**)

🐛 **解說**　'其(그 기)'와 '斤(도끼 근)'을 조합한 글자로, '이 분야/이 방면'이라는 뜻을 나타낸다.

🐛 **例文**　① 斯界(사계)의 권위자　② 斯學(사학 ; 이 분야의 학문)

1

豈 = 山 + 豆

3급 / 10획 　　(어찌 **기**)　　豈 篆文

解說　'꼭대기에 장식이 달린 북 모양'을 본뜬 상형문자임. '전쟁에서 승리하고 돌아와 북(豈)을 치며 즐기면서 "어찌 이리 기쁜고?"라고 말한 데서 '어찌/왜' 라는 뜻을 나타낸다.

例文　① 豈敢(기감 ; 어찌 감히)　② 豈非(기비 ; 어찌…가 아니랴)

2

凱 = 豈 + 几

1급 / 12획 　　(개선할 / 이길 **개**)

解說　'豈(어찌 기)'와 '几(안석 궤)'를 조합한 글자임. '싸움에 이기고 돌아온 군인들을, 높은 곳(几)에서 북(豈)을 치며 환영한다' 는 뜻에서 '이기다/기뻐하다' 는 뜻을 나타낸다.

例文　① 凱旋門(개선문)　② 凱旋行列(개선행렬)　③ 凱歌(개가)

3

塏 = 土 + 豈

2급 / 13획 　　(높은땅 **개**)

解說　'土(흙 토)'와 '豈(어찌 기)'를 조합한 글자임. '군대의 북(豈)은 주로 높은 땅(土)에 둔다' 는 뜻이나, 주로 인명(人名)에 사용한다.

例文　① 李塏(이개 ; 조선왕조 端宗의 충신)

1	旣		𣞤	𣞤	𣞤
	3급 / 11획	(이미 / 벌써 **기**)	甲骨文字	金文	篆文

解說 '白(흰 백)'과 '匕(숟가락 / 구부릴 비)', '旡(목멜 기)'를 조합한 회의문자임. 갑골문 자(甲骨文字)와 금문(金文)에서는 '이미 식사를 끝내고 고개를 뒤로 돌리고 앉아 있는 모 습'이고, 전문(篆文)에서는 '맛있는 음식(白)을 숟가락(匕)으로 다 먹은 사람이 등을 돌리고 뒤돌아 앉아 이미 식사를 끝냈다는 모습(旡)'에서 '이미 / 벌써 다 끝났다'는 뜻을 나타낸다. * 일본 상용한자는 '既(9획)'으로, 중국 간체자(簡體字)는 '既'로 글자 모양이 약간 바뀜.

例文 ① 旣婚者(기혼자) ② 旣出問題(기출문제) ③ 旣得權(기득권)

2	槪 = 木 + 旣	
	3급 / 15획	(대개 **개**)

解說 '木(나무 목)'과 '旣(이미 기)'를 조합한 글자임. '이미(旣) 다 자란 나무(木)는 대 충대충 돌보아도 잘 자란다'는 데서 '대개 / 대충'이라는 뜻을 나타낸다.

例文 ① 大槪(대개) ② 槪念(개념) ③ 槪要(개요) ④ 槪論(개론)

3	慨 = 心 + 旣	
	3급 / 14획	(슬퍼할 **개**)

解說　‘心(마음 심)’과 ‘旣(이미 기)’를 조합한 글자임. ‘이미(旣) 끝나버린 실수/실패는 마음(心)에 상처가 남는다’는 데서 ‘슬퍼하다’는 뜻을 나타낸다. ＊‘心(마음 심)’이 다른 글자와 조합하여 글자 왼쪽에 오면 ‘忄(마음심변/심방변)’으로 글자 모양이 바뀐다.

例文　① 憤慨(분개)　② 慨歎(개탄)　③ 感慨無量(감개무량)

4　漑 ＝ 水 ＋ 旣

1급/14획　　　　　(물댈 **개**)

解說　‘水(물 수)’와 ‘旣(이미 기)’를 조합한 글자임. ‘이미(旣) 가득 찬 저수지의 물(水)을 끌어다가 사용한다’는 데서 ‘물을 대다’라는 뜻을 나타낸다. ＊‘水(물 수)가 다른 글자와 조합하여 글자 왼쪽에 오면 ‘氵(삼수변)’으로 글자 모양이 바뀐다. ＊중국 간체자(簡體字)에서는 ‘溉’로 표기함.

例文　① 灌漑施設(관개시설)　② 灌漑水(관개수)

5　廏 ＝ 广 ＋ 白 ＋ 匕 ＋ 殳

1급/14획　　　　　(마구간 **구**)

解說　‘广(집 엄)’과 ‘白’, ‘匕’, ‘殳’를 조합한 글자임. ‘움막(广)에는 먹이그릇(匕)과 먹이(白)가 있고, 가축이 튀어나오지 못하게 막대기(殳)로 가로막아 둔 곳’이라는 데서 ‘마구간’이라는 뜻을 나타낸다. ＊원래 ‘廏’는 ‘廐’의 속자(俗字)임. ＊중국 간체자(簡體字)에서는 ‘厩’로 표기함.

例文　① 廏舍 / 廐舍(구사 ; 마구간)　② 馬廏間 / 馬廐間(마구간)

기	幾　畿　機
	璣　譏　饑

1　幾 = 絲 + 戈 + 人

3급 / 12획	(몇 / 얼마 / 가까운 **기**)		金文	篆文

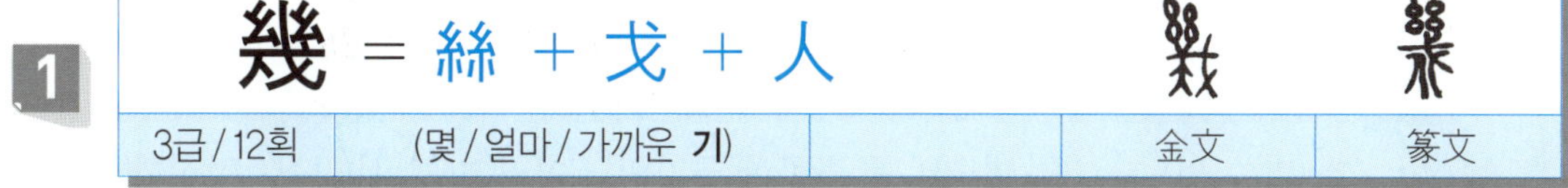

解說　'絲(실 사)'와 '戈(창 과), 人(사람 인)'을 조합한 회의문자임. '여러 가지 실(絲)로 장식한 창(戈)을 든 사람(人)이 수상한 것을 발견하고 가까이서 이것저것 물으며 살펴본다'는 데서 '몇 / 얼마 / 어찌 / 가까운' 이라는 뜻을 나타낸다. * 간체자로는 '几' 임.

例文　① 幾何學(기하학)　② 幾何級數(기하급수)

2　畿 = 幾 + 田

3급 / 15획	(경기 **기**)

解說　'幾(몇 / 가까울 기)'와 '田(밭 전)'을 조합한 글자임. '서울 / 도읍(都邑)과 가까운 (幾) 곳의 땅(田)' 이라는 데서 '서울과 가깝다' 는 뜻을 나타낸다.

例文　① 京畿道(경기도)　② 近畿(근기 ; 서울과 가까움)

3　機 = 木 + 幾

4급 / 16획	(틀 / 베틀 / 때 **기**)

解說　'木(나무 목)'과 '幾(몇 기)'를 조합한 글자임. '베(絲)를 짜는 나무(木)로 된 베틀(戈) 모양'을 본뜬 글자로 '베틀 / 기계 / 베를 짤 때' 라는 뜻을 나타낸다. * 간체자는 '机' 임.

例文　① 器機(기기)　② 機械(기계)　③ 機會(기회)　④ 機能(기능)

4 2급 / 16획

璣 = 玉 + 幾

(별이름 **기**)

解說 '玉(구슬 옥)'과 '幾(몇 기)'를 조합한 글자임. '밤하늘의 별(玉)을 보면서 이름은 무엇일까, 별은 몇 개(幾)나 될까하고 세어본다'는 데서 '별 이름/구슬'이라는 뜻을 나타내는데, 주로 인명(人名)에 사용한다. * 玉(구슬 옥)이 다른 글자와 조합하여 글자 왼쪽에 오면 '王(구슬옥변)'으로 글자 모양이 바뀐다. * 중국 간체자(簡體字)에서는 '玑'로 표기함.

例文 ① 璣衡(기형 ; 천문 관측기구인 渾天儀)

5 1급 / 19획

譏 = 言 + 幾

(나무랄 **기**)

解說 '言(말씀 언)'과 '幾(몇 기)'를 조합한 글자임. '여러 가지 실(絲)로 장식한 창(戈)을 든 사람(人)이 수상한 것을 발견하고 가까이서 이것저것 물으며 살펴보고 나서 잘못된 점을 지적하여 말한다(言)'는 데서 '나무라다/헐뜯다'라는 뜻을 나타낸다. * 중국 간체자(簡體字)에서는 '讥'로 표기함.

例文 ① 譏弄(기롱 ; 조롱함) ② 譏笑(기소 ; 비웃음)

6 특급 / 21획

饑 = 食 + 幾

(흉년들 **기**)

解說 '食(밥/먹을 식)'과 '幾(몇 기)'를 조합한 글자임. '여러 가지 실(絲)로 장식한 창(戈)을 든 사람(人), 즉 국가의 공무원까지 먹을 것(食)을 달라고 한다'는 데서 '흉년이 들다'는 뜻인데, '飢(굶주릴 기)'와 동일하게 사용한다. * 중국 간체자(簡體字)에서는 '饥'로 표기함.

例文 ① 饑饉 / 飢饉(기근) ② 饑渴 / 飢渴(기갈) ③ 饑餓 / 飢餓(기아)

112 吉(길할 길) 그룹 漢字

吉	
길	吉 拮
결	結
철	喆
힐	詰

1

吉 = 土 + 口				
5급 / 6획	(길할 **길**)	甲骨文字	金文	篆文

解說 '士(선비 사)' 와 '口(입 구)' 를 조합한 회의문자임. 갑골문자(甲骨文字)와 금문(金文)에서는 '신(神)에게 바치는 축문(祝文)이 든 그릇(口) 위에 도끼(士)가 있는 것으로 보아 좋은(吉) 것을 지키려 한다' 는 데서 '좋다 / 길하다' 는 뜻을 나타낸다. * '士(선비 사)' 는 조그마한 손도끼를 묘사한 글자이다.

例文 ① 吉日(길일) ② 吉兆(길조) ③ 吉鳥(길조) ④ 不吉(불길)

2

拮 = 手 + 吉	
1급 / 9획	(일할 **길**)

解說 '手(손 수)' 와 '吉(길할 길)' 을 조합한 글자임. '손(手)으로 열심히 일을 해야 좋은(吉) 결과가 생긴다' 는 데서, '일하다' 는 뜻을 나타낸다. * '手(손 수)' 가 다른 글자와 조합하여 글자 왼쪽에 오면 '扌(손수변)' 으로 글자 모양이 바뀐다.

例文 ① 拮抗(길항 ; 서로 버티고 대항함) ② 拮抗作用(길항작용)

3

結 = 糸 + 吉	
5급 / 12획	(맺을 **결**)

解說   '糸(실 사)'와 '吉(길할 길)'을 조합한 글자임. '남녀 간의 사랑이 좋은(吉) 결실을 맺도록 약속의 표시로 실(糸)을 엮어 매듭을 짓는다'는 데서 '매듭을 짓다/일을 마치다'는 뜻을 나타낸다. * 중국 간체자(簡體字)에서는 '结'로 표기함.

例文   ① 結婚(결혼)   ② 結果(결과)   ③ 結者解之(결자해지)   ④ 結草報恩(결초보은)

---

4   喆 = 吉 + 吉

2급 / 12획   (밝을 / 쌍길 **철**)

解說   '吉(길할 길)'을 두 글자 조합한 글자임. '좋은(吉) 일이 2번 겹치니 더욱 좋다(吉)'는 데서 '밝다'는 뜻을 나타내는데, 주로 인명(人名)에 사용한다.

---

5   詰 = 言 + 吉

1급 / 13획   (꾸짖을 **힐**)

解說   '言(말씀 언)'과 '吉(길할 길)'을 조합한 글자임. '좋은(吉) 결과를 기대했는데, 정반대의 결과가 나타나 말(言)로 꾸짖는다', 또는 '부모는 자식이 잘(吉) 되라고 말(言)로 꾸짖으며 가르친다'는 데서 '꾸짖다/추궁하다'는 뜻을 나타낸다.

例文   ① 詰問(힐문)   ② 詰難(힐난)   ③ 詰責(힐책)

나

---

1 捏 = 手 + 臼 + 土

1급 / 10획	(반죽할 **날**)

解說　원래는 '手(손 수)'와 '臼(절구 구)', '土(흙 토)'를 조합한 글자임. '물레(土)에 얹어 빙글빙글 돌리면서 손(手)으로 토기(臼) 그릇을 만들고 있는 모습'에서 '반죽하다'는 뜻을 나타낸다. ＊'手(손 수)'가 다른 글자와 조합하여 글자 왼쪽에 오면 '扌(손수변)'으로 글자 모양이 바뀐다.

例文　① 捏造(날조)　② 捏詞(날사 ; 전혀 근거가 없는 말)

---

2 涅 = 水 + 日 + 土

1급 / 10획	(앙금흙 / 개흙 **녈**)	古文	篆文

解說　고문(古文)에서는 '개천(水) 밑바닥의 검은 흙(土)을 둥글게(日) 뭉친 모양'을 본뜬 글자로, '앙금흙 / 개흙'이라는 뜻을 나타낸다. ＊'水(물 수)가 다른 글자와 조합하여 글자 왼쪽에 오면 '氵(삼수변)'으로 글자 모양이 바뀐다.

例文　① 涅槃(열반 ; 해탈의 경지)　② 涅齒(열치 ; 검게 물들인 치아)

1 乃 — 彡 彡 彡

| 3급 / 2획 | (이에 / 어조사 **내**) | 甲骨文字 | 金文 | 篆文 |

解說 '활(弓)의 줄을 벗겨낸 모양'을 본뜬 글자로, '제 역할을 못 한다' 하여 어조사 '…에서 /…에 이르기까지' 라는 뜻을 나타낸다.

例文 ① 3年 乃至(내지) 4年

2 秀 = 禾 + 乃

| 4급 / 7획 | (빼어날 **수**) | 篆文 |

解說 '禾(벼 화)'와 '乃(내)'를 조합한 글자임. '벼(禾) 이삭이 잘 여물어 길게 쳐져(乃) 있다'는 데서 '길게 뻗다 / 빼어나다'는 뜻을 나타낸다.

例文 ① 秀才(수재) ② 優秀(우수) ③ 俊秀(준수)

3 誘 = 言 + 秀

| 3급 / 14획 | (꾈 / 달랠 **유**) |

解說 '言(말씀 언)'과 '秀(빼어날 수)'를 조합한 글자임. '말(言)을 빼어나게(秀) 잘 해서 상대방을 꾄다'는 데서 '꾀다 / 달래다 / 속이다'는 뜻을 나타낸다. *간체자는 '诱'임.

例文 ① 誘拐犯(유괴범) ② 誘導彈(유도탄) ③ 誘致(유치)

4 透 = 秀 + 辶

3급 / 11획　　(사무칠 / 꿰뚫을 **투**)

解說　‘秀(빼어날 수)’와 ‘辶(쉬엄쉬엄갈 / 뛸 착)’을 조합한 글자임. ‘벼 이삭(秀)이 볏대를 꿰뚫고 나온다(辶)’는 데서 ‘꿰뚫다 / 길게 뻗어나가다 / 사무치다’는 뜻을 나타낸다. ＊일본 상용한자와 중국 간체자(簡體字)는 ‘透(10획)’으로 1획이 줄어든다.

例文　① 浸透(침투)　② 透明(투명)　③ 透視圖(투시도)

5 携 = 手 + 隹 + 乃　　　　　　　　　　　　携

3급 / 13획　　(이끌 / 들 **휴**)　　　　　　　篆文

解說　‘手(손 수)’와 ‘隹(새 추)’, ‘乃(이에 내)’를 조합한 글자임. ‘조점(鳥占 ; 새를 이용한 점)을 치기 위해 새(隹)를 새장(乃)에 가두어 손(手)에 들고 간다’는 데서 ‘손에 들다 / 손을 잡다 / 연결하다’는 뜻을 나타낸다. ＊‘手(손 수)’가 다른 글자와 조합하여 글자 왼쪽에 오면 ‘扌(손수변)’으로 글자 모양이 바뀐다.

例文　① 携帶(휴대)폰　② 提携(제휴)　③ 携持(휴지)　④ 携行(휴행)

1

$$內 = 冂 + 入$$

7급 / 4획	(안 **내**)	甲骨文字	金文	篆文

解說　갑골문자(甲骨文字)와 금문(金文)에서는 '건물 안(冂)으로 들어가는(入) 모양'을 본뜬 상형문자로, '안 / 속'이라는 뜻을 나타낸다. * 일본 상용한자와 중국 간체자(簡體字)는 '内'로 글자 모양이 약간 바뀜에 유의해야 한다.

例文　① 內容(내용)　② 內視鏡(내시경)　③ 內申成績(내신성적)　④ 內憂外患(내우외환)

2

$$芮 = 艸 + 內$$

2급 / 8획	(성씨 / 풀싹이작고연할 **예**)

解說　'艸(풀 초)'와 '內(안 내)'를 조합한 글자임. '땅 속(內)에서 갓 올라온 싹(艸)은 작고 연하다'는 뜻인데, 주로 인명(人名)에 사용한다. * 약자(略字)는 '芮(7획)'임.

3

$$納 = 糸 + 內$$

4급 / 10획	(들일 **납**)

解說　'糸(실 사)'와 '內(안 내)'를 조합한 글자임. '옛날에는 세금으로 실(糸)로 짠 직물(織物)도 받아들였다(內)'는 데서 '받아 거두다 / 받아들이다'는 뜻을 나타낸다.

例文　① 納稅(납세)　② 納付金(납부금)　③ 納品(납품)　④ 受納(수납)

4 **衲** = 衣 + 內

1급/9획　　　(기울/장삼 **납**)

解說　'衣(옷 의)'와 '內(안 내)'를 조합한 글자임. '안(內)에 입는 옷(衣)은 기워 입어도 상관없다'는 데서 '옷을 깁다'라는 뜻이었는데, 훗날 '승려 옷'이라는 뜻을 나타내게 되었다. * '衣(옷 의)'가 다른 글자와 조합하여 글자 왼쪽에 오면 'ネ(옷의변)'으로 글자 모양이 바뀐다.

例文　① 衲衣(납의 ; 승려 옷)　② 衲子(납자 ; 승려)

5 **訥** = 言 + 內

1급/11획　　　(말더듬거릴 **눌**)

解說　'言(말씀 언)'과 '內(안 내)'를 조합한 글자임. '말(言)이 입 안(內)에서 맴돌기만 한다'는 데서 '말주변이 없다/말을 더듬다'는 뜻을 나타낸다.

例文　① 語訥(어눌)　② 訥辯(눌변)　③ 訥言敏行(눌언민행)

1

奈 = 大 + 示

篆文

| 3급／8획 | (어찌 **내**／나락 **나**) | |

解說　'大(큰 대)'와 '示(보일／제사 시)'를 조합한 글자임. '해마다 돌아오는 큰(大) 제사 (示)를 어찌 지낼 것인지 걱정이 앞선다'는 데서 '어찌'라는 뜻을 나타낸다. ＊불교 용어를 음역(音譯)할 때는 '나'로 읽는다.

例文　① 莫無可奈(막무가내) ② 奈落(나락 ; 지옥)

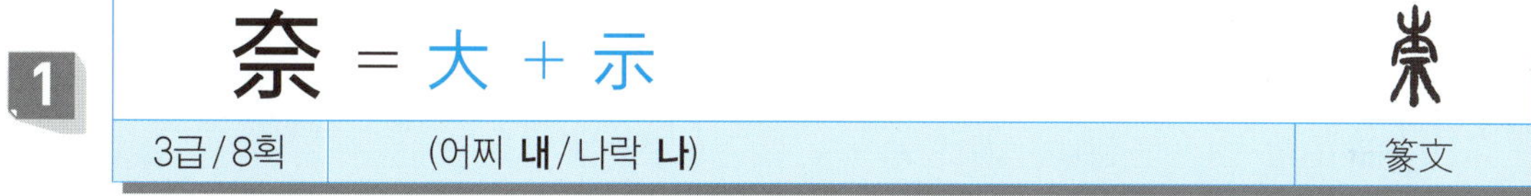

2

捺 = 手 + 奈

| 1급／11획 | (누를 **날**) |

解說　'手(손 수)'와 '奈(어찌 내)'를 조합한 글자임. '이것이 어찌(奈) 된 것인가' 하고 '손(手)으로 눌러본다'는 데서 '손으로 누르다'는 뜻을 나타낸다.

例文　① 捺染(날염 ; 무늬를 찍어 물들임) ② 署名捺印(서명날인)

1 | 女 | | 甲骨文字 | 金文 | 篆文

| 8급/3획 | (여자/계집 **녀**) | | | |

解說 갑골문자(甲骨文字)에서는 '몸을 정결하게 한 여자가 조상신을 섬기는 곳에서 무릎을 꿇고 두 손을 앞으로 가지런히 모으고 얌전하게 앉아 있는 모습'을 본뜬 상형문자로, 여자와 관계된 일에 쓰인다. *남존여비(男尊女卑) 사상에 빠져 있는 사람들은, '여자가 남자 앞에서 무릎을 꿇고 있는 장면'이라고 주장하는데, 이것은 잘못된 해석이다.

例文 ① 女子(여자) ② 女性(여성) ③ 女先生(여선생) ④ 女職員(여직원)

2 汝 = 水 + 女

| 3급/5획 | (너/물이름 **여**) |

解說 '水(물 수)'와 '女(여자 여)'를 조합한 글자임. '계곡 물(水)로 멱을 감고 있는 여자(女)'라는 데서 '물/강/너'라는 뜻을 나타낸다. *'水(물 수)가 다른 글자와 조합하여 글자 왼쪽에 오면 'ⅰ(삼수변)'으로 글자 모양이 바뀐다.

例文 ① 汝矣島(여의도) ② 汝等(여등 ; 너희들) ③ 汝輩(여배 ; 너희들)

3 如 = 女 + 口

| 4급/6획 | (같을 **여**) |

解說　'女(여자 여)'와 '口(입 구)'를 조합한 글자임. '무당(女)이 신(神)에게 바치는 축문(祝文)이 든 그릇(口)을 앞에 두고 신(神)의 뜻과 같이 하겠다'는 데서 '같다/비슷하다'는 뜻이 되었다.

例文　① 如意珠(여의주)　② 如何間(여하간)　③ 如干(여간)

4

恕 = 如 + 心

| 3급 / 10획 | (용서할 **서**) |

解說　'如(같을 여)'와 '心(마음 심)'을 조합한 글자임. 원래는 '무당(女)이 신(神)에게 바치는 축문(祝文)이 든 그릇(口)을 앞에 두고 신들린(如) 상태의 마음(心)'에서 '어질다/용서하다'는 뜻을 나타낸다고 한다.

例文　① 容恕(용서)

5

好 = 女 + 子

| 4급 / 6획 | (좋을 **호**) | 甲骨文字 | 金文 | 篆文 |

解說　'女(여자 여)'와 '子(아들 자)'를 조합한 글자임. '결혼한 여자(女)가 아이(子)를 안고 좋아하는 모습'에서 '좋아하다'는 뜻을 나타낸다.

例文　① 好感(호감)　② 好奇心(호기심)　③ 同好會(동호회)　④ 好事多魔(호사다마)

6

姦 = 女 + 女 + 女

| 3급 / 9획 | (간음할 / 간사할 **간**) |

解說　'女(여자 여)' 세 글자를 조합한 글자임. 원래는 '여자(女)가 셋이 모이면 간사하다'는 뜻이었는데, '간음하다 / 음란하다'는 뜻으로 바뀌어 쓰이고 있다.

例文　① 姦通罪(간통죄)　② 姦淫(간음)

7

威 = 戌 + 女

| 4급 / 9획 | (위엄 **위**) | | 金文 | 篆文 |

解說　금문(金文)에서는 원래 ‘戉(도끼 월)’과 ‘女(여자 여)’를 조합한 글자임. ‘신(神)’을 섬기는 곳에서 도끼(戉)로 부정(不淨)을 없애고 엄숙하게 앉아 있는 여자(女)’라는 데서 ‘두렵다/위엄이 있다’는 뜻을 나타낸다. * 옛날 사람들은, 도끼(戉)는 부정(不淨)을 없애는 성(聖)스러운 도구로 여겼었다.

例文　① 威嚴(위엄)　② 威信(위신)　③ 權威(권위)　④ 猛威(맹위)

8	妥 = 爪 + 女				
3급/7획	(온당할/편안할 **타**)		甲骨文字	金文	篆文

解說　‘爪(손톱 조)’와 ‘女(여자 여)’를 조합한 글자임. 갑골문자(甲骨文字)와 금문(金文)에서는 ‘여자 앞에서 남자가 손(爪)을 내밀어 여자(女)를 부드럽게 붙들어 주는 모습’이고, 전문(篆文)에서는 ‘손(爪)으로 여자(女)를 쓰다듬는 모습’에서 ‘편안하다/온당하다’는 뜻을 나타낸다. * 일본 상용한자와 중국 간체자(簡體字)에서는 ‘妥’로 글자 모양이 약간 바뀜.

例文　① 妥協(타협)　② 妥當(타당)　③ 妥結(타결)

1 奴 = 女 + 又

| 3급 / 5획 | (종 **노**) | 金文 | 篆文 |

解說 '女(여자 여)'와 '又(또/오른손 우)'를 조합한 글자임. '남의 손(又)에 사로잡힌 여자(女)'라는 데서 '종/노예'라는 뜻으로 쓰인다.

例文 ① 奴婢(노비) ② 奴隷(노예) ③ 守錢奴(수전노)

2 努 = 奴 + 力

| 4급 / 7획 | (힘쓸 **노**) |

解說 '奴(종 노)'와 '力(힘 력)'을 조합한 글자임. '노예/종(奴)은 주인을 위해서 힘써(力) 일해야 한다'는 데서 '힘들여 일하다/노력하다'는 뜻을 나타낸다.

例文 ① 努力(노력) ③ 努力家(노력가)

3 怒 = 奴 + 心

| 4급 / 9획 | (성낼 **노**) | 金文 | 篆文 |

解說 '奴(종 노)'와 '心(마음 심)'을 조합한 글자임. '차별대우 받으며 일만 하는 노예(奴)의 마음(心)은 분노에 차 있다'는 데서 '분내다/화내다'라는 뜻을 나타낸다.

例文 ① 怒發大發(노발대발) ② 怒氣(노기) ③ 怒濤(노도) ④ 怒甲移乙(노갑이을)

4	**弩** = 奴 + 弓
1급/8획	(쇠뇌 **노**)

解說 '奴(종 노)'와 '弓(활 궁)'을 조합한 글자임. '쉬지 않고 일하는 노예(奴)처럼, 쉬지 않고 계속 쏘아대는 활(弓)'이라는 데서 '쇠뇌'라는 뜻을 나타낸다.

例文 ① 弩砲(노포 ; 쇠뇌/여러 개의 화살을 잇달아 쏘는 큰 활)

5	**駑** = 奴 + 馬
1급/15획	(둔한말 **노**)

解說 '奴(종 노)'와 '馬(말 마)'를 조합한 글자임. '노예(奴)처럼 일만 하여 행동이 둔해진 말(馬)'이라는 데서 '둔하다/느리다'는 뜻을 나타낸다.

例文 ① 駑馬(노마 ; 둔한 말) ② 駑馬鉛刀(노마연도)

6	**拏** = 奴 + 手
1급/9획	(붙잡을 **라**)

解說 '奴(종 노)'와 '手(손 수)'를 조합한 글자임. '도망가는 노예(奴)를 손(手)으로 붙잡는다'는 데서 '손으로 붙잡다/노예처럼 붙잡다'는 뜻을 나타낸다.

例文 ① 漢拏山(한라산) ② 漢拏建設(한라건설)

農濃膿

1 農 = 曲 + 辰

| 7급 / 13획 | (농사 **농**) | 甲骨文字1 | 甲骨文字1 | 金文 | 篆文 |

解說 '曲(굽을 곡)'과 '辰(조개/별 진)'을 조합한 글자임. 갑골문자(甲骨文字)에서는 '林(수풀 림)+辰(조개/별 진)'과 '森(나무빽빽할 삼)+辰(조개/별 진)'이고, 금문(金文)에서는 '田(밭 전)+辰(조개/별 진)'의 모양에서 '농사짓다/농사일을 하다'는 뜻을 나타낸다. *농기구가 없던 시절에는 조가비(辰)로 잡초를 베며 농사를 지은 데서 생겨난 글자이다.

例文 ① 農事(농사) ② 農家(농가) ③ 農夫(농부) ④ 農業(농업)

2 濃 = 水 + 農

| 2급 / 16획 | (짙을 **농**) |

解說 '水(물 수)'와 '農(농사 농)'을 조합한 글자임. '물(水)이 풍족하여 농사(農)가 잘 되었다'는 데서 '(과일 맛이) 진하다/두텁다'는 뜻을 나타낸다.

例文 ① 濃度(농도) ② 濃厚(농후) ③ 濃縮液(농축액) ④ 濃艷(농염)

3 膿 = 肉 + 農

| 1급 / 17획 | (고름 **농**) |

解說 '肉(고기/몸 육)'과 '農(농사 농)'을 조합한 글자로 '고름'이라는 뜻을 나타낸다.

例文 ① 化膿(화농) ② 膿血(농혈) ③ 膿瘍(농양)

1 腦 = 肉 + 巛 + 囟

| 3급 / 13획 | (골 / 뇌수 **뇌**) | 篆文 |

解說 '肉(고기 / 몸 육)'과 '巛', '囟(정수리 신)'을 조합한 글자임. '우리 몸(肉)에 머리털(巛)과 정수리(囟 ; 뇌의 뚜껑)가 있는 곳' 이라는 데서 '골 / 뇌수' 라는 뜻을 나타낸다.
＊일본 상용한자에서는 '腦' 로, 중국 간체자(簡體字)에서는 '脑' 로 표기함.

例文 ① 腦炎(뇌염) ② 腦裏(뇌리) ③ 腦溢血(뇌일혈)

2 惱 = 心 + 巛 + 囟

| 3급 / 12획 | (번뇌할 **뇌**) | 篆文 |

解說 해서(楷書)에서는 '心(마음 심)'과 '巛', '囟(정수리 신)'을 조합한 글자임. 해서(楷書)에서는 '마음(心)과 머리(囟) 속에 걱정거리가 많아 열이 뻗쳐오른다(巛)'는 데서 '번뇌하다 / 걱정하다 / 고민하다' 는 뜻을 나타내고 있으나, 전문(篆文)에서는 '女(여자 여)'와 '巛', '囟(정수리 신)'으로 '고민이 많은 여자' 라는 뜻을 나타내고 있다. ＊밤늦게까지 고민할 때 잠이 오지 않는 경우를 잘 대변해 주고 있는 글자이다. ＊일본 상용한자에서는 '悩' 로, 중국 간체자(簡體字)에서는 '恼' 로 표기함.

例文 ① 苦惱(고뇌) ② 煩惱(번뇌) ③ 惱殺(뇌쇄)

1 

能		金文 1	金文 2	篆文
5급 / 10획	(능할 **능**)			

解說 금문(金文)에서는 발을 크게 그린 것으로 보아, '바다의 소라게', 또는 '발을 이용하여 재주를 잘 부리는 곰 모습'에서 '(발로) 뭐든지 할 수 있다'는 뜻을 나타낸다.

例文 ① 能力(능력) ② 有能(유능) ③ 可能(가능) ④ 知能(지능)

2 

熊 = 能 + 火		古文	篆文
2급 / 14획	(곰 **웅**)		

解說 '能(능할 능)'과 '火(불 화)'를 조합한 글자임. '앉아 있는 자리가 따뜻할(灬) 정도로 겨울잠을 자는 곰(能)'이라는 뜻이다.

例文 ① 熊膽(웅담) ② 熊虎之將(웅호지장)

3

態 = 能 + 心		篆文
4급 / 14획	(모습 / 태도 **태**)	

解說 '能(능할 능)'과 '心(마음 심)'을 조합한 글자임. '뭐든지 할 수 있다는 능력(能)과 마음(心)이 있으면 행동으로 나타난다'는 데서 '모습 / 몸짓 / 태도'라는 뜻을 나타낸다.

例文 ① 態度(태도) ② 態勢(태세) ③ 嬌態(교태) ④ 事態(사태)

4	罷 = 网 + 能	
3급 / 15획	(마칠 / 파할 **파**)	篆文

解說 ‘网(그물 망)’과 ‘能(능할 능)’을 조합한 글자임. ‘재주 많은 곰(能)’이나 ‘소라게’도 그물(网)에 걸리면 아무 것도 할 수 없다’는 데서 ‘(일을) 끝마치다 / 그만두다’라는 뜻을 나타낸다. ＊중국 간체자(簡體字)에서는 ‘罢’로 표기함.

例文 ① 罷業(파업) ② 罷職(파직) ③ 罷免(파면)

1 尼 = 尸 + 匕

| 2급 / 5획 | (여승 / 가까울 **니**) | 篆文 |

解說   '尸(몸 시)'와 '匕(구부릴 비)'를 조합한 글자임. '두 사람이 서로 등(尸)을 맞대고 의지하며 사는 모습'에서 '가까이 가다 / 친해지다'는 뜻을 나타내나, 훗날 불교의 범어(梵語)를 번역할 때 '여승(女僧)'이라는 뜻이 되었다.

例文   ① 比丘尼(비구니) ② 尼院(이원 ; 여승들만 사는 절)

2 泥 = 水 + 尼

| 3급 / 8획 | (진흙 **니**) | 篆文 |

解說   '水(물 수)'와 '尼(가까울 니)'를 조합한 글자임. '흙이 물(水)과 친하면(尼) 진흙이 된다'는 데서 '진흙'이라는 뜻을 나타낸다. * '水(물 수)가 다른 글자와 조합하여 글자 왼쪽에 오면 '氵(삼수변)'으로 글자 모양이 바뀐다.

例文   ① 泥田鬪狗(이전투구) ② 雲泥之差(운니지차)

다

1

多 = 夕 + 夕

| 6급 / 6획 | (많을 **다**) | 甲骨文字 | 金文 | 篆文 |

🐛 **解說** '夕(저녁 석)' 두 글자를 조합한 글자임. '여기서 "夕"은 저녁을 의미하는 것이 아니고, 고깃덩어리(肉) 2개를 포갠 글자'로, '혼자서 먹기에는 고기가 너무 많다'는 뜻이다.

🐛 **例文** ① 多情多感(다정다감) ② 多多益善(다다익선) ③ 多岐亡羊(다기망양)

2

移 = 禾 + 多

| 4급 / 11획 | (옮길 **이**) |

🐛 **解說** '禾(벼 화)'와 '多(많을 다)'를 조합한 글자임. '새로 수확한 곡식(禾)과 고깃덩어리(多)를 신(神)에게 바치고, 재앙(災殃)이 딴 곳으로 옮겨 가기를 바란다'는 데서 '옮다/옮기다'는 뜻을 나타낸다.

🐛 **例文** ① 移秧機(이앙기) ② 移民(이민) ③ 移動(이동) ④ 移徙(이사)

3

侈 = 人 + 多

| 1급 / 8획 | (사치할 / 많을 **치**) |

🐛 **解說** '人(사람 인)'과 '多(많을 다)'를 조합한 글자임. '사람(人)은 재물을 많이(多) 갖고 있으면 자연히 사치하게 마련이다'는 데서 '사치하다'는 뜻을 나타낸다.

🐛 **例文** ① 奢侈(사치) ② 淫侈(음치 ; 지나치게 사치함)

1 旦

3급/5획	(아침 **단**)	金文	篆文

解說 '아침 해(日)가 지평선(一) 위로 떠오르는 모습'을 본뜬 상형문자로, '아침'이라는 뜻을 나타낸다.

例文 ① 元旦(원단 ; 설날 아침) ② 旦晝(단주) ③ 旦昏(단혼)

2 但 = 人 + 旦

3급/7획	(다만 **단**)

解說 '人(사람 인)'과 '旦(아침 단)'을 조합한 글자임. '아침 해(旦)가 뜨면 일어나고, 해가 지면 잠을 자는 단순한 생활을 하는 사람(人)'이라는 데서 '다만/홀로/오로지'라는 뜻을 나타낸다.

例文 ① 但書(단서) ② 但只(단지) ③ 非但(비단)

3 坦 = 土 + 旦

1급/8획	(평탄할 **탄**)

解說 '土(흙 토)'와 '旦(아침 단)'을 조합한 글자임. '아침 해(旦)가 떠오르는 지평선(一)처럼 평평한 땅(土)'이라는 데서 '평탄하다/평평하다'는 뜻을 나타낸다.

例文 ① 坦坦大路(탄탄대로) ② 平坦(평탄)

4 疸 = 疒 + 旦

1급 / 10획　　　　　(황달 **달**)

解說　'疒(병들어누울 역)'과 '旦(아침 단)'을 조합한 글자임. '떠오르는 아침 태양(旦)과 같은 누런 색깔의 얼굴색으로 병들었다(疒)'는 데서 '황달'이라는 뜻을 나타낸다.

例文　① 黃疸(황달)　② 黑疸(흑달)

耑 (무당 단) 그룹 漢字

---

1 耑

| 9획 | (무당 **단**) | 金文 | 篆文 |

解說 '여러 가지 색깔의 옷과 장신구(裝身具)로 곱게 치장한 젊은 무당의 모습'을 본뜬 상형문자임. '무당이 한쪽에 단정히 앉아 있다'에서 '끝 / 무당'이라는 뜻을 나타내나 단독으로는 쓰이지 않는다.

---

2 端 = 立 + 耑

| 4급 / 14획 | (끝 / 바를 **단**) | 篆文 |

解說 '立(설 립)'과 '耑(무당 단)'을 조합한 글자임. '무당(耑)이 한쪽에 단정하게 자리 잡고(立) 있다'는 데서 '끝 / 똑바로 / 바르다'는 뜻을 나타낸다.

例文 ① 端正(단정) ② 端緒(단서) ③ 端役(단역) ④ 尖端(첨단)

---

3 湍 = 水 + 耑

| 2급 / 12획 | (여울 **단**) |

解說 '水(물 수)'와 '耑(무당 단)'을 조합한 글자임. '무당(耑)이 빙글빙글 돌면서 춤추는 모습처럼 물살(水)이 세게 흐르는 여울'이라는 데서 '물이 빨리 흐르다 / 흐름이 빠르다'는 뜻을 나타낸다.

例文 ① 湍流(단류 ; 여울) ② 激湍(격단 ; 빠르고 거센 여울)

4 喘 = 口 + 耑

1급 / 12획　　　(숨찰 **천**)

解說　'口(입 구)'와 '耑(무당 단)'을 조합한 글자임. '빙글빙글 돌면서 춤을 추던 젊은 무당(耑)도 숨이 차서 입(口)으로 가쁜 숨을 몰아쉰다'는 데서 '헐떡이다 / 숨이 차다'는 뜻을 나타낸다.

例文　① 喘息(천식)　② 喘急(천급 ; 심한 천식)　③ 喘氣(천기)

5 瑞 = 玉 + 耑

2급 / 13획　　　(상서 **서**)

解說　'玉(구슬 옥)'과 '耑(무당 단)'을 조합한 글자임. '무당(耑)이 신(神)의 뜻을 알아보기 위해 바치는 옥(玉)그릇'이라는 데서 '상서롭다 / 복스럽고 좋은 일이 있을 듯하다'는 뜻을 나타낸다. ＊玉(구슬 옥)이 다른 글자와 조합하여 글자 왼쪽에 오면 '王(구슬옥변)'으로 글자 모양이 바뀐다. 이 경우에는 '王(임금왕)'이라고 하지 않음에 유의해야 한다.

例文　① 祥瑞(상서)　② 瑞光(서광)　③ 瑞雪(서설)

---

1 彖 — 彖 篆文

| 9획 | (멧돼지 / 판단할 **단**) | 篆文 |

解說 '머리가 큰 멧돼지 모양'을 본뜬 상형문자이다.

---

2 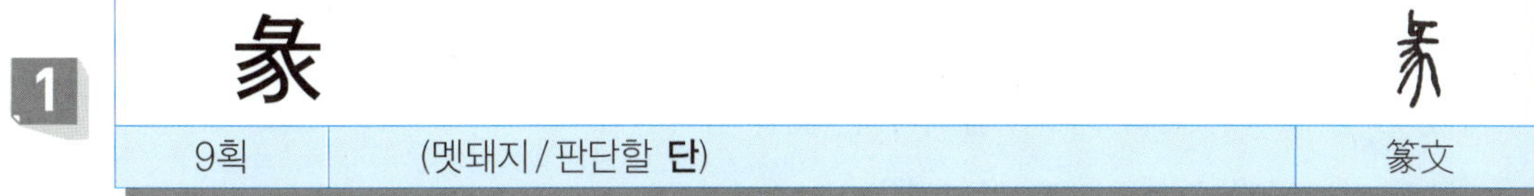

緣 = 糸 + 彖

| 4급 / 15획 | (인연 / 연줄 **연**) |

解說 '糸(실 사)'와 '彖(멧돼지 단)'을 조합한 글자임. '동물을 신(神)으로 섬기는 사람의 옷(糸) 가장자리에 두른 장식용 짐승 모양(彖)'에서 '가장자리 / 얽히다 / 관련되다 / 인연 / 연줄'이라는 뜻을 나타낸다. * 또한 멧돼지(彖)를 우리에 가두어 두면 밖으로 나가려고 우리 가장자리를 계속 맴도는 습관이 있는 동물임을 알 수 있다. * 일본은 '縁', 중국은 '缘'임.

例文 ① 因緣(인연) ② 緣分(연분) ③ 血緣(혈연) ④ 學緣(학연) ⑤ 地緣(지연)

---

3 椽 = 木 + 彖

| 1급 / 13획 | (서까래 **연**) |

解說 '木(나무 목)'과 '彖(멧돼지 단)'을 조합한 글자임. '지붕의 마룻대에서 보에 걸친 멧돼지 다리(彖)처럼 뻗친 통나무(木)'라는 데서 '서까래'라는 뜻을 나타낸다.

例文 ① 椽木(연목) ② 椽木之筆(연목지필 ; 大文章 / 大論文)

4	篆 = 竹 + 象	
1급/15획	(전자 **전**)	

解說   '竹(대 죽)'과 '象(멧돼지 단)'을 조합한 글자임. '대나무(竹) 자루로 된 큰 붓을 돌리듯 움직여 멧돼지(象)처럼 힘차게 획을 긋는 서체(書體)'라는 뜻이다.

例文   ① 篆字(전자) ② 篆書(전서) ③ 大篆(대전) ④ 小篆(소전)

5	喙 = 口 + 象	
1급/12획	(부리 **훼**)	

解說   '口(입 구)'와 '象(멧돼지 단)'을 조합한 글자임. '멧돼지(象)처럼 주둥이(口)가 긴 짐승의 입'이라는 데서 '부리/숨쉬다'는 뜻을 나타낸다.

例文   ① 鳥喙(조훼) ② 虎喙(호훼)

단 段 鍛 緞

---

1 段

| 4급 / 9획 | (층계 **단**) | 金文 | 篆文 |

解說 '손에 연장(殳)을 들고 암석(巖石)을 떼어내니 여러 층이 생긴다'는 데서 '층층대 / 층계 / 단계'라는 뜻을 나타낸다.

例文 ① 段階(단계) ② 階段(계단) ③ 一段落(일단락) ④ 三段論法(삼단논법)

---

2 鍛 = 金 + 段

| 2급 / 17획 | (쇠불릴 **단**) |

解說 '金(쇠 금)'과 '段(층계 단)'을 조합한 글자임. '쇠(金)를 불에 달구어 쇠망치(殳)로 여러 번 두드린다(段)'는 데서 '쇠불리다 / 두드리다'는 뜻을 나타낸다.

例文 ① 鍛鍊(단련) ② 鍊鍛(연단)

---

3 緞 = 糸 + 段

| 1급 / 15획 | (비단 **단**) |

解說 '糸(실 사)'와 '段(층계 단)'을 조합한 글자임. '여러 단계(段)의 가공을 거쳐 누에 실(糸)로 짠 부드러운 천'이라는 데서 '비단'이라는 뜻을 나타낸다.

例文 ① 緋緞(비단) ② 紬緞 / 綢緞(주단) ③ 采緞(채단)

1 亶

| 13획 | (클/창고 **단**) | 篆文 |

🐛 **解說** '곡식을 저장하는 창고 모양'을 본뜬 상형문자임. '창고가 아침(旦) 햇빛에 돋보여 커 보인다'는 데서 '크다'는 뜻을 나타내나 단독으로는 쓰이지 않는다.

2 

壇 = 土 + 亶

| 5급 / 16획 | (단/제터 **단**) |

🐛 **解說** '土(흙 토)'와 '亶(클 단)'을 조합한 글자임. '신(神)에게 제사지내기 위해 창고(亶)처럼 크고 높게 만든 터(土)'라는 데서 '제터/단'이라는 뜻을 나타낸다. *땅을 평평하게 하여 신(神)에게 제사지내는 장소는 '場(마당 장)'이라고 한다. *간체자는 '坛'임.

🐛 **例文** ① 祭壇(제단) ② 講壇(강단) ③ 演壇(연단) ④ 敎壇(교단)

3 檀 = 木 + 亶

| 4급 / 17획 | (박달나무 **단**) |

🐛 **解說** '木(나무 목)'과 '亶(클 단)'을 조합한 글자임. *단군(檀君)이 박달나무 아래에서 태어났다는 신화(神話)가 있는데, 박달나무는 높이(亶)가 30미터나 된다.

🐛 **例文** ① 檀君(단군) ② 檀君朝鮮(단군조선) ③ 檀紀(단기)

4 氈 = 亶 + 毛

| 1급 / 17획 | (담요/모전 **전**) |

解說　'亶(클 단)'과 '毛(털 모)'를 조합한 글자임. '털(毛)로 짜서 바닥에 깔아 펼치는 커다란(亶) 담요/천'이라는 데서 '담/담요'라는 뜻을 나타낸다. *중국 간체자(簡體字)에서는 '毡'으로 표기함.

例文　① 毛氈(모전) ② 綿氈(면전) ③ 氈笠(전립)

5 顫 = 亶 + 頁

| 1급 / 22획 | (떨 **전**) |

解說　'亶(클 단)'과 '頁(머리 혈)'을 조합한 글자임. '머리 부분(頁)이 너무 커서(亶) 고정되어 있지 않고 떨린다'에서 '떨다/떨리다'는 뜻을 나타낸다. *중국 간체자(簡體字)에서는 '颤'으로 표기함.

例文　① 顫恐(전공) ② 顫動(전동) ③ 顫筆(전필)

6 擅 = 手 + 亶

| 1급 / 16획 | (멋대로할 **천**) |

解說　'手(손 수)'와 '亶(클 단)'을 조합한 글자임. '커다란 것(亶)을 손(手)에 쥐고 제멋대로 한다'에서 '멋대로 하다'는 뜻을 나타낸다.

例文　① 擅場(천장) ② 擅權(천권) ③ 擅斷(천단) ④ 擅議(천의)

1

單		Ψ	Ψ	Ψ
4급/12획	(홑/홀로 단)	甲骨文字	金文	篆文

解說 '꼭대기에 2개의 장식이 달린 타원형의 방패 하나'를 본뜬 상형문자로, '홀/홀로'라는 뜻을 나타낸다. *일본 상용한자는 '単(9획)', 중국 간체자는 '单(8획)'임.

例文 ① 單獨(단독) ② 單語(단어) ③ 單刀直入(단도직입) ④ 單身(단신)

2

簞 = 竹 + 單
1급/18획 　　　　(소쿠리 단)

解說 '竹(대 죽)'과 '單(홑 단)'을 조합한 글자임. '대나무(竹)로 짠 방패(單) 모양의 광주리'라는 데서 '대광주리'라는 뜻을 나타낸다. *중국 간체자(簡體字)는 '箪(14획)'임.

例文 ① 簞食瓢飮(단사표음) *여기서 '食'은 '먹일/기를 사'임

3

禪 = 示 + 單
3급/17획 　　　　(선/물려줄 선)

解說 '示(보일/제사지낼 시)'와 '單(홑 단)'을 조합한 글자임. '신(示)과 대화하기 위해서 혼자(單) 묵상한다'는 데서 '선/참선'이라는 뜻을 나타낸다. *일본은 '禅(13획)', 중국은 '禅(12획)'임.

例文 ① 坐禪(좌선) ② 參禪(참선) ③ 禪院(선원) ④ 禪讓(선양)

4 戰 = 單 + 戈

6급 / 16획 　　(싸움 **전**)

解說 '單(홑 단)'과 '戈(창 과)'를 조합한 글자임. '타원형의 방패(單)와 창(戈)이 맞부딪쳐 싸운다'는 데서, 또는 '한손에는 방패(單), 또 한손에는 창(戈)을 든 모습'에서 '싸우다 / 전쟁하다'는 뜻을 나타낸다. * 일본 상용한자는 '戦'이고, 간체자는 '战'임.

例文 ① 戰爭(전쟁) ② 戰鬪(전투) ③ 休戰線(휴전선) ④ 戰戰兢兢(전전긍긍)

5 闡 = 門 + 單

1급 / 20획 　　(밝힐 **천**)

解說 '門(문 문)'과 '單(홑 / 홀로 단)'을 조합한 글자임. '방패(單)처럼 꽉 막힌 문(門)을 열어 둔다'는 데서 '열다 / 밝다'는 뜻을 나타낸다. * 중국 간체자(簡體字)는 '阐'임.

例文 ① 闡明(천명 ; 분명하게 드러냄) ② 闡揚(천양 ; 널리 알림)

6 彈 = 弓 + 單

4급 / 15획 　　(탄알 / 퉁길 **탄**)

解說 '弓(활 궁)'과 '單(홑 단)'을 조합한 글자임. '방패(單) 뒤에 숨어서 활(弓)을 쏜다'는 데서 '화살을 쏘다 / 퉁기다 / 탄환 / 총알'이라는 뜻을 나타낸다. * 일본 상용한자는 '弾(12획)'으로, 중국 간체자(簡體字)는 '弹(11획)'으로 표기함.

例文 ① 彈力(탄력) ② 彈丸(탄환) ③ 彈藥(탄약)

7 憚 = 心 + 單

1급 / 15획 　　(꺼릴 **탄**)

解說 '心(마음 심)'과 '單(홑 단)'을 조합한 글자임. '사람이라면 누구든지 방패(單)를 들고 전쟁하러 가는 것을 마음(心)으로는 꺼린다'는 데서 '(마음에) 꺼리다 / 싫어하다'는 뜻을 나타낸다. * 중국 간체자(簡體字)에서는 '惮(11획)'으로 표기함.

例文 ① 忌憚(기탄)없이 말하다

1 牽 = 大 + 羊

| 9획 | (새끼양 **달**) | 篆文 |

解說 '大(큰 대)'와 '羊(양 양)'을 조합한 글자임. 설문(說文)에서는 '새끼양이 태어나는 장면'으로 설명하고 있으나, '어미(大)의 젖을 빨고 있는 새끼 양(羊)'의 모습처럼 보인다.

2 達 = 牽 + ⻌

| 4급 / 13획 | (통달할 **달**) |

解說 '牽(새끼양 달)'과 '⻌(뛸 착)'을 조합한 글자임. '사방으로 활발하게 뛰어(⻌)다니는 새끼양(牽)의 모습'에서 '사방으로 활달하게 나아가다 / 여러 가지 일에 통달하다'는 뜻을 나타낸다. * 일본 상용한자는 '達(12획)'이고, 간체자는 '达'임.

例文 ① 達成(달성) ② 達人(달인) ③ 到達(도달) ④ 四通八達(사통팔달)

3 撻 = 手 + 達

| 1급 / 16획 | (때릴 **달**) |

解說 '手(손 수)'와 '達(통달할 달)'을 조합한 글자임. '어떤 일에 달인(達人)이 되도록 손(手)에 든 매로 때리며 가르친다'하여 '매질하다'는 뜻을 나타낸다. * 중국 간체자는 '挞'임.

例文 ① 楚撻(초달) ② 指導鞭撻(지도편달)

1 覃			金文	篆文
12획	(골고루미칠 **담**)			

解說　원래는 '鹵(소금밭 로)'와 '旱'를 조합한 글자임. '숟가락(旱)에 담긴 소금 모양'을 본뜬 상형문자로, '소금을 음식에 골고루 사용한다'는 데서 '골고루 미치다/널리 퍼져 미치다'는 뜻을 나타낸다. ＊일본과 중국 간체자에서는 '覃'임.

例文　① 覃思(담사 ; 깊이 생각함)　② 覃恩(담은 ; 널리 베풂)

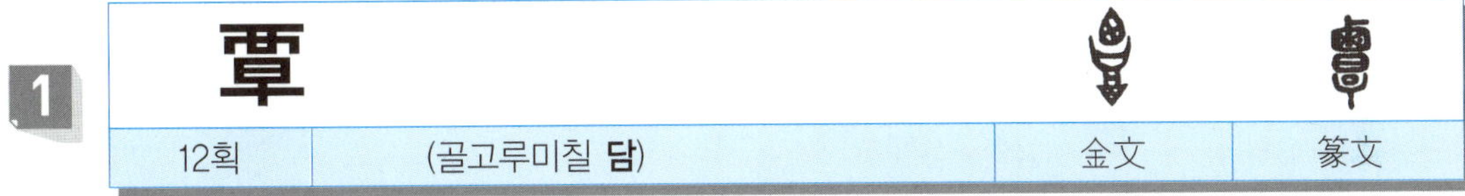

2 潭 ＝ 水 ＋ 覃	
2급 / 15획	(못 / 깊을 **담**)

解說　'水(물 수)'와 '覃(골고루미칠 담)'을 조합한 글자임. '햇빛(日)이 비치지 못할 정도로 깊은 물(水)'이라는 데서 '연못 / 깊은 물'이라는 뜻이다. ＊일본과 중국은 '潭'임.

例文　① 白鹿潭(백록담)　② 전남 潭陽郡(담양군)　③ 서울 靑潭洞(청담동)

3 譚 ＝ 言 ＋ 覃	
1급 / 19획	(말씀 / 클 **담**)

解說　'言(말씀 언)'과 '覃(골고루미칠 담)'을 조합한 글자임. '그릇에 담긴 소금(覃)처럼 깊은 맛이 있는 이야기(言)'라는 데서 '깊이 있는 이야기'라는 뜻을 나타낸다.

例文　① 民譚(민담)　② 奇譚(기담)

1 沓 = 水 + 曰

| 8획 | (탐할 / 겹칠 **답**) | 篆文 |

解說　'水(물 수)'와 '曰(가로 왈)'을 조합한 글자임. '신(神)'에게 바치는 축문(祝文)이 들어있는 그릇(曰)에 물(水)을 끼얹어 기도의 효과를 없애는 장면'으로 '탐하다/겹치다'라는 뜻을 나타낸다.

例文　① 沓雜(답잡)　② 沓貪(답탐 ; 재물을 탐냄)

2 踏 = 足 + 沓

| 3급 / 15획 | (밟을 **답**) |

解說　'足(발 족)'과 '沓(답)'을 조합한 글자임. '신(神)'에게 바치는 축문(祝文)이 든 그릇(曰)에 물(水)을 끼얹고 발(足)로 밟아 기도의 효과를 없앤다'는 데서 '발로 밟다'는 뜻이다.

例文　① 踏査(답사)　② 踏襲(답습)　③ 人跡未踏(인적미답)

3 畓 = 水 + 田

| 3급 / 9획 | (논 **답**) |

解說　'水(물 수)'와 '田(밭 전)'을 조합하여 한국(韓國)에서 만든 글자임. '물(水)'이 가득 들어있는 밭(田)'에서 '논'이라는 뜻을 나타낸다.

例文　① 田畓(전답)　② 天水畓(천수답)　③ 門前沃畓(문전옥답)

당	唐 塘
탕	糖

1 

唐 = 庚 + 口 | 甲骨文字 | 金文 | 篆文

3급 / 10획	(당황할 / 당나라 **당**)	甲骨文字	金文	篆文

解說 '庚(곡식 경)'과 '口'를 조합한 회의문자임. '움막(广)에서 손(又)에 절굿공이(丨)를 들고 절구통(口)에 절구질하는 모습'에서 '절구질하는 소리가 크다 / 황당하다 / 큰소리치다'는 뜻을 나타낸다. * 일본 상용한자는 '唐'으로 글자 모양이 약간 바뀜.

例文 ① 唐突(당돌) ② 唐麵(당면) ③ 唐詩(당시)

2

塘 = 土 + 唐

2급 / 13획	(못 / 둑 / 저수지 **당**)

解說 '土(흙 토)'와 '唐(당)'을 조합한 글자임. '절구질(庚)하듯이 단단히 다져서 만든 둑(土)'이라는 데서 '못 / 둑'이라는 뜻을 나타낸다.

例文 ① 蓮塘(연당) ② 塘池(당지 ; 저수지)

3

糖 = 米 + 唐

3급 / 16획	(엿 **당** / 사탕 **탕**)

解說 '米(쌀 미)'와 '唐(당)'을 조합한 글자임. '사탕수수(米)를 절구질(庚)하듯이 짓이겨서 즙을 짜내 만든 것'이라는 데서 '엿 / 사탕'이라는 뜻을 나타낸다. * 일본은 '糖'임.

例文 ① 糖尿病(당뇨병) ② 糖分(당분) ③ 糖水肉(탕수육) ④ 砂糖(사탕)

대	大
태	太 汰
첨	尖

1

大				
8급 / 3획	(큰 대)	甲骨文字	金文	篆文

解說 '두 다리와 두 손을 벌리고 서 있는 어른 모습'을 본뜬 상형문자로, '크다 / 많다 / 심하다 / 뛰어나다 / 중요하다 / 대체로' 라는 뜻을 나타낸다.

例文 ① 大同小異(대동소이) ② 大驚失色(대경실색) ③ 大器晩成(대기만성)

2

太 = 大 + 丶			
6급 / 4획	(클 / 처음 태)	篆文 1	篆文 2

解說 전문(篆文)1에서는 '두 가랑이 사이의 남성의 심볼이 2배나 크다'이고, 전문(篆文)2에서는 '남자(大)가 두 손(手+手)으로 두 가랑이 사이의 심볼을 가리고 오줌(水)을 누고 있는 모습'으로 보아 '아주 크다 / 심하다'는 뜻인 것 같다.

例文 ① 太陽(태양) ② 太子(태자) ③ 太不足(태부족) ④ 太平洋(태평양)

3

汰 = 水 + 太	
1급 / 7획	(일 / 씻을 태)

解說 '水(물 수)'와 '太(태)'를 조합한 글자로, '물로 씻다 / 물에 일다'는 뜻이다.

例文 ① 山沙汰(산사태) ② 自然淘汰(자연도태)

4 尖 = 小 + 大

3급/6획 　　　　(뽀족할 **첨**)

解說　'小(작을 소)'와 '大(큰 대)'를 조합한 글자임. '아래쪽은 크고(大) 위쪽으로 갈수록 작아진다(小)'는 데서 '뽀족하다'는 뜻을 나타낸다.

例文　① 尖端産業(첨단산업)　② 尖兵(첨병)　③ 尖銳化(첨예화)　④ 尖塔(첨탑)

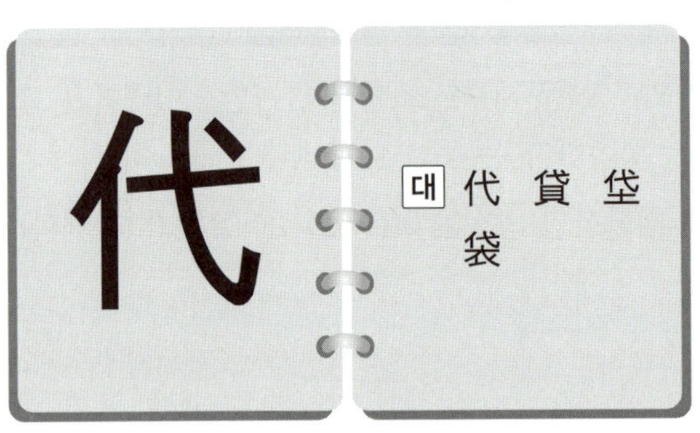

1 　代 = 人 + 弋

| 6급/5획 | (대신/바꿀 **대**) | 篆文 |

🐛 **解說**　'人(사람 인)'과 '弋(화살/말뚝 익)'을 조합한 글자임. '국경(國境)에 사람(人) 대신에 푯말이 적힌 말뚝(弋)을 세워둔다'는 데서 '대신하다/대리'라는 뜻을 나타낸다.

🐛 **例文**　① 代身(대신)　② 代表(대표)　③ 代理(대리)　④ 代筆(대필)

2 　貸 = 代 + 貝

| 3급/12획 | (빌릴/꿀 **대**) |

🐛 **解說**　'代(대신 대)'와 '貝(돈/재물/조개 패)'를 조합한 글자임. '돈(貝)을 주고받는 과정에서 주인이 바뀐다(代)'는 데서 '빌려주다/베풀다'는 뜻을 나타낸다.

🐛 **例文**　① 貸出(대출)　② 賃貸借(임대차)　③ 貸與(대여)　④ 貸切(대절)

3 　垈 = 代 + 土

| 2급/8획 | (집터 **대**) |

🐛 **解說**　'代(대신 대)'와 '土(흙 토)'를 조합한 글자임. '사람(人)이 말뚝(弋)을 세워 집짓고 살 수 있도록 집터(土)를 다진다'는 데서 '집터'라는 뜻을 나타낸다.

🐛 **例文**　① 垈地(대지)　② 裸垈地(나대지)

---

4 **袋** = 代 + 衣

1급 / 11획   (자루 **대**)

解說 전문(篆文)에서는 '代(대신 대)'와 '巾(수건 건)'을 조합한 글자임. '자루가 없으면 천(巾)이나 옷(衣)으로 자루를 대신(代)하여 물건을 받는다'는 데서 '자루/주머니' 라는 뜻을 나타낸다.

例文 ① 布袋(포대) ② 麻袋(마대) ③ 袋鼠(대서 ; 캥거루)

1 帶   篆文

| 4급/11획 | (띠 **대**) | 篆文 |

解說 '허리에 띠를 띠고 앞치마(巾)를 두른 모습'의 상형문자로, '띠/띠를 두르다/허리에 차다/데리고 다니다'는 뜻을 나타낸다. *일본 상용한자에서는 '帶(10획)'으로, 중국 간체자(簡體字)에서는 '帯(9획)'으로 표기한다.

例文 ① 帶同(대동) ② 携帶(휴대) ③ 熱帶地方(열대지방) ④寒帶地方(한대지방)

2 滯 = 水 + 帶   篆文

| 3급/14획 | (막힐 **체**) | 篆文 |

解說 '水(물 수)'와 '帶(띠 대)'를 조합한 글자임. '허리띠(帶)로 졸라맨 듯이 막혀서 물(水)이 흐르지 않다'는 데서 '막히다/막혀 쌓이다/머무르다'는 뜻을 나타낸다. * '水(물 수)가 다른 글자와 조합하여 글자 왼쪽에 오면 '氵(삼수변)'으로 글자 모양이 바뀐다. *일본 상용한자는 '滞(13획)'으로, 중국 간체자(簡體字)에서는 '滞(12획)'으로 표기한다.

例文 ① 滯留(체류) ② 停滯(정체) ③ 積滯(적체) ④遲滯(지체) ⑤滯納(체납)

1

臺 = 高 + 至

| 3급/14획 | (받침/큰집 **대**) | 金文 | 篆文 |

解說　전문(篆文)에서는 '高(높을 고)'와 '至(이를 지)'를 조합한 글자임. 옛날에는 '신성(神聖)한 화살(矢)을 쏘아서 도달한 지점(至)에다 지어진 높은(高) 건물'을 "臺"라고 한데서 '높은 터/큰 집'이라는 뜻을 나타낸다. ＊옛날에는, 동물을 사냥하거나 전쟁에 사용하는 무기 종류는 모두 신성시(神聖視)하였다는 기록이 너무 많다. ＊일본 상용한자와 중국 간체자(簡體字)에서는 '台'로 표기한다.

例文　① 舞臺(무대) ② 燈臺(등대) ③ 臺本(대본) ④ 靑瓦臺(청와대)

2

擡 = 手 + 臺

| 1급/17획 | (들/들어올릴 **대**) |

解說　'手(손 수)'와 '臺(받침/큰집 대)'를 조합한 글자임. '높은 곳(臺)으로 손(手)으로 들어 올린다'는 데서 '들다/들어 올리다'는 뜻을 나타낸다. ＊'手(손 수)'가 다른 글자와 조합하여 글자 왼쪽에 오면 '扌(손수변)'으로 글자 모양이 바뀐다. ＊중국 간체자(簡體字)에서는 '抬'로 표기한다.

例文　① 擡頭(대두 ; 발생함) ② 擡擧(대거 ; 발탁함)

---

1 德 = 彳 + 直 + 心

5급/15획	(큰/덕 **덕**)	甲骨文字	金文 1	金文 2	篆文

解說 갑골문자(甲骨文字)와 금문(金文)1에서는 '彳(조금걸을 척)'과 '省(살필 성)', '心(마음 심)'을 조합한 글자이고, 금문(金文)2와 전문(篆文)에서는 '彳(조금걸을 척)'과 '直(곧을 직)', '心(마음 심)'을 조합한 글자임. '원래는 눈(目)을 크게 뜨고 길(彳)을 가면서 주변 사람들을 잘 살핀다(省)'는 것이었으나, 전문(篆文)에서는 '인간 내면(內面)의 올바른(直) 마음(心)을 살핀다'는 데서 '덕/도덕'이라는 뜻을 나타낸다. * '省(살필 성/덜 생)'은 원래 '生+目=省'으로, 사물을 볼 때 '생산적으로 본다/긍정적으로 본다'는 데서 '살피다/줄이다/덜다'는 뜻이 내포되어 있다. * 일본 상용한자는 '德(14획)'임.

例文 ① 德談(덕담) ② 道德(도덕) ③ 惡德(악덕) ④ 德望(덕망)

---

2 聽 = 耳 + 壬 + 德

4급/22획	(들을 **청**)	甲骨文字	金文	篆文

解說 '耳(귀 이)'와 '壬(내밀 정)', '德(큰/덕 덕)'을 조합한 글자임. 갑골문자(甲骨文字)와 금문(金文)에서는 '신(神)에게 바치는 축문이 든 그릇 2개 사이에 귀(耳)를 크게 그려서 신(神)의 계시(啓示)를 듣는 사람의 모습'으로 묘사하고 있으나, 전문(篆文)에서는 '귀(耳)를 크게 하고 까치발로 서서(壬) 흐트러지지 않은 똑바른(直) 한(一) 마음(心)으로 정성껏 귀담아 듣는다'는 뜻이다. * 일본 '聴(17획)'으로. 중국은 '听'으로 표기함.

例文 ① 聽力(청력) ② 聽衆(청중) ③ 聽診器(청진기) ④ 聽取者(청취자)

3

廳 = 广 + 聽

| 4급 / 25획 | (관청 **청**) |

解說　'广(집 엄)'과 '聽(들을 청)'을 조합한 글자임. '백성들의 말을 잘 귀담아 듣는(聽) 건물(广)'이라는 데서 '관청/관공서 건물'이라는 뜻을 나타낸다. ＊일본 상용한자에서는 '庁(5획)'으로, 중국 간체자(簡體字)에서는 '厅(4획)'으로 표기한다.

例文　① 官廳(관청)　② 政府廳舍(정부청사)　③ 道廳所在地(도청소재지)

1

刀 — 甲骨文字 / 篆文

| 3급/2획 | (칼 도) | 甲骨文字 | 篆文 |

解說 '한쪽 날이 시퍼런 칼 모양'을 본뜬 상형문자로, '칼/무기'라는 뜻을 나타낸다. *양쪽 날의 칼은 '劍(칼 검)'으로 나타낸다. *'刀(칼 도)'가 다른 글자와 조합하여 글자 오른쪽에 오면 'リ(선칼도)'로 글자 모양이 바뀐다.

例文 ① 果刀(과도) ② 短刀(단도) ③ 單刀直入(단도직입) ④ 刀劍(도검)

2

初 = 衣 + 刀 — 甲骨文字 / 金文 / 篆文

| 5급/7획 | (처음 초) | 甲骨文字 | 金文 | 篆文 |

解說 '衣(의)'와 '刀(칼 도)'를 조합한 글자임. 옛날에는 갓 태어난 아이에게 입힐 옷(衣)을 만들 때에 가위(刀)로 천을 자르는 의식(儀式)을 치렀다고 하는데, '가위(刀)로 천을 잘라 옷(衣)을 만드는 것이 갓난아이를 위한 첫 일이다'는 데서 '처음/시초'라는 뜻을 나타낸다. *'衣(옷 의)'가 다른 글자와 조합하여 글자 왼쪽에 오면 'ネ(옷의변)'으로 글자 모양이 바뀐다.

例文 ① 初代(초대) ② 初步者(초보자) ③ 初級(초급) ④ 初志一貫(초지일관)

1

到 = 至 + 刀

| 5급 / 8획 | (이를 **도**) | 金文 | 篆文 |

解說　금문(金文)에서는 '至(이를 지)'와 '人(사람 인)'를 조합한 글자이고, 전문(篆文)에서는 '至(이를 지)'와 '刀(칼 도)'를 조합한 글자임. 금문(今文)에서는 '쏜 화살(矢)이 도달한(至) 지점에 사람(人)이 이르렀다'는 뜻이고, 전문(篆文)에서는 '쏜 화살(矢)이 도달한(至) 지점에 무기(刀)를 든 사람이 이르렀다'는 데서 '도달하다/이르다'는 뜻을 나타낸다. ＊'刀(칼 도)'가 다른 글자와 조합하여 글자 오른쪽에 오면 '刂(선칼도)'로 글자 모양이 바뀐다.

例文　① 到着(도착)　② 到達(도달)　③ 到來(도래)　④ 周到綿密(주도면밀)

2

倒 = 人 + 到

| 3급 / 10획 | (넘어질 **도**) | 篆文 |

解說　'人(사람 인)'과 '到(이를 도)'를 조합한 글자임. '화살(矢)이 도달한(至) 지점에 서 있던 사람(人)이 화살을 맞고 쓰러진다'는 데서 '넘어지다/쓰러지다/엎드러지다'는 뜻을 나타낸다.

例文　① 卒倒(졸도)　② 倒產(도산)　③ 壓倒(압도)　④ 打倒(타도)

1

度

6급 / 9획	(법도 / 잣대 / 정도 **도** / 헤아릴 **탁**)	篆文

解說　‘席(자리 석)’의 ‘巾(수건 건)’ 대신에 ‘又(또 / 오른손 우)’를 조합한 글자임. ‘집 (广)에 온 많은 사람들(卄)을 위해서 자리를 펴는 데, 손(又)으로 넓이와 크기를 재어서 거기 에 알맞은 것을 펴다’는 데서 ‘자 / 눈금 / 법도’라는 뜻을 나타낸다.

例文　① 角度(각도)　② 今年度(금년도)　③ 程度(정도)　④ 度支部(탁지부)

2

渡 = 水 + 度

3급 / 12획	(건널 **도**)

解說　‘水(물 수)’와 ‘度(법도 도)’를 조합한 글자임. ‘냇물(水)의 깊이를 재어보고(度) 건너다’는 데서 ‘건너다 / 건네다’는 뜻을 나타낸다.

例文　① 渡美(도미)　② 不渡(부도)　③ 過渡期(과도기)　④ 讓渡稅(양도세)

3

鍍 = 金 + 度

1급 / 17획	(도금할 **도**)

解說　‘金(쇠 금)’과 ‘度(법도 도)’를 조합한 글자임. ‘쇠(金)에다 다른 물질을 펴다 / 바르 다(渡)’에서 ‘도금하다’는 뜻을 나타낸다. ＊중국 간체자(簡體字)는 ‘镀’임.

例文　① 鍍金(도금)하다

1 匋 = 勹 + 缶 | 金文 | 篆文

| 8획 | (질그릇 **도**) | 金文 | 篆文 |

解說　'勹(포장할/감쌀 포)'와 '缶(질그릇 부)'를 조합한 글자임. '질그릇을 굽는 가마(勹)에 질그릇(缶)이 놓여 있는 모양'을 본떠서 '질그릇을 만들다/도자기를 굽다'는 뜻을 나타내나, 단독으로는 쓰이질 않는다.

2 陶 = 阜 + 匋

| 3급/11획 | (질그릇/만들/기쁠 **도**) | 金文 | 篆文 |

解說　'阜(언덕 부)'와 '匋(질그릇 도)'를 조합한 글자임. '비탈진 언덕(阜)의 가마(勹)에서 만든 질그릇(匋)'이라는 데서 '질그릇'이라는 뜻을 나타낸다.

例文　① 陶工(도공)　② 陶瓷器(도자기)　③ 陶醉(도취)　④ 陶冶(도야)

3 淘 = 水 + 匋

| 1급/11획 | (쌀일 **도**) |

解說　'水(물 수)'와 '匋(질그릇 도)'를 조합한 글자임. '질그릇(匋)에 든 곡식에 물(水)을 넣고 잡동사니를 제거한다'는 데서 '쌀을 일다/잡동사니를 제거하다'는 뜻을 나타낸다.

例文　① 自然淘汰(자연도태)　② 淘金(도금 ; 砂金을 일다)

4 萄 = 艹 + 匋

1급 / 12획　　　　　(포도 **도**)

解說　'艹(풀 초)'와 '匋(질그릇 도)'를 조합한 글자임. '과일이 옹기그릇(匋) 모양으로 뭉쳐서 열리는 초목(艹)'이라는 데서 '포도'라는 뜻을 나타낸다. * 약자(略字)는 '萄(11획)으로 표기한다.

例文　① 葡萄(포도)　② 葡萄糖(포도당)　③ 葡萄酒(포도주)

1

冬 = 夂 + 冫		甲骨文字	金文	篆文
7급/5획	(겨울 **동**)			

解說　'夂(내려오는발자국/뒤져올 치)'와 'ㆀ(얼음 빙)'을 조합한 글자임. 금문(金文)에서는 '겨울에는 태양의 고도(高度)가 낮아서 집안 깊숙이 햇빛이 비친다'이고, 전문(篆文)에서는 '집 밖에는 얼음(ㆀ)이 얼어 있다'로 '겨울'이라는 뜻이다. ＊일본과 중국은 '冬'임.

例文　① 立冬(입동) ② 冬至(동지) ③ 冬季(동계) 올림픽

2

疼 = 疒 + 冬	
1급/10획	(아플 **동**)

解說　'疒(병들어기댈 역)'과 '冬(겨울 동)'을 조합한 글자임. '겨울(冬)이 오면 온몸이 아프다(疒)'는 데서 '온몸이 아프다/쑤시다'는 뜻이다. ＊중국 간체자는 '疼'임.

例文　① 疼痛(동통 ; 몸이 쑤시고 아픔)

3

終 = 糸 + 冬	
5급/11획	(마칠 **종**)

解說　'糸(실 사)'와 '冬(겨울 동)'을 조합한 글자임. '추운 겨울(冬)이 시작되면 베(糸) 짜는 일을 끝마친다'는 데서 '끝내다/끝마치다'는 뜻이다. ＊일본 '終'이고, 중국은 '终'임.

例文　① 終講(종강) ② 終了(종료) ③ 終末(종말) ④ 終日(종일)토록

1

同		甲骨文字	金文	篆文
7급/6획	(한가지 **동**)			

解說 갑골문자(甲骨文字)와 금문(金文)에서는 '신(神)에게 바치는 축문(祝文)이 든 그릇(口)과 원통형의 술잔 모양'임. '제후(諸侯)들이 천자(天子)를 알현할 때 "同"이라는 술잔으로 의식(儀式)을 행했다'고 한데서 '똑 같이 / 한 가지 / 함께'라는 뜻을 나타낸다.

例文 ① 同價紅裳(동가홍상) ② 同病相憐(동병상련) ③ 同床異夢(동상이몽)

2

洞 = 水 + 同	
7급/9획	(골/굴 **동** / 꿰뚫을 **통**)

解說 '水(물 수)'와 '同(한가지 동)'을 조합한 글자임. '물 흐름(水)에 의해서 만들어진 둥근 모양의 굴(同)'이라는 데서 '골/동굴/꿰뚫다'라는 뜻을 나타낸다.

例文 ① 洞長(동장) ② 洞窟(동굴) ③ 洞察力(통찰력) ④ 洞燭(통촉)

3

銅 = 金 + 同	
4급/17획	(구리 **동**)

解說 '金(쇠 금)'과 '同(한가지 동)'을 조합한 글자임. '금(金)과 성질이 비슷하게(同) 무른 금속'이라는 데서 '구리'라는 뜻을 나타낸다.

例文 ① 銅錢(동전) ② 靑銅器(청동기) ③ 赤銅(적동)

4
桐 = 木 + 同
2급/10획 (오동나무 **동**)

🐛 **解說** '木(나무 목)'과 '同(한가지 동)'을 조합한 글자임. '나무(木) 속이 통(同)처럼 비어 있다'는 데서 '오동나무'라는 뜻을 나타낸다.

🐛 **例文** ① 梧桐(오동) ② 碧梧桐(벽오동)

5
胴 = 肉 + 同
1급/10획 (큰창자/몸통 **동**)

🐛 **解說** '肉(고기/몸 육)'과 '同(한가지 동)'을 조합한 글자임. '사람 몸(肉)의 몸통 모양(同)'을 본떠서 '몸통'이라는 뜻을 나타낸다. * '肉(몸/고기 육)'이 다른 글자와 조합하여 글자 왼쪽에 오면 '月(육달월)'로 글자 모양이 바뀐다.

🐛 **例文** ① 비행기 胴體(동체) ② 胴體着陸(동체착륙)

6
筒 = 竹 + 同
1급/12획 (통/대롱 **통**)

🐛 **解說** '竹(대나무 죽)'과 '同(한가지 동)'을 조합한 글자임. '대나무(竹)도 대롱(同)처럼 비어 있다'는 데서 '대롱'이라는 뜻을 나타낸다.

🐛 **例文** ① 煙筒(연통) ② 水筒(수통)

7
興 = 同 + 舁
4급/16획 (일어날/일으킬/기뻐할 **흥**)

甲骨文字	金文	篆文

🐛 **解說** '同(한가지 동)'과 '舁(마주들 여)'를 조합한 글자임. 갑골문자(甲骨文字)와 금문(金文)에서는 '두 사람이 양손으로 술통(同)을 들고 있는 모습'인데, 이것은 '제사를 지낼 때 양손으로 술통(同)을 들어서 땅에 쏟고 지신(地神)을 불러일으키는 의식(儀式)'에서 '일으키다/일어나다/(神이) 기뻐하다'는 뜻으로 쓰인다. * 중국 간체자는 '兴'임.

🐛 **例文** ① 興亡盛衰(흥망성쇠) ② 興奮(흥분) ③ 復興(부흥) ④ 振興(진흥)

1

$$東 = 木 + 日$$

8급 / 8획	(동녘 **동**)	甲骨文字	金文	篆文

解說 설문(說文)에서는 '木(나무 목)'과 '日(해/날 일)'을 조합한 글자라고 하여 '떠오르는 해(日)가 나무(木)에 걸쳐 있는 모양'에서 '동쪽'이라는 뜻을 나타낸다고 하나, 갑골문자(甲骨文字)와 금문(金文)에서는 '동쪽'과는 아무런 관계가 없는 것으로, 등에 짊어지는 '괴나리봇짐'을 본뜬 글자이다. *중국 간체자(簡體字)는 '东'임.

例文 ① 東問西答(동문서답) ② 東家食西家宿(동가식서가숙) ③ 東奔西走(동분서주)

2

$$凍 = 冫 + 東$$

3급 / 10획	(얼 **동**)

解說 '冫(얼음 빙)'과 '東(동녘 동)'을 조합한 글자임. '하루 중에서 얼음(冫)이 가장 두껍게 얼 때는 기온이 가장 많이 내려간 때, 즉 동쪽(東)에서 해가 뜰 때'라는 데서 '얼다'라는 뜻을 나타낸다. *'冫(얼음 빙)'은 '氷(얼음 빙)'의 초문자(初文字)로서, 물이 자연 상태에서 얼었을 때의 무늬 모양을 나타내는 상형문자(象形文字)이다. *간체자는 '冻'임.

例文 ① 凍傷(동상) ② 冷凍倉庫(냉동창고) ③ 凍死(동사) ④ 凍結(동결)

3

$$棟 = 木 + 東$$

2급 / 12획	(마룻대 **동**)

解說　'木(나무 목)'과 '東(동녘 동)'을 조합한 글자임. '집을 남향으로 지으려면 마룻대 (木)를 동서(東西)로 해야 한다'는 데서 '마룻대'라는 뜻을 나타내는데, '건물/중요한 인물'이라는 뜻으로 사용한다. * '마룻대'는 '건물의 용마루 밑에 서까래가 얹히는 기다란 도리'로서 '매우 중요하다'는 데서 '중요한 인물'이라는 뜻으로 쓰인다. * 중국 간체자(簡體字)는 '栋'으로 표기한다.

例文　① 棟梁之材(동량지재)　② 病棟(병동)　③ A아파트 123棟(동)

4	陳 = 阜 + 東		
3급 / 11획	(베풀 / 늘어놓을 **진**)	金文	篆文

解說　'阜(언덕/사다리 부)'와 '東(동녘 동)'을 조합한 글자임. '신(神)이 사다리(阜)를 타고 오르내리는 곳(土)에 제물(東)을 펼쳐놓다'에서 '늘어놓다/진열하다/늘어놓아 묵히다'는 뜻을 나타낸다. *阜(언덕/사다리 부)가 다른 글자와 조합하여 글자 왼쪽에 오면 阝 (좌부변)'으로 글자 모양이 바뀐다. * '東(동녘 동)'은 원래 '괴나리봇짐'을 묘사한 글자이다. * 중국 간체자(簡體字)는 '陈'으로 표기한다.

例文　① 陳列(진열)　② 陳述書(진술서)　③ 陳情書(진정서)

1 童 = 立 + 里

6급 / 12획 — (아이 **동**) — 金文 — 篆文

解說 금문(今文)에서는 '辛(매울 신)'과 '目(눈 목)', '東(동녘 동)'을 조합한 글자임. '손잡이가 달린 침(辛)으로 눈(目) 위에 문신을 한 노예가 짐(東)을 나르다'는 글자이다. 이것은 그 당시 '노예'와 '어린이'는 머리를 풀어헤치는 관습이 있었는데, '머리를 풀어헤친 사람은 모두 어린이'라는 뜻을 나타내게 되었다. *'東(동녘 동)'은 원래 동쪽 방향과는 아무런 관계가 없는 '괴나리봇짐'을 의미하는 글자이다. 더 자세한 것은 280페이지 '東' 참조 바람. *'童謠(동요)'라는 단어를 국어사전에서는 '어린이들이 즐겨 부르는 노래', 또는 '어린이를 위해 지은 노래'라고 설명하고 있으나, 고대의 자료에 의하면 '노예들이 부르는 노래/노역자(勞役者)들이 부르는 노래'로 설명되어 있다. *언어(言語)란 시대의 변천에 따라 그 뜻도 변한다는 살아 있는 증거 중의 하나이다.

例文 ① 童心(동심) ② 童顔(동안) ③ 童謠(동요) ④ 童詩(동시) ⑤ 兒童(아동)

2 憧 = 心 + 童

1급 / 15획 — (그리워할 **동**)

解說 '心(마음 심)'과 '童(아이 동)'을 조합한 글자임. '사람은 아무리 나이가 많아도 마음(心) 만큼은 어린(童) 시절을 그리워한다'는 데서 '그리워하다'는 뜻을 나타낸다.

例文 ① 어린 시절을 憧憬(동경)하다

3 瞳 = 目 + 童

1급 / 17획　　　(눈동자 **동**)

解說　'目(눈 목)'과 '童(아이 동)'을 조합한 글자임. '어린이(童)들의 눈(目)은 티 없이 맑다'는 데서 '눈동자'라는 뜻을 나타낸다.

例文　① 瞳孔(동공)　② 瞳子(동자)　③ 瞳睛(동정)

4 撞 = 手 + 童

1급 / 15획　　　(칠 / 부딪칠 **당**)

解說　'手(손 수)'와 '童(아이 동)'을 조합한 글자임. '손(手)으로 종 모양(童)의 악기를 친다'는 데서 '치다 / 부딪치다'는 뜻을 나타낸다. * '手(손 수)'가 다른 글자와 조합하여 글자 왼쪽에 오면 'ㅈ(손수변)'으로 글자 모양이 바뀐다.

例文　① 撞球(당구)　② 自家撞着(자가당착)

5 鐘 = 金 + 童

1급 / 20획　　　(쇠북 **종**)

解說　'金(쇠 금)'과 '童(아이 동)'을 조합한 글자임. '쇠(金)로 된 종 모양(童)'이라는 데서 '쇠로 된 북'이라는 뜻을 나타낸다. * 일부에서는 '鍾(술잔 / 술병 종)'을 '쇠북 종'으로 주장하고 있으나, 그런 분들은 서울시 종로구(鐘路區) 구청(區廳) 건물 현판(懸板)을 먼저 보고 나서 주장하시는 것이 어떨까요? 또한 중국의 한문(漢文)이나 일본어에서는 '쇠(金)로 된 종'은 '鍾(술잔 / 술병 종)'이 아니고, 반드시 '鐘(쇠북 종)'으로 표기하고 있다. * 중국 간체자(簡體字)에서는 '钟'으로 표기한다.

例文　① 鐘閣(종각)　② 鐘樓(종루)　③ 鐘塔(종탑)　④ 警鐘(경종)

---

1 斗

| 4급 / 4획 | (말 / 국자 **두**) | 金文 | 篆文 |

解說 '손잡이가 달린 국자 모양'을 본뜬 상형문자임. '국을 뜨는 국자 모양'에서 '말 / 18리터 용기'라는 뜻을 나타낸다. * 북두칠성(北斗七星)에 '斗'를 사용하는 이유는 7개의 별의 배치가 '국자 모양'을 닮았다는 뜻이다.

例文 ① 斗酒不辭(두주불사) ② 北斗七星(북두칠성) ③ 泰斗(태두 ; 권위자)

---

2 科 = 禾 + 斗

| 6급 / 9획 | (과목 / 법칙 / 조목 **과**) | | 篆文 |

解說 '禾(벼 화)'와 '斗(말 두)'를 조합한 글자임. '벼(禾)를 말(斗)로 정확히 되듯이, 모든 사물을 법칙대로 정확히 처리한다'는 데서 '법칙 / 조목 / 과목'이라는 뜻을 나타낸다.

例文 ① 學科目(학과목) ② 敎科書(교과서) ③ 文科(문과) ④ 理科(이과)

---

3 料 = 米 + 斗

| 5급 / 10획 | (헤아릴 / 요금 **료**) | 金文 | 篆文 |

解說 '米(쌀 미)'와 '斗(말 두)'를 조합한 글자임. '쌀(米)을 말(斗)로 되어 양을 헤아린다'는 데서 '헤아리다 / 사용한 요금'이라는 뜻을 나타낸다.

例文 ① 無料(무료) ② 料金(요금) ③ 手數料(수수료) ④ 授業料(수업료)

1 豆

| 4급 / 7획 | (콩 / 제사음식 **두**) | 甲骨文字 | 金文 | 篆文 |

解說 갑골문자(甲骨文字)와 금문(金文)에서는 '제사 음식을 담는 다리가 있는 그릇' 모양을 본뜬 상형문자임. 훗날 '콩' 이라는 뜻으로도 사용하여 '콩 / 제기(祭器) / 제물(祭物)' 이라는 뜻을 나타낸다.

例文 ① 豆腐(두부) ② 豆乳(두유) ③ 俎豆(조두 ; '祭器' 의 이름)

2 頭 = 豆 + 頁

| 6급 / 16획 | (머리 **두**) | 金文 | 篆文 |

解說 '豆(제사음식 두)' 와 '頁(머리 혈)' 을 조합한 글자임. '다리가 있는 제기(祭器) 모양과 사람의 머리(頁) 모양이 닮았다' 는 데서 '머리 / 우두머리 / 처음' 이라는 뜻을 나타낸다.

例文 ① 頭腦(두뇌) ② 頭痛(두통) ③ 頭目(두목) ④ 頭寒足熱(두한족열)

3 痘 = 疒 + 豆

| 1급 / 12획 | (역질 / 천연두 **두**) |

解說 '疒(병들어기댈 역)' 과 '豆(콩 두)' 를 조합한 글자임. '병(疒)이 나아도 얼굴에는 콩알(豆) 만한 자국이 남는다' 는 데서 '천연두' 라는 뜻을 나타낸다.

例文 ① 天然痘(천연두) ② 痘面(두면)

| **4** | **鬪** = 鬥 + 豆 + 寸 | 篆文 |
| 4급/20획 | (싸움 **투**) | |

解說 '鬥'와 '豆(제사음식/콩 두)', '寸(마디 촌)'을 조합한 글자임. 전문(篆文)에서는 '두 주먹(鬥)'과 '방패(盾)'와 '도끼(斤)'를 조합한 글자이나, 훗날 '제사 음식(豆)'의 규격(寸) 때문에 두 사람이 주먹 쥐고(鬥) 싸운다'는 데서 '서로 맞서 싸우다'는 뜻을 나타낸다.
  * 일본 상용한자는 '鬪(18획)'으로, 중국 간체자(簡體字)는 '斗'으로 표기한다.

例文 ① 鬪爭(투쟁) ② 戰鬪(전투) ③ 健鬪(건투) ④ 鬪牛士(투우사)

1 屯		金文	篆文
3급 / 4획	(진칠 **둔**)		

解說 '어린아이의 머리를 묶어 예쁘게 꾸민 모습'을 본뜬 상형문자임. '많은 것을 묶어 모으다 / 많은 사람을 모으다 / 군대가 진을 치다'는 뜻을 나타낸다. ＊간체자는 '屯'임.

例文 ① 駐屯(주둔) ② 駐屯軍(주둔군) ③ 駐屯地(주둔지)

2 鈍 = 金 + 屯	
3급 / 12획	(둔할 **둔**)

解說 '金(쇠 금)'과 '屯(진칠 둔)'을 조합한 글자임. '쇠(金)로 만든 도구도 사용하지 않고 묶어두면(屯) 녹이 슬다'는 데서 '둔하다 / 무디다'는 뜻이다. ＊간체자는 '钝'임.

例文 ① 鈍感(둔감) ② 鈍器(둔기) ③ 愚鈍(우둔)

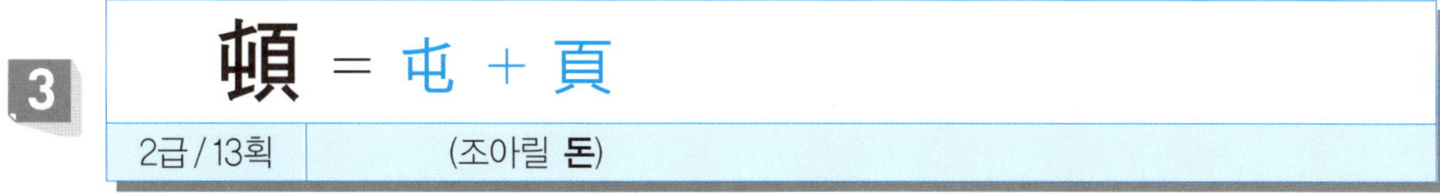

3 頓 = 屯 + 頁	
2급 / 13획	(조아릴 **돈**)

解說 '屯(진칠 둔)'과 '頁(머리 혈)'을 조합한 글자임. '머리(頁)를 숙이고 묶은 머리(屯)가 땅에 닿도록 절을 한다'는 데서 '머리를 조아리다'는 뜻이다. ＊간체자는 '顿'임.

例文 ① 頓死(돈사 ; 갑자기 사망함) ② 頓首(돈수 ; 머리를 조아림)

4 沌 = 水 + 屯

1급/7획 （엉길/물결칠 **돈**）

解說   '水(물 수)'와 '屯(진칠 둔)'을 조합한 글자임. '여러 곳에서 흘러온 물(水)이 모여서(屯) 뒤섞여 있다'는 데서 '엉기다/뒤섞여 흐리다'는 뜻이다. *'水(물 수)'가 다른 글자와 조합하여 글자 왼쪽에 오면 'ⅰ(삼수변)'으로 글자 모양이 바뀐다.

例文   ① 混沌/渾沌(혼돈 ; 사물의 구별이 확연하지 않음)

5 純 = 糸 + 屯

4급/10획 （순수할 **순**）

解說   '糸(실 사)'와 '屯(진칠 둔)'을 조합한 글자임. '실(糸)을 잘 정돈하여 묶어두면(屯) 다른 것과 섞이지 않는다'는 데서 '순수하다'는 뜻을 나타낸다. *간체자는 '纯'임.

例文   ① 純粹(순수) ② 純種(순종) ③ 純金(순금) ④ 純潔(순결)

1　登 = 癶 + 豆

| 7급 / 12획 | (오를 **등**) | 甲骨文字 | 金文 | 篆文 |

解說　'癶(걸을 발)'과 '豆(제사음식 두)'를 조합한 회의문자(會意文字)임. 갑골문자(甲骨文字)와 금문(金文)에서는 '제사지낼 음식(豆)을 두 손(手手)에 들고 신(神)에게 바치기 위해 높은 단상으로 걸어서(癶) 올라간다'는 데서 '높은 곳으로 오르다 / 장부(帳簿)에 올리다'는 뜻을 나타낸다. * '癶(걸을 발)'은 두 발을 벌린 모양을 본뜬 글자로, '걸어가다'는 뜻을 나타내기도 한다.

例文　① 登山(등산)　② 登校(등교)　③ 登龍門(등용문)　④ 登高自卑(등고자비)

2　燈 = 火 + 登

| 4급 / 16획 | (등 / 등불 **등**) |

解說　'火(불 화)'와 '登(오를 등)'을 조합한 글자임. '불빛(火)이 멀리 비치도록 높은 곳에 올려(登)놓는다'는 데서 '등불 / 조명'이라는 뜻이다. * 일본과 중국은 '灯'임.

例文　① 燈臺(등대)　② 電燈(전등)　③ 燈下不明(등하불명)　④ 燈火可親(등화가친)

3　鄧 = 登 + 邑

| 2급 / 15획 | (나라이름 / 성씨 **등**) |

解說 '登(오를 등)'과 '邑(고을 읍)'을 조합한 글자임. '사람들이 모여 사는 도회지(邑)로 올라간다(登)'는 데서 '나라이름'이라는 뜻을 나타낸다. ＊중국 간체자(簡體字)에서는 '邓'으로 표기한다. ＊'邑(고을 읍)'이 다른 글자와 조합하여 글자 오른쪽에 오면 'ß(우부방)'으로 글자 모양이 바뀐다.

例文 ① 鄧小平(등소평)

4 橙 = 木 + 登

1급 / 19획   (귤/걸상 **등**)

解說 '木(나무 목)'과 '登(오를 등)'을 조합한 글자임. '키가 3미터 정도로 큰 등자나무(木)에 올라가서(登) 열매를 딴다'는 데서 '등자나무'라는 뜻이다.

例文 ① 橙子(등자)나무 ② 橙黃色(등황색) ③ 橙色(등색)

5 證 = 言 + 登

4급 / 19획   (증거 **증**)

解說 '言(말씀 언)'과 '登(오를 등)'을 조합한 글자임. '아랫사람이 윗사람에게 말(言)로 아뢰어 올린다(登)'는 데서 '말로 밝히다/증명하다/증거'라는 뜻을 나타낸다. ＊일본 상용한자에서는 '証'으로, 중국 간체자(簡體字)에서는 '证'으로 표기한다.

例文 ① 證據(증거) ② 證明(증명) ③ 住民登錄證(주민등록증) ④ 證券(증권)

6 澄 = 水 + 登

1급 / 15획   (맑을 **징**)

解說 '水(물 수)'와 '登(오를 등)'을 조합한 글자임. '위쪽으로 올라갈수록(登) 물(水)은 맑아진다'는 데서 '맑다/맑아지다'는 뜻을 나타낸다. ＊'水(물 수)'가 다른 글자와 조합하여 글자 왼쪽에 오면 'ⅰ(삼수변)'으로 글자 모양이 바뀐다.

例文 ① 淸澄(청징 ; 맑고 깨끗함) ② 澄水(징수) ③ 澄高(징고 ; 기품이 높음)

라

1

羅 = 网 + 糸 + 隹

| 4급 / 19획 | (벌릴 **라**) | 甲骨文字 | 篆文 |

解説   전문(篆文)에서는 '网(그물 망)'과 '糸(실 사)', '隹(새 추)'를 조합한 글자임. 갑골문자(甲骨文字)에서는 '새(隹)를 잡기 위해 그물(网)을 쳐 두었다'는 데서 '벌여 놓다/늘어세우다'는 뜻을 나타낸다. *중국 간체자(簡體字)는 '罗'임.

例文   ① 綺羅星(기라성) ② 全羅道(전라도) ③ 羅列(나열) ④ 羅針盤(나침반)

2

邏 = 羅 + 辶

| 1급 / 23획 | (순라 / 돌 **라**) |

解説   '羅(벌릴 라)'와 '辶(쉬엄쉬엄갈 / 뛸 착)'을 조합한 글자임. '새(隹)를 잡기 위해 그물(网)을 치러(羅) 돌아다닌다(辶)'는 데서 '순찰하다 / 돌아다니다'는 뜻을 나타낸다.

例文   ① 巡邏軍(순라군) ② 邏卒(나졸) ③ 邏吏(나리)

3

罹 = 网 + 心 + 隹

| 1급 / 16획 | (걸릴 / 근심할 **리**) |

解説   원래는 '网(그물 망)'과 '心(마음 심)', '隹(새 추)'를 조합한 글자임. '새(隹)가 그물(网)에 걸리기를 바라는 마음(心)'에서 '(마음에) 근심하다 / 걸리다'는 뜻을 나타낸다.

例文   ① 罹災民(이재민) ② 罹病(이병 ; 병에 걸림)

1 樂

| 6급/15획 | (즐길 **락**/노래 **악**/좋아할 **요**) | 甲骨文字 | 金文 | 篆文 |

解說 '여러 가지 실로 만든 방울(絲)로 장식한 북(白)을 나무 받침대(木) 위에 올려놓은 모양'을 본뜬 상형문자임. '그 북 소리(악기 소리)에 맞추어 노래를 부른다'는 데서 '노래/ 즐겁다/즐기다/좋아하다'라는 뜻을 나타낸다. * 일본은 '楽', 간체자는 '乐'임.

例文 ① 娛樂(오락) ② 音樂(음악) ③ 樂器(악기) ④ 樂山樂水(요산요수)

2 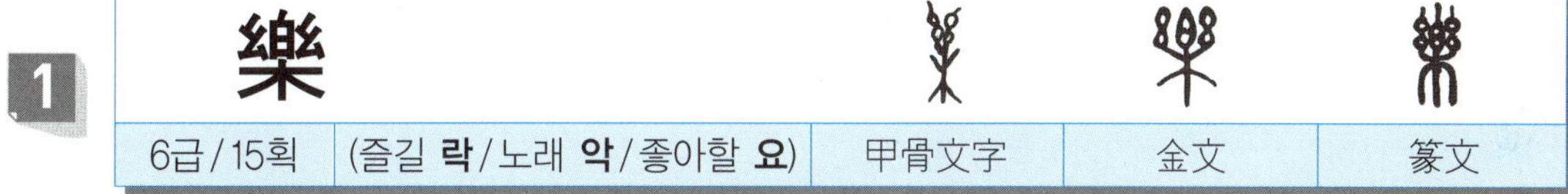

藥 = 艸 + 樂

| 6급/19획 | (약 **약**) |

解說 '艸(풀 초)'와 '樂(즐거울 락)'을 조합한 글자임. '몸이 아플 때 먹으면 병이 낫는 즐거움(樂)을 주는 식물(艸)'에서 '약'이라는 뜻이다. * 일본은 '薬', 간체자는 '药'임.

例文 ① 藥局(약국) ② 藥房(약방) ③ 製藥會社(제약회사)

3 礫 = 石 + 樂

| 1급/20획 | (조약돌 **력**) |

解說 '石(돌 석)'과 '樂(즐거울 락)'을 조합한 글자임. '여러 가지 용도로 사용할 수 있어 서 즐거움(樂)을 주는 돌(石)'에서 '조약돌'이라는 뜻이다. * 간체자는 '砾'임.

例文 ① 瓦礫(와력 ; 깨진 기와 조각) ② 礫石(역석 ; 조약돌)

1 闌 = 門 + 柬

17획	(가로막을 **란**)	金文	篆文

解說 '門(문 문)'과 '柬(가릴 간)'을 조합한 글자임. 금문(金文)에서는 '물건이 든 보따리(柬)를 집안에 두고 문(門)을 닫는다'는 데서 '가로막다 / 차단하다'는 뜻을 나타낸다.

2 蘭 = 艸 + 闌

3급 / 21획	(난초 **란**)

解說 '艸(풀 초)'와 '闌(가로막을 란)'을 조합한 글자임. '좋은 화초(艸)를 골라(柬) 집(門)안에 두고 관상하는 귀중한 화초(艸)'라는 데서 '난초 / 난'이라는 뜻을 나타낸다. * 값비싼 난초는 웬만한 집 한 채보다 비싸게 팔리고 있다. * 일본은 '蘭', 간체자는 '兰'임.

例文 ① 東洋蘭(동양란) ② 蘭香(난향) ③ 蘭草(난초)

3 欄 = 木 + 闌

3급 / 21획	(난간 / 틀 **란**)

解說 '木(나무 목)'과 '闌(가로막을 란)'을 조합한 글자임. '문(門)에 도달할 때까지 양쪽에 나무(木)로 틀(闌)을 만들어 통로를 만든다'는 데서 '난간 / 틀'이라는 뜻을 나타낸다.

例文 ① 欄干(난간) ② 欄外註(난외주) ③ 空欄(공란)

<table>
<tr><td>**4**</td><td colspan="2">**爛** = 火 + 闌</td></tr>
<tr><td></td><td>2급 / 21획</td><td>(빛날 / 찬란할 **란**)</td></tr>
</table>

解說　'火(불 화)'와 '闌(가로막을 란)'을 조합한 글자임. '집(門)안에 켜둔 불(火)이 환하게 빛난다'는 데서 '빛나다 / 찬란하다'는 뜻을 나타낸다. * 중국 간체자(簡體字)에서는 '烂'으로 표기한다.

例文　① 輝煌燦爛(휘황찬란)　② 絢爛(현란)　③ 能手能爛(능수능란)

<table>
<tr><td>**5**</td><td colspan="2">**瀾** = 水 + 闌</td></tr>
<tr><td></td><td>1급 / 20획</td><td>(물결 **란**)</td></tr>
</table>

解說　'水(물 수)'와 '闌(가로막을 란)'을 조합한 글자임. '가두어둔(闌) 물(水)에도 물결이 인다'는 데서 '물결'이라는 뜻을 나타낸다. * 중국 간체자(簡體字)에서는 '澜'으로 표기한다.

例文　① 波瀾萬丈(파란만장)　② 瀾波(난파 ; 물결)

1

亂 = 爫 + マ + 冂 + 又 + 乙

| 4급 / 13획 | (어지러울 **란**) | 篆文 |

🐛 **解說**　'위쪽 손(爫)과 아래쪽 손(又) 두 손으로 실패(冂)에 어지럽게 감긴(マ厶) 실을 풀려고 하는 모양'을 본떠서 '정신이 어지럽다 / 어지러워지다'는 뜻을 나타낸다. ＊일본 상용한자와 중국 간체자(簡體字)에서는 '乱'으로 표기한다.

🐛 **例文**　① 騷亂(소란)　② 變亂(변란)　③ 亂立(난립)　④ 亂臣賊子(난신적자)

2

辭 = 爫 + マ + 冂 + 又 + 辛

| 4급 / 19획 | (말씀 / 사퇴할 **사**) | 金文 | 篆文 |

🐛 **解說**　'위쪽 손(爫)과 아래쪽 손(又) 두 손으로 실패(冂)에 어지럽게 감긴(マ厶) 실을 풀려고 하듯이, 말(言)로 죄인(辛)을 다스리는 것은 어려워서 그만두다'는 데서 '말씀 / 말 / 사양하다 / 사퇴하다'는 뜻을 나타낸다. ＊'辛(혹독할 / 매울 / 고생 신)'은 '노예의 이마에 문신을 하는 데 사용하는 손잡이가 달린 바늘'을 묘사하는 상형문자(象形文字)이다. ＊일본 상용한자에서는 '辞'로, 중국 간체자(簡體字)에서는 '辞'로 글자 모양이 약간 다르게 표기함에 유의해야 한다.

🐛 **例文**　① 祝辭(축사)　② 辭典(사전)　③ 辭任(사임)　④ 辭職(사직)　⑤ 辭退(사퇴)

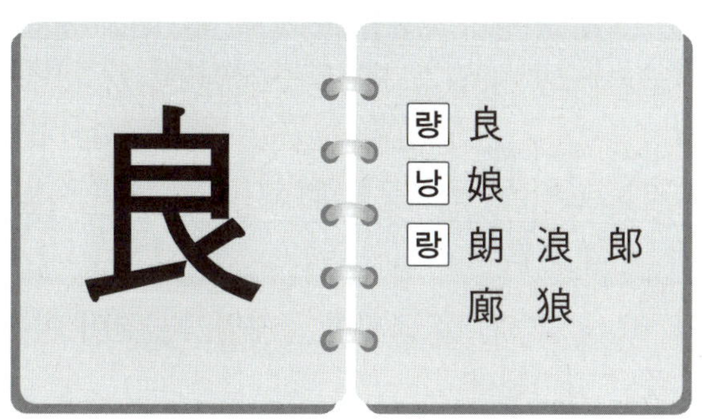

1

5급 / 7획	(어질 / 좋을 **량**)	甲骨文字	金文	篆文

解說 갑골문자(甲骨文字)에서는 '좋은 곡식만 자루에 담아서 저울에 다는 모양'이고, 금문(金文)에서는 '곡식 중에서 좋은 것만을 골라내기 위해 만들어진 기구'를 본뜬 상형문자로, '좋다 / 좋은 것'이라는 뜻을 나타낸다.

例文 ① 善良(선량) ② 良心(양심) ③ 良好(양호) ④ 良書(양서)

2

娘 = 女 + 良

3급 / 10획	(계집 / 아가씨 **낭**)

解說 '女(여자 여)'와 '良(좋을 량)'을 조합한 글자임. '갑골문자(甲骨文字)에서는 여자 (女) 중에서도 좋은(良) 여자'라는 데서 '아가씨'라는 뜻을 나타내고, 전문(篆文)에서는 '孃(아가씨 양)'으로 만들어 '가슴이 풍만한 여자 / 육체미를 자랑하는 여자'의 뜻으로 쓰이다가, 수(隋) · 당(唐)나라 때부터 '娘(아가씨 낭)'으로 사용되었다. 실제로 수(隋)나라 때는 '낭자군(娘子軍)'이라는 여자로만 구성된 군대(軍隊)가 있었다.

例文 ① 娘子(낭자) ② 娘子軍(낭자군) ③ 娘家(낭가 ; 외가)

3

朗 = 良 + 月

5급 / 11획	(밝을 **랑**)

解說 '良(좋을 량)'과 '月(달 월)'을 조합한 글자임. '달(月)빛이 좋다(良)'는 데서 '밝다 /명랑하다'는 뜻을 나타낸다. *일본 상용한자는 '朗', 간체자는 '朗'임.

例文 ① 明朗(명랑) ② 朗讀(낭독) ③ 朗報(낭보) ④ 朗誦(낭송)

4 浪 = 水 + 良

3급 / 10획   (물결 **랑**)

解說 '水(물 수)'와 '良(좋을 량)'을 조합한 글자임. '물결이 이는 좋은(良) 물(水)'이라 는 데서 '물결'이라는 뜻을 나타낸다.

例文 ① 波浪(파랑)주의보 ② 激浪(격랑) ③ 浪漫主義(낭만주의) ④ 浪費(낭비)

5 郞 = 良 + 邑

3급 / 10획   (사내 / 낭군 **랑**)

解說 '良(좋을 량)'과 '邑(고을 읍)'을 조합한 글자임. '우리 고을(邑)에서 좋은(良) 남 자'라는 데서 '사내 / 남자'라는 뜻을 나타낸다. *'邑(고을 읍)'이 다른 글자와 조합하여 글 자 오른쪽에 오면 'ß (우부방)'으로 글자 모양이 바뀐다. *일본은 '郎', 간체자 '郎'임.

例文 ① 新郞(신랑) ② 花郞徒(화랑도)

6 廊 = 广 + 郞

3급 / 13획   (사랑채 / 행랑 **랑**)

解說 '广(집 엄)'과 '郞(사내 랑)'을 조합한 글자임. '사내들(郞)만이 거처하는 집(广)'이 라는 데서 '사랑채 / 행랑'이라는 뜻을 나타낸다. *일본은 '廊', 간체자는 '廊'임.

例文 ① 行廊(행랑) ② 舍廊房(사랑방) ③ 畫廊(화랑) ④ 回廊(회랑)

7 狼 = 犬 + 良

1급 / 10획   (이리 **랑**)

解說 '犬(개 견)'과 '良(좋을 량)'을 조합한 글자임. '겉모습은 착한(良) 개(犬)와 닮은 짐 승'이라는 데서 '이리'라는 뜻을 나타낸다.

例文 ① 前虎後狼(전호후랑) ② 狼狽(낭패)

1　來

| 7급 / 8획 | (올 래) | 甲骨文字 | 金文 | 篆文 |

解說　'밀·보리가 똑바로 서 있는 모습'을 본뜬 상형문자임. '밀·보리와 같은 곡식은 하늘의 신(神)이 내려 준 것이다 / 하늘에서 온 것이다'는 뜻이다. * 일본과 중국은 '来' 임.

例文　① 來日(내일)　② 來年(내년)　③ 來賓(내빈)　④ 未來(미래)

2　萊 = 艸 + 來

| 2급 / 12획 | (명아주 래) |

解說　'艸(풀 초)'와 '來(올 래)'를 조합한 글자임. '양쪽으로 축 쳐진(來) 명아주 모양'을 본뜬 글자로, 주로 지명(地名)에 사용한다. * 중국 간체자는 '莱' 임.

例文　① 蓬萊山(봉래산)　② 부산시 東萊區(동래구)

3　麥 = 來 + 夂

| 3급 / 11획 | (보리 맥) | 甲骨文字 | 金文 | 篆文 |

解說　'來(올 래)'와 '夂(내려오는발자국 / 뒤져올 치)'를 조합한 글자임. '겨울철의 보리(來)는 밟아(夂) 줄수록 잘 자라는 식물'이라는 데서 '보리'라는 뜻이다. * 일본과 중국은 '麦' 임.

例文　① 麥酒(맥주)　② 小麥(소맥)　③ 麥芽糖(맥아당)　④ 麥秀之歎(맥수지탄)

1 兩		金文	篆文
4급 / 8획	(두/둘 **량**)		

解說 금문(金文)에서는 '두 마리의 소나 말의 목에 얹어 수레를 끌도록 한 멍에'인데, 전문(篆文)에서는 '저울에 물건을 달 때 양쪽 자루에 들어있는(入 + 入) 물건 모양'을 본뜬 상형문자로 '둘/2개'라는 뜻을 나타낸다. * 일본은 '兩'이고, 간체자는 '两'임.

例文 ① 兩親(양친) ② 兩面(양면) ③ 兩家(양가) ④ 兩極現象(양극현상)

2 輛 = 車 + 兩
2급 / 15획 (수레 **량**)

解說 '車(수레 거/차)'와 '兩(두 량)'을 조합한 글자임. '수레(車)는 바퀴가 2개(兩)'라는 데서 '수레'라는 뜻을 나타낸다. * 중국 간체자는 '辆'임.

例文 ① 車輛(차량) ② 過積車輛(과적차량)

3 倆 = 人 + 兩
1급 / 10획 (재주 **량**)

解說 '人(사람 인)'과 '兩(두 량)'을 조합한 글자임. '저울질(兩)을 잘하는 재주꾼(人)' 또는 '두 가지(兩) 기술을 가진 사람(人)'이라는 데서 '재주/재주꾼'이라는 뜻을 나타낸다.

例文 ① 伎倆/技倆(기량)

<table>
<tr><td>4</td><td>滿 = 水 + 㒼</td><td>滿
篆文</td></tr>
<tr><td></td><td>4급/14획　　　　　(찰 만)</td><td>篆文</td></tr>
</table>

解說　‘水(물 수)’와 ‘㒼’을 조합한 글자임. 원래 ‘㒼’은 ‘겨울 방한용 무릎덮개’로, 자수(刺繡)를 가득 놓아 예쁘게 꾸민 것을 말한다. 그런데, ‘㒼’에 물(水)을 첨가하여 ‘가득 차다/가득하게 되다’는 뜻으로 사용하게 되었다. ＊일본 상용한자는 ‘満(12획)’으로, 중국 간체자(簡體字)는 ‘满(13획)’으로 표기한다.

例文　① 滿足(만족)　② 滿期(만기)　③ 滿員(만원)　④ 滿場一致(만장일치)

<table>
<tr><td>5</td><td>瞞 = 目 + 㒼</td></tr>
<tr><td></td><td>1급/16획　　　　　(속일 만)</td></tr>
</table>

解說　‘目(눈 목)’과 ‘㒼’을 조합한 글자임. ‘교묘하게 저울질(兩)을 하여 눈(目)을 속인다’는 데서 ‘속이다’는 뜻을 나타낸다. ＊중국 간체자(簡體字)는 ‘瞒(15획)’으로 표기한다.

例文　① 사람을 欺瞞(기만)하다　② 瞞然(만연 ; 눈을 감은 모양)

1	梁		金文 1	金文 2	篆文
	3급 / 11획	(들보/나무다리 **량**)			

解說 '물(水)의 흐름을 돌로 막거나 나무(木)로 막은 모양'을 나타낸 데서 '다리/들보'라는 뜻을 나타낸다.

例文 ① 橋梁(교량) ② 鷺梁津(노량진) ③ 梁上君子(양상군자)

2	樑 = 木 + 梁
	2급 / 15획 (들보 **량**)

解說 '木(나무 목)'과 '梁(들보 량)'을 조합한 글자임. '梁'과 똑같은 의미의 글자이나, 주로 인명(人名)에 사용한다.

3	粱 = 水 + 刃 + 米
	1급 / 13획 (기장 **량**)

解說 '水(물 수)'와 '刃(칼날 인)', '米(쌀 미)'를 조합한 글자임. '적당한 물(水)을 공급하고 김매기(刃)를 하면 맛있는 곡식(米)이 난다'는 데서 '기장'이라는 뜻을 나타낸다.

例文 ① 粱飯(양반) ② 膏粱珍味(고량진미) ③ 高粱酒(고량주)

量		甲骨文字	金文	篆文
5급 / 12획	(헤아릴/수량 **량**)			

🐛 **解說**   '아가리(口)가 큰 자루(東) 밑에 저울추(土)를 달아서 저울에 무게를 다는 모양'의 상형문자임. '물건을 저울에 달다'는 데서 '헤아리다/수를 세다'는 뜻을 나타낸다.

🐛 **例文**   ① 度量衡(도량형) ② 重量(중량) ③ 埋藏量(매장량) ④ 容量(용량)

糧 = 米 + 量		篆文
4급 / 18획	(양식 **량**)	

🐛 **解說**   '米(쌀 미)'와 '量(헤아릴 량)'을 조합한 글자임. '아가리(口)가 큰 자루(東) 밑에 저울추(土)를 달아서 사고팔고 하는 귀중한 쌀(米)'이라는 데서 '양식'이라는 뜻을 나타낸다.

🐛 **例文**   ① 軍糧米(군량미) ② 食糧(식량) ③ 糧穀(양곡) ④ 糧食(양식)

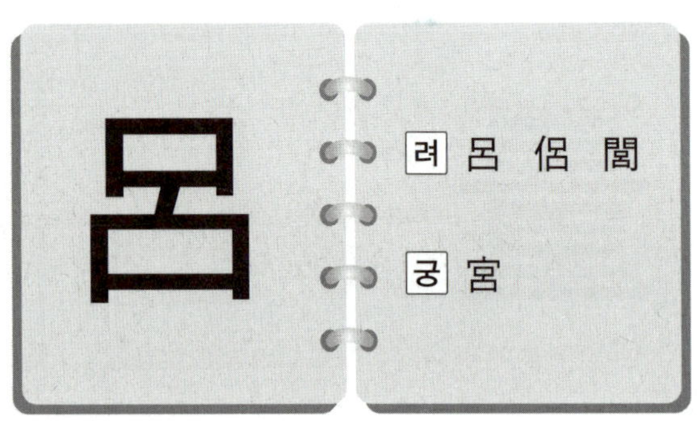

1

呂		吕	吕	吕
2급/7획	(법칙/성씨 **려**)	甲骨文字	金文	篆文

解說 '척추 뼈가 이어져 있는 모양'을 본뜬 상형문자임. '척추 뼈는 질서정연하다'는 데서 '법/법칙'이라는 뜻을 나타내는데, 주로 인명(人名)에 사용한다. *간체자는 '吕'임.

例文 ① 律呂(율려 ; 음악의 가락) ② 呂布(여포) ③ 呂雲亨(여운형)

2

侶 = 人 + 呂		侶
1급/9획	(짝 **려**)	篆文

解說 '人(사람 인)'과 '呂(법칙 려)'를 조합한 글자임. '둘이서 서로 뽀뽀(口＋口)하는 사이의 사람(人)들'이라는 데서 '짝/벗/동무'라는 뜻을 나타낸다. *간체자는 '侣'임.

例文 ① 伴侶(반려) ② 인생의 伴侶者(반려자)

3

閭 = 門 + 呂	
1급/15획	(마을 **려**)

解說 '門(문 문)'과 '呂(법칙 려)'를 조합한 글자임. '척추 뼈(呂)처럼 이어져 모여 있는 집(門)들'이라는 데서 '마을'이라는 뜻을 나타낸다. *간체자는 '闾'임.

例文 ① 閭閻(여염 ; 민간인) ② 閭家(여가 ; 여염집)

4	宮 = 宀 + 呂		甲骨文字	金文	篆文
4급 / 10획	(집 **궁**)				

解說　‘宀(집 면)’과 ‘呂(법칙 려)’를 조합한 글자임. ‘여러 개의 방(呂)이 이어져 있는 커다란 집(宀)’에서 ‘궁궐/대궐’이라는 뜻을 나타낸다. * 중국 간체자(簡體字)는 ‘宫’으로 표기한다. * 옛날의 집 구조는 대부분 방 한 칸에 모두 모여 생활하는 주거형태임을 연상하면 쉽게 이해할 수 있게 된다.

例文　① 宮殿(궁전) ② 宮女(궁녀) ③ 景福宮(경복궁) ④ 宮合(궁합)

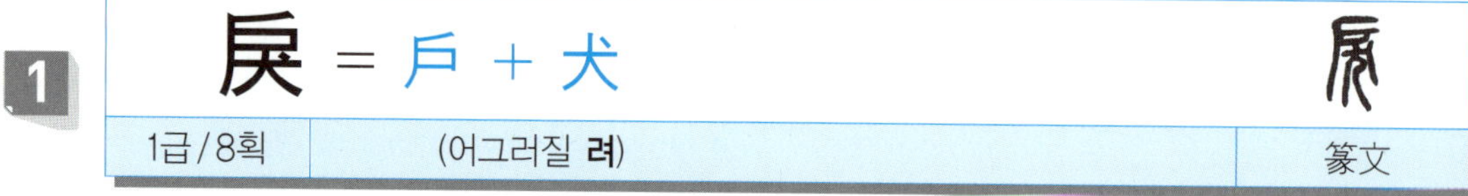

1 戾 = 戶 + 犬

| 1급/8획 | (어그러질 **려**) | 篆文 |

解說　'戶(지게문 / 외짝문 호)'와 '犬(개 견)'을 조합한 글자임. '집 출입구인 문간(戶)에 개(犬)를 잡아 희생제물(犧牲祭物)로 묻어두고 사악한 영(靈), 즉 부정(不淨)을 물리치는 것 같다'고 주장하는 학자도 있으나, '출입문(戶)의 개(犬)가 너무 무서워 손님이 되돌아가다'에서 '일이 어그러지다'는 뜻을 나타낸다. *일본 상용한자에서는 '戻(7획)'으로, 중국 간체자(簡體字)에서는 '戾(8획)'으로 표기한다.

例文　① 返戾(반려)　② 悖戾(패려 ; 언행이 일치하지 않고 사나움)

2 淚 = 水 + 戾

| 3급/11획 | (눈물 **루**) | 篆文 |

解說　'水(물 수)'와 '戾(어그러질 려)'를 조합한 글자임. '출입문(戶)의 개(犬) 때문에 눈물(水)을 흘리며 되돌아간다(戾)'는 데서 '눈물'이라는 뜻을 나타낸다. *일본 상용한자에서는 '涙(10획)'으로, 중국 간체자(簡體字)에서는 '泪(8획)'으로 표기한다.

例文　① 落淚(낙루)　② 催淚彈(최루탄)　③ 血淚(혈루)　④ 淚腺(누선)

力 (힘 력) 그룹 漢字

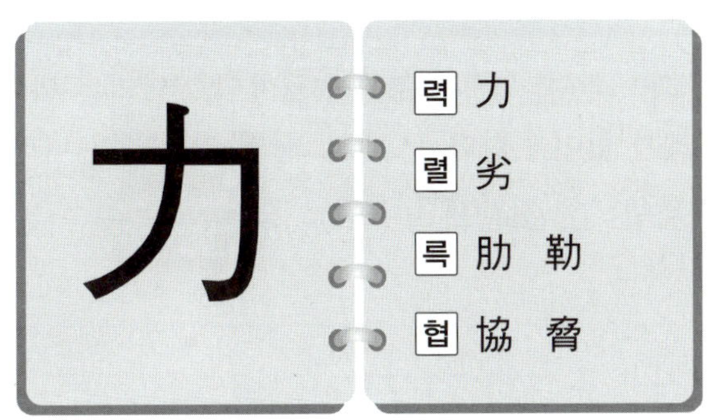

	력	力
	렬	劣
	륵	肋 勒
	협	協 脅

---

1 力

7급 / 2획	(힘 **력**)	甲骨文字	金文	篆文

解説 갑골문자(甲骨文字)와 금문(金文)에서는 '힘을 준 팔뚝 모양'이고, 전문(篆文)에서는 농기구의 일종인 '가래 / 쇠스랑 / 쟁기' 모양을 본뜬 상형문자로, '힘 / 에너지'라는 뜻을 나타낸다.

例文 ① 迫力(박력) ② 力道(역도) ③ 效力(효력) ④ 死力(사력) ⑤ 氣力(기력)

---

2 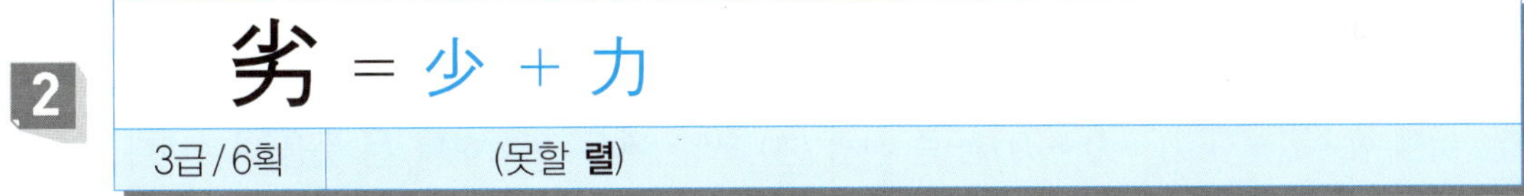

劣 = 少 + 力

3급 / 6획	(못할 **렬**)

解説 '少(적을 소)'와 '力(힘 력)'을 조합한 글자임. '다른 사람에 비해서 힘(力)이 적다(少)'는 데서 '남보다 못하다'는 뜻을 나타낸다.

例文 ① 劣惡(열악) ② 劣等感(열등감) ③ 拙劣(졸렬) ④ 卑劣(비열)

---

3 

肋 = 肉 + 力

1급 / 6획	(갈빗대 **륵**)

解説 '肉(고기 / 몸 육)'과 '力(힘 력)'을 조합한 글자임. '갈빗대(肉) 모양'을 본뜬 글자로, '갈빗대가 있어야 힘(力)을 쓴다'는 데서 '갈비'라는 뜻을 나타낸다.

例文 ① 肋骨(늑골) ② 肋膜炎(늑막염) ③ 鷄肋(계륵)

4 　**勒** = 革 + 力

1급 / 11획　　　　(굴레 **륵**)

解說　'革(가죽 혁)'과 '力(힘 력)'을 조합한 글자임. '달리는 말의 힘(力)을 조절하려면 가죽(革)으로 만든 굴레가 있어야 한다'는 데서 '굴레'라는 뜻을 나타낸다.

例文　① 鉤勒法(구륵법)　② 彌勒佛(미륵불)

5　**協** = 十 + 力力力

4급 / 8획　　　　(화할 **협**)

解說　'十(열 십)'과 '力(힘 력)'을 조합한 글자임. '열 사람(十)이 힘＋힘＋힘(力＋力＋力)을 합쳐서 일을 한다'는 데서 '뜻이 맞다／화합하다'는 뜻을 나타낸다. ＊중국 간체자(簡體字)에서는 '协'으로 표기한다.

例文　① 協力(협력)　② 協同(협동)　③ 協助(협조)　④ 協約(협약)　⑤ 協定(협정)

6　**脅** = 力力力 + 肉

10획　　　　(위협할 **협**)

解說　'力＋力＋力(힘 력)'과 '肉(고기／몸 육)'을 조합한 글자임. '목과 양팔 모두 세 군데에 힘＋힘＋힘(力＋力＋力)을 준 사람(肉) 모양'에서 '위협하다'는 뜻을 나타낸다.
　＊'肉(몸／고기 육)'이 다른 글자와 조합하여 글자 왼쪽이나 아래쪽에 오면 '月(육달월)'로 글자 모양이 바뀐다. ＊중국 간체자(簡體字)에서는 '胁'으로 표기한다.

例文　① 脅迫(협박)　② 威脅(위협)

1

厤		甲骨文字	金文	篆文
12획	(다스릴 **력**)			

解說　갑골문자(甲骨文字)에서는 '군대(軍隊)의 본진(本陣)을 출입하는 정문(正門) 모양'을 나타내고 있는데, '이곳 정문(禾+禾)에서 군대의 규율에 따라 일을 결정한다'는 데서 '다스리다'는 뜻을 나타내나, 단독으로는 잘 쓰이지 않는다.

2

曆 = 厤 + 曰		金文	篆文
3급 / 16획	(책력 / 달력 **력**)		

解說　'厤(다스릴 력)'과 '曰(가로되 왈)'을 조합한 글자임. '군대(厤)에서 세운 공을 표창(曰)하는 것'을 '曆(력)'이라고 했는데, 훗날 '달력'으로 쓰이게 되었다. ＊일본 상용한자는 '暦', 중국 간체자는 '历'임.

例文　① 太陽曆(태양력)　② 陰曆(음력)　③ 册曆(책력)

3

歷 = 厤 + 止		甲骨文字	金文	篆文
5급 / 16획	(지날 / 다닐 **력**)			

解說　'厤(다스릴 력)'과 '止(그칠 지)'를 조합한 글자임. '군대(厤)에 근무(止＝足)한 경험이 있다'는 데서 '지내다 / 다니다 / 경험하다'는 뜻이다. ＊일본 상용한자는 '歴'임.

例文　① 履歷書(이력서)　② 經歷(경력)　③ 歷史(역사)　④ 歷任(역임)

<table>
<tr><td>4</td><td>瀝 = 水 + 歷</td></tr>
<tr><td></td><td>1급 / 19획   (스밀 / 물방울 력)</td></tr>
</table>

解說　'水(물 수)'와 '歷(지낼 력)'을 조합한 글자로, '물방울/스며들다'는 뜻을 나타낸다. * '水(물 수)'가 다른 글자와 조합하여 글자 왼쪽에 오면 'ⵐ(삼수변)'으로 글자 모양이 바뀐다. * 중국 간체자(簡體字)에서는 '沥'으로 표기한다.

例文　① 瀝靑(역청 ; 아스팔트)　② 披瀝(피력)

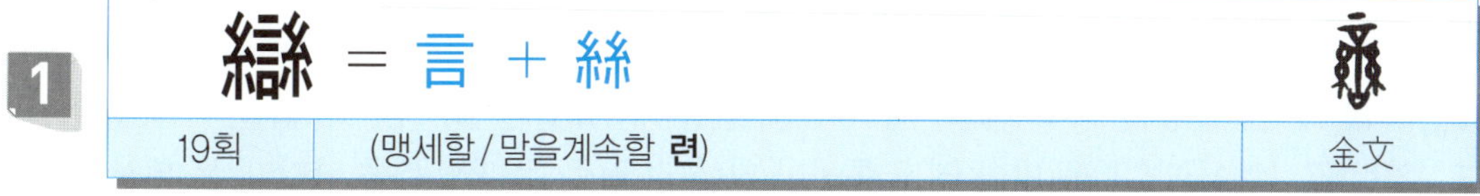

1   䜴 = 言 + 絲

| 19획 | (맹세할 / 말을계속할 **련**) | 金文 |

解說   '言(말씀 언)'과 '絲(실 사)'를 조합한 글자임. '신(神)에게 실(絲)처럼 끊임없이 맹세의 말(言)을 한다' 는 뜻의 글자이다.

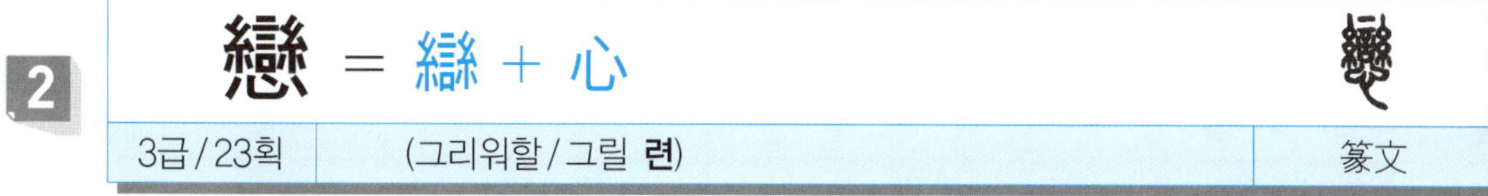

2   戀 = 䜴 + 心

| 3급 / 23획 | (그리워할 / 그릴 **련**) | 篆文 |

解說   '言(말씀 언)'과 '絲(실 사)', '心(마음 심)'을 조합한 글자임. '신(神)을 사랑을 하게 되면 실(絲)처럼 끊임없이 말(言)을 많이 하면서 마음(心)으로 그리워하게 된다' 는 데서 '그리워하다 / 그립다' 는 뜻을 나타낸다.   * 일본 상용한자와 간체자는 '恋' 임.

例文   ① 戀愛(연애)   ② 戀人(연인)   ③ 失戀(실연)   ④ 悲戀(비련)

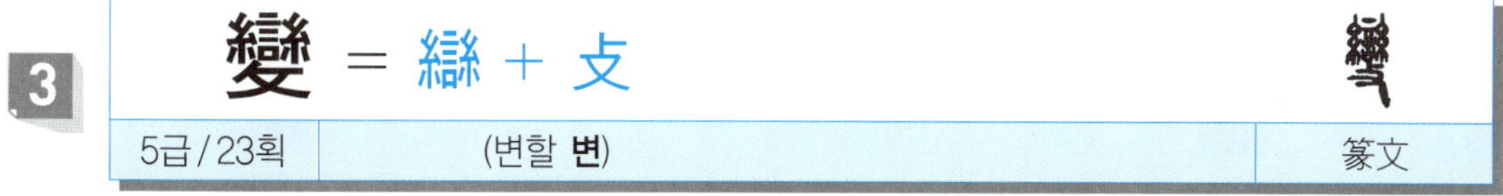

3   變 = 䜴 + 攴

| 5급 / 23획 | (변할 **변**) | 篆文 |

解說   '言(말씀 언)'과 '絲(실 사)', '攴(때릴 / 칠 복)'을 조합한 글자임. '실(絲)처럼 끊임없이 말(言)을 많이 하는 사랑하는 사이라도 사람을 때리면(攴) 마음이 변해 버린다' 는 데서 '변하다' 는 뜻을 나타낸다.   * 일본은 '変' 이고, 간체자는 '变' 임.

例文   ① 變心(변심)   ② 變造(변조)   ③ 變化(변화)   ④ 變色(변색)   ⑤ 不變(불변)

4	**蠻** = 絲糸 + 虫	
2급/25획	(오랑캐 **만**)	

解說 ‘言(말씀 언)’과 ‘絲(실 사)’, ‘虫(벌레 충)’을 조합한 글자임. ‘실(絲)처럼 끊임없이 말(言)을 많이 해도 통하지 않는 벌레(虫) 같은 오랑캐’ 라는 뜻이다. ＊일본 상용한자와 중국 간체자(簡體字)에서는 ‘蛮’으로 표기한다.

例文 ① 野蠻人(야만인) ② 蠻行(만행) ③ 蠻勇(만용)

5	**彎** = 絲糸 + 弓	
1급/22획	(굽을／당길 **만**)	

解說 ‘言(말씀 언)’과 ‘絲(실 사)’, ‘弓(활 궁)’을 조합한 글자임. ‘평화를 위해서 실(絲)처럼 끊임없이 말(言)을 많이 해도 통하지 않는 적군에게는 활(弓)을 당긴다’ 는 데서 ‘활을 당기다／활처럼 굽다’ 는 뜻을 나타낸다. ＊중국 간체자(簡體字)는 ‘弯’임.

例文 ① 彎月(만월 ; 승달) ② 彎曲(만곡 ; 활처럼 휨) ③ 彎弓(만궁 ; 활을 쏨)

6	**灣** = 水 + 彎	
2급/25획	(물굽이 **만**)	

解說 ‘水(물 수)’와 ‘彎(굽을 만)’을 조합한 글자임. ‘활(弓)처럼 휘어진 해안(海岸)으로 끊임없이(絲) 이어지는 물(水)굽이’ 라는 뜻을 나타낸다. ＊일본 상용한자에서는 ‘湾’으로, 중국 간체자(簡體字)에서는 ‘湾’으로 글자 모양이 약간 다르다.

例文 ① 港灣(항만) ② 永日灣(영일만)

7	**鸞** = 絲糸 + 鳥	
1급/30획	(난새 **란**)	

解說 ‘言(말씀 언)’과 ‘絲(실 사)’, ‘鳥(새 조)’를 조합한 글자임. ‘실(絲)에 방울을 달아 임금의 수레에 다는 봉황새(鳥)’ 라는 데서 ‘난새／봉황새’ 라는 뜻이다. ＊간체자는 ‘鸾’임.

例文 ① 鸞駕(난가 ; 임금의 수레) ② 鸞旗(난기 ; 임금의 깃발)

1 連 = 車 + 辶　　　　　　　　　　　　　　　　　　轉

| 4급 / 11획 | (이을 **련**) | 篆文 |

🐛 **解說**　'車(수레 거/차)'와 '辶(쉬엄쉬엄갈 착)'을 조합한 글자임. '무기와 군량미를 실은 수레(車)가 끊임없이 전쟁터로 간다(辶)'는 데서 '이어지다/잇다'라는 뜻을 나타낸다.

🐛 **例文**　① 連結(연결)　② 連絡(연락)　③ 連續劇(연속극)

2 蓮 = 艸 + 連

| 3급 / 15획 | (연 / 연꽃 **련**) |

🐛 **解說**　'艸(풀 초)'와 '連(이을 련)'을 조합한 글자임. '연꽃의 열매인 연밥은 둥근 수레(車)바퀴 모양이고, 뿌리는 계속 이어져(連) 뻗어 가는(辶) 식물'이라는 데서 '연/연꽃'이라는 뜻을 나타낸다. *중국 간체자에서는 '莲'으로 표기함.

🐛 **例文**　① 蓮根(연근)　② 蓮花(연화)　③ 木蓮(목련)　④ 蓮葉(연엽)

3 漣 = 水 + 連

| 2급 / 14획 | (잔물결 **련**) |

🐛 **解說**　'水(물 수)'와 '連(이을 련)'을 조합한 글자임. '계속 이어져(連) 움직이는 잔잔한 물결(水)'이라는 데서 '잔물결'이라는 뜻을 나타낸다. *간체자는 '涟'으로 표기함.

🐛 **例文**　① 淸漣(청련)　② 경기도 漣川郡(연천군)

1 列 = 歹 + 刀

| 4급 / 6획 | (벌릴 / 줄지을 **열**) | 篆文 |

解說 '歹(뼈앙상할 알)'과 '刀(칼 도)'를 조합한 글자임. '칼(刀)로 뼈(歹)와 살을 분리시켜 죽 늘어놓았다'는 데서 '줄지어 늘어서다 / 벌리다'라는 뜻을 나타낸다.

例文 ① 配列(배열) ② 列擧(열거) ③ 行列(행렬) ④ 序列(서열) ⑤ 列島(열도)

2 烈 = 列 + 火

| 4급 / 10획 | (매울 / 굳셀 **렬**) | 金文 | 篆文 |

解說 '列(벌릴 렬)'과 '火(불 화)'를 조합한 글자임. '세찬 불길(火)에 뼈(歹)만 남고 다 타버린다'는 데서 '격렬하다 / 맵다 / 사납다'는 뜻을 나타낸다.

例文 ① 烈女(열녀) ② 激烈(격렬) ③ 烈士(열사) ④ 先烈(선열)

3 裂 = 列 + 衣

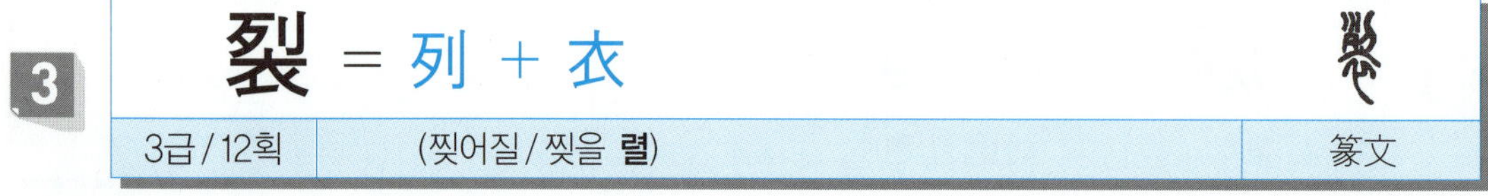

| 3급 / 12획 | (찢어질 / 찢을 **렬**) | 篆文 |

解說 '列(벌릴 렬)'과 '衣(옷 의)'를 조합한 글자임. '칼(刀)로 뼈(歹)를 분리시키듯 옷(衣)을 잘라 찢다'는 데서 '찢다'는 뜻을 나타낸다.

例文 ① 四分五裂(사분오열) ② 分裂(분열) ③ 破裂(파열) ④ 裂傷(열상)

4 | 例 = 人 + 列 | 
6급/8획 | (법식/본보기 **례**) | 篆文

解說　'人(사람 인)'과 '列(벌릴 렬)'을 조합한 글자임. '뼈(歹)들이 늘어서(列) 있듯이 사람(人)들이 질서정연하게 줄지어 서 있다'는 데서 '본보기/법식'의 뜻을 나타낸다.

例文　① 慣例(관례)　② 事例(사례)　③ 先例(선례)　④ 例文(예문)　⑤ 例外(예외)

1 鼠

| 15획 | (긴갈기 **렵**) | 篆文 |

解說　'갈기 가 긴 짐승'을 본뜬 상형문자(象形文字)이나, 단독으로는 잘 쓰이지 않는다.

2  獵 ＝ 犬 ＋ 鼠

| 3급 / 18획 | (사냥 **렵**) | 金文 | 篆文 |

解說　'犬(개 견)'과 '鼠(긴갈기 렵)'을 조합한 글자임. '사냥개(犬)를 동원하여 갈기가 긴 동물(鼠)을 사냥한다'는 데서 '사냥하다'는 뜻을 나타낸다. ＊일본 상용한자에서는 '猟(11획)'으로, 중국 간체자(簡體字)에서는 '猎'으로 표기한다.

例文　① 狩獵(수렵)　② 獵銃(엽총)　③ 獵奇的(엽기적)

3 蠟 ＝ 虫 ＋ 鼠

| 1급 / 21획 | (밀 / 벌똥 **랍**) |

解說　'虫(벌레 충)'과 '鼠(긴갈기 렵)'을 조합한 글자임. '꿀벌(虫)의 더듬이(巛)와 머리(囟), 다리(鼠)에 꿀이나 벌똥이 묻어 있는 모양'을 본떠서 '밀 / 벌똥'이라는 뜻을 나타낸다. ＊중국 간체자(簡體字)에서는 '蜡'으로 표기한다.

例文　① 蜜蠟(밀랍)　② 蜜蠟人形(밀랍인형)　③ 蠟淚(납루)

4	臘 = 肉 + 鼠	
1급 / 19획	(섣달 **랍**)	篆文

解說 '肉(고기/몸 육)'과 '鼠(긴갈기 렵)'을 조합한 글자임. '갈기가 긴 동물(鼠)을 잡아 그 고기(肉)로 섣달에 제사지낸다'는 데서 '섣달/연말(年末)'이라는 뜻을 나타낸다. *무슨 뜻으로 그렇게 하였는지는 정확한 기록이 없다. *중국 간체자(簡體字)에서는 '腊'으로 표기한다.

例文 ① 구랍(舊臘 ; 지난 해 12월) ② 납월(臘月 ; 음력 12월)

1 令

| 5급 / 5획 | (하여금 / 명령할 **령**) | 甲骨文字 | 金文 | 篆文 |

解說　갑골문자(甲骨文字)와 금문(今文)에서는 '머리에 관(冠)을 쓰고 신(神) 앞에 꿇어 앉아 신(神)의 계시(啓示)를 받는 모습'을 묘사한 상형문자임. '신(神)의 명령에 따른다'는 데서 '하게 하다 / 명령하다'는 뜻을 나타낸다. * 중국 간체자는 '令'임.

例文　① 命令(명령)　② 號令(호령)　③ 令狀(영장)　④ 司令官(사령관)

2 領 = 令 + 頁

| 5급 / 14획 | (거느릴 **령**) |

解說　'令(하여금 / 명령할 령)'과, '頁(머리 혈)'을 조합한 글자임. '우두머리(頁)가 명령(令)을 내려 다스린다'는 데서 '거느리다 / 다스리다'는 뜻이다. * 간체자는 '领'임.

例文　① 大統領(대통령)　② 領土(영토)　③ 領域(영역)　④ 大領(대령)　⑤ 中領(중령)

3 嶺 = 山 + 領

| 3급 / 17획 | (고개 / 산봉우리 **령**) |

解說　'山(메 / 뫼 산)'과 '領(거느릴 령)'을 조합한 글자임. '높은 산(山)봉우리는 여러 개의 고개를 거느린다(領)'는 데서 '고개 / 산봉우리'라는 뜻이다. * 간체자는 '岭'임.

例文　① 大關嶺(대관령)　② 分水嶺(분수령)　③ 嶺南(영남)　④ 嶺東(영동)

4 零 = 雨 + 令

3급 / 13획 　　(떨어질 / 영 **령**)

解說　‘雨(비 우)’와 ‘令(하여금/명령할 령)’을 조합한 글자임. ‘하늘의 명령(令)에 따라 빗방울(雨)이 떨어진다’는 데서 ‘(땅바닥으로) 떨어지다/제로/영’이라는 뜻을 나타낸다. ＊중국 간체자(簡體字)는 ‘零’임.

例文　① 零下(영하)　② 零度(영도)　③ 零點(영점)　④ 零細民(영세민)

5 玲 = 玉 + 令

2급 / 9획 　　(옥소리 **령**)

解說　‘玉(구슬 옥)’과 ‘令(하여금/명령할 령)’을 조합한 글자임. ‘우렁차게 명령(令)하는 목소리가 옥(玉)소리와 같다’는 뜻이나, 주로 인명(人名)에 사용한다. ＊간체자는 ‘玲’임. ＊玉(구슬 옥)이 다른 글자와 조합하여 글자 왼쪽에 오면 ‘王(구슬옥변)’으로 글자 모양이 바뀐다. 이 경우에는 ‘王(임금왕)’이라고 하지 않음에 유의해야 한다.

例文　① 玉玲(옥령 ; 옥이 울리는 소리)　② 玲瓏(영롱)

6 囹 = 囗 + 令

1급 / 8획 　　(옥/감옥 **령**)

解說　‘囗(에워쌀 위)’와 ‘令(하여금/명령할 령)’을 조합한 글자임. ‘명령(令)에 따라 죄인을 감옥(囗)에 가둔다’는 데서 ‘감옥’이라는 뜻을 나타낸다. ＊간체자는 ‘囹’임.

例文　① 囹圄(영어)의 몸　② 囹圄空虛(영어공허)

7 鈴 = 金 + 令

1급 / 13획 　　(방울 **령**)

解說　‘金(쇠 금)’과 ‘令(하여금/명령할 령)’을 조합한 글자임. ‘사용하는 사람의 명령(令)에 따라 소리를 내는 쇠(金)로 된 방울’이라는 데서 ‘방울’이라는 뜻을 나타낸다.

例文　① 風鈴(풍령)　② 電鈴(전령)　③ 掩耳盜鈴(엄이도령)

8 　**齡** = **齒** + **令**

| 1급 / 20획 | (나이 **령**) |

🐛 **解說**　'齒(이 치)'와 '令(하여금/명령할 령)'을 조합한 글자임. '하늘의 명령(令)으로 나이를 먹어감에 따라 치아(齒)의 수효가 늘어난다'는 데서 '나이/연령'이라는 뜻을 나타낸다.

🐛 **例文**　① 年齡(연령)　② 妙齡(묘령)　③ 老齡(노령)　④ 高齡者(고령자)

9 　**怜** = **心** + **令**

| 특급 / 8획 | (영리할 **령**) |

🐛 **解說**　'心(마음 심)'과 '令(하여금/명령할 령)'을 조합한 글자임. '주인의 명령(令)에 따라 재빠르게 행동하는 사람의 마음(心)'에서 '영특하다/영리하다/총명하다'는 뜻을 나타낸다. *중국 간체자(簡體字)는 '怜'임. *'心(마음 심)'이 다른 글자와 조합하여 글자 왼쪽에 오면 '忄(마음심변/심방변)'으로 글자 모양이 바뀐다.

🐛 **例文**　① 怜悧(영리)하다

10 　**冷** = **冫** + **令**

| 5급 / 7획 | (찰 **랭**) |

🐛 **解說**　'冫(얼음 빙)'과 '令(하여금/명령할 령)'을 조합한 글자임. '명령(令)은 얼음(冫)처럼 차갑다'는 데서 '차다/차갑다'는 뜻을 나타낸다. *중국 간체자(簡體字)는 '冷'임. *'冫(얼음 빙)'은 '氷(얼음 빙)'의 초문자(初文字)임.

🐛 **例文**　① 寒冷前線(한랭전선)　② 冷藏庫(냉장고)　③ 冷水(냉수)　④ 冷笑(냉소)

11 　**命** = **令** + **口**

| 7급 / 8획 | (목숨/분부 **명**) | 甲骨文字 | 金文 | 篆文 |

🐛 **解說**　'令(하여금/명령할 령)'과 '口(입 구)'를 조합한 글자임. '사람(人)의 목숨이 신(神)의 명령(令) 한(一) 마디(口)에 달려있다'는 데서 '목숨/생명'이라는 뜻을 나타낸다. *'인명(人命)은 재천(在天)이다'는 말은 여기에서 나온 말이다.

🐛 **例文**　① 命令(명령)　② 生命(생명)　③ 運命(운명)　④ 命在頃刻(명재경각)

---

1 老 = 耂 + 匕

| 7급 | (늙을 **로**) | 金文 | 篆文 |

解說 '耂(늙을로변)'과 '匕(구부릴 비)'를 조합한 글자임. '땅(土)에 지팡이(丿)를 짚고 있는 구부정한(匕) 사람'이라는 데서 '노인'이라는 뜻을 나타낸다.

例文 ① 老人(노인) ② 養老院(양로원) ③ 老弱者(노약자) ④ 老衰(노쇠)

---

2 耆 = 老 + 日

| 2급 / 10획 | (늙을 / 늙은이 **기**) |

解說 '老(늙을 로)'와 '日(가로되 왈)'을 조합한 글자임. '노인(老)은 지식과 경험이 많기 때문에 자연히 말(日)을 많이 하게 된다'는 데서 '늙은이'라는 뜻을 나타낸다.

例文 ① 耆老(기로 ; 노인) ② 耆儒(기유 ; 노인 학자)

---

3 嗜 = 口 + 耆

| 1급 / 13획 | (즐길 **기**) |

解說 '口(입 구)'와 '耆(늙은이 기)'를 조합한 글자임. '노인(耆)이 되면 입(口)에 맞는 음식만 즐겨 드신다'는 데서 '즐겨 좋아하다'는 뜻을 나타낸다.

例文 ① 嗜好(기호) ② 嗜好食品(기호식품)

4　考 = 耂 + 丂　　　　金文　篆文
5급/6획　　（생각할 **고**）

解說　‘耂(늙을로변)’과 ‘丂’을 조합한 글자임. ‘머리가 긴 노인(耂)이 지팡이(丂)를 짚고 서 있는 모습’에서 ‘경험이 많은 노인(老)은 무슨 일을 하기 전에 이것저것 살펴서 생각해 본다’는 데서 ‘생각하다/조사하다/비교하다’는 뜻을 나타낸다.

例文　① 考慮(고려)　② 考案(고안)　③ 考古學(고고학)　④ 考證(고증)

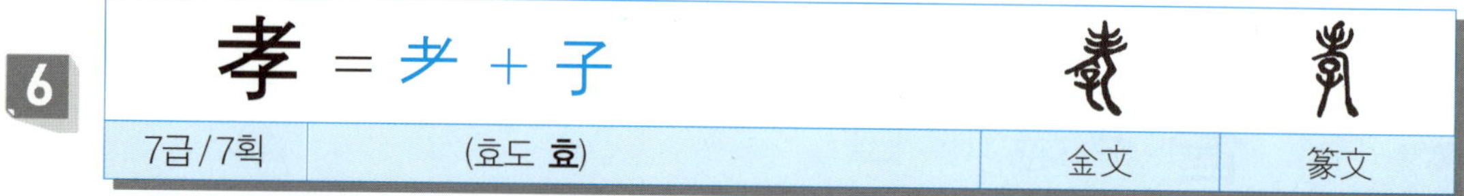

5　拷 = 手 + 考
1급/9획　　（칠/때릴 **고**）

解說　‘手(손 수)’와 ‘考(생각할 고)’를 조합한 글자임. ‘생각(考)도 없이 경솔하게 말하거나 행동한 자에게는 손(手)으로 때린다’에서 ‘치다/때리다’는 뜻을 나타낸다. ＊‘手(손 수)’가 다른 글자와 조합하여 글자 왼쪽에 오면 ‘扌(손수변)’으로 글자 모양이 바뀐다.

例文　① 拷問(고문)　② 拷打(고타 ; 고문할 때 때림)

6　孝 = 耂 + 子　　　　金文　篆文
7급/7획　　（효도 **효**）

解說　‘耂(늙을로변)’과 ‘子(아들/아이 자)’를 조합한 글자임. ‘효도하는 자식(子)이 늙으신 부모(耂)를 등에 업고 있는 모습’에서 ‘효도’라는 뜻을 나타낸다.

例文　① 孝道(효도)　② 孝子(효자)　③ 孝行(효행)　④ 孝悌忠信(효제충신)

7　哮 = 口 + 孝
1급/10획　　（성낼 **효**）

解說　‘口(입 구)’와 ‘孝(효도 효)’를 조합한 글자임. ‘불효자식에게 효도(孝)하라고 말(口)을 하면 오히려 화를 낸다’는 데서 ‘성내다/화내다’는 뜻을 나타낸다.

例文　① 咆哮(포효)　② 哮症(효증 ; 백일해)

8 酵 = 酉 + 孝

| 1급 / 14획 | (삭힐 / 술괼 **효** / 술찌끼 **교**) |

🐛 **解說** '酉(술병 / 술단지 유)'와 '孝(효도 효)'를 조합한 글자임. '술(酉)이 잘 익도록 효도(孝)하는 효소'라는 데서 '삭이다 / 술찌끼'라는 뜻을 나타낸다.

🐛 **例文** ① 酵素(효소) ② 醱酵(발효) ③ 無酵餠(무교병)

---

9 教 = 爻 + 子 + 攴

| 8급 / 11획 | (가르칠 **교**) | 甲骨文字 | 金文 | 篆文 |

🐛 **解說** '爻(사귈 효)'와 '子(아들 / 아이 자)', '攴(때릴 / 칠 복)'을 조합한 글자임. '아이(子)에게 산가지(爻)로 숫자를 가르칠 때, 때로는 매(攴)를 들어 때리기도 한다'는 데서 '가르치다'는 뜻을 나타낸다. * 일본 상용한자와 중국 간체자에서는 '教(교)'로 표기한다.

🐛 **例文** ① 敎育(교육) ② 敎師(교사) ③ 宗敎(종교) ④ 敎授(교수) ⑤ 敎養(교양)
　　　⑥ 敎學相長(교학상장)

---

1 路 = 足 + 各   路   路

| 6급/13획 | (길 **로**) | | 金文 | 篆文 |

解說 '足(발 족)'과 '各(각각 각)'을 조합한 글자임. '하늘에서 내려온 신(各)이 발(足)로 걸어다니는 길'이라는 뜻을 나타낸다. * '各'은 19페이지 참조.

例文 ① 路上强盜(노상강도) ② 路面(노면) ③ 街路樹(가로수) ④ 路柳墙花(노류장화)

---

2 露 = 雨 + 路

| 3급/20획 | (이슬/드러날 **로**) |

解說 '雨(비 우)'와 '路(길 로)'를 조합한 글자임. '신(神)이 다녀간 길(路)의 풀잎에는 비(雨)가 온 것처럼 이슬이 맺혀있다/(다녀간 흔적이) 드러나다'라는 뜻을 나타낸다.

例文 ① 人生如朝露(인생여조로) ② 露出(노출) ③ 暴露(폭로)

---

3 鷺 = 路 + 鳥

| 2급/23획 | (백로/해오라기 **로**) |

解說 '路(길 로)'와 '鳥(새 조)'를 조합한 글자임. '신(神)이 다니는 길(路)로 날아다니는 새(鳥)'라는 데서 '백로/해오라기'라는 뜻을 나타낸다.

例文 ① 白鷺(백로) ② 서울 鷺梁津(노량진)

1	盧		甲骨文字	金文	篆文
	2급/16획	(밥그릇/검을 **로**)			

解說　갑골문자(甲骨文字)에서는 '그릇(皿) 옆에 호랑이(虎)처럼 입을 크게 벌린 사람 모습'이고, 금문(金文)에서는 '그릇(皿) 위에 여러 음식과 커다란 입을 묘사한 것'인데, 주로 인명(人名)에 사용한다. * 중국 간체자(簡體字)는 '卢'임.

例文　① 盧泰愚(노태우)　② 盧照隣(노조린 ; 唐代의 문학자)

2	爐 = 火 + 盧
	3급/20획　(화로 **로**)

解說　'火(불 화)'와 '盧(밥그릇 로)'를 조합한 글자임. 불(火)을 담아두는 그릇(盧)'이라는 데서 '화로'라는 뜻을 나타낸다. * 중국 간체자는 '炉'임.

例文　① 火爐(화로)　② 原子爐(원자로)　③ 煖爐(난로)　④ 爐邊情談(노변정담)

3	蘆 = 艸 + 盧
	2급/20획　(갈대 **로**)

解說　'艸(풀 초)'와 '盧(농막집 려)'를 조합한 글자임. '농막(盧) 지붕(广)'을 이는 데 사용하는 풀(艸)은 갈대'라는 뜻을 나타낸다. * 중국 간체자는 '芦'임.

例文　① 蘆笛(노적 ; 갈대피리)　② 蘆岸(노안 ; 갈대숲이 있는 언덕)

4 廬 = 广 + 盧

2급/16획　　(농막집 **려**)

解說　'广(집 엄)'과 '盧(밥그릇 로)'를 조합한 글자임. '엎어높은 밥그릇(盧)처럼 볼품 없이 만든 농막(广)'이라는 데서 '농막집'이라는 뜻을 나타낸다. *중국 간체자(簡體字)에서는 '庐'로 표기한다.

例文　① 三顧草廬(삼고초려)　② 廬幕(여막)

1

录			
8획	(나무깎을 **록**)	甲骨文字	金文	篆文

解說 '어떤 도구를 사용하여 나무를 다듬는 모양'을 본뜬 상형문자로, '나무를 깎다'는 뜻을 나타내나, 단독으로는 쓰이지 않는다.

2

綠 = 糸 + 录	
6급 / 14획	(푸를 **록**)

解說 '糸(실 사)'와 '录(나무깎을 록)'을 조합한 글자임. '나무껍질을 벗겨내면(录) 섬유질(糸) 색깔이 파랗다'는 데서 '녹색/파랗다'는 뜻이다. * 일본은 '緑', 중국은 '绿'임.

例文 ① 綠色(녹색) ② 綠茶(녹차) ③ 綠衣紅裳(녹의홍상) ④ 綠陰芳草(녹음방초)

3

錄 = 金 + 录	
4급 / 16획	(기록할 **록**)

解說 '金(쇠 금)'과 '录(나무깎을 록)'을 조합한 글자임. '쇠붙이(金)로 나무를 깎아서 (录) 기록한다'는 데서 '기록하다'는 뜻이다. * 일본은 '錄', 중국은 '录'임.

例文 ① 記錄(기록) ② 錄音器(녹음기) ③ 錄畫(녹화) ④ 登錄(등록)

4 祿 = 示 + 录		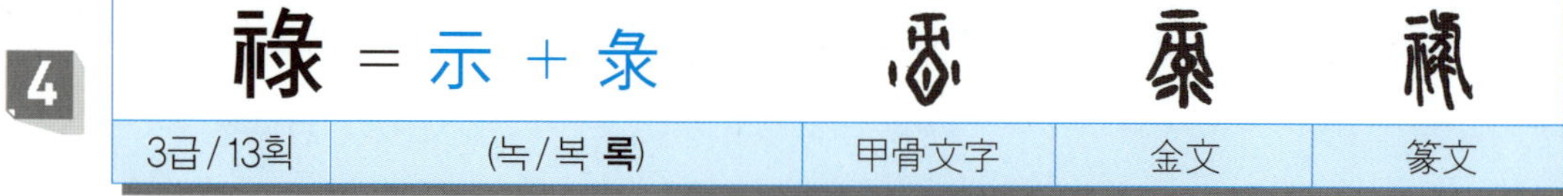		
3급 / 13획	(녹/복 **록**)	甲骨文字	金文	篆文

🐛 **解說** '示(제사지낼/보일 시)'와 '录(나무깎을 록)'을 조합한 글자임. '나무를 깎아(录) 신(神)에게 바치는 주문을 새겨서 신(神)에게 제사(示)지내면 복을 받는다'는 데서 '복/녹봉'이라는 뜻을 나타낸다. * 일본과 중국 간체자(簡體字)는 '禄'으로 표기한다.

🐛 **例文** ① 國祿(국록) ② 福祿(복록) ③ 貫祿(관록) ④ 祿俸(녹봉)

5 碌 = 石 + 录	
1급 / 13획	(푸른돌 **록**)

🐛 **解說** '石(돌 석)'과 '录(나무깎을 록)'을 조합한 글자임. '나무를 깎았을(录) 때처럼 돌(石)에도 이끼가 끼어 파랗다'는 데서 '푸른 돌'이라는 뜻을 나타낸다. * 중국 간체자(簡體字)에서는 '碌'으로 표기한다.

🐛 **例文** ① 碌靑(녹청 ; 구리에 생기는 녹)

6 剝 = 录 + 刀	
1급 / 10획	(벗길 **박**)

🐛 **解說** '录(나무깎을 록)'과 '刀(칼 도)'를 조합한 글자임. '칼(刀)로 나무껍질을 벗겨서 다듬는다(录)'는 데서 '칼로 벗기다/칼로 째다'는 뜻을 나타낸다. * 중국 간체자(簡體字)에서는 '剥'으로 표기한다. * '刀(칼 도)'가 다른 글자와 조합하여 글자 오른쪽에 오면 'リ(선칼도)'로 글자 모양이 바뀐다.

🐛 **例文** ① 剝製(박제) ② 剝奪(박탈) ③ 剝脫(박탈)

1　鹿　　　　甲骨文字　金文　篆文

| 3급 / 11획 | (사슴 **록**) | 甲骨文字 | 金文 | 篆文 |

解說　갑골문자(甲骨文字)와 금문(金文)에서는 '뿔이 있는 수사슴의 옆모습'을 본뜬 상형문자로, '사슴' 이라는 뜻을 나타낸다.

例文　① 馴鹿(순록)　④ 白鹿潭(백록담)　① 鹿茸(녹용)　② 鹿角(녹각)

2　麓 = 林 + 鹿

| 1급 / 19획 | (산기슭 **록**) |

解說　'林(수풀 림)'과 '鹿(사슴 록)'을 조합한 글자임. 갑골문(甲骨文)과 금문(金文)에서는 '林(수풀 림)'과 '彔(나무깎을 록)'을 조합한 글자이나, 전문(篆文)에서는 '사슴(鹿)이 나타나는 숲(林)' 이라는 데서 '산기슭' 이라는 뜻을 나타낸다.

例文　① 山麓(산록)　② 麓村(녹촌)

3　麗　　　　甲骨文字　金文　篆文

| 4급 / 19획 | (고울 **려**) | 甲骨文字 | 金文 | 篆文 |

解說　'수사슴(鹿)의 아름다운 뿔 모양'을 본뜬 상형문자(象形文字)로, '아름답다 / 곱다' 는 뜻을 나타낸다. ＊중국 간체자(簡體字)로는 '丽' 임.

例文　① 美麗(미려)　② 秀麗(수려)　③ 高麗(고려)　④ 高句麗(고구려)

4 驪 ＝ 馬 ＋ 麗

2급 / 29획　　　　(검은말 **려**)

解說　'馬(말 마)'와 '麗(고울 려)'를 조합한 글자임. '검정색 윤기가 흐르는 아름다운(麗) 말(馬)'에서 '검은 말'이라는 뜻을 나타낸다. ＊중국 간체자(簡體字)는 '骊'임.

例文　① 경기도 驪州(여주)　② 驪駕(여가 ; 두 필의 말이 끄는 수레)

5 灑 ＝ 水 ＋ 麗

1급 / 22획　　　　(뿌릴 **쇄**)

解說　'水(물 수)'와 '麗(고울 려)'를 조합한 글자임. '아름답게(麗) 하기 위해서 물(水)을 뿌려 청소한다'는 데서 '물을 뿌리다'는 뜻을 나타낸다. ＊중국 간체자(簡體字)는 '洒'임.

例文　① 灑淚雨(쇄루우 ; 음력 7월6일에 내리는 비)　② 灑掃(쇄소 ; 물 청소)

6 塵 ＝ 鹿 ＋ 土

2급 / 14획　　　　(티끌 **진**)　　　　　　　　篆文

解說　'鹿(사슴 록)'과 '土(흙 토)'를 조합한 글자임. '여러 마리의 사슴(鹿)이 달릴 때 생기는 흙(土) 먼지'라는 데서 '티끌/먼지'라는 뜻을 나타낸다. ＊중국 간체자(簡體字)는 '尘'임.

例文　① 방사능 落塵(낙진)　② 塵肺症(진폐증)　③ 塵土(진토)

1　賴 = 束 + 刀 + 貝　　賴

3급 / 16획　│　(의뢰할 / 부탁할 / 얻을 **뢰**)　│　篆文

解說　'束(묶을 속)'과 '刀(칼 도)', '貝(돈 / 재물 / 조개 패)'를 조합한 글자임. '칼(刀)로 조개(貝)를 가공하여 자루에 담아(束)달라고 부탁한다'는 데서 '부탁하다 / 의뢰하다'는 뜻을 나타낸다. * 일본 상용한자는 '頼', 간체자는 '赖'임.

例文　① 依賴(의뢰)　② 信賴(신뢰)　③ 無賴漢(무뢰한)

2　懶 = 心 + 賴

1급 / 19획　│　(게으를 **라**)

解說　'心(마음 심)'과 '賴(의뢰할 뢰)'를 조합한 글자임. '마음(心)이 게으른 사람은 남에게 부탁한다(賴)'에서 '게으르다'는 뜻을 나타낸다. * 간체자는 '懒'임.

例文　① 懶怠(나태)　② 懶性(나성 ; 게으른 성질)

3　癩 = 疒 + 賴

1급 / 21획　│　(문둥이 **라**)

解說　'疒(병들어기댈 역)'과 '賴(의뢰할 뢰)'를 조합한 글자로, '병(疒)이 들어 외딴곳에 격리되어, 생필품을 남에게 부탁(賴)하여 살아가는 나병환자 / 문둥이'라는 뜻이다.

例文　① 癩病(나병)　② 癩病患者(나병환자)　③ 癩患者(나환자)

1 翏

| 11획 | (높이날 **료**) | | 金文 | 篆文 |

解說 '두 날개(羽)와 꽁지(人)에 달린 깃(彡)을 펴고 하늘로 날아오르는 새의 모양'을 본뜬 상형문자로, '높이 날다'는 뜻을 나타내나, 단독으로는 쓰이지 않는다.

2 

寥 = 宀 + 翏

| 1급 / 14획 | (쓸쓸할 **료**) |

解說 '宀(집 면)'과 '翏(높이날 료)'를 조합한 글자임. '집(宀)에서 기르던 새가 하늘 높이 날아가(翏)버렸다'는 데서 '쓸쓸하다 / 고요하다'는 뜻을 나타낸다.

例文 ① 寂寥(적료 ; 쓸쓸하고 고요함) ② 寥落(요락 ; 쓸쓸함)

3 謬 = 言 + 翏

| 2급 / 18획 | (그르칠 **류**) |

解說 '言(말씀 언)'과 '翏(높이날 료)'를 조합한 글자임. '한번 잘못한 말(言)은 날아오른 새(翏)처럼 다시는 돌아오지 않는다'에서 '일을 그르치다 / 잘못되다'는 뜻을 나타낸다.
 * 중국 간체자(簡體字)는 '谬'임.

例文 ① 誤謬(오류) ② 悖謬(패류 ; 도리에 어긋나 일을 그르침)

---

4 戮 = 翏 + 戈

1급 / 15획 　　　 (죽일 **륙**)

解說 '翏(높이날 료)'와 '戈(창 과)'를 조합한 글자임. '날아오르는 새(翏)에게 창(戈)을 던진다'는 데서 '죽이다'는 뜻을 나타낸다. * 중국 간체자(簡體字)는 '戮'으로 표기한다.

例文 ① 殺戮(살륙) ② 屠戮(도륙)

---

5 膠 = 肉 + 翏

특급 / 15획 　　　 (아교 **교**)

解說 '肉(고기 / 몸 육)'과 '翏(높이날 료)'를 조합한 글자로, '갖풀 / 아교'라는 뜻을 나타낸다. * 중국 간체자(簡體字)는 '胶'로 표기한다. * '肉(고기 / 몸 육)'이 다른 글자와 조합하여 글자 왼쪽에 오면 '月(육달월)'로 글자 모양이 바뀐다.

例文 ① 阿膠(아교) ② 膠着狀態(교착상태) ③ 膠柱鼓瑟(교주고슬)

료	尞 燎 僚
	療 遼 瞭
	寮

1 尞

12획	(화톳불 / 천제지낼 **료**)	甲骨文字	金文	篆文

解說 '천제(天祭 ; 하늘에 제사를 지냄)를 지내기 위해서 피운 화톳불(火)에서 흩어지는 불티 모양'을 본뜬 상형문자로, '화톳불 / 천제(天祭)를 지내다'는 뜻을 나타낸다. * '燎(불 놓을 료)'의 초문자(初文字)이다.

2 燎 = 火 + 尞

1급 / 16획	(불놓을 / 횃불 **료**)

解說 '火(불 화)'와 '尞(화톳불 료)'를 조합한 글자임. '천제(天祭)를 지내기 위해서 피운 화톳불(火)에서 흩어지는 불티 모양'을 본뜬 상형문자(象形文字)로, '불을 놓다 / 횃불 / 화톳불'이라는 뜻을 나타낸다.

例文 ① 燎原之火(요원지화 ; 맹렬히 타는 불) ② 燔燎(번료)

3 僚 = 人 + 尞

3급 / 14획	(동료 / 벼슬아치 **료**)

解說 '人(사람 인)'과 '尞(화톳불 료)'를 조합한 글자임. '밤에 화톳불(尞)을 피우며 함께 야간근무를 하는 사람(人)'이라는 데서 '동료 / 벼슬아치'라는 뜻을 나타낸다.

例文 ① 同僚(동료) ② 官僚(관료) ③ 閣僚(각료)

---

4 療 = 疒 + 尞

| 2급 / 17획 | (병고칠 **료**) |

解說　'疒(병들어기댈 역)'과 '尞(화톳불 료)'를 조합한 글자임. '병(疒)든 사람의 얼굴이 활활 타오르는 화톳불(尞)처럼 불그스레하게 밝아져 온다'는 데서 '병을 고치다 / 치료되다'는 뜻을 나타낸다. ＊중국 간체자(簡體字)에서는 '疗'로 표기한다.

例文　① 治療(치료)　② 醫療行爲(의료행위)　③ 療養院(요양원)

---

5 遼 = 尞 + 辶

| 2급 / 16획 | (멀 **료**) |

解說　'尞(화톳불 료)'와 '辶(쉬엄쉬엄갈 / 뛸 착)'을 조합한 글자임. '밤에 피운 화톳불(尞) 불빛이 멀리까지 간다(辶)'는 데서 '멀다'는 뜻을 나타낸다. ＊중국 간체자(簡體字)에서는 '辽'로 표기한다.

例文　① 遼遠(요원)　② 遼東半島(요동반도)

---

6 瞭 = 目 + 尞

| 1급 / 17획 | (밝을 **료**) |

解說　'目(눈 목)'과 '尞(화톳불 료)'를 조합한 글자임. '어두운 밤에 화톳불(尞)을 켜 둠으로써 눈(目)이 밝다'는 뜻을 나타낸다.

例文　① 簡單明瞭(간단명료)　② 一目瞭然(일목요연)

---

7 寮 = 宀 + 尞

| 1급 / 15획 | (동관 / 기숙사 **료**) | 甲骨文字 | 金文 | 篆文 |

解說　'宀(집 면)'과 '尞(화톳불 료)'를 조합한 글자임. '신(神)을 섬기는 건물(宀)에서 밤에 화톳불(尞)을 피우며 야간근무를 한다'는 데서 '동관(同官) / 기숙사'라는 뜻을 나타낸다.

例文　① 寮舍(요사 ; 기숙사)

1	龍		🐍	🐉	龍
	4급 / 16획	(용/임금 **룡**)	甲骨文字	金文	篆文

解說 갑골문자(甲骨文字)에서는 '입을 크게 벌리고 무서운 표정으로 몸(肉)을 꿈틀대는 용의 모습'이고, 금문(金文)과 전문(篆文)에서는 '머리에 관(立)을 쓰고 몸(肉)을 꿈틀대며 하늘로 올라가는 듯한 용의 모습'을 본뜬 상형문자로, '용/임금'이라는 뜻으로 쓰인다.

例文 ① 龍宮(용궁) ② 靑龍(청룡) ③ 龍顔(용안) ④ 龍頭蛇尾(용두사미)

2	籠 = 竹 + 龍
	2급 / 22획 　　(대바구니 **롱**)

解說 '竹(대나무 죽)'과 '龍(용 룡)'을 조합한 글자임. '용(龍)의 기다란 몸뚱이처럼 기다랗게 대나무(竹)로 짠 바구니'라는 데서 '대바구니'라는 뜻을 나타낸다.

例文 ① 籠球(농구) ② 籠城(농성)하다 ③ 籠絡(농락)

3	聾 = 龍 + 耳
	1급 / 22획 　　(귀먹을 **롱**)

解說 '龍(용 룡)'과 '耳(귀 이)'를 조합한 글자임. '용(龍)이 하늘로 올라갈 때 천둥번개가 쳐도 아무 소리도 들리지 않는 귀(耳)'라는 데서 '귀가 먹다/귀머거리'라는 뜻이다.

例文 ① 聾啞(농아) ② 聾啞學校(농아학교) ③ 聾盲(농맹 ; 귀머거리와 소경)

4　瓏 = 玉 ＋ 龍

1급 / 20획	(옥소리 **롱**)

解說　'玉(구슬 옥)'과 '龍(용 룡)'을 조합한 글자임. '용(龍) 무늬를 새겨 넣은 옥(玉)으로 만든 악기에서 나는 소리'에서 '옥 소리'라는 뜻을 나타낸다. *玉(구슬 옥)이 다른 글자와 조합하여 글자 왼쪽에 오면 '王(구슬옥변)'으로 글자 모양이 바뀐다. 이 경우에는 '王(임금왕)'이라고 하지 않음에 유의해야 한다. *중국 간체자(簡體字)는 '珑'임.

例文　① 玲瓏(영롱)한 아침 이슬 ② 玲瓏(영롱)한 목소리

5　壟 = 龍 ＋ 土

1급 / 19획	(밭두둑 / 언덕 **롱**)

解說　'龍(용 룡)'과 '土(흙 토)'를 조합한 글자임. '꿈틀거리는 용(龍)처럼 구불구불한 밭두둑 / 언덕(土)'이라는 뜻을 나타낸다. *중국 간체자(簡體字)는 '垄'임.

例文　① 壟斷(농단 ; 권리나 이익을 독차지함)

6　龐 = 广 ＋ 龍

2급 / 19획	(높은집 **방**)

解說　'广(집 엄)'과 '龍(용 룡)'을 조합한 글자임. '임금님(龍)이 사는 높은 집(广)'이라는 뜻을 나타낸다. *중국 간체자(簡體字)는 '庞'임.

例文　① 龐眉皓髮(방미호발 ; 눈썹이 크고 머리가 하얀 노인)

7　襲 = 龍 ＋ 衣

3급 / 22획	(엄습할 / 물려받을 **습**)	金文	篆文

解說　'龍(용 룡)'과 '衣(옷 의)'를 조합한 글자임. '임금님의 옷(衣)에는 용(龍) 문양을 넣었는데, 그 옷을 물려받아 입음으로써 임금이 된다'는 데서 '두렵다 / 두려움이 엄습하다 / 물려받다'는 뜻을 나타낸다. *중국 간체자(簡體字)는 '袭'임.

例文　① 掩襲(엄습) ② 襲擊(습격) ③ 奇襲攻擊(기습공격) ④ 世襲(세습)

8

寵 = 宀 + 龍

1급 / 19획　　　　　(사랑할 **총**)

解說　'宀(집 면)'과 '龍(용 룡)'을 조합한 글자임. '용신(龍神)을 모신 집(宀)'이라는 데서 '신(神)을 사랑하다 / 은혜 / 총애'라는 뜻을 나타낸다. *중국 간체자(簡體字)에서는 '宠'으로 표기한다.

例文　① 寵愛(총애)　② 寵姬(총희)　③ 寵臣(총신)

---

1 婁

| 11획 | (아로새길 **루**) | 古文 | 篆文 |

🐛 **解說**　'결혼한 여자(女)가 머리를 위로 틀어 올리고 비녀를 꽂은 모습'을 본뜬 상형문자(象形文字)로, '아로새기다 / 자주' 라는 뜻을 나타낸다. * 중국 간체자는 '娄' 임

---

2 樓 = 木 + 婁

| 3급 / 15획 | (다락 **루**) |

🐛 **解說**　'木(나무 목)'과 '婁(아로새길 루)'를 조합한 글자임. '여자(女)가 머리를 위로 틀어 올리(婁)듯이 나무(木)로 높다랗게 지은 집'에서 '다락 / 망루' 라는 뜻을 나타낸다. * 일본 상용한자와 중국 간체자(簡體字)에서는 '楼'로 표기한다.

🐛 **例文**　① 摩天樓(마천루)　② 戍樓(수루)　③ 望樓(망루)　④ 樓閣(누각)

---

3 屢 = 尸 + 婁

| 3급 / 14획 | (여러 **루**) |

🐛 **解說**　'尸(몸 시)'와 '婁(아로새길 루)'를 조합한 글자임. '결혼한 남자(尸)가 자기 아내를 자주(婁) 껴안는 모습'에서 '여러 / 자주' 라는 뜻을 나타낸다. * 간체자는 '屡' 임.

🐛 **例文**　① 屢次 / 累次(누차)　② 屢代墳山(누대분산)　③ 屢代奉祀(누대봉사)

4 　**數** = 婁 + 攴　　　　　　　　　　　　篆文

| 7급/15획 | (셈 **수**) | 篆文 |

解說　'婁(아로새길 루)'와 '攴(때릴/칠 복)'을 조합한 글자임. '여자(女)가 머리를 위로 틀어 올려 비녀를 꽂고(婁) 손으로 여러 번 매만져(攴) 본다'는 데서, '여러 번/수를 세다/셈하다'라는 뜻을 나타낸다. *일본 상용한자와 중국 간체자(簡體字)에서는 '数'로 표기한다. *'攴(칠/때릴 복)'이 다른 글자와 조합하여 글자 오른쪽에 오면 '攵'으로 글자 모양이 바뀐다.

例文　① 數學(수학)　② 算數(산수)　③ 數量(수량)　④ 數値(수치)

1 累 = 田 + 糸

| 3급 / 11획 | (여러 / 자주 **루**) | 篆文 |

解說 '田'과 '糸(실 사)'를 조합한 글자임. '실 뭉치(糸)를 차곡차곡 겹쳐 쌓아 포개 놓은(田) 모양'을 본뜬 글자로, '자주/여러 번'이라는 뜻을 나타낸다.

例文 ① 累積(누적) ② 累計(누계) ③ 累進(누진) ④ 連累(연루) ⑤ 累次(누차)

2 螺 = 虫 + 累

| 1급 / 17획 | (소라 **라**) |

解說 '虫(벌레 충)'과 '累(여러/자주 루)'를 조합한 글자임. '소라(虫) 껍데기의 나선형 모양이 꼬인 실 뭉치 모양(累) 같다'는 데서 '소라'라는 뜻을 나타낸다.

例文 ① 螺絲(나사) ② 螺旋形(나선형) ③ 螺鈿漆器(나전칠기)

---

1 流

| 5급/9획 | (흐를/갈래/품위/무리 **류**) | 金文 | 篆文 |

解說　'어린애(子)가 흐르는 물(水)에 거꾸로 떠내려가는(川) 모습'을 본떠서 '흐르다/흘러가다'는 뜻을 나타낸다. ＊ '㐬'은 '子(아들/아이 자)'를 거꾸로 변형시킨 글자이다.
　＊옛날에는 '어린애가 태어나면 부정(不淨)을 없애기 위해 흐르는 물(川)에 떠내려 보내는 의식'이 있었다고 한다. ＊일본 상용한자와 중국 간체자(簡體字)에서는 '流(10획)'으로 1획이 늘어난다.

例文　① 一流(일류)　② 流行(유행)　③ 交流(교류)　④ 流水(유수)

---

2 硫 = 石 + 流

| 2급/11획 | (유황 **류**) |

解說　'石(돌 석)'과 '流(흐를 류)'를 조합한 글자임. '돌(石) 사이에서 흘러나오는(流) 것이 유황'이라는 뜻을 나타낸다.

例文　① 硫黃(유황)　② 硫酸(유산 ; 黃酸)

---

3 琉 = 玉 + 流

| 1급/10획 | (유리/나라이름 **류**) |

解說 '玉(구슬 옥)'과 '流(흐를 류)'를 조합한 글자임. '흐르는(流) 물처럼 맑은 유리(玉)'라는 뜻을 나타낸다. * 玉(구슬 옥)이 다른 글자와 조합하여 글자 왼쪽에 오면 '王(구슬옥변)'으로 글자 모양이 바뀐다. 이 경우에는 '王(임금왕)'이라고 하지 않음에 유의해야 한다.

例文 ① 琉璃(유리) ② 琉璃窓(유리창) ③ 琉璃瓶(유리병) ④ 琉球(오키나와)

4

蔬 = 艹 + 疏

3급 / 15획　　　　　(나물 **소**)

解說 '艹(풀 초)'와 '疏(성길 소)'를 조합한 글자임. '듬성듬성(疏)하게 여기 저기 흩어져 자라는 푸성귀(艹)'라는 데서 '나물/푸성귀'라는 뜻을 나타낸다. * 약자(略字)는 '蔬(14획)'임. * '疏(성길 소)'는 '疋/足'과 '流(흐를 류)'를 조합한 글자로, '발(疋/足) 사이로 물이 흘러간다(流)'는 데서 '성기다/듬성듬성하다'는 뜻을 나타낸다.

例文 ① 菜蔬(채소) ② 蔬菜(소채) ③ 蔬飯(소반 ; 채식)

5

梳 = 木 + 流

1급 / 10획　　　　　(얼레빗 **소**)

解說 '木(나무 목)'과 '流(흐를 류)'를 조합한 글자임. '나무(木)로 된 빗으로 흐르는 물(流)처럼 머리를 빗는다'는 데서 '얼레빗'이라는 뜻을 나타낸다.

例文 ① 梳髮(소발 ; 머리를 빗음) ② 梳洗(소세 ; 세수하고 머리를 빗음)

6

醯 = 酉 + 流 + 皿

1급 / 18획　　　　　(식혜 **혜**)

解說 '酉(술단지/술병 유)'와 '流(흐를 류)', '皿(그릇 명)'을 조합한 글자임. '물처럼 흐르는 것(流)을 그릇(皿)에 담고 술(酉)처럼 발효시켜 만든 것'이 '식혜'라는 뜻이다.

例文 ① 食醯(식혜)

1　留 = 卯 + 田

| 4급 / 10획 | (머무를 **류**) | 金文 | 篆文 |

解說　'卯(무성할 묘)' 와 '田(밭 전)' 을 조합한 글자임. 금문(金文)에서는 '논밭(田)에 물을 대기 위해서 만든 냇가/강가의 저수지(卯))' 라는 데서 '(저수지에 물이) 머무르다/머물다' 는 뜻을 나타낸다.

例文　① 留任(유임)　② 留學(유학)　③ 保留(보류)　④ 滯留(체류)

2　溜 = 水 + 留

| 1급 / 13획 | (처마물 / 물방울 **류**) |

解說　'水(물 수)' 와 '留(머무를 류)' 를 조합한 글자임. '처마에 맺혀 있다가(留) 떨어지는 낙숫물(水)' 이라는 데서 '처마물 / 물방울' 이라는 뜻을 나타낸다.

例文　① 蒸溜水(증류수)

3　瘤 = 疒 + 留

| 1급 / 15획 | (혹 **류**) |

解說　'疒(병들어기댈 역)' 과 '留(머무를 류)' 를 조합한 글자임. '피의 흐름이 원활하지 못하고 막혀서(留) 생긴 병(疒)' 이라는 데서 '혹' 이라는 뜻을 나타낸다.

例文　① 瘤腫(유종 ; 혹)　② 木瘤(목류 ; 나무의 혹)

---

4 劉 = 卯 + 金 + 刀　　　　　鎦 (篆文)

2급 / 15획　　　(죽일 / 묘금도 **류**)

解說　전문(篆文)에서는 '金(쇠 금)'과 '留(머무를 류)'를 조합한 글자이고, 楷書(해서)에서는 '卯(무성할 묘)'와 '金(쇠 금)', '刀＋刀(칼 도)'를 조합한 글자임. '쇠(金)로 된 두 자루의 칼(刀＋刂)로 죽인다'는 데서 '죽이다'는 뜻을 나타낸다. ＊성씨(姓氏)를 소개할 때는 '죽일 류'라고 말하지 않고, '묘금도 류'라고 말한다.

例文　① 劉備(유비)　② 劉邦(유방)

5 榴 = 木 + 留

특급 / 14획　　　(석류나무 **류**)

解說　'木(나무 목)'과 '留(머무를 류)'를 조합한 글자임. '나뭇가지(木)에 혹(留)처럼 열린 열매'라는 데서 '석류나무'라는 뜻을 나타낸다.

例文　① 石榴(석류)　② 手榴彈(수류탄)

6 貿 = 卯 + 貝　　　　　昭 (金文)　　貿 (篆文)

3급 / 12획　　　(무역할 **무**)

解說　'卯(무성할 묘)'와 '貝(돈 / 재물 / 조개 패)'를 조합한 글자임. '두 사람이 서로(卯) 가치 있는 물건(貝)을 팔고사고 한다 / 나누어 갖다'는 데서 '(외국과) 팔고사고하다 / 무역하다'는 뜻을 나타낸다. ＊중국 간체자(簡體字)에서는 '贸'로 표기한다.

例文　① 貿易(무역)　② 貿易會社(무역회사)

1	坴		坴
8획	(언덕 / 천막 **륙**)		篆文

🐛 **解說** 전문(篆文)에서는 '천막(六六)들이 다닥다닥 연이어 모여 있는 땅(土)'이라는 데서 '언덕'이라는 뜻을 나타내나, 단독으로는 잘 쓰이지 않는다.

2	陸 = 阜 + 坴		陸	陸
5급 / 11획	(뭍 / 땅 **륙**)		金文	篆文

🐛 **解說** '阜(언덕 / 사다리 부)'와 '坴(언덕 / 천막 륙)'을 조합한 글자임. 금문(金文)에서는 '하늘의 신(神)이 사다리(阜)를 타고 내려오는 곳에 천막(坴)을 치고 신(神)을 맞이하는 곳(土)'이라는 데서 '뭍 / 땅'이라는 뜻을 나타낸다. * 간체자는 '陆'임.

🐛 **例文** ① 陸地(육지) ② 陸上(육상) ③ 大陸(대륙) ④ 上陸(상륙)

3	睦 = 目 + 坴	
3급 / 13획	(화목할 **목**)	

🐛 **解說** '目(눈 목)'과 '坴(언덕 / 천막 륙)'을 조합한 글자임. '하늘에서 땅(坴)으로 내려온 신(神)이 온화한 눈(目)으로 사람들이 사는 천막(坴)들을 바라본다'는 데서 '화목하다'는 뜻을 나타낸다.

🐛 **例文** ① 和睦(화목) ② 親睦(친목) ③ 親睦契(친목계)

4 逵 = 坴 + 辶

1급 / 12획　　　　　(길거리 **규**)

解說　'坴(언덕／천막 륙)'과 '辶(쉬엄쉬엄갈／뛸 착)'을 조합한 글자임. '사람들이 사는 천막(坴)들 사이로 오고간다(辶)'는 데서 '길／길거리'라는 뜻을 나타낸다. ＊중국 간체자(簡體字)에서는 '逵(11획)'으로 표기한다.

例文　① 逵路(규로 ; 사방으로 통하는 길)　② 八逵(팔규)

33 侖 (둥글 륜) 그룹 漢字

1 侖

| 8획 | (둥글/차례 **륜**) | 金文 | 篆文 |

解說 '대쪽을 질서정연하게 묶어서 닭장이나 새장을 둥글게 만든 모양'을 본뜬 상형문자로, '둥글다/차례로'라는 뜻을 나타낸다. * 간체자는 '仑'임.

2 輪 = 車 + 侖

| 4급 / 15획 | (바퀴/둘레/돌 **륜**) |

解說 '車(수레 거/차)'와 '侖(둥글 륜)'을 조합한 글자임. '수레(車)의 둥근 바퀴(侖)가 잘 굴러간다'는 데서 '바퀴/둘레/(빙글빙글) 돌다'는 뜻이다. * 간체자는 '轮'임.

例文 ① 五輪旗(오륜기) ② 輪郭(윤곽) ③ 輪轉機(윤전기)

3 倫 = 人 + 侖

| 3급 / 10획 | (인륜 **륜**) |

解說 '人(사람 인)'과 '侖(둥글 륜)'을 조합한 글자임. '사람(人)들이 둥글둥글하게 평화롭게(侖) 살아가기 위해 지켜야 할 질서'라는 데서 '질서가 잡힌 인간 관계/인륜/차례/질서'라는 뜻을 나타낸다. * 간체자는 '伦'임.

例文 ① 人倫(인륜) ② 不倫(불륜) ③ 倫理(윤리)

4 崙 = 山 + 侖

2급 / 11획　　　　(산이름 **륜**)

解說　'山(메/뫼 산)'과 '侖(둥글 륜)'을 조합한 글자임. '중국 특유의 두루뭉술한(侖) 산(山)'이라는 데서 주로 지명(地名)에 사용한다.

例文　① 崑崙山(곤륜산)

5 淪 = 水 + 侖

1급 / 11획　　　　(빠질/잔물결 **륜**)

解說　'水(물 수)'와 '侖(둥글 륜)'을 조합한 글자임. '대쪽으로 얼기설기 만든 물건(侖)은 물(水)에 가라앉는다'는 데서 '물에 가라앉다/헤어나질 못하다'는 뜻을 나타낸다. * 중국 간체자(簡體字)에서는 '沦'로 표기한다.

例文　① 沈淪(침륜)　② 淪落(윤락)　③ 淪落女(윤락녀)　④ 淪落行爲(윤락행위)

6 綸 = 糸 + 侖

1급 / 14획　　　　(벼리/다스릴 **륜**)

解說　'糸(실 사)'와 '侖(둥글 륜)'을 조합한 글자임. '여러 개의 실(糸)을 하나로 질서정연하게 묶는다(侖)'는 데서 '질서 있게 다스리다'는 뜻을 나타낸다. * '벼리'란, '그물의 위쪽 코를 꿰어 오므렸다 폈다 하는 줄'을 말한다. * 간체자는 '纶'임.

例文　① 經綸(경륜)　② 綸言如汗(윤언여한)

7 論 = 言 + 侖

4급 / 15획　　　　(논할/말할/견해 **론**)

解說　'言(말씀 언)'과 '侖(둥글 륜)'을 조합한 글자임. '자신의 생각을 정리하여 말(言)을 질서정연하게 모아서(侖) 표현한다'는 데서 '논하다/말하다/견해'라는 뜻을 나타낸다. * 중국 간체자(簡體字)에서는 '论'으로 표기한다.

例文　① 論述(논술)　② 論說(논설)　③ 論功行賞(논공행상)　④ 論語(논어)

---

1 栗

| 3급 / 10획 | (밤 **률**) | 甲骨文字 | 篆文 |

解說　'밤나무(木)에 가시가 돋힌 밤송이(两)가 달린 모양'을 본뜬 상형문자로, '밤'이라는 뜻을 나타낸다.

例文　① 生栗(생률)　② 栗木(율목)　③ 栗谷(율곡)

---

2 慄 = 心 + 栗

| 1급 / 13획 | (떨릴 **률**) |

解說　'心(마음 심)'과 '栗(밤 률)'을 조합한 글자임. '밤송이(栗)의 가시를 보고 무서워 떨리는 마음(心)'이라는 데서 '무서워 떨다 / 두려워하다'는 뜻을 나타낸다.

例文　① 戰慄(전율)

---

3 粟

| 3급 / 12획 | (조 **속**) | 甲骨文字 | 篆文 |

解說　'곡식(米)이 잘 익어 고개 숙인 모양'을 본뜬 상형문자로, '조 / 좁쌀'이라는 뜻을 나타낸다.

例文　① 粟米(속미 ; 벼)　② 粟粒(속립 ; 좁쌀의 낟알)

1 夌

| 8획 | (높을 / 언덕 **릉**) | 篆文 |

解說 '하늘에서 신(神)이 천천히 걸어(夊)내려와 머무는 높은 언덕 위의 건물'이라는 데서 '높다 / 언덕'이라는 뜻을 나타내나, 단독으로는 잘 쓰이지 않는다. * '夊(천천히걸을 쇠)'는 '천천히 걸어간다'는 뜻을 나타낸다.

2 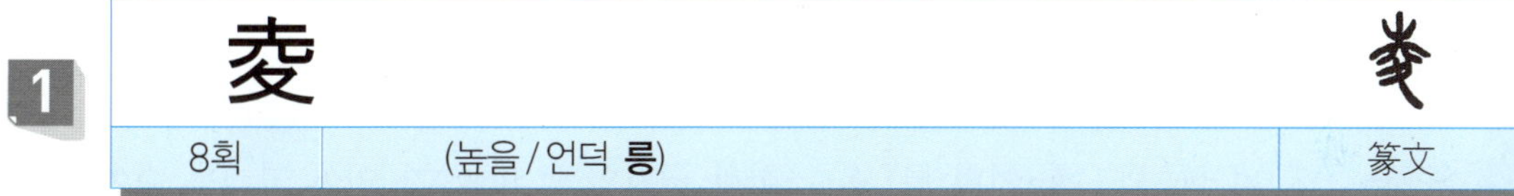 陵 = 阜 + 夌

| 3급 / 11획 | (언덕 / 큰무덤 **릉**) | 金文 | 篆文 |

解說 '阜(언덕 / 사다리 부)'와 '夌(언덕 릉)'을 조합한 글자임. '하늘에서 신(神)이 사다리(阜)를 타고 내려오는 언덕(夌)에 묘를 만든다'는 데서 '언덕 / 큰 무덤'이라는 뜻을 나타낸다. * 풍수지리(風水地理)에서는 '명당(明堂)'이라고 하는 곳이다.

例文 ① 王陵(왕릉) ② 江陵(강릉) ③ 丘陵地(구릉지) ④ 고양시 陵谷(능곡)

3 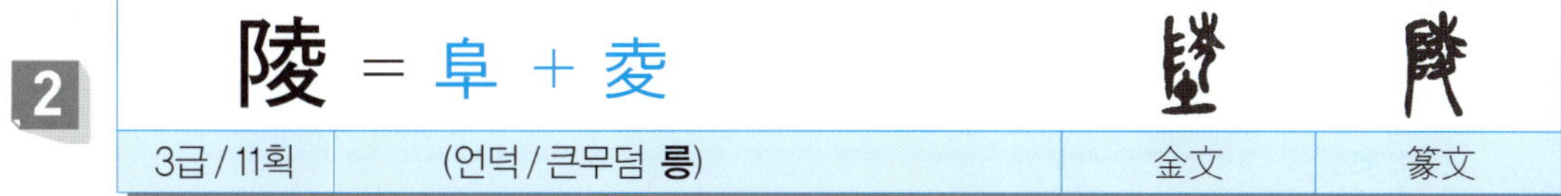 凌 = 冫 + 夌

| 1급 / 10획 | (능가할 / 업신여길 **릉**) |

解說 '冫(얼음 빙)'과 '夌(언덕 릉)'을 조합한 글자임. '얼음(冫)이 두껍게 얼면 팽창하여 언덕(夌)처럼 불쑥 올라간다'는 데서 '(남을) 능가하다 / 업신여기다'는 뜻을 나타낸다.

例文 ① 凌駕(능가) ② 凌蔑(능멸)

4

菱 = 艸 + 夌

1급 / 12획 　　　　(마름 **릉**)

解說　'艸(풀 초)'와 '夌(언덕 릉)'을 조합한 글자임. '언덕(夌)에 돋아나는 마름모꼴 모양의 풀(艸)'이라는 데서 '마름'이라는 뜻을 나타낸다. *약자(略字)로는 '菱(11획)'으로 표기함. *'艸(풀 초)'가 다른 글자와 조합하여 글자 위쪽에 오면 '⺿'(초두머리)'로 글자 모양이 바뀐다.

例文　① 三菱(삼릉)　② 菱狀(능상 ; 마름모꼴)　③ 菱形(능형 ; 마름모꼴)

5

稜 = 禾 + 夌

1급 / 13획 　　　　(모날 **릉**)

解說　'禾(벼 화)'와 '夌(언덕 릉)'을 조합한 글자임. '벼(禾)가 익어 고개를 숙여 언덕(夌) 모양처럼 모서리를 만든다'는 데서 '모서리/모가 나다'는 뜻을 나타낸다.

例文　① 稜角(능각)　② 稜線(능선)

6

綾 = 糸 + 夌

1급 / 14획 　　　　(비단 **릉**)

解說　'糸(실 사)'와 '夌(언덕 릉)'을 조합한 글자로, '비단'이라는 뜻을 나타낸다. *중국 간체자(簡體字)에서는 '绫'으로 표기한다.

例文　① 綾羅(능라)　② 綾羅島(능라도)　③ 綾衾(능금 ; 비단 이불)

1　**里** = 田 + 土　　　　　　　　　里　里

| 7급/7획 | (마을 **리**) | 金文 | 篆文 |

🐛 **解說**　'田(밭 전)'과 '土(흙 토)'를 조합한 회의문자임. 옛날에는 '농사(田)의 신(神)과 땅(土)의 신(神)에게 제사지내는 건물이 있는 곳'을 '里'라고 하였는데, '이곳을 중심으로 사람들이 모여 살게 되었다'는 데서 '마을'이라는 뜻을 나타내게 되었다.

🐛 **例文**　① 洞里(동리) ② 里長(이장) ③ 十里(십리) ④ 里程標(이정표)

2　**理** = 玉 + 里

| 6급/11획 | (다스릴/이치 **리**) |

🐛 **解說**　'玉(구슬 옥)'과 '里(마을 리)'를 조합한 글자임. '옥(玉)을 갈고 닦으면 밭(田)의 이랑처럼 무늬 결이 나타난다'는 데서 '다스리다/이치적이다'는 뜻을 나타낸다.

🐛 **例文**　① 原理(원리) ② 物理學(물리학) ③ 理致的(이치적) ④ 理由(이유)

3　**裏** = 衣 + 里

| 3급/13획 | (속 **리**) |

🐛 **解說**　'衣(옷 의)'와 '里(마을 리)'를 조합한 글자임. 금문(金文)과 전문(篆文)에서는 '옷(衣) 솔기의 줄(里)이 있는 곳'이라는 데서 '속/안'이라는 뜻을 나타낸다.

🐛 **例文**　① 表裏不同(표리부동) ② 裏面(이면) ③ 裏書(이서)

4 俚 = 人 + 里

| 1급 / 9획 | (속될 **리**) |

🐛 **解說**　'人(사람 인)'과 '里(마을 리)'를 조합한 글자임. '세련되지 못한 시골(里) 사람(人)'이라는 데서 '속되다/촌스럽다'는 뜻을 나타낸다.

🐛 **例文**　① 俚婦(이부 ; 속된 여자)　② 俚歌(이가 ; 속된 노래)

5 裡 = 衣 + 里

| 1급 / 12획 | (속 **리**) |

🐛 **解說**　'衣(옷 의)'와 '里(마을 리)'를 조합한 글자로, '裏(리)'와 동일한 뜻의 글자이나 주로 지명(地名)에 사용한다. * 중국 간체자(簡體字)는 '里'임. * '衣(옷 의)'가 다른 글자와 조합하여 글자 왼쪽에 오면 '衤(옷의변)'으로 글자 모양이 바뀐다.

🐛 **例文**　① 裡里(이리)

6 釐 = 未 + 攵 + 厘

| 1급 / 18획 | (다스릴 **리**) | 金文 | 篆文 |

🐛 **解說**　'未(아닐 미)'와 '攵(때릴/칠 복)', '厘'를 조합한 글자로, '곡식(未)을 두드려(攵) 수확하여 마을(里) 창고(厂)에 보관하여 관리하다'에서 '다스리다'는 뜻을 나타낸다. * 중국 간체자(簡體字)는 '厘'임. * 손(又)에 몽둥이/매를 들고 있는 모습의 '攴(칠/때릴 복)'이 다른 글자와 조합하여 글자 오른쪽에 오면 '攵'으로 글자 모양이 바뀐다.

🐛 **例文**　① 釐改(이개 ; 개혁)　② 釐稅(이세 ; 세금)　③ 釐替(이체 ; 고침)

7 埋 = 土 + 里

| 3급 / 10획 | (묻을 **매**) | 篆文 |

🐛 **解說**　전문(篆文)에서는 '마을(里)의 안녕을 위해 너구리(豸)를 잡아서 희생 제물로 신(神)에게 바치고 풀(艸)로 덮어 묻었다'는 '薶(묻을 매)'이었으나, 훗날에는 '너구리를 마을(里) 땅(土)속에 묻었다'는 데서 '埋(묻을 매)'로 바뀌어 '(땅속에) 매장하다/묻다'는 뜻을 나타낸다.

🐛 **例文**　① 埋沒(매몰)　② 埋葬(매장)　③ 埋伏(매복)

리	利 梨 悧 痢

1

利 = 禾 + 刀

6급 / 7획	(이할 / 날카로울 **리**)	甲骨文字	金文	篆文

解說　'禾(벼 화)'와 '刀(칼 도)'를 조합한 글자임. '날카로운 낫(刀)'으로 벼(禾)를 베어 수확한다'는 데서 '(곡식이) 이롭다 / (낫이) 날카롭다'는 뜻을 나타낸다.

例文　① 便利(편리)　② 銳利(예리)　③ 利益(이익)　④ 利用(이용)

2

梨 = 利 + 木

3급 / 11획	(배나무 **리**)

解說　'利(이할 리)'와 '木(나무 목)'을 조합한 글자임. '사람에게 이로운(利) 나무(木)'라는 데서 '배 / 배나무'라는 뜻을 나타낸다. ＊현대 과학으로도 배(梨)는 소화제 / 이뇨제 / 중금속 배출 등의 역할로 몸에 대단히 이롭다는 것이 밝혀졌다.

例文　① 烏飛梨落(오비이락)　② 梨花女大(이화여대)　③ 梨花莊(이화장)

3

悧 = 心 + 利

1급 / 10획	(영리할 **리**)

解說　'心(마음 심)'과 '利(이할 리)'를 조합한 글자임. '이로운(利) 것을 재빨리 알아차리는 마음(心)'이라는 데서 '영리하다 / 총명하다'는 뜻을 나타낸다.

例文　① 怜悧(영리)하다　② 怜悧(영리)한 사람

4 痢 = 疒 + 利

1급/12획   (이질/설사 **리**)

解說   '疒(병들어기댈 역)'과 '利(날카로울 리)'를 조합한 글자임. '설사할 때 예리한(利) 칼날(刀)로 도려내는 것처럼 아픈 병(疒)'에서 '설사'라는 뜻을 나타낸다.

例文   ① 血痢(혈리) ② 赤痢(적리) ③ 痢疾(이질)

1 离

| 11획 | (짐승/도깨비 **리**) | 篆文 |

解說 전문(篆文)에서는 '머리에 뿔이 난 몸집이 큰 짐승이 다리를 벌리고 꼬리를 늘어뜨린 모양'을 본뜬 상형문자이나, 단독으로는 잘 쓰이지 않는다.

2 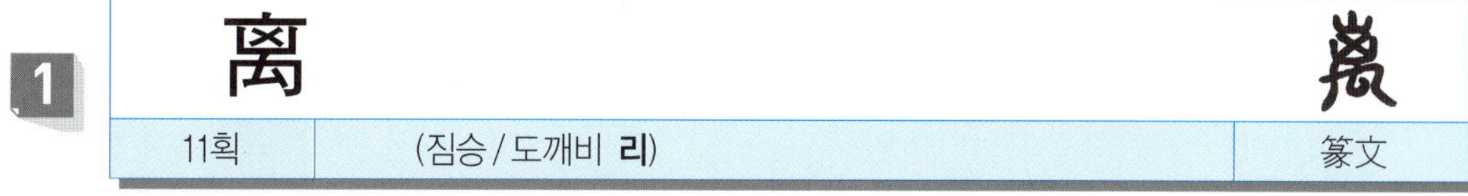

離 = 离 + 隹

| 4급 / 19획 | (떠날 **리**) |

解說 '离(짐승 리)'와 '隹(새 추)'를 조합한 글자임. '몸집이 큰 짐승(离)이 다가오자 새(隹)는 떠나버린다'는 데서 '떠나다/헤어지다'는 뜻이다. * 간체자는 '离'임.

例文 ① 分離(분리) ② 距離(거리) ③ 離別(이별) ④ 離婚(이혼)

3 籬 = 竹 + 離

| 1급 / 25획 | (울타리 **리**) |

解說 '竹(대나무 죽)'과 '離(떠날 리)'를 조합한 글자임. '무서운 짐승(离)이 집안으로 들어오지 않고 떠나도록(離) 대나무(竹)로 울타리를 둘렀다'는 데서 '울타리'라는 뜻을 나타낸다. * 간체자(簡體字)는 '篱'임.

例文 ① 竹籬(죽리 ; 대나무 울타리) ② 棘籬(극리 ; 가시나무 울타리)

1　燐 = 炎 + 舛

| 12획 | (도깨비불 **린**) | 金文 | 篆文 |

解說　전문(篆文)에서는 '炎(불꽃 염)'과 '舛(왼발오른발/어그러질 천)'을 조합한 글자임. '좌우(舛)로, 아래위로 흔들리는 불(炎)'에서 '도깨비 불'이라는 뜻이다.

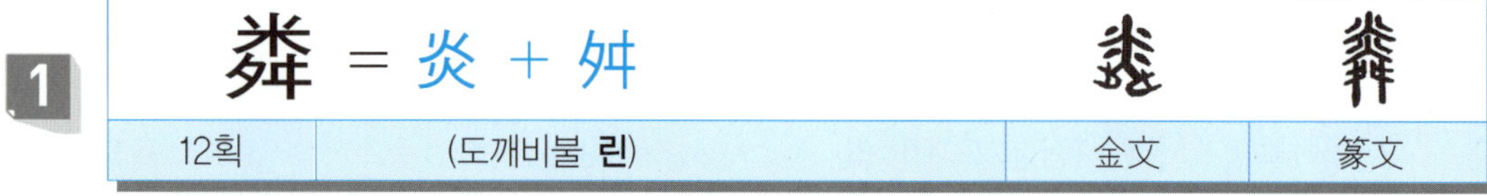

2　燐 = 火 + 粦

| 1급 / 16획 | (인 / 도깨비불 **린**) |

解說　'火(불 화)', '粦(도깨비불 린)'을 조합한 글자임. '밤에 여러 개의 불(火火)이 이리저리(舛) 움직이는 것'이 '멀리서는 도깨비 불 같다'는 뜻이다. ＊간체자는 '磷'임.

例文　① 燐酸(인산)　② 燐酸肥料(인산비료)

3　隣 = 阜 + 粦

| 3급 / 15획 | (이웃 **린**) | 金文 | 篆文 |

解說　금문(金文)에서는 '阜(언덕/사다리 부)'와 '粦(도깨비불 린)'를 조합한 글자이고, 전문(篆文)에서는 '粦(도깨비불 린)'과 '邑(고을 읍)'을 조합한 글자임. 금문(金文)에서는 '하늘에서 신(神)들이 사다리를 타고 내려오는 불(炎)'이고, 전문(篆文)에서는 '이웃 마을(邑)의 불빛이 마치 도깨비불(粦)처럼 보인다'는 데서 '가까운 거리/이웃'이라는 뜻이다.

例文　① 近隣(근린)　② 隣近(인근)　③ 隣接(인접)

4 鱗 = 魚 + 粦

1급 / 23획 　　(비늘 **린**)

解說　'魚(물고기 어)'와 '粦(도깨비불 린)'을 조합한 글자임. '물고기(魚) 비늘이 도깨비
불(粦)처럼 번쩍번쩍한다'는 데서 '비늘'이라는 뜻을 나타낸다.

例文　① 鱗甲(인갑 ; 비늘과 껍데기)　② 鱗介(인개 ; 魚貝類)

5 麟 = 鹿 + 粦

2급 / 23획 　　(기린 **린**)

解說　'鹿(사슴 록)'과 '粦(도깨비불 린)'을 조합한 글자임. '사슴(鹿)처럼 생긴 동물의
얼룩덜룩한 무늬가 도깨비 불(粦) 같다'는 데서 '기린'이라는 뜻을 나타낸다.

例文　① 麒麟(기린)　② 麒麟兒(기린아)　③ 麟角(인각)

6 憐 = 心 + 粦

3급 / 15획 　　(불쌍히여길 **련**)

解說　'心(마음 심)'과 '粦(도깨비불 린)'을 조합한 글자임. '도깨비 불(粦)을 죽은 사람
의 혼으로 생각하여 마음(心)으로 불쌍히 여긴다'는 데서 '불쌍히 여기다'는 뜻을 나타낸다
고 한다. * 중국 간체자(簡體字)는 '怜'임. * '心(마음 심)'이 다른 글자와 조합하여 글자
왼쪽에 오면 '忄(마음심변 / 심방변)'으로 글자 모양이 바뀐다.

例文　① 可憐(가련)　② 同病相憐(동병상련)　③ 憐憫(연민)의 情(정)

림	林 淋
분	焚
빈	彬
삼	森
울	鬱

1

林 = 木 + 木

| 7급 / 8획 | (수풀 **림**) | 甲骨文字 | 金文 | 篆文 |

解說 '木(나무 목)' 두 글자를 조합하여 '나무(木) 두 그루가 서 있는 모양'에서 '나무가 많은 수풀/숲'이라는 뜻을 나타낸다.

例文 ① 山林(산림) ② 林業試驗場(임업시험장) ③ 農林部(농림부)

2

淋 = 水 + 林

| 1급 / 11획 | (임질 / 물방울떨어질 **림**) |

解說 '水(물 수)'와 '林(수풀 림)'을 조합한 글자임. '숲(林)에 들어서면 나무(林)들에서 물방울(水)이 뚝뚝 떨어진다'는 데서 '물방울이 떨어지다/물을 뿌리다'는 뜻을 나타낸다.

例文 ① 淋巴腺(임파선) ② 淋疾(임질)

3

焚 = 林 + 火

| 1급 / 12획 | (불사를 **분**) |

解說 '林(수풀 림)'과 '火(불 화)'를 조합한 글자임. '많은 나무(林)를 불(火)로 태운다'는 데서 '불사르다'는 뜻을 나타낸다.

例文 ① 焚香(분향) ② 焚身自殺(분신자살)

4 彬 = 林 + 彡

| 2급 / 11획 | (빛날 **빈**) |

解說 ‘林(수풀 림)’과 ‘彡(빛날/무늬 삼)’을 조합한 글자임. ‘숲(林)속에 햇살(彡)이 비친다’는 데서 ‘빛나다’는 뜻을 나타내는데, 주로 인명(人名)에 사용한다.

例文 ① 彬蔚(빈울 ; 문채가 찬란함)

5 森 = 木 + 林

| 3급 / 12획 | (수풀 / 나무빽빽할 **삼**) |

解說 ‘林(수풀 림)’에 ‘木(나무 목)’을 조합한 글자임. ‘숲(林)에 나무(木)가 빽빽이 서 있다’는 데서 ‘나무가 빽빽한 수풀’이라는 뜻을 나타낸다.

例文 ① 森林(삼림) ② 森羅萬象(삼라만상) ③ 森嚴(삼엄)

6 鬱 = 缶 + 林 + 冖 + 鬯 + 彡 

| 2급 / 29획 | (답답할 **울**) | 金文 | 篆文 |

解說 금문(金文)에서는 ‘林(수풀 림)’과 ‘大(큰 대)’를 조합한 글자로, ‘숲(林)속에 있는 사람(大)이 답답하다’라는 뜻이었으나, 전문(篆文)에서는 ‘林(수풀 림)’, ‘缶(질그릇 부)’, ‘冖(덮을 멱)’, ‘鬯(술 창)’, ‘彡(빛날 삼)’을 조합한 글자로, ‘숲(林)속에 밀봉(冖)해 둔 술단지(鬯+缶)에서 향기(彡)가 날 때까지 기다리는 것이 답답하다’는 데서 ‘답답하다’는 뜻을 나타낸다. * 중국 간체자(簡體字)에서는 ‘郁’으로 표기한다.

例文 ① 鬱蒼(울창) ② 憂鬱(우울) ③ 鬱寂(울적) ④ 鬱陵島(울릉도)

1 立

| 7급/5획 | (설 립) | 甲骨文字 | 金文 | 篆文 |

解說　'두 팔과 두 다리를 벌리고(大) 땅 위(一)에 서 있는 사람의 모습'을 본뜬 상형문자로, '서다/서 있다/세우다'는 뜻을 나타낸다.

例文　① 建立(건립)　② 市立(시립)　③ 國立(국립)　④ 自立(자립)　⑤ 獨立(독립)

2 粒 = 米 + 立

| 1급/11획 | (낟알/쌀알 립) |

解說　'米(쌀 미)'와 '立(설 립)'을 조합한 글자임. '쌀(米) 하나하나가 독립(立)되어 있다'는 데서 '낟알/쌀알/알갱이'라는 뜻을 나타낸다.

例文　① 顆粒(과립)　② 粒子(입자)

3 笠 = 竹 + 立

| 1급/11획 | (삿갓 립) |

解說　'竹(대나무 죽)'과 '立(설 립)'을 조합한 글자임. '대나무(竹)로 엮은 삿갓을 쓴 사람(立)'이라는 데서 '삿갓'이라는 뜻을 나타낸다.

例文　① 簑笠(사립)　② 笠帽(입모)

4　拉 = 手 + 立

| 2급 / 8획 | (끌 / 끌어갈 **랍**) |

解說　'手(손 수)'와 '立(설 립)'을 조합한 글자임. '서 있는 사람(立)을 손(手)으로 잡아끌다'에서 '끌다 / 끌고 가다'는 뜻을 나타낸다.　* '手(손 수)'가 다른 글자와 조합하여 글자 왼쪽에 오면 '扌(손수변)'으로 글자 모양이 바뀐다.

例文　① 被拉者(피랍자)　② 拉致(납치)　③ 拉北(납북)

5　竝 = 立 + 立

| 3급 / 10획 | (나란히 **병**) | 甲骨文字 | 金文 | 篆文 |

解說　'立(설 립)' 두 글자를 조합한 글자임. '두 사람이 나란히 서 있는(竝) 모습'을 본뜬 글자로, '나란히'라는 뜻을 나타낸다.

例文　① 竝列(병렬)　② 竝行(병행)　③ 竝用(병용)

6　昱 = 日 + 立

| 2급 / 9획 | (햇빛밝을 **욱**) |

解說　'日(날 / 해 일)'과 '立(설 립)'을 조합한 글자임. '서 있는 사람(立) 바로 위에서 태양(日)이 빛난다'에서 '햇빛이 밝다'는 뜻으로, 주로 인명(人名)에 사용한다.

例文　① 昱耀(욱요 ; 밝게 빛남)

7　煜 = 火 + 昱

| 2급 / 13획 | (빛날 **욱**) |

解說　'火(불 화)'와 '昱(햇빛밝을 욱)'을 조합한 글자임. '낮에는 태양(日)이 밤에는 모닥불(火)이 빛난다'는 데서 '빛나다'는 뜻으로, 주로 인명(人名)에 사용한다.

例文　① 趙炳煜(조병욱)　② 煜灼(욱작 ; 빛을 발함)

8

位 = 人 + 立

| 5급/7획 | (자리/벼슬 **위**) | 甲骨文字 | 金文 | 篆文 |

解說　'人(사람 인)'과 '立(설 립)'을 조합한 글자임. '사람(人)이 일정한 장소에 서(立) 있다'는 데서 '자리/위치/서열/지위'라는 뜻을 나타낸다.

例文　① 地位(지위)　② 品位(품위)　③ 位置(위치)　④ 單位(단위)

9

泣 = 水 + 立

| 3급/8획 | (울 **읍**) |

解說　'水(물 수)'와 '立(설 립)'을 조합한 글자임. '눈물(水)을 떨어뜨리는 사람(立)', 또는 '서서(立) 눈물(水)을 떨어뜨린다'는 데서 '흐느껴 울다'는 뜻을 나타낸다.

例文　① 感泣(감읍)　② 泣訴(읍소)　③ 泣斬馬謖(읍참마속)

10

翌 = 羽 + 立

| 1급/11획 | (다음날 **익**) | 甲骨文字 | 金文 | 篆文 |

解說　'羽(깃털 우)'와 '立(설 립)'을 조합한 글자임. 갑골문자(甲骨文字)와 금문(金文)에서는 자세한 설명이 없으나, '제삿날 다음 날'이라는 뜻으로 쓰인 예(例)가 있는 것으로 보아 '다음/다음 날'이라는 뜻을 나타낸다. ＊일본 상용한자는 '翌'으로, 중국 간체자(簡體字)는 '翌'으로 글자 모양이 약간 다르다.

例文　① 翌年(익년)　② 翌月(익월)　③ 翌日(익일)　④ 翌朝(익조)

11

翊 = 立 + 羽

| 2급/11획 | (도울 **익**) | 甲骨文字 | 金文 | 篆文 |

解說　'立(설 립)'과 '羽(깃털 우)'를 조합한 글자임. 갑골문자(甲骨文字)/금문(金文)/전문(篆文)에서는 '翌(다음날 익)'과 동일한 글자이나, 훗날 '돕다'는 뜻으로 쓰이게 되었는데, 주로 인명(人名)에 사용한다. ＊중국 간체자(簡體字)는 '翊'임.

例文　① 翊成(익성 ; 도와서 성공하게 함)　② 翊戴(익대 ; 도와 왕으로 추대함)

마

---

1 馬

| 5급 / 10획 | (말 **마**) | 甲骨文字 | 金文 | 篆文 |

解說 '목덜미의 갈기와 긴 꼬리와 다리가 있는 말 모양'을 본뜬 상형문자로, 여기서 '灬'는 말 다리 4개를 상징한다. * 중국 간체자(簡體字)는 '马'임.

例文 ① 馬車(마차) ② 競馬場(경마장) ③ 馬脚(마각) ④ 馬耳東風(마이동풍)

---

2 罵 = 网 + 馬

| 1급 / 15획 | (욕할 **매**) |

解說 '网(그물 망)'과 '馬(말 마)'를 조합한 글자임. 무슨 이유인지는 모르지만, '말(馬)에다 그물(网)을 덮어씌우고 저주하는 욕설을 퍼붓다'는 데서 '욕하다'는 뜻을 나타낸다.

例文 ① 罵倒(매도) ② 罵言(매언) ③ 罵辱(매욕)

---

3 篤 = 竹 + 馬

| 3급 / 16획 | (도타울 **독**) |

解說 '竹(대나무 죽)'과 '馬(말 마)'를 조합한 글자임. '잘 달리는 말(馬)이 더 빨리 달릴 수 있도록 대나무(竹) 회초리로 때린다'는 데서 '도탑다/두텁다'는 뜻을 나타낸다.

例文 ① 敦篤(돈독) ② 危篤(위독) ③ 篤實(독실)

---

4 馮 = 冫 + 馬

| 2급 / 12획 | (말탈 **빙**) |

解說　'冫(얼음 빙)'과 '馬(말 마)'를 조합한 글자임. '얼음(冫)에 금이 가듯이 빨리 달리는 말(馬)을 탄다'는 데서 '말을 타다'는 뜻을 나타낸다. ＊중국 간체자(簡體字)에서는 '冯'로 표기한다.

例文　① 馮怒(빙노 ; 몹시 화냄) ② 馮氣(빙기 ; 뽐내는 마음)

5 憑 = 馮 + 心

| 1급 / 16획 | (기댈 **빙**) |

解說　'馮(말탈 빙)'과 '心(마음 심)'을 조합한 글자임. '빨리 달리는 말(馮)에 몸을 엎드리듯이 사람의 본심(心)은 뭔가에 의지하려고 한다'는 데서 '의지하다/기대다'는 뜻을 나타낸다. ＊중국 간체자(簡體字)에서는 '凭'로 표기한다.

例文　① 信憑性(신빙성)　② 證憑書類(증빙서류)　④ 憑藉(빙자)

1 麻 = 广 + 林

| 3급 / 11획 | (삼 **마**) | 金文 | 篆文 |

解說 '广(집 엄)'과 '林'을 조합한 글자임. '신(神)을 섬기는 집(广)에서 사용할 삼베를 만들기 위해 삼(林)껍질을 벗기는 모양'을 본떠서 '삼 / 대마초' 라는 뜻을 나타낸다. * 초상 집에서의 삼베(麻)는 신(神)에게 제사지내는 것과 관련이 있다.

例文 ① 大麻草(대마초) ② 麻衣太子(마의태자) ③ 麻布(마포) ④ 麻袋(마대)

2 磨 = 麻 + 石

| 3급 / 16획 | (갈 **마**) |

解說 '麻(삼 마)'와 '石(돌 석)'을 조합한 글자임. '삼(麻) 껍질을 벗길 때 평평한 돌(石) 위에 놓고 짓이긴다' 는 데서 '갈다 / 마찰하다' 는 뜻을 나타낸다.

例文 ① 研磨(연마) ② 摩擦(마찰) ③ 磨滅(마멸) ④ 磨斧爲針(마부위침)

3 摩 = 麻 + 手

| 2급 / 15획 | (문지를 **마**) |

解說 '麻(삼 마)'와 '手(손 수)'를 조합한 글자임. '삼(麻) 껍질을 쉽게 벗기기 위해 물에 불려서 손(手)으로 비빈다' 는 데서 '문지르다' 는 뜻을 나타낸다.

例文 ① 按摩(안마) ② 撫摩(무마) ③ 摩天樓(마천루) ④ 摩尼敎(마니교)

4

魔 = 麻 + 鬼

2급/21획 · (마귀 **마**)

解說　'麻(삼 마)'와 '鬼(귀신 귀)'를 조합한 글자임. '대마초(麻)를 피우면 귀신(鬼)이 접근하여 이상한 짓을 한다'는 데서, 또는 '대마초(麻)를 피우면 환각 상태에서 마귀(鬼)처럼 이상한 짓을 한다'는 데서 '마귀'라는 뜻을 나타낸다.

例文　① 魔鬼(마귀)　② 魔法(마법)　③ 魔術(마술)　④ 惡魔(악마)　⑤ 病魔(병마)

5

痲 = 疒 + 麻

2급/13획 · (저릴/마비할 **마**)

解說　'疒(병들어기댈 역)'과 '麻(삼 마)'를 조합한 글자임. '대마초(麻)를 피우면 신체 감각이 마비되는 병(疒)을 일으키게 된다'는 데서 '마비되다/저리다'는 뜻을 나타낸다.
　* 일본 상용한자에서는 '痳(11획)'으로 약간 다르게 표기한다.

例文　① 痲藥(마약)　② 痲醉(마취)　③ 痲痺(마비)

6

靡 = 麻 + 非

1급/19획 · (쓰러질 **미**)

解說　'麻(삼 마)'와 '非(아닐 비)'를 조합한 글자임. '껍질을 쉽게 벗기기 위해 물에 불린 삼(麻)이 힘없이 분리(非)된다'는 데서 '쓰러지다/문드러지다'는 뜻을 나타낸다.

例文　① 風靡(풍미 ; 바람에 쓰러짐)　② 靡拉(미랍 ; 쓰러져 꺾임)

7

麾 = 麻 + 毛

1급/15획 · (기/대장기 **휘**)

解說　'麻(삼 마)'와 '毛(털 모)'를 조합한 글자임. '신(神)을 부르는 삼베(麻)로 만든 군대 대장의 깃발이 털(毛)처럼 휘날린다'는 데서 '대장기/대장 깃발'이라는 뜻을 나타낸다.

例文　① 麾下(휘하)　② 麾軍(휘군 ; 군대를 지휘함)

막	莫　幕　漠 膜　寞
모	模　慕　募 暮　謨　摸 糢
묘	墓

1　**莫** = 艸 + 日 + 艸　

3급 / 11획	(없을 / 어두울 **막**)	篆文

解說　전문(篆文)에서는 '艸(풀 초)' + '日(날 / 해 일)' + '艸(풀 초)'를 조합한 글자임. '태양(日)이 서쪽 지평선 풀숲(艸)으로 사라져 없어졌다'는 데서 '없다 / 어둡다'는 뜻을 나타낸다. * 약자(略字)로는 '莫(10획)'임. * '艸(풀 초)'가 다른 글자와 조합하여 글자 위쪽에 오면 '艹(초두머리)'로 글자 모양이 바뀐다.

例文　① 莫上莫下(막상막하)　② 莫大(막대)　③ 莫甚(막심)　④ 莫逆之友(막역지우)

2　**幕** = 莫 + 巾

3급 / 14획	(장막 **막**)

解說　'莫(없을 / 어두울 막)'과 '巾(수건 건)'을 조합한 글자임. '빨랫줄에 걸린 수건(巾)처럼 늘어뜨려 안 보이게(莫) 가려주는 것'이라는 데서 '장막 / 텐트 / 천막'이라는 뜻을 나타낸다. * 약자(略字)로는 '幕(13획)'임.

例文　① 開幕式(개막식)　② 天幕(천막)　③ 幕舍(막사)　④ 煙幕(연막)

3　**漠** = 水 + 莫

3급 / 14획	(넓을 / 사막 **막**)

解說 　'水(물 수)'와 '莫(없을/어두울 막)'을 조합한 글자임. '물(水)이 없는(莫) 넓은 벌판'이라는 데서 '넓다/사막'이라는 뜻을 나타낸다. ＊약자(略字)로는 '漠(13획)'임.

例文 　① 沙漠(사막)　② 漠然(막연)　③ 漠漠(막막)

---

4 膜 = 肉 + 莫

| 2급 / 15획 | (막 / 꺼풀 **막**) |

解說 　'肉(몸/고기 육)'과 '莫(없을/어두울 막)'을 조합한 글자임. '몸(肉)은 얇은 거죽에 의해 가려져(莫) 있다'는 데서 '막/꺼풀'이라는 뜻을 나타낸다. ＊약자로는 '膜'임.

例文 　① 角膜(각막)　② 結膜(결막)　③ 肋膜(늑막)　④ 腦膜(뇌막)　⑤ 粘膜(점막)

---

5 寞 = 宀 + 莫

| 1급 / 14획 | (고요할 / 쓸쓸할 **막**) |

解說 　'宀(집 면)'과 '莫(없을/어두울 막)'을 조합한 글자임. '집(宀)에 아무도 없다(莫)'는 데서 '쓸쓸하다/조용하다'는 뜻을 나타낸다. ＊약자(略字)로는 '寞(13획)'임.

例文 　① 寂寞(적막)　② 寞天寂地(막천적지 ; 아주 쓸쓸함)

---

6 模 = 木 + 莫

| 4급 / 15획 | (본뜰 / 모범 **모**) |

解說 　'木(나무 목)'과 '莫(없을/어두울 막)'을 조합한 글자임. '속이 텅 비어 아무것도 없는(莫) 나무(木)로 만든 거푸집'이라는 데서 '거푸집/모범/본뜨다'라는 뜻으로 발전하여 쓰이게 되었다. ＊약자(略字)로는 '模(14획)'임.

例文 　① 模擬考査(모의고사)　② 模倣(모방)　③ 模範(모범)　④ 模造品(모조품)

---

7 慕 = 莫 + 心

| 3급 / 15획 | (그릴 / 사모할 **모**) |

解說 ‘莫(없을/어두울 막)’과 ‘心(마음 심)’을 조합한 글자임. ‘해가 지고(莫) 날이 저물면 더욱 그리운 마음(心)이 생긴다’는 데서 ‘그립다/사모하다’는 뜻을 나타낸다.

例文 ① 思慕(사모) ② 欽慕(흠모) ③ 戀慕(연모) ④ 慕情(모정) ⑤ 追慕(추모)

---

8 募 = 莫 + 力

3급 / 13획 　　(모을/뽑을 **모**)

解說 ‘莫(없을/어두울 막)’과 ‘力(힘 력)’을 조합한 글자임. ‘해가 질 때(莫)까지 힘껏(力) 일할 사람을 모은다’는 데서 ‘모으다/뽑다’는 뜻을 나타낸다.

例文 ① 募集(모집) ② 募兵(모병) ③ 公募(공모) ④ 應募(응모)

---

9 暮 = 莫 + 日

3급 / 15획 　　(저물/해질 **모**)

解說 ‘莫(없을/어두울 막)’과 ‘日(날/해 일)’을 조합한 글자임. ‘태양(日)이 서쪽 지평선 풀숲(艸)으로 사라져 없어진다(莫)’는 데서 ‘날이 저물다’는 뜻을 나타낸다.

例文 ① 歲暮(세모) ② 朝三暮四(조삼모사) ③ 朝令暮改(조령모개)

---

10 謨 = 言 + 莫

2급 / 18획 　　(꾀 **모**)

解說 ‘言(말씀 언)’과 ‘莫(없을/어두울 막)’을 조합한 글자임. ‘말(言)로써 없는(莫) 일을 만들어 내다’는 데서 ‘말로 꾀하다’는 뜻을 나타낸다. *謀(꾀 모)와는 달리 주로 천자(天子)나 정치상(政治上)의 큰 계책(計策)을 말한다.

例文 ① 雄謨(웅모 ; 웅대한 계략) ② 謨訓(모훈 ; 모범적인 교훈)

---

11 摸 = 手 + 莫

1급 / 14획 　　(더듬을 **모**)

解說　'手(손 수)'와 '莫(없을 / 어두울 막)'을 조합한 글자임. '없어진(莫) 물건을 손(手)으로 더듬어 찾는다'에서 '더듬다 / 더듬어 찾다'는 뜻을 나타낸다. ＊'手(손 수)'가 다른 글자와 조합하여 글자 왼쪽에 오면 'ㅊ(손수변)'으로 글자 모양이 바뀐다. ＊약자(略字)로는 '摸(13획)'임.

例文　① 摸索(모색)　② 摸倣 / 模倣(모방)

12　**糢** ＝ 米 ＋ 莫

1급 / 17획　　　(모호할 **모**)

解說　'米(쌀 미)'와 '莫(없을 / 어두울 막)'을 조합한 글자임. ＊'模(본뜰 모)'의 속자(俗字)로, '갑자기 쌀독에 쌀(米)이 없다니(莫) 참으로 이상한 일이다'는 데서 '애매모호하다'는 뜻이다.

例文　① 糢糊(모호)　② 曖昧糢糊 / 曖昧模糊(애매모호)

13　**墓** ＝ 莫 ＋ 土

4급 / 14획　　　(무덤 **묘**)

解說　'莫(없을 / 어두울 막)'과 '土(흙 토)'를 조합한 글자임. '흙(土)을 파서 무덤을 만들고 죽은 사람을 어두운 곳(莫)에 둔다'는 데서 '무덤'이라는 뜻을 나타낸다. ＊약자(略字)로는 '墓(13획)'임.

例文　① 墓地(묘지)　② 省墓(성묘)　③ 墓碑(묘비)　④ 墓所(묘소)

---

1 曼 = 冒 + 又

| 11획 | (긴/아름다울 **만**) | | 金文 | 篆文 |

解說 '冒(무릅쓸 모)'와 '又(오른손/또 우)'를 조합한 글자임. '여자가 얼굴 전체를 가리는 얼굴 가리개(冒)를 쓰고 옆으로 길게 째서 눈(目)만 내놓고 손(又)으로 화장을 하는 모습'을 본뜬 글자로, '눈을 내놓기 위해 얼굴 가리개를 찢은 곳이 길다/멋을 부려 아름답다'는 뜻을 나타내나, 단독으로는 쓰이지 않는다.

---

2 漫 = 水 + 曼

| 3급/14획 | (흩어질 **만**) |

解說 '水(물 수)'와 '曼(긴/아름다울 만)'을 조합한 글자임. '예쁘게 화장한 눈(曼)이 땀방울(水)로 흩어진다/퍼진다'는 데서 '흩어지다'는 뜻을 나타낸다.

例文 ① 漫畫(만화) ② 漫談(만담) ③ 散漫(산만)

---

3 慢 = 心 + 曼

| 3급/14획 | (거만할/느릴 **만**) |

解說 '心(마음 심)'과 '曼(긴/아름다울 만)'을 조합한 글자임. '예쁘게 화장(曼)한 여인의 마음(心)은 자연히 거만해진다'는 데서 '거만하다/느리다'는 뜻을 나타낸다.

例文 ① 倨慢(거만) ② 驕慢(교만) ③ 怠慢(태만) ④ 自慢(자만) ⑤ 慢性(만성)

---

4 蔓 = 艸 + 曼

1급 / 15획　　(덩굴 **만**)

解說　'艸(풀 초)'와 '曼(긴/아름다울 만)'을 조합한 글자임. '땅위로 길게(曼) 옆으로 퍼져서 자라는 식물(艸)'이라는 데서 '덩굴'이라는 뜻을 나타낸다. *약자(略字)로는 '蔓(14획)'임.

例文　① 蔓性植物(만성식물)　② 蔓草(만초)　③ 蔓延(만연)

5 饅 = 食 + 曼

1급 / 20획　　(만두 **만**)

解說　'食(밥/먹을 식)'과 '曼(긴/아름다울 만)'을 조합한 글자임. '먹기(食)에도 좋고 보기에도 예쁘게(曼) 만든 음식'이라는 데서 중국의 대표 음식인 '만두'라는 뜻을 나타낸다. *중국 간체자(簡體字)로는 '馒' 임.

例文　① 饅頭(만두)

6 鰻 = 魚 + 曼

1급 / 22획　　(뱀장어 **만**)

解說　'魚(물고기 어)'와 '曼(긴/아름다울 만)'을 조합한 글자임. '몸통이 길고 눈이 잘 생긴(曼) 물고기(魚)는 뱀장어'라는 뜻을 나타낸다. *중국 간체자(簡體字)로는 '鳗' 임.

1

萬				
8급 / 13획	(일만 **만**)	甲骨文字	金文	篆文

解說　갑골문자(甲骨文字)와 금문(金文)에서는 '독충(毒蟲) 전갈' 의 모양을 본뜬 상형문로 '10,000 / 1만 / 수많은 / 아주 많은' 의 뜻으로 쓰인다. ＊일본 상용한자에서와 중국 간체자(簡體字)에서는 '万' 으로 표기한다.

例文　① 萬物(만물)　② 萬能(만능)　③ 家和萬事成(가화만사성)　④ 萬邦(만방)
⑤ 萬頃蒼波(만경창파)　⑥ 萬壽無疆(만수무강)　⑦ 萬彙群象(만휘군상)
⑧ 萬古風霜(만고풍상)

2

邁 = 萬 + 辶	
1급 / 17획	(갈 / 힘쓸 **매**)

解說　'萬(일만 만)' 과 '辶(쉬엄쉬엄갈 / 뛸 착)' 을 조합한 글자임. '전갈(萬)들도 천적(天敵)이 나타나면 도망가기(辶)에 힘쓴다' 는 데서 '(앞으로) 가다 / 힘쓰다' 는 뜻을 나타낸다.

例文　① 목표를 향해 邁進(매진)하다　② 高邁(고매)한 인격

3 勵 = 厂 + 萬 + 力

3급 / 17획　　(힘쓸 **려**)

解說　'厂(집 엄)'과 '萬(일만 만)', '力(힘 력)'을 조합한 글자임. '농경시대의 집(厂)안에는 열심히(力) 해야 일이 많다(萬)'는 데서 '힘쓰다/노력하다'는 뜻을 나타낸다.

例文　① 激勵(격려)　② 督勵(독려)　③ 獎勵賞(장려상)

4 礪 = 石 + 厂 + 萬

2급 / 20획　　(숫돌 / 갈 **려**)

解說　'石(돌 석)'과 '厂(집 엄)', '萬(일만 만)'을 조합한 글자임. '농사만 짓던 농경시대의 집안(厂)의 수많은(萬) 일을 하려면 낫·호미·칼·농기구 등을 예리하게 하는 숫돌(石)이 필요하다'는 데서 '숫돌에 갈다'는 뜻을 나타낸다. *중국 간체자(簡體字)에서는 '砺'으로 표기한다.

例文　① 礪行(여행 ; 행실을 닦음)

1

末 = 木 + 一

| 5급 / 5획 | (끝 **말**) | 金文 | 篆文 |

解說 　금문(金文)에서는 '木(나무 목)'의 끝에 '·'을 찍은 글자이고, 전문(篆文)에서는 '수명이 다 된 나무(木) 위에 긴 가로획(一)을 하나 더 그어서, 수명이 다 되어 더 이상 하늘을 향하여 자라지 않고 옆으로만 퍼지는 역삼각형(▽) 모양의 "나무 끝"이라는 것을 강조하는 지사문자(指事文字)이다. *하늘을 향해 계속 자라는 나무는 삼각형(△) 모양인 '未(아닐 미)'로 묘사하고 있다. *'未(아닐 미)'에 관한 더 자세한 것은 435페이지 참조.

例文 　① 末期(말기)　② 末年(말년)　③ 末世(말세)　④ 結末(결말)

2

靺 = 革 + 末

| 2급 / 14획 | (말갈족 **말**) |

解說 　'革(가죽 혁)'과 '末(끝 말)'을 조합한 글자임. '중국에서 멀리 떨어진 끝(末)에서 가죽(革)옷을 즐겨 입는 종족'이라는 데서 '말갈족'이라는 뜻을 나타낸다.

例文 　① 靺鞨(말갈)　② 靺鞨族(말갈족)

3

抹 = 手 + 末

| 1급 / 8획 | (지울 **말**) |

解說 '手(손 수)'와 '末(끝 말)'을 조합한 글자임. '손(手) 끝(末)으로 일하다 보면 지문이 지워져 보이지 않게 된다'는 데서 '지우다/지워지다'는 뜻을 나타낸다.

例文 ① 抹消(말소) ② 抹殺(말살) ③ 抹茶(말차 ; 어린순을 말린 차)

---

4 沫 = 水 + 末

| 1급/8획 | (물거품 **말**) |

解說 '水(물 수)'와 '末(끝 말)'을 조합한 글자임. '나뭇가지(木) 끝(末)에 맺힌 물(水)방울이 마치 거품과 같다'는 데서 '물거품'이라는 뜻을 나타낸다.

例文 ① 泡沫(포말) ② 沸沫(비말) ③ 噴沫(분말) ④ 浮沫(부말)

1

亡 = 亠 + ㄴ

5급 / 3획	(망할 / 죽을 / 도망할 **망**)	甲骨文字	金文	篆文

解說 갑골문자(甲骨文字)와 금문(金文)에서는 '관(ㄴ) 속에 웅크리고 죽은 사람(人) 모양'의 상형문자임. '사람이 죽었다'는 데서 '망하다 / 죽다 / 도망하다 / 숨다'는 뜻이다.

例文 ① 死亡(사망) ② 未亡人(미망인) ③ 亡命(망명) ④ 亡羊補牢(망양보뢰)

2

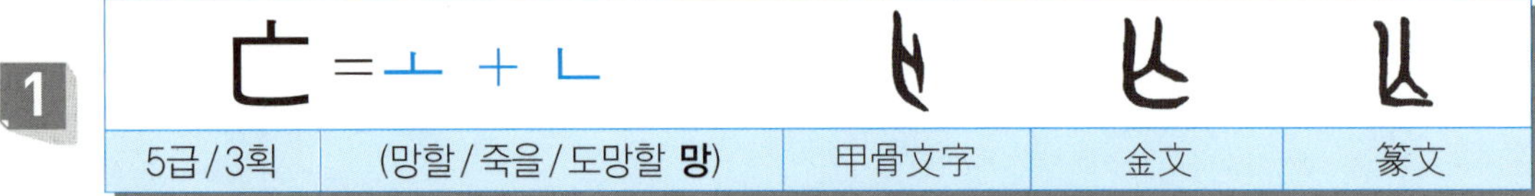

望 = 亡 + 月 + 壬

5급 / 11획	(바랄 **망**)	甲骨文字	金文	篆文

解說 갑골문자(甲骨文字)에서는 '까치발로 서서(壬) 멀리 바라보는 사람'이고, 금문(金文)에서는 '까치발로 서서(壬) 달(月)을 바라보는 사람'이고, 전문(篆文)에서는 '까치발로 서서(壬) 달(月)을 바라보며 죽은 사람(亡)을 그리워한다'는 뜻이다.

例文 ① 望夫石(망부석) ② 希望(희망) ③ 失望(실망) ④ 望雲之情(망운지정)

3

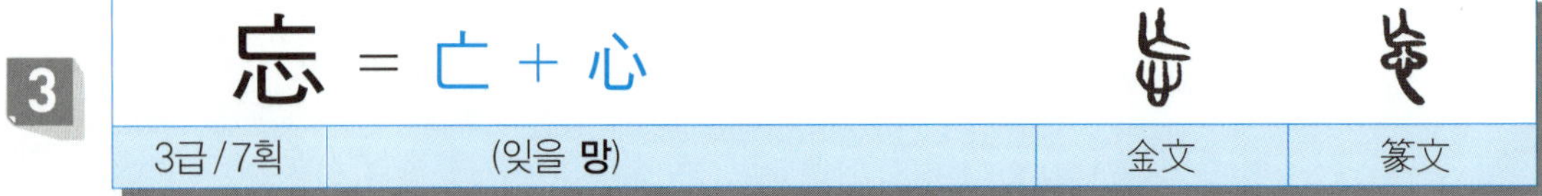

忘 = 亡 + 心

3급 / 7획	(잊을 **망**)		金文	篆文

解說 '亡(망할 / 죽을 / 망할 망)'과 '心(마음 심)'을 조합한 글자임. '세월이 오래 지나면 마음(心)속에서 사라진다(亡)'는 데서 '잊다 / 잊어버리다'는 뜻을 나타낸다.

例文 ① 忘覺(망각) ② 健忘症(건망증) ③ 備忘錄(비망록) ④ 忘年會(망년회)

4 妄 = 亡 + 女
| 3급 / 6획 | (망령될 **망**) |

解說 '亡(망할/죽을/망할 망)'과 '女(여자 여)'를 조합한 글자로, '망령되다'는 뜻을 나타낸다.

例文 ① 妄靈(망령) ② 妄想(망상) ③ 老妄(노망) ④ 輕擧妄動(경거망동)

5 忙 = 心 + 亡
| 3급 / 6획 | (바쁠 **망**) |

解說 '心(마음 심)'과 '亡(망할/죽을/망할 망)'을 조합한 글자임. '심장(心)이 곤두설 정도로 정신이 없다(亡)'는 데서 '바쁘다'는 뜻을 나타낸다. * '心(마음 심)'이 다른 글자와 조합하여 글자 왼쪽에 오면 '忄(마음심변/심방변)'으로 글자 모양이 바뀐다.

例文 ① 忙中閑(망중한) ② 奔忙(분망) ③ 公私多忙(공사다망)

6 芒 = 艸 + 亡
| 1급 / 7획 | (까끄라기 **망**) |

解說 '艸(풀 초)'와 '亡(망할/죽을/망할 망)'을 조합한 글자로, '벼/보리의 수염'이라는 데서 '까끄라기'라는 뜻을 나타낸다. * 약자(略字)로는 '芒(6획)'임. * '艸(풀 초)'가 다른 글자와 조합하여 글자 위쪽에 오면 '艹(초두머리)'로 글자 모양이 바뀐다.

例文 ① 芒種(망종 ; 24절기 중의 하나로 6월 5일경)

7 茫 = 艸 + 水 + 亡
| 3급 / 10획 | (아득할 **망**) |

解說 '艸(풀 초)'와 '水(물 수)', '亡(망할 망)'을 조합한 글자임. '초목(艸)이 다 죽을(亡) 정도로 물(水)이 가득 찼다'는 데서 '아득하다'는 뜻을 나타낸다. * 약자(略字)로는 '茫(9획)'임.

例文 ① 茫茫大海(망망대해) ② 茫然自失(망연자실)

8 罔 = 网 + 亡

| 3급 / 8획 | (없을 **망**) | 古文 | 篆文 |

解說　‘网(그물 망)’과 ‘亡(죽을 망)’을 조합한 글자임. ‘죽은 사람(亡)을 그물(网)로 덮어 가려서 보이지 않게 한다’는 데서 ‘없다’는 뜻을 나타낸다.

例文　① 罔極(망극)　② 怪常罔測(괴상망측)

9 網 = 糸 + 罔

| 2급 / 14획 | (그물 **망**) |

解說　‘糸(실 사)’와 ‘罔(그물 망)’을 조합한 글자임. ‘실(糸)로 엮어 짠 그물(网)’이라는 뜻을 나타낸다.

例文　① 漁網(어망)　② 法網(법망)　③ 網羅(망라)　④ 通信網(통신망)

10 惘 = 心 + 罔

| 1급 / 11획 | (멍할 **망**) |

解說　‘心(마음 심)’과 ‘罔(없을 망)’을 조합한 글자임. ‘충격으로 인해 마음(心)속에 있던 것이 다 없어져(罔)버렸다’는 데서 ‘멍하다’는 뜻을 나타낸다.

例文　① 慌惘(황망 ; 바빠서 어리둥절함)

11 盲 = 亡 + 目

| 3급 / 8획 | (눈멀 / 소경 **맹**) |

解說　‘亡(망할 망)’과 ‘目(눈 목)’을 조합한 글자임. ‘눈(目)이 없어졌다 / 망했다(亡)’는 데서 ‘눈이 멀다 / 소경’이라는 뜻을 나타낸다.

例文　① 盲人(맹인)　② 文盲者(문맹자)　③ 盲啞學校(맹아학교)　④ 色盲(색맹)

12 荒 = 艹 + 巟

3급 / 10획 | (거칠 **황**) | 金文 | 篆文

解說 ‘艹(풀 초)’와 ‘亡(죽을 망)’, ‘川(내 천)’을 조합한 글자임. ‘큰 물(川)이 넘쳐 들판(艹)을 휩쓸고 지나간 자리가 엉망이 되었다(亡)’는 데서 ‘거칠다’는 뜻을 나타낸다. * 일본 상용한자와 중국 간체자(簡體字)에서는 ‘荒(9획)’으로 표기한다.

例文 ① 荒野(황야) ② 荒廢(황폐) ③ 荒唐(황당)

13 慌 = 心 + 荒

1급 / 13획 | (어리둥절할 **황**)

解說 ‘心(마음 심)’과 ‘荒(거칠 황)’을 조합한 글자임. ‘마음(心)속이 뭔가에 휩쓸려(荒)가 버린 것 같다’는 데서 ‘어리둥절하다/황홀하다’는 뜻을 나타낸다. * 일본 상용한자와 중국 간체자(簡體字)에서는 ‘慌(12획)’으로 표기한다.

例文 ① 慌忙(황망) ② 恍惚 / 慌惚(황홀)

每				
7급/7획	(매양/늘/항상 **매**)	甲骨文字	金文	篆文

解說 갑골문자(甲骨文字)와 금문(金文)에서는 '결혼한 여자(母)가 제사를 지내기 위해서 머리에 비녀를 꽂은 단정한 모습'의 상형문자임. '제사지내기 위해 머리에 비녀를 꽂은 단정한 모습(每)은 언제 보아도 항상/늘 똑 같다'는 데서 '늘/언제나/항상'이라는 뜻을 나타낸다. *'母(어미 모)에 관한 자세한 설명은 403페이지 참조. *일본은 '毎(6획)'임.

例文 ① 每日(매일) ② 每週(매주) ③ 每月(매월) ④ 每年(매년) ⑤ 每回(매회)

梅 = 木 + 每
3급/11획　　(매화 **매**)

解說 '木(나무 목)'과 '每(매양/늘/항상 매)'를 조합한 글자임. 옛날에는 '자녀가 없는 여자(母)는 매화나무(木)에다 신(神)에게 바치는 축문(祝文)이 든 그릇(口)을 걸어놓고 제사지내는 여자(每)처럼 정성스럽게 빌었다'고 한데서 '木+每=梅'으로 되었다고 한다.

例文 ① 梅花(매화) ② 梅實(매실) ③ 梅實酒(매실주) ④ 松竹梅(송죽매)

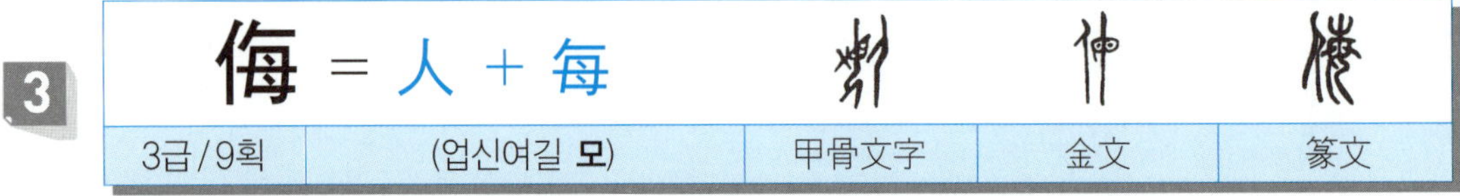

侮 = 人 + 每			
3급/9획	(업신여길 **모**)	甲骨文字	金文	篆文

解說 '人(사람 인)'과 '每(매양 / 늘 / 항상 매)'를 조합한 글자임. 금문(金文)에서는 '남(人) 앞에서 젖가슴을 드러낸 여자의 몸(母)'으로 묘사하는데, 이것은 '남(人) 앞에서 단정한 모습(每)을 보이지 않으면 무시당한다'는 데서 '업신여기다 / 얕보다'는 뜻을 나타낸다.

例文 ① 侮辱(모욕) ② 侮蔑感(모멸감) ③ 受侮(수모)

4

敏 = 每 + 攴

3급 / 11획　　　　(민첩할 **민**)

解說 '每(매양 / 늘 / 항상 매)'와 '攴(때릴 / 칠 복)'을 조합한 글자임. '제사지내려고 준비하는 여자(每)에게 손으로 떠밀면서(攴) 재촉하면 행동이 빨라진다'는 데서 '민첩하다 / 행동이 빠르다'는 뜻을 나타낸다. * 일본 상용한자는 '敏(10획)'임.

例文 ① 敏捷(민첩) ② 銳敏(예민) ③ 過敏反應(과민반응)

5

繁 = 敏 + 糸

3급 / 17획　　　　(번성할 **번**)

解說 '敏(민첩할 민)'과 '糸(실 사)'를 조합한 글자임. '부지런히(敏) 실(糸)로 베를 짜니 자연히 집안이 번성한다'는 데서 '번성하다 / 번창하다'는 뜻이다.

例文 ① 繁盛(번성) ② 繁昌(번창) ③ 繁華(번화) ④ 繁殖(번식) ⑤ 繁榮(번영)

6

海 = 水 + 每

7급 / 10획　　　　(바다 **해**)

解說 '水(물 수)'와 '每(매양 / 늘 / 항상 매)'를 조합한 글자임. '자녀를 키우는 어머니(母)의 은혜는 항상 / 언제나(每) 변함없는 바닷물(水)처럼 끝이 없다'는 데서 '바다'라는 뜻을 나타낸다. * 일본 상용한자는 '海(9획)'임.

例文 ① 海水浴場(해수욕장) ② 東海(동해) ③ 南海(남해) ④ 海岸(해안)

7

悔 = 心 + 每

3급 / 11획　　　　(뉘우칠 **회**)

解說　'心(마음 심)'과 '每(매양/늘/항상 매)'를 조합한 글자임. '죽은 사람을 제사지내는 여자(每)가 마음(心) 속으로는 후회한다' 는 데서 '뉘우친다/후회하다' 는 뜻을 나타낸다. ＊'心(마음 심)'이 다른 글자와 조합하여 글자 왼쪽에 오면 '忄(마음심변/심방변)' 으로 글자 모양이 바뀐다.

例文　① 悔改(회개)　② 後悔(후회)　③ 悔恨(회한)

8

晦 = 日 + 每

1급 / 11획　　　　　　(그믐 회)

解說　'日(날/해 일)'과 '每(매양/늘/항상 매)'를 조합한 글자로, '그믐' 이라는 뜻을 나타낸다.

例文　① 晦日(회일 ; 그믐날)　② 晦夜(회야 ; 그믐날 밤)

9

誨 = 言 + 每

1급 / 14획　　　　　　(가르칠 회)

解說　'言(말씀 언)'과 '每(매양/늘/항상 매)'를 조합한 글자임. '제사를 준비하는 여자(每)에게 말(言)로 가르친다' 는 데서 '가르치다' 는 뜻을 나타낸다.

例文　① 誨授(회수 ; 가르쳐 줌)　② 誨言(회언 ; 가르치는 말)

 09 買(살 매) 그룹 漢字

	매	買	賣
	독	讀	瀆
	속	續	贖

1 　買 = 网 + 貝　　甲骨文字　金文　篆文

5급 / 12획	(살 매)	甲骨文字	金文	篆文

解說　'网(그물 망)'과 '貝(돈/재물/조개 패)'를 조합한 글자임. '조가비(貝/화폐역할)로 물건을 사서 그물(网)망태기에 모아들이다'는 데서 '물건을 사다'는 뜻을 나타낸다. ＊간체자는 '买'임.

例文　① 購買(구매) ② 買受人(매수인) ③ 買入(매입)

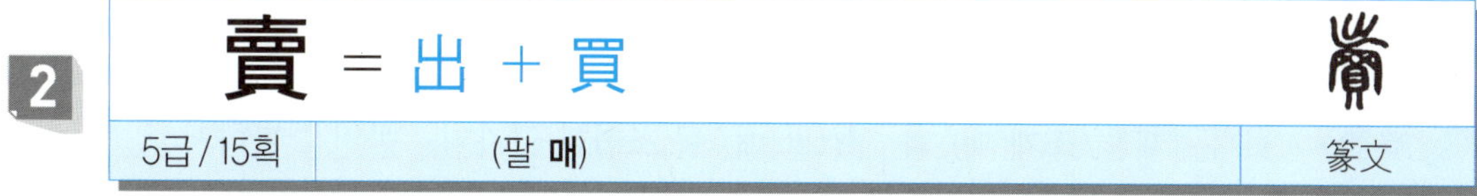

2 　賣 = 出 + 買　　篆文

5급 / 15획	(팔 매)	篆文

解說　전문(篆文)에서는 '出(날 출)'과 '買(살 매)'를 조합한 글자임. '돈(貝)을 지불하고 산(買) 물건을 다시 팔려고 내놓는다(出)'는 뜻이다. ＊일본은 '売', 중국은 '卖'임.

例文　① 賣却(매각) ② 賣買(매매) ③ 賣渡人(매도인) ④ 賣盡(매진)

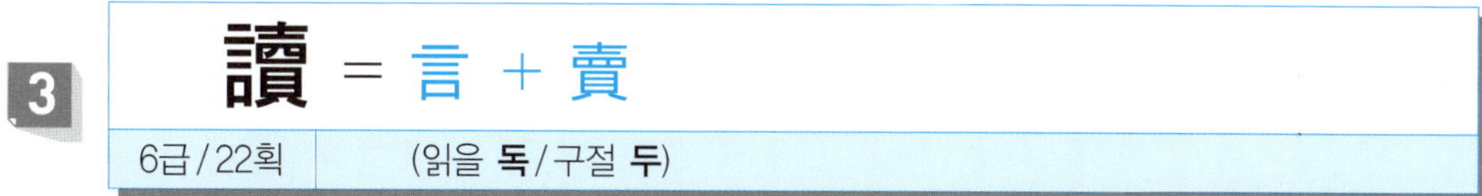

3 　讀 = 言 + 賣

6급 / 22획	(읽을 독/구절 두)

解說　'言(말씀 언)'과 '賣(팔 매)'를 조합한 글자임. '책을 읽을 때는 물건을 팔(賣) 때처럼 큰소리(言)로 읽어야 한다'는 데서 '(책을) 읽다'는 뜻을 나타낸다.

例文　① 讀書尙友(독서상우) ② 讀者(독자) ③ 購讀者(구독자) ④ 句讀點(구두점)

4

瀆 = 水 + 賣

1급 / 18획 (더럽힐 **독**)

解說 '水(물 수)'와 '賣(팔 매)'를 조합한 글자임. '팔려고 내놓은 물건(賣)에 물(水)을 끼얹어 더럽힌다'는 데서 '더럽히다 / 모독하다'는 뜻을 나타낸다. *중국 간체자(簡體字)에서는 '渎'으로 표기한다.

例文 ① 冒瀆(모독) ② 瀆職(독직) ③ 瀆職事件(독직사건)

5

續 = 糸 + 賣

4급 / 21획 (이을 **속**)

解說 '糸(실 사)'와 '賣(팔 매)'를 조합한 글자임. '장사를 하려면 팔 물건(賣)을 계속 이어지는 실(糸)처럼 끊임없이 공급해야 한다'는 데서 '잇다 / 이어지다 / 계속하다'는 뜻을 나타낸다. *일본 상용한자에서는 '続'으로, 중국 간체자(簡體字)에서는 '续'으로 표기한다.

例文 ① 繼續(계속) ② 續出(속출) ③ 連續(연속) ④ 戶主相續(호주상속)

6

贖 = 貝 + 賣

1급 / 22획 (속죄할 / 제물바칠 **속**)

解說 '貝(돈 / 재물 / 조개 패)'와 '賣(팔 매)'를 조합한 글자임. '물건을 팔아서(賣) 돈(貝)으로 바꾸어 변상해준다'는 데서 '속죄하다 / 재물을 바치다'는 뜻을 나타낸다. *중국 간체자(簡體字)에서는 '赎'으로 표기한다.

例文 ① 贖罪(속죄) ② 代贖(대속) ③ 代贖主(대속주)

1

孟 = 子 + 皿 　　　　金文　篆文

3급/8획　　(맏/힘셀 **맹**)

解說　'子(아들/아이 자)'와 '皿(그릇 명)'을 조합한 글자임. 금문(金文)에서는 '갓 태어 난 아이에게 목욕을 시키는 장면'인데, 형제의 서열에서 '맏이/첫아이/처음'의 뜻을 나타 내며, '힘이 세다'는 뜻으로도 쓰인다.

例文　① 孟子(맹자)　② 孟孔(맹공 ; 孟子와 孔子)　③ 孟母三遷(맹모삼천)

2

猛 = 犬 + 孟

3급/11획　　(사나울 **맹**)

解說　'犬(개 견)'과 '孟(맏/힘셀 맹)'을 조합한 글자로, '힘이 센(孟) 개(犬)/사나운 개' 라는 뜻으로 쓰인다. *'犬(개 견)'이 다른 글자와 조합하여 글자 왼쪽에 오면 '犭(개견변/ 개사슴록변)'으로 글자 모양이 바뀐다.

例文　① 猛犬(맹견)　② 猛禽(맹금)　③ 猛獸(맹수)　④ 勇猛(용맹)　⑤ 猛攻擊(맹공격)

黽		甲骨文字	金文	篆文
1 部首 / 13획	(맹꽁이 **맹**)			

解說 개구리의 일종으로, '커다란 두 눈에 배가 불룩 나온 맹꽁이'를 본뜬 상형문자이다.

2 繩 = 糸 + 黽	
2급 / 19획	(노끈 **승**)

解說 '糸(실 사)'와 '黽(맹꽁이 맹)'을 조합한 글자임. '실(糸)을 꼬아 만든 끈이 맹꽁이 배처럼 불룩하다'는 데서 '노끈'이라는 뜻을 나타낸다. *굵은 동아줄은 '索(삭)'으로 표기한다. *일본 상용한자에서는 '繩'으로, 중국 간체자(簡體字)에서는 '绳'으로 표기한다.

例文 ① 捕繩(포승) ② 自繩自縛(자승자박)

---

1 丏   篆文

| 4획 | (가릴 **면**) | 篆文 |

解說 '얼굴에 가면을 쓰고 꿇어앉은 모습'을 본떠서, '덮어 가리다/보이지 않다'는 뜻을 나타내나, 단독으로는 쓰이지 않는다.

---

2 

沔 = 水 + 丏

| 2급/7획 | (빠질/물이름 **면**) |

解說 '水(물 수)'와 '丏(가릴 면)'을 조합한 글자임. '가두어 두었던(丏) 물(水)이 빠진다'는 데서 '물이 빠지다'는 뜻을 나타낸다. * '水(물 수)가 다른 글자와 조합하여 글자 왼쪽에 오면 'ㆡ(삼수변)'으로 글자 모양이 바뀐다.

例文 ① 沔水(면수 ; 중국 섬서성(陝西省)을 흐르는 강)

---

3 眄 = 目 + 丏

| 1급/9획 | (곁눈질할 **면**) |

解說 '目(눈 목)'과 '丏(가릴 면)'을 조합한 글자임. '얼굴을 가려서(丏) 앞이 보이지 않으므로 눈(目)을 옆으로 돌려 본다'는 데서 '곁눈질하다'는 뜻을 나타낸다.

例文 ① 眄視(면시) ② 左雇右眄(좌고우면) ③ 左右顧眄(좌우고면)

4

麪 = 麥 + 丏

1급 / 20획　　　　　(국수 **면**)

解說　'麥(보리 맥)'과 '丏(가릴 면)'을 조합한 글자로, '보리(麥)나 밀가루로 만든 가느
다란 국수'라는 뜻을 나타낸다. ＊중국 간체자(簡體字)에서는 '面'으로 표기한다. ＊흔히
'麵(국수 면)'도 사용하나 1급용으로 지정된 한자는 아님에 유의해야 한다..

例文　① 冷麪/冷麵(냉면)　② 麪類/麵類(면류 ; 국수 종류)

---

1 免 / 免   金文   篆文

3급/7획	(면할/벗어날 **면**)	金文	篆文

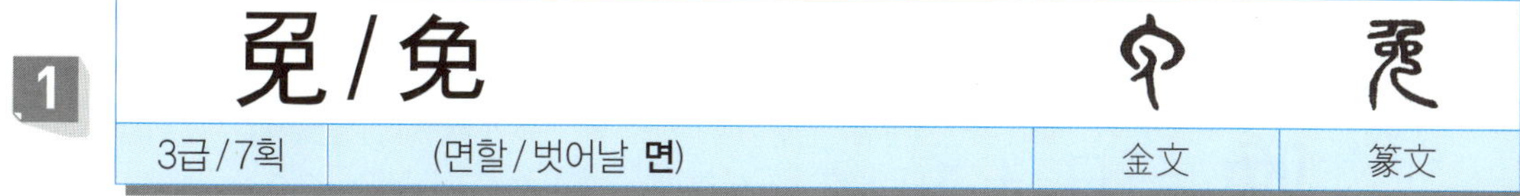

解說   금문(金文)에서는 '머리에 썼던 투구를 벗는 장면'이고, 전문(篆文)에서는 '여자 (人)가 다리를 벌려 아이를 낳고 출산의 고통에서 벗어났다'는 데서 '(죽음/고통을) 면하다/ 벗어나다'는 뜻을 나타낸다. * '免(면할 면)'은 '兔(토끼 토)'와 글자 모양이 비슷하여, '토 끼(兔)가 덫에 걸렸다가 꼬리(丶)만 잘리고 죽음을 면했다'고 하는 설명은 본래의 뜻과는 전 혀 관계가 없는 이야기이다. * 일본 상용한자는 '免(8획)', 중국 간체자는 '免(7획)'임.

例文   ① 免除(면제) ② 免責(면책) ③ 減免(감면) ④ 免罪符(면죄부)

---

2 勉 = 免 + 力   篆文

4급/9획	(힘쓸 **면**)	篆文

解說   '免/免(면할/벗어날 면)'과 '力(힘 력)'을 조합한 글자임. '일을 할 때는 아기를 낳 을(免) 때처럼 온 힘(力)을 다해 일해야 한다'는 데서 '힘쓰다/노력하다'는 뜻을 나타낸다.

例文   ① 勤勉(근면) ② 勉學(면학) ③ 勸勉(권면)

---

3 冕 = 冒 + 免

2급/11획	(면류관 **면**)

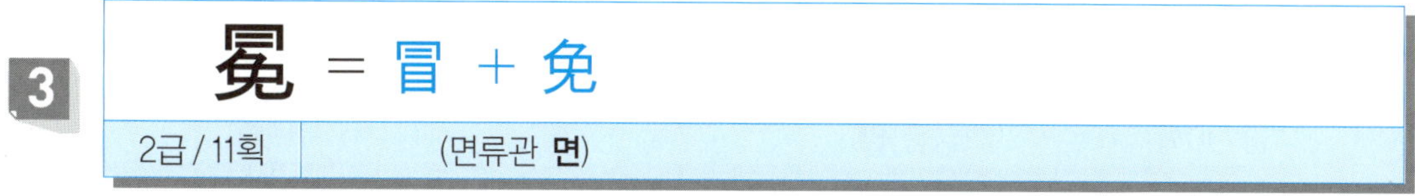

🐛 **解說**　전문(篆文)에서는 '冒(무릅쓸 모)'와 '冕/免(면할/벗어날 면)'을 조합한 글자임. '머리에 썼다 벗었다(免) 하는 관(冒)'이라는 데서 '면류관'이라는 뜻을 나타낸다.

🐛 **例文**　① 冕旒冠(면류관)

4

俛 = 人 + 免

2급 / 9획　　　　(구푸릴 **면**)

🐛 **解說**　'人(사람 인)'과 '冕/免(면할/벗어날 면)'을 조합한 글자임. 전문(篆文)에서는 '아기를 낳은(免) 사람(人)이 몸을 앞으로 구푸리다'는 데서 '(몸을) 구푸리다'는 뜻을 나타낸다.

🐛 **例文**　① 俛首(면수)　② 俛仰(면앙 ; 굽어봄과 우러러 봄)

5

晚 = 日 + 免

3급 / 11획　　　　(늦을 **만**)

🐛 **解說**　'日(날/해 일)'과 '冕/免(면할/벗어날 면)'을 조합한 글자임. '해(日)가 지고 저녁이 되면 힘든 노동에서 벗어난다(免)'는 데서 '늦다/저물다'는 뜻을 나타낸다.

🐛 **例文**　① 晚餐(만찬)　② 早晚間(조만간)　③ 大器晚成(대기만성)　④ 晚時之歎(만시지탄)

6

娩 = 女 + 免

2급 / 10획　　　　(낳을 **만**)

🐛 **解說**　'女(여자 여)'와 '冕/免(면할/벗어날 면)'을 조합한 글자임. 免(면할 면)이 '여자(人)가 아이를 낳고 출산의 고통에서 벗어났다'는 데서 '(죽음/고통을) 면하다/벗어나다'는 뜻으로 쓰이게 되자, 훗날 '女+免=娩'으로 만들어 '아이를 낳다'로 쓰이게 되었다.

🐛 **例文**　① 分娩(분만)　② 分娩室(분만실)　③ 娩痛(만통)

7

挽 = 手 + 免

1급 / 10획　　　　(당길 **만**)

解說   ‘手(손 수)’와 ‘免/免(면할/벗어날 면)’을 조합한 글자임. ‘여자(人)가 아이를 낳을 때(免), 도와준다는 의미로 아기를 손(手)으로 잡아당긴다’는 데서 ‘당기다/끌다’는 뜻을 나타낸다.

例文   ① 挽留(만류)   ② 挽回(만회)

---

8   **輓** = 車 + 免

1급 / 14획   (끌 / 애도할 **만**)

解說   ‘車(수레 거/차)’와 ‘免/免(면할/벗어날 면)’을 조합한 글자임. ‘여자(人)가 아이를 낳을 때(免), 아기를 손으로 잡아당기듯이 상여(車)을 끌어당긴다’는 뜻으로 쓰인다.

例文   ① 輓歌(만가)   ② 輓章(만장)

1 面

| 7급 / 9획 | (낯 / 향할 **면**) | 甲骨文字 | 篆文 |

解說 갑골문자(甲骨文字)와 전문(篆文)에서는 '사람의 눈(目)만을 강조한 탈/가면'의 글자임. 축제 때 '얼굴에 쓴 탈/가면'에서 '얼굴/낯/방향/향하다'는 뜻을 나타낸다.

例文 ① 內面(내면) ② 外面(외면) ③ 地面(지면) ④ 面從腹背(면종복배)

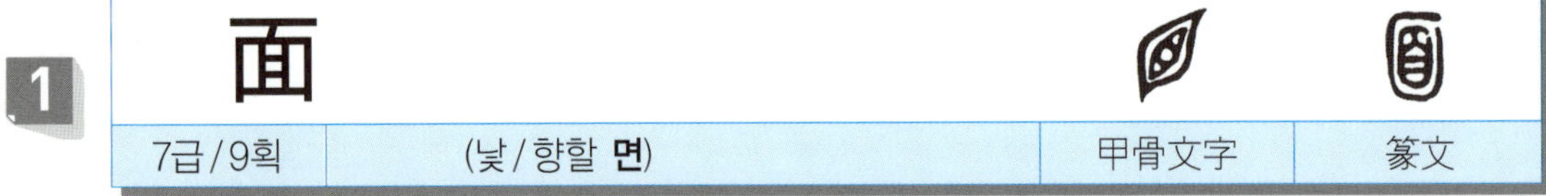

2 緬 = 糸 + 面

| 1급 / 15획 | (멀 / 가는실 **면**) |

解說 '糸(실 사)'와 '面(낯 / 향할 면)'을 조합한 글자로, '멀다 / 아득하다 / 가는 실'이라는 뜻을 나타낸다. ＊중국 간체자(簡體字)에서는 '缅'으로 표기한다.

例文 ① 緬禮(면례) ② 緬奉(면봉) ③ 緬羊 / 綿羊(면양)

3 麪 = 麥 + 面

| 특급 / 20획 | (밀가루 **면**) |

解說 '麥(보리 맥)'과 '面(낯 / 향할 면)'을 조합한 글자임. ＊1급 한자로는 '麵'을 채택하고 있음에 유의해야 한다.

例文 ① 冷麪 / 冷麵(냉면) ② 麪類 / 麵類(면류 ; 국수 종류)

皿 (그릇 명) 그릇 漢字

皿			甲骨文字 1	甲骨文字 2	篆文
1급/5획	(그릇 **명**)				

解說　갑골문자(甲骨文字)에서는 '단순히 음식을 담는 그릇 모양'이고, 전문(篆文)에서는 '다리가 여러 개 달린 큰 그릇'을 본뜬 상형문자이다.

例文　① 器皿(기명)　② 大皿(대명)　③ 小皿(소명)

盈 = 乃 + 又 + 皿			古文	篆文
2급/9획	(찰/남을 **영**)			

解說　'乃(이에 내)'와 '又(또 우)', '皿(그릇 명)'을 조합한 글자임. 고문(古文)과 전문(篆文)에서는 '그릇(皿)에 음식이 가득 담긴 모양'을 본떠서 '가득 차다/남다'는 뜻을 나타낸다.

例文　① 盈月(영월 ; 보름달)　② 日月盈昃(일월영측)

1 名 = 夕 + 口

| 7급 / 6획 | (이름 **명**) | 金文 | 篆文 |

解說 '肉(고기 육)'의 생략형(夕)과 '口'를 조합한 글자임. 옛날에는 아이가 태어나서 일정 기간이 지나면 조상 신(神)에게 축문(祝文)이 든 그릇(口)과 함께 고기(肉)를 바치고, 신(神)이 보유·관리하고 있던 아이의 이름을 지었다고 한다.

例文 ① 本名(본명) ② 筆名(필명) ③ 藝名(예명) ④ 名實相符(명실상부)

2 銘 = 金 + 名

| 3급 / 14획 | (새길 **명**) |

解說 '金(쇠 금)'과 '名(이름 명)'을 조합한 글자임. '쇠(金)로 된 물건에 소유주의 이름(名)을 새긴다'는 데서 '새기다/조각하다'는 뜻을 나타낸다.

例文 ① 銘心(명심) ② 感銘(감명) ③ 座右銘(좌우명)

3 酩 = 酉 + 名

| 1급 / 13획 | (술취할 **명**) |

解說 '酉(술병/술독 유)'와 '名(이름 명)'을 조합한 글자임. '조상 신(神) 앞에서 아이의 이름(名)을 짓고 나서 기분이 좋아 마신 술(酉)에 취하다'는 뜻을 나타낸다.

例文 ① 酩酊(명정 ; 술에 몹시 취함) ② 飮酩(음명 ; 취하도록 마심)

1 明 = 日 + 月

| 6급/8획 | (밝을 **명**) | 甲骨文字 | 金文 | 篆文 |

解說 '日(날/해 일)'과 '月(달 월)'을 조합한 글자이나, 갑골문자(甲骨文字)/금문(金文)/전문(篆文)에서는 '창문'과 '달(月)'을 조합한 글자임. 옛날에는 반지하식(半地下式)의 주거 형태인 수혈(竪穴)에서 생활할 때 '창문으로 들어오는 달빛이 밝다'는 뜻이었다.

例文 ① 明鏡止水(명경지수) ② 明若觀火(명약관화) ③ 明哲保身(명철보신)

2 盟 = 明 + 皿

| 3급/13획 | (맹세 **맹**) | 甲骨文字 | 金文 | 篆文 |

解說 '明(밝을 명)'과 '皿(그릇 명)'을 조합한 글자임. '창문 앞에서 달(月)을 보며 신(神)에게 피(血)가 든 음식을 바치고 맹세한다'는 뜻을 나타낸다.

例文 ① 盟誓(맹서/맹세) ② 同盟(동맹) ③ 血盟(혈맹) ④ 加盟店(가맹점)

3 萌 = 艹 + 明

| 1급/12획 | (움/싹 **맹**) |

解說 '艹(풀 초)'와 '明(밝을 명)'을 조합한 글자임. '어두운 땅속에서 밝은(明) 땅밖으로 싹(艹)이 튼다'는 데서 '움/싹'이라는 뜻을 나타낸다. * 약자(略字)로는 '萌(11획)'임.

例文 ① 萌芽(맹아 ; 싹이 틈) ② 萌動(맹동 ; 초목이 싹틈)

1 冥

| 3급 / 10획 | (어두울 **명**) | 篆文 |

解說 ‘죽은 사람의 얼굴을 천으로 덮어(冖) 놓은 모양’을 본뜬 상형문자로, ‘어둡다/하늘’이라는 뜻을 나타낸다.

例文 ① 冥福(명복) ② 冥想(명상) ③ 冥王星(명왕성)

2 溟 = 水 + 冥

| 1급 / 13획 | (바다 **명**) |

解說 ‘水(물 수)’와 ‘冥(어둘 명)’을 조합한 글자임. ‘바닷물(水)은 항상 어둡다(冥)’는 데서 ‘바다’라는 뜻을 나타낸다. * ‘水(물 수)가 다른 글자와 조합하여 글자 왼쪽에 오면 ‘氵(삼수변)’으로 글자 모양이 바뀐다.

例文 ① 北溟(북명 ; 북쪽 바다) ② 南溟(남명 ; 남쪽 바다)

3 暝 = 日 + 冥

| 1급 / 14획 | (저물 **명**) |

解說 ‘日(날/해 일)’과 ‘冥(어둘 명)’을 조합한 글자임. ‘해(日)가 저무니 어둡다(冥)’는 데서 ‘저물다/어둡다’는 뜻을 나타낸다.

例文 ① 暝途(명도 ; 어두운 길) ② 暝投(명투 ; 밤이 되어 투숙함)

4 蟓 = 虫 + 冥

1급 / 16획　　　(멸구 **명**)

解說　'虫(벌레 충)'과 '冥(어둘 명)'을 조합한 글자임. '어두운(冥) 환경에 사는 벌레(虫)'라는 데서 '멸구'라는 뜻을 나타낸다.

例文　① 蟓蛉(명령 ; 배추벌레) ② 蟓蟲(명충 ; 멸구 / 마디충)

毛 (털 모) 그룹 漢字

1 毛

| 4급 / 4획 | (털 **모**) | 金文 | 篆文 |

解說　'짐승 꼬리털 모양'을 본뜬 상형문자로, '털' 이라는 뜻을 나타낸다.

例文　① 毛皮(모피)　② 毛孔(모공)　③ 毛髮(모발)　④ 毛遂自薦(모수자천)

2 耗 = 耒 + 毛

| 1급 / 10획 | (줄 / 줄어들 **모**) |

解說　'耒(쟁기 뢰)'와 '毛(털 모)'를 조합한 글자임. '농기구인 가래 / 쟁기(耒)는 사용할수록 털끝(毛)만큼씩 소모된다'는 데서 '소모하다 / 줄어들다'는 뜻을 나타낸다.

例文　① 磨耗(마모)　② 消耗(소모)　③ 消耗品(소모품)

3 尾 = 尸 + 毛

| 3급 / 7획 | (꼬리 **미**) | 甲骨文字 | 篆文 |

解說　'尸(몸 시)'와 '毛(털 모)'를 조합한 글자임. 갑골문자(甲骨文字)에서는 '짐승의 꼬리 모양'을 본뜬 상형문자로, '꼬리를 똑바로 펴고 있는 암컷의 꼬리' 라고 한다.

例文　① 交尾(교미)　② 尾行(미행)　③ 尾生之言(미생지언)　④ 龍頭蛇尾(용두사미)

1	母		甲骨文字	金文	篆文
8급/5획	(어미 **모**)				

解說   '아이에게 모유를 주는 젖가슴 2개를 강조하여 묘사한 여자(女)'라는 상형문자인데, 자세히 분석해 보면 '女＋二＝母'임을 알 수 있다.

例文   ① 母親(모친) ② 伯母(백모) ③ 叔母(숙모) ④ 母校(모교) ⑤ 母國(모국)

2	毋		金文	古文	篆文
1급/4획	(말/없을 **무**)				

解說   '母(어미 모)'에서 젖가슴 2개를 하나로 변형시켜 만든 글자임. '아기가 있는 어머니에게는 접근하지 말라/해를 끼치지 말라'는 뜻에서 '금지하다/없다'는 뜻을 나타낸다. ＊'毌(꿰뚫을 관)'하고는 모양이 다름에 유의해야 함.

例文   ① 毋論(무론 ; 말할 것도 없음) ② 毋望之福(무망지복 ; 뜻밖의 행운)

3	拇 ＝ 手 ＋ 母
1급/8획	(엄지손가락 **무**)

解說   '手(손 수)'와 '母(어미 모)'를 조합한 글자임. '손가락(手) 중에서도 모계사회의 어머니(母)처럼 으뜸가는 손가락(手)'이라는 데서 '엄지손가락'이라는 뜻을 나타낸다.

例文   ① 拇指(무지 ; 엄지손가락) ② 拇印(무인)

4	毒		古文	篆文
4급 / 8획	(독 / 독할 **독**)			

解說 전문(篆文)에서는 '제사지내려는 여인(每)이 머리에 지나친 화장과 장신구를 많이 한 모습'에서 '제사지내는 여자가 짙은 화장과 지나치게 많은 장식을 한 것은 지나치다'는 뜻이고, 고문(古文)에서는 '먹어서는 안 되는 독(毋)이 있는 식물(艸)과 독한 술이 든 술통(畐)과 칼(刀)'을 조합한 글자로, '독 / 독하다 / 지나치다'는 뜻을 나타낸다. ＊중국 간체자(簡體字)에서는 '毒(9획)'으로 표기한다.

例文 ① 毒草(독초) ② 毒藥(독약) ③ 毒感(독감) ④ 毒劇物(독극물)

모	矛 茅
무	務 霧
유	柔 蹂
귤	橘

---

1 矛

| 2급 / 5획 | (창 **모**) | 篆文 |

🐛 **解說** '자루가 긴 창' 모양을 본뜬 상형문자로, '창'이라는 뜻을 나타낸다.

🐛 **例文** ① 矛盾(모순) ② 矛矢(모시 ; 창과 화살)

---

2 茅 = 艸 + 矛

| 2급 / 9획 | (띠 **모**) |

🐛 **解說** '艸(풀 초)'와 '矛(창 모)'를 조합한 글자임. '창(矛)'처럼 높게 자라는 풀(艸)'이라는 데서 '띠(벼과의 다년초)'라는 뜻을 나타낸다. * 약자(略字)로는 '茅(8획)'임.

🐛 **例文** ① 茅草(모초 ; 띠) ② 茅屋(모옥 ; 띠로 인 지붕 / 누추한 집)

---

3 務 = 矛 + 攴 + 力

| 4급 / 11획 | (힘쓸 **무**) | 甲骨文字 | 金文 | 篆文 |

🐛 **解說** '矛(창 모)'와 '攴(때릴 / 칠 복)', '力(힘 력)'을 조합한 글자임. 금문(金文)에서는 '창(矛)'을 든 사람에게 더 열심히 하라고 매질(攴)을 하는 모습'이고, 전문(篆文)에서는 '창(矛)과 몽둥이(攴)와 쟁기(力)'를 조합한 글자로, '군인(矛)이든 경찰(攴)이든 농부(力)이든 각자 맡은 임무에 충실히 힘쓴다'는 뜻을 나타낸다. * 간체자는 '务'임.

🐛 **例文** ① 公務(공무) ② 勤務(근무) ③ 事務室(사무실) ④ 責務(책무)

4   **霧** = 雨 + 務

3급 / 19획	(안개 **무**)

解說   '雨(비 우)'와 '務(힘쓸 무)'를 조합한 글자임. '안개(雨) 속에서도 열심히 일하는 (務) 사람의 모습'이 연상되는 글자이다. *간체자는 '雾'임.

例文   ① 五里霧中(오리무중)   ② 霧散(무산)   ③ 噴霧器(분무기)

5   **柔** = 矛 + 木

3급 / 9획	(부드러울 **유**)	金文	篆文

解說   '矛(창 모)'와 '木(나무 목)'을 조합한 글자임. 금문(金文)에서는 '신(神)에게 바치는 축문(祝文)이 든 그릇(口)이 있는 것으로 보아, 신(神) 앞에 술(酉)을 바치고 춤을 춰서 신(神)의 마음을 부드럽게 하는 모습'이고, 전문(篆文)에서는 '갈라진 창 모양(矛)처럼 생긴 나무(木)의 연한 가지'를 표현하는 것 같다.

例文   ① 柔軟(유연)   ② 溫柔(온유)   ③ 柔道(유도)   ④ 柔道選手(유도선수)

6   **蹂** = 足 + 柔

1급 / 16획	(밟을 **유**)

解說   '足(발 족)'과 '柔(부드러울 유)'를 조합한 글자임. '신(神)에게 바치는 축문(祝文)이 든 그릇(口)을 발(足)로 밟아서 그 기도의 효력을 없앤다'는 데서 '발로 밟다'는 뜻을 나타낸다.

例文   ① 人權蹂躪(인권유린)

7   **橘** = 木 + 矞

1급 / 16획	(귤 / 귤나무 **귤**)

解說   '木'과 '矞(뚫을 율)' 조합한 글자로, '창(矛)과 같은 가시가 있는 귤나무'라는 뜻의 글자이다.

例文   ① 橘(귤)   ② 柑橘(감귤)   ③ 橘中之樂(귤중지락)

1　某　　　　　　　　　　　　　　　　　　　　　金文　篆文

3급/9획	(아무/아무개 **모**)

解說　금문(金文)과 전문(篆文)에서는 '신(神)에게 바치는 축문(祝文)이 든 그릇(口)을 매화나무(木)에다 걸어놓은 모양'을 본뜬 글자임. 이것은 '소원 성취를 위해서 누군가가 신(神)에게 빌었다'는 데서 '아무개'라는 뜻을 나타낸다. * '某'는 '매화나무(梅)'의 초문자(初文字)임.

例文　① 某種(모종)　② 某處(모처)　③ 某年某月某日(모년모월모일)

2　謀 = 言 + 某

3급/16획	(꾀/물을 **모**)

解說　'言(말씀 언)'과 '某(아무/아무개 모)'를 조합한 글자임. '신(神)에게 바치는 축문(祝文)이 든 그릇(口)을 나무(木)에 걸어놓고, 자녀가 생기게 해 달라고 신(神)에게 말했다(言)'고 하는 데서 '꾀하다/묻다'는 뜻을 나타낸다.

例文　① 謀略(모략)　② 謀叛(모반)　③ 逆謀(역모)　④ 陰謀(음모)

3　媒 = 女 + 某

3급/12획	(중매 **매**)

解說 ‘女(여자 여)’와 ‘某(아무/아무개 모)’를 조합한 글자임. ‘매화나무(某)가 신(神)과 사람 사이의 중개(仲介) 역할을 하듯이, 결혼 당사자들의 중개 역할을 하는 여자(女)’라는 데서 ‘중매/중개자’라는 뜻을 나타낸다.

例文 ① 中媒人(중매인) ② 媒介體(매개체) ③ 媒婆(매파)

<table>
<tr><td>**4**</td><td colspan="2">煤 = 火 + 某</td></tr>
<tr><td></td><td>1급 / 13획</td><td>(그을음 매)</td></tr>
</table>

解說 ‘火(불 화)’와 ‘某(아무/아무개 모)’를 조합한 글자임. ‘불(火)의 중개역할(某)로 인하여 생긴 것’이라는 데서 ‘검댕이/그을음’이라는 뜻을 나타낸다.

例文 ① 煤煙(매연) ② 煤煙車(매연차) ③ 煤炭(매탄 ; 석탄)

冒 (무릅쓸 모) 그룹 漢字

1

| 3급 / 9획 | (무릅쓸 **모**) | 金文 | 篆文 |

解說 '머리쓰개로 머리 전체를 푹 눌러쓰고 눈(目)만 내놓은 모양'을 본뜬 글자임. '머리쓰개로 복면을 하고 눈(目)만 내놓고 나쁜 짓을 하는 장면'을 연상하면 '위험을 무릅쓰다'는 뜻을 쉽게 이해할 수 있다. *일본 상용한자에서는 '冒'으로 글자 모양이 약간 다르게 표기한다.

例文 ① 冒險(모험) ② 冒瀆(모독) ③ 冒年(모년 ; 나이를 속임)

2

| 2급 / 12획 | (모자 **모**) |

解說 '巾(수건 건)'과 '冒(무릅쓸 모)'를 조합한 글자임. '천(巾)으로 만든 머리쓰개(冒)'라는 데서 '모자'라는 뜻을 나타낸다. *일본 상용한자에서는 '帽'으로 글자 모양이 약간 다르게 표기한다.

例文 ① 帽子(모자) ② 登山帽(등산모) ③ 四角帽(사각모)

1

木				
8급 / 4획	(나무 **목**)	甲骨文字	金文	篆文

解說 '우뚝 서 있는 나무 한 그루'를 본뜬 상형문자로, '나무'라는 뜻을 나타낸다.

例文 ① 木手(목수) ② 木工所(목공소) ③ 材木(재목) ④ 植木日(식목일)

2

沐 = 水 + 木	
2급 / 7획	(머리감을 / 씻을 **목**)

解說 '水(물 수)'와 '木(나무 목)'을 조합한 글자임. 여기서 '木'은 사람의 모습을 의미하는데, 고대에는 주로 머리를 감을 때는 '沐'이라고 하였고, 목욕통에 들어가 온몸을 씻을 때는 '浴'이라고 하였다.

例文 ① 沐浴(목욕) ② 沐浴湯(목욕탕) ③ 沐間(목간)

3

本 = 木 + 一			
6급 / 5획	(근본 / 책 **본**)	金文	篆文

解說 '木(나무 목)'과 '一(한 일)'을 조합한 글자임. '나무(木) 밑둥에 점(·)을 찍어서 "뿌리"가 제일 중요하다'고 표현하는 지사문자(指事文字)인데, '사람을 사람답게 만들어 주는 것이 책이다'는 데서 '근본 / 바탕 / 책'이라는 뜻을 나타낸다.

例文 ① 根本(근본) ② 本錢(본전) ③ 本國(본국) ④ 讀本(독본) ⑤ 製本(제본)

---

4 **鉢** = 金 + 本

| 2급 / 13획 | (바리때 **발**) | 篆文 |

解說　전문(篆文)에서는 '犬(개 견)'과 '皿(그릇 명)'을 조합한 '개고기를 담은 밥그릇'인데, 이 글자가 어떻게 변형되어 승려들의 밥그릇인 '바리때'가 되었는지 의문이다.

例文　① 沙鉢(사발)　② 周鉢(주발)　③ 托鉢(탁발)　④ 托鉢僧(탁발승)

5 **休** = 人 + 木

| 7급 / 6획 | (쉴 **휴**) | 甲骨文字 | 金文 | 篆文 |

解說　'人(사람 인)'과 '木(나무 목)'을 조합한 글자임. 갑골문자(甲骨文字)와 금문(金文)에서는 '人(사람 인)'과 '禾'를 조합한 글자이고, 篆文(전문)에서는 '人'과 '木'을 조합한 글자임. 갑골문자(甲骨文字)와 금문(金文) 시대에 군대의 정문 모양은 '禾+禾'로 표기하였으며, 군인(軍人)으로서 功(공)을 세운 사람에게 표창하는 것을 '休'라고 하였는데, 전문(篆文)에서는 '나무(木) 밑에서 사람(人)이 쉬고 있다'는 뜻으로 표현하고 있다.

例文　① 休日(휴일)　② 休暇(휴가)　③ 休息(휴식)　④ 公休日(공휴일)

6 **烋** = 休 + 火

| 2급 / 10획 | (아름다울 / 기세대단할 **휴**) |

解說　'休(쉴 휴)'와 '火(불 화)'를 조합한 글자임. 무슨 이유로 '아름답다 / 기세대단하다'인지는 알 수 없으나, 주로 인명(人名)에 사용한다.

7 **枚** = 木 + 攵

| 2급 / 8획 | (낱 / 낱낱 **매**) |

解說　'木(나무 목)'과 '攵(때릴 / 칠 복)'을 조합한 글자임. '도끼(攵) 따위로 나무(木)를 쪼개서 한 장, 두 장하고 세다'는 데서 '낱 / 낱낱이'라는 뜻을 나타낸다.

例文　① 枚數(매수)　② 枚擧(매거 ; 낱낱이 들어 말함)

8

札 = 木 + 乙

| 2급 / 5획 | (편지 / 패 **찰**) |

🐛 **解說** '木(나무 목)'과 '乙'을 조합한 글자임. '나무(木)를 얇게 깎아 만든 나뭇조각(乙) / 패' 라는 뜻을 나타낸다.

🐛 **例文** ① 名札(명찰) ② 書札(서찰) ③ 落札(낙찰) ④ 改札口(개찰구)

9

刹 = 殺 + 刀

| 2급 / 8획 | (절 **찰**) |

🐛 **解說** 범어(梵語) 'ksana'를 음역(音譯)할 때 '殺(죽일 살)'과 구별하기 위해 만든 글자로, '절 / 사원(寺院)' 이라는 뜻을 나타낸다.

🐛 **例文** ① 刹那(찰나) ② 寺刹(사찰) ③ 古刹(고찰) ④ 名刹(명찰)

10

宋 = 宀 + 木

| 2급 / 7획 | (송나라 **송**) |

🐛 **解說** '宀(집 면)'과 '木(나무 목)'을 조합한 글자로, '송(宋)나라' 이외의 뜻으로는 쓰이지 않는다.

🐛 **例文** ① 宋襄之仁(송양지인) ② 南宋(남송) ③ 北宋(북송)

11

李 = 木 + 子

| 6급 / 7획 | (오얏 / 오얏나무 **리**) |

🐛 **解說** '木(나무 목)'과 '子(아들 / 아이 자)'를 조합한 글자로, '오얏 / 자두가 많이 열리는 나무' 라는 뜻으로 쓰인다.

🐛 **例文** ① 李下不整冠(이하부정관) ② 行李(행리 ; 여행용 장구)

12 床 = 广 ＋ 木

| 4급 / 7획 | (상 / 평상 / 마루 **상**) |

解說　'广(집 엄)'과 '木(나무 목)'을 조합한 글자임. 원래는 '牀(평상 / 마루 상)'이었으나, 당대(唐代) 이후에 '床(상)'으로 바뀌어 '상 / 평상 / 마루'라는 뜻으로 쓰이고 있다.

例文　① 茶禮床(차례상)　② 酒案床(주안상)　③ 起床(기상)　④ 冊床(책상)

13 茶 = 艸 ＋ 人 ＋ 木

| 3급 / 10획 | (차 **다** / **차**) |

解說　'艸(풀 초)'와 '人(사람 인)', '木(나무 목)'을 조합한 글자로 '차 / tea'라는 뜻을 나타내게 되었는데, 갑골문자(甲骨文字) / 금문(金文) / 전문(篆文)에는 없는 글자로 보아 차문화(茶文化)는 상당히 늦게 발달한 것 같다. ＊일본 상용한자는 '茶(9획)'임.

例文　① 茶房(다방)　② 茶菓(다과)　③ 綠茶(녹차)　④ 紅茶(홍차)

14 極 = 木 ＋ 亟

| 4급 / 13획 | (극진할 / 다할 / 멀 **극**) |

解說　'木(나무 목)'과 '亟(빠를 극)'을 조합한 글자임. '아래 위(二) 사이의 좁은 공간에 사람(人)을 손(又)으로 강제로 밀어 넣는 감옥과 같은 형벌의 장소'를 의미한 데서 '온 힘을 다하다 / 두 사이가 너무 멀다'는 뜻을 나타낸다. ＊중국 간체자(簡體字)에서는 '极'으로 표기한다.

例文　① 極端(극단)　② 極刑(극형)　③ 南極(남극)　④ 北極(북극)

15 杏 = 木 ＋ 口

| 2급 / 7획 | (살구나무 / 은행나무 **행**) |

解說　'木(목)'과 '口(입 구)'를 조합한 글자로, '살구 / 살구나무 / 은행 / 은행나무'라는 뜻을 나타낸다.

例文　① 杏林(행림)　② 銀杏(은행)　③ 서울 杏堂洞(행당동)

1

目		甲骨文字	金文	篆文
6급/5획	(눈 **목**)			

解說　'사물을 보는 사람의 눈 모양'을 본뜬 상형문자로 '눈/눈동자/눈으로 보다'라는 뜻을 나타낸다.

例文　① 目禮(목례)　② 目不識丁(목불식정)　③ 目不忍見(목불인견)

2

看 = 手 + 目		篆文
4급/9획	(볼/지킬 **간**)	

解說　'手(손 수)'와 '目(눈 목)'을 조합한 글자임. '손(手)을 눈(目) 위 이마에 대고 햇빛을 가리고 본다'는 데서 '바라보다/자세히 보다/지켜보다'는 뜻을 나타낸다.

例文　① 看病(간병)　② 看護(간호)　③ 看做(간주)　④ 看板(간판)　⑤ 看守(간수)

몰 沒 歿

---

1 沒 = 水 + 冂 + 又

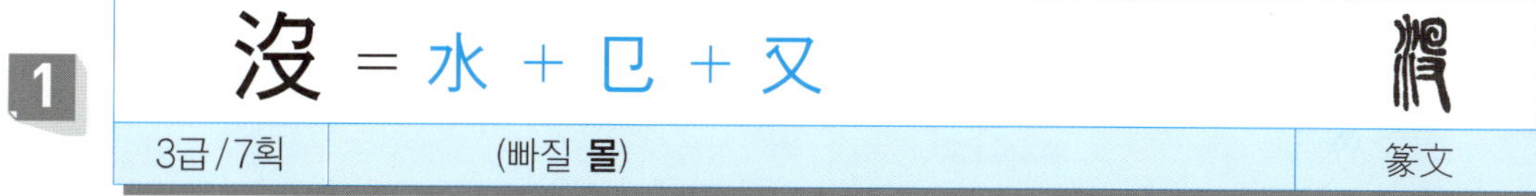

3급/7획	(빠질 **몰**)	篆文

解說 전문(篆文)에서는 '소용돌이치는(回) 물(水)속에 손(又)을 집어넣어 뭔가를 건져내는 모양' 같기도 하고, '사람(人)의 손(又)에 들려있던 물건이 물(水)속으로 소용돌이치며 (回) 빠져버린 것 같다'는 데서 '물에 빠지다'는 뜻을 나타낸다. ＊일본 상용한자와 중국 간체자(簡體字)에서는 '沒'로 글자 모양이 약간 다르게 표기한다.

例文 ① 水沒(수몰) ② 埋沒(매몰) ③ 日沒(일몰) ④ 沈沒(침몰)

---

2 歿 = 歹 + 冂 + 又

1급/8획	(죽을 **몰**)	篆文

解說 전문(篆文)에서는 '소용돌이치는(回) 전쟁터에서 죽은 사람의 뼈(歹 ; 뼈앙상할 알)를 손(又)으로 주워 모으는 장면'이라는 데서, '죽다/사망하다'는 뜻을 나타낸다. ＊중국 간체자(簡體字)에서는 '殁'로 글자 모양이 약간 다르게 표기한다.

例文 ① 戰歿(전몰) ② 戰歿將兵(전몰장병)

27 冡(덮을 몽) 그룹 漢字

1

冡 = 冖 + 一 + 豕

| 10획 | (덮을 **몽**) | 篆文 |

解說 '冖(덮을 멱)'과 '一(한 일)', '豕(돼지 시)'를 조합한 글자임. '신(神)에게 희생제물로 바치는 돼지(豕)를 덮개(冖)로 덮어 둔 모양'에서 '덮다'는 뜻을 나타내나, 단독으로는 잘 쓰이지 않는다.

2

蒙 = 艹 + 冡

| 3급 / 14획 | (어릴 / 어리석을 **몽**) | 金文 | 篆文 |

解說 '艹(풀 초)'와 '冡(덮을 몽)'을 조합한 글자임. '뿔(艹)이 있는 어떤 짐승의 통가죽'이라는 데서 '(가죽으로) 덮다 / 어둡다 / 어리석다 / 어리다'는 뜻을 나타낸다. ＊약자(略字)로는 '蒙(13획)'임.

例文 ① 啓蒙(계몽) ② 童蒙先習(동몽선습) ③ 無知蒙昧(무지몽매) ④ 蒙古(몽고)

묘	卯	昴
료	聊	
류	柳	
경	卿	
란	卵	

1

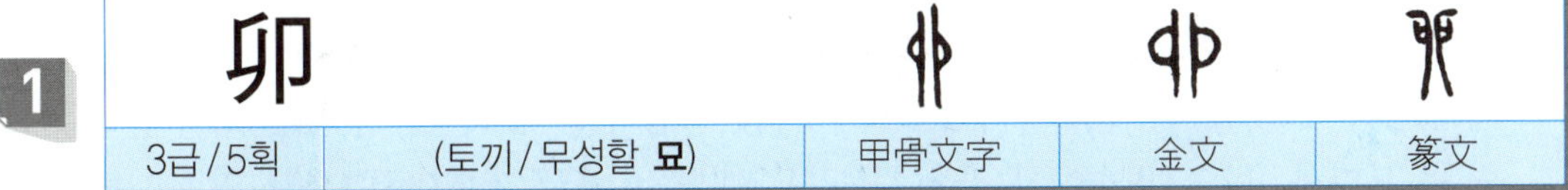

卯			
3급/5획	(토끼/무성할 **묘**)	甲骨文字	金文	篆文

解說　갑골문자(甲骨文字)와 금문(金文)에서는 '대칭이 되는 2개의 사물'을 묘사하고 있는데, '토끼 귀를 닮았다'는 데서 '토끼'라는 뜻을 나타낸다.

例文　① 卯時(묘시 ; 오전 5시~7시 사이)　② 己卯士禍(기묘사화)

2

昴 = 日 + 卯

2급/9획　　　(별이름 **묘**)

解說　'日(날/해 일)'과 '卯(묘)'를 조합한 글자로, 주로 인명(人名)에 사용한다.

例文　① 昴星(묘성 ; 28수의 하나인 별자리)

3

聊 = 耳 + 卯

1급/11획　　　(애오라지/귀울 **료**)

解說　'耳(귀 이)'와 '卯(묘)'를 조합한 글자로, '사람이 살아가는 데 귀(耳)에 힘입은 바가 크다'는 데서 '애오라지/귀가 울리다/는 뜻을 나타낸다. * '애오라지'는 '좀/부족하나마/겨우'라는 뜻이다.

例文　① 無聊(무료)함　② 聊浪(요랑 ; 서성거림)

4 柳 = 木 + 卯

4급 / 9획	(버들 **류**)	金文	篆文

解說 '木(나무 목)'과 '卯(묘)'를 조합한 글자로, '버드나무(木) 가지가 아래쪽으로 무성하게 축 늘어진(卯) 모양'을 연상하게 한다.

例文 ① 花柳界(화류계) ② 細柳(세류) ③ 柳眉(유미 ; 미인의 눈썹)

5 卿 = 卯 + 皀

3급 / 12획	(벼슬 **경**)	甲骨文字	金文	篆文

解說 '皀(밥고소할 흡)'과 '卯(묘)'를 조합한 글자임. 갑골문자(甲骨文字)와 금문(金文)에서는 '큰 그릇을 두 사람 사이에 두고 마주앉아 음식을 먹으면서 정사(政事)를 논하는 모습'을 본떠서 '벼슬/벼슬아치'라는 뜻을 나타낸다. * 중국 간체자로는 '卿'임. * '鄕(시골 향)'은 '그 벼슬아치에 속한 마을(阝=邑)'이라는 뜻이다.

例文 ① 樞機卿(추기경) ② 卿相(경상 ; 宰相 / 大臣)

6 卵

4급 / 7획	(알 **란**)		篆文

解說 '초목의 잎에 부착된 곤충의 알주머니'를 본뜬 상형문자로, '알'이라는 뜻을 나타낸다.

例文 ① 産卵(산란) ② 鷄卵(계란) ③ 卵子(난자) ④ 卵巢(난소)

1 苗 = 艹 + 田

3급 / 9획	(모/싹 **묘**)	篆文

解說 '艹(풀 초)'와 '田(밭 전)'을 조합한 글자임. '논밭(田)에서 자라는 곡식의 싹(艹)' 이라는 데서 '싹/모'라는 뜻을 나타낸다. * 약자(略字)로는 '苗(8획)'임.

例文 ① 苗木(묘목) ② 苗板(묘판) ③ 種苗(종묘)

2 描 = 手 + 苗

1급 / 12획	(그릴 **묘**)

解說 '手(손 수)'와 '苗(모/싹 묘)'를 조합한 글자임. '농작물(苗)이 자라는 모양을 손 (手)으로 그리면서 설명한다'는 데서 '그리다/묘사하다'는 뜻이다. * 약자는 '描(11획)'임.

例文 ① 描寫(묘사) ② 素描(소묘 ; 데생) ③ 線描(선묘) ④ 點描(점묘)

3 猫 = 犬 + 苗

1급 / 12획	(고양이 **묘**)	篆文

解說 '犬(개 견)'과 '苗(모/싹 묘)'를 조합한 글자이나, 전문(篆文)에서는 '豸(해태 치)＋苗(싹 묘)＝猫(고양이 묘)'로 묘사되어 있다. * 일본 상용한자는 '猫(11획)'임.

例文 ① 斑猫(반묘) ② 靈猫(영묘) ③ 猫頭懸鈴(묘두현령)

무	戊 茂
수	戌 成
술	戍 羢
멸	羢 襪
말	襪 越
월	越

1 戊 戊 戊 戊

| 3급 / 5획 | (도끼 / 다섯째천간 **무**) | 甲骨文字 | 金文 | 篆文 |

解說 '도끼날이 달린 긴 창'을 본뜬 상형문자로, 십간(十干)의 제5위, 즉 '다섯째 천간'이라는 뜻을 나타낸다.

例文 ① 戊夜(무야 ; 5경＝오전 3시～5시 사이) ② 戊戌(무술)

2 茂 = 艸 + 戊   茂 茂

| 3급 / 9획 | (무성할 **무**) | | 金文 | 篆文 |

解說 '艸(풀 초)'와 '戊(도끼 무)'를 조합한 글자임. '모아둔 전쟁용 무기(戊)가 초목(艸)이 무성하게 우거진 모양과 같다'는 데서 '(초목이) 무성하다 / 우거지다'는 뜻을 나타낸다.

例文 ① 茂盛(무성) ② 茂林(무림) ③ 茂松(무송)

3 戍 = 人 + 戈   戍 戍 戍

| 1급 / 6획 | (수자리 / 지킬 **수**) | 甲骨文字 | 金文 | 篆文 |

解說 '人(사람 인)'과 '戈(창 과)'를 조합한 글자임. '사람(人)이 창(戈)을 들고 국경을 지키는 모양'에서 '(국경을) 지키다'는 뜻을 나타낸다.

例文 ① 衛戍令(위수령) ② 戍樓(수루) ③ 戍兵(수병)

4 戌 = 戊 + 一		甲	戌	戌
3급 / 6획	(개 / 열한째지지 **술**)	甲骨文字	金文	篆文

解說   '戊(도끼 무)'와 '一'을 조합한 글자로, 십이지(十二支)의 하나로 '개(犬) / 열한 번째' 라는 뜻을 나타낸다.

例文   ① 戌時(술시 ; 오후 7시~9시 사이)

5 蔑		𦳭	蔑	蔑
2급 / 15획	(업신여길 **멸**)	甲骨文字	金文	篆文

解說   금문(金文)에서는 '적군의 무당들을 사로잡아다가 도끼(戉))로 죽이는 장면'에서 '업신여기다 / 모욕을 주다' 는 뜻을 나타낸다. *약자(略字)로는 '蔑(14획)' 임. *실제로 고대에는 전쟁터에서 3천 명의 무당을 동원하여 적군을 저주한 적이 있는데, 전쟁에서 이긴 군대가 그 무당들을 도끼(戉))로 죽인 적이 있었다고 한다.

例文   ① 蔑視(멸시) ② 凌蔑 / 陵蔑(능멸) ③ 侮蔑(모멸) ④ 輕蔑(경멸)

6 襪 = 衣 + 蔑	
1급 / 20획	(버선 **말**)

解說   '衣(옷 의)'와 '蔑(업신여길 멸)'을 조합한 글자임. '우리의 몸을 가리는 의복(衣) 중에서 발에 밟혀 멸시받는(蔑) 것' 은 '양말' 이라는 것이다. *간체자는 '袜' 임.

例文   ① 洋襪(양말)

7 越 = 走 + 戉	
3급 / 12획	(넘을 **월**)

解說   '走(달릴 주)'와 '戉(도끼 월)'을 조합한 글자임. 전쟁에서의 승리를 비는 뜻으로 '힘차게 달려와서(走) 도끼가 달린 무기(戉)를 뛰어넘어 부정(不淨)을 없앤다는 의식(儀式)' 에서 '뛰어넘다 / (방해물 / 정도를)넘다' 는 뜻을 나타낸다.

例文   ① 越南(월남) ② 越北(월북) ③ 越尺(월척) ④ 越冬(월동) ⑤ 越等(월등)

31 巫(무당 무) 그룹 漢字

---

1 巫

1급/7획	(무당 **무**)	甲骨文字	金文	篆文

解說 갑골문자(甲骨文字)와 금문(金文)에서는 '무당이 신(神)을 부를 때 사용하는 도구'이고, 전문(篆文)에서는 '제사를 지내는 공간 안에서 두 사람(人人)의 무당이 신(神)을 부르는 도구(工)를 떠받드는 모양'을 본떠서 '신을 부르는 여자/무당'이라는 뜻이다.

例文 ① 巫女(무녀) ② 巫俗信仰(무속신앙)

---

2 誣 = 言 + 巫

1급/14획	(속일 **무**)

解說 '言(말씀 언)'과 '巫(무당 무)'를 조합한 글자임. '무당(巫)이 하는 말(言)에는 거짓이 많이 포함되어 있다'는 데서 '속이다'는 뜻을 나타낸다. * 간체자는 '诬'임.

例文 ① 誣告(무고) ② 誣告罪(무고죄)

---

3 覡 = 巫 + 見

1급/14획	(박수/남자무당 **격**)

解說 '巫(무당 무)'와 '見(볼 견)'을 조합한 글자임. '여자 무당(巫)이 하는 행위를 곁에서 지켜보는(見) 사람'이라는 데서 '박수/남자 무당'이라는 뜻을 나타낸다.

例文 ① 巫覡(무격 ; 여자 무당과 남자 무당)

4	靈 ＝ 雨 ＋ 口口口 ＋ 巫			靈
3급／14획	(신령 **령**)	甲骨文字	金文	篆文

 **解說**　'雨(비 우)'와 '口口口', '巫(무당 무)'를 조합한 글자임. 금문(金文)에서는 '기우제(祈雨祭)를 지내기 위해서 신(神)에게 바치는 축문(祝文)이 든 그릇 3개(口口口)와 제사상(示)'이 보이고, 전문(篆文)에서는 '기우제(祈雨祭)를 지내는 데 무당(巫)이 주도적인 역할을 한다'는 데서 '신(神)/신령/영혼/넋'이라는 뜻을 나타낸다. ＊중국 간체자(簡體字)에서는 '灵(령)'으로 표기한다.

例文　① 神靈(신령) ② 幽靈(유령) ③ 靈感(영감)

1

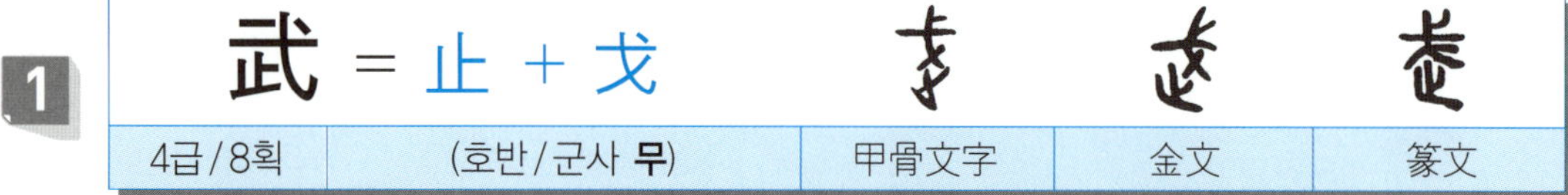

武 = 止 + 戈		甲骨文字	金文	篆文
4급 / 8획	(호반 / 군사 **무**)			

解說　'戈(창 과)'와 '止(발자국 / 그칠 지)'를 조합한 글자임. 갑골문자(甲骨文字)와 금문(金文)에서는 '창(戈)을 들고 서(止 = 足) 있거나 돌아다니고 있다'는 데서 '군인(軍人) / 군사(軍事)'라는 뜻을 나타낸다.

例文　① 武器(무기)　② 武裝(무장)　③ 武士(무사)　④ 武陵桃源(무릉도원)

2

賦 = 貝 + 武
3급 / 15획 ｜ (부세 / 과할 **부**)

解說　'貝(돈 / 재물 / 조개 패)'와 '武(호반 / 군사 무)'를 조합한 글자임. '전쟁 / 군대(武)에 필요한 재물(貝)을 균등하게 할당해서 거둔다'는 데서 '세금을 부과하다 / 균등하게 할당해 거두다'는 뜻을 나타낸다. ＊중국 간체자(簡體字)에서는 '赋'로 표기한다.

例文　① 세금을 賦課(부과)　② 天賦的(천부적)인 소질　③ 月賦(월부)　④ 賦稅(부세)

1

無		𣴎	𣴎	𣴎
5급 / 12획	(없을 **무**)	甲骨文字	金文	篆文

解說　갑골문자(甲骨文字)와 금문(金文)에서는 '기우제(祈雨祭)를 위해 춤을 추는 무당' 의 모습에서 '비가 오지 않으면 모든 것이 헛일이다 / 아무것도 없다' 는 뜻을 나타낸다.

例文　① 無所不爲(무소불위)　② 無爲徒食(무위도식)　③ 無爲自然(무위자연)

2

撫 = 手 + 無
1급 / 15획　(어루만질 **무**)

解說　'手(손 수)'와 '無(없을 무)'를 조합한 글자임. '춤을 추듯이(無) 손(手)으로 부드럽게 어루만지다' 는 데서 '어루만지다' 는 뜻을 나타낸다.

例文　① 愛撫(애무)　② 撫摩(무마)　③ 按撫使(안무사 ; 조선시대의 관직)

3

憮 = 心 + 無
1급 / 15획　(멍할 **무**)

解說　'心(마음 심)'과 '無(없을 무)'를 조합한 글자임. '뭔가 하고자 하는 마음(心)이 없어졌다(無)' 는 데서 '멍하다 / 실의(失意)하다' 는 뜻을 나타낸다.

例文　① 憮然(무연 ; 멍한 모양)

4　蕪 = 艸 + 無

1급 / 16획	(거칠 **무**)

解說　'艸(풀 초)'와 '無(없을 무)'를 조합한 글자임. '풀(艸)'에 뒤덮여 농작물은 아무것도 없다(無)'는 데서 '들판이 거칠다'는 뜻을 나타낸다. 약자(略字)로는 '蕪(15획)'임.

例文　① 荒蕪(황무) ② 荒蕪地(황무지)

5　舞 = 無 + 舛

4급 / 14획	(춤출 **무**)	甲骨文字	金文	篆文

解說　'無(없을 무)'와 '舛(왼발오른발 / 어그러질 천)'을 조합한 글자임. 기우제(祈雨祭)에서 무당이 춤추는 모습의 "無"가 "없다"는 뜻으로 쓰이게 되자, '無(없을 무)'에 '왼발과 오른발(舛)'을 추가로 조합하여, '춤 / 춤추다'는 뜻을 나타내게 되었다.

例文　① 舞臺(무대) ② 舞踊(무용) ③ 舞姬(무희) ④ 舞蹈會(무도회)

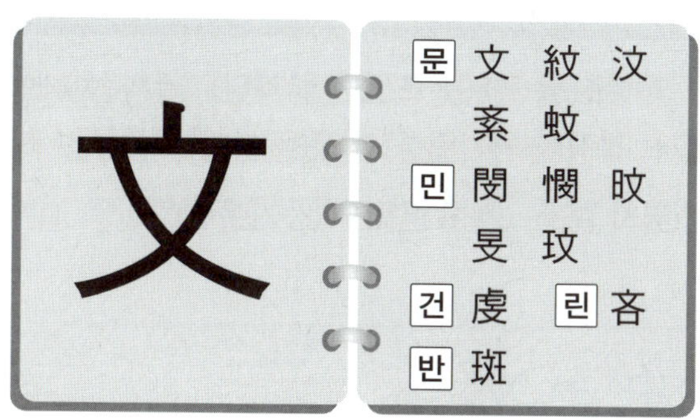

문	文 紋 汶 紊 蚊
민	閔 憫 旼
	旻 玟
건	虔 린 吝
반	斑

1. 文

| 7급 / 4획 | (글월 / 글자 / 엽전 **문**) | 甲骨文字 | 金文 | 篆文 |

解說 갑골문자(甲骨文字)와 금문(金文)에서는 '죽은 사람의 영혼이 떠나는 것을 막고, 또 외부로부터 사악한 영(靈)이 접근하는 것을 방지할 목적으로 사람 몸(大)에 새긴 문신'이 '마치 글자와 같다'는 데서 '글'이라는 뜻을 나타내게 되었다.

例文 ① 文章(문장) ② 文書(문서) ③ 漢文(한문) ④ 文房四友(문방사우)

2. 紋 = 糸 + 文

| 3급 / 10획 | (무늬 **문**) |

解說 '糸(실 사)'와 '文(글월 문)'을 조합한 글자임. '실(糸)로 글자(文)를 무늬처럼 수를 놓는다'는 데서 '무늬'라는 뜻을 나타낸다. * 중국 간체자는 '纹'임.

例文 ① 指紋(지문) ② 波紋(파문) ③ 家紋(가문) ④ 紋樣(문양)

3. 汶 = 水 + 文

| 2급 / 7획 | (물이름 **문**) |

解說 '水(물 수)'와 '文(글월 문)'을 조합한 글자임. '강물(水)이 꾸불꾸불 이리저리(文) 흘러간다'는 데서 생긴 글자인데, 주로 지명(地名)에 사용한다.

例文 ① 경기도 汶山(문산)

4 紊 = 文 + 糸

2급 / 10획　　(문란할 / 어지러울 **문**)

解說　'文(글월 문)'과 '糸(실 사)'를 조합한 글자임. '글씨(文)가 실(糸)처럼 어지럽게 뒤섞여 쓰여 있다'는 데서 '정신이 어지럽다'는 뜻을 나타낸다.

例文　① 秩序紊亂(질서문란)　② 風紀紊亂(풍기문란)

5 蚊 = 虫 + 文

1급 / 10획　　(모기 **문**)

解說　'虫(벌레 충)'과 '文(글월 문)'을 조합한 글자임. '날개 소리가 "문(文)"처럼 들리는 벌레(虫)'라는 데서 '모기'라는 뜻을 나타낸다.

例文　① 蚊群(문군 ; 모기떼)　② 見蚊拔劍(견문발검)

6 閔 = 門 + 文

2급 / 12획　　(성씨 / 근심할 **민**)

解說　'門(문 문)'과 '文(글월 문)'을 조합한 글자로, 주로 인명(人名)에 사용하나, 원래는 '초상난 집(門)을 방문하여 죽은 사람(文)을 불쌍히 여기다'는 뜻을 나타냈었다. ＊중국 간체자는 '闵'임.

例文　① 閔泳煥(민영환)

7 憫 = 心 + 閔

3급 / 15획　　(민망할 **민**)

解說　'心(마음 심)'과 '文(글월 문)'을 조합한 글자임. '초상난 집(門)을 방문하여 죽은 사람(文)을 불쌍히 여기는 마음(心)'이라는 뜻을 나타낸다. ＊중국 간체자는 '悯'임. ＊'心(마음 심)'이 다른 글자와 조합하여 글자 왼쪽에 오면 '忄(마음심변 / 심방변)'으로 글자 모양이 바뀐다.

例文　① 憫憫(민망 ; 딱하여 걱정스러움)　② 憐憫(연민)

8 旼 = 日 + 文
2급 / 8획　　(온화할 **민**)

解說　‘日(날 / 해 일)’과 ‘文(글월 문)’을 조합한 글자로, 인명(人名)에 사용한다.

例文　① 旼穆穆, 君子之能(민목목, 군자지능) 〈史記〉

9 旻 = 日 + 文
2급 / 8획　　(하늘 / 성씨 **민**)

解說　‘日(날 / 해 일)’과 ‘文(글월 문)’을 조합한 글자로 ‘가을 하늘’을 뜻하며, 주로 인명 (人名)에 사용한다.

例文　① 旻天(민천 ; 가을 하늘)

10 玟 = 玉 + 文
2급 / 8획　　(아름다운돌 / 옥돌 **민**)

解說　‘玉(구슬 옥)’과 ‘文(글월 문)’을 조합한 글자로, 주로 인명(人名)에 사용한다. ＊ 玉(구슬 옥)이 다른 글자와 조합하여 글자 왼쪽에 오면 ‘王(구슬옥변)’으로 글자 모양이 바 뀐다. 이 경우에는 ‘王(임금왕)’이라고 하지 않음에 유의해야 한다.

11 虔 = 虍 + 文
1급 / 10획　　(공경할 **건**)

解說　‘虍(범무늬 호)’와 ‘文(글월 문)’을 조합한 글자임. ‘호랑이(虎) 가죽의 무늬(文)만 보아도 두려운 심정’이라는 데서 ‘공경하다 / 삼가다’는 뜻을 나타내는 것 같다.

例文　① 虔奉(건봉 ; 삼가 섬김) ② 敬虔(경건)한 정성

12 吝 = 文 + 口
1급 / 7획　　(아낄 **린**)

解說 　‘文(글월 문)’과 ‘口(입 구)’를 조합한 글자임. ‘살아 있을 적에 사용하던 그릇(口)
을 죽은 사람(文)과 함께 묻는다는 것은 아깝다’는 데서 ‘아깝다/아끼다’는 뜻을 나타내는
것 같다.

例文 　① 吝嗇(인색)한 사람

13

斑 = 玉玉 + 文

1급 / 12획　　　(아롱질/얼룩 **반**)

解說 　‘玉+玉(구슬 옥)’과 ‘文(글월 문)’을 조합한 글자임. ‘구슬 2개(玉+玉)의 무늬
(文)가 서로 다르다’는 데서 ‘얼룩/아롱지다’는 뜻을 나타낸다.

例文 　① 斑點(반점)　② 虎斑(호반 ; 호랑이 무늬)

門 (문 문) 그룹 漢字

門		問 聞
민		悶
한		閑
개		開
폐		閉

1

門		甲骨文字	金文	篆文
8급/8획	(문/집/지체 **문**)			

解說 갑골문자(甲骨文字)에서는 신(神)에게 제사지내는 건물의 출입문, 즉 '양쪽으로 열리는 2개의 문짝 모양'을 본뜬 상형문자로, '문/집안/지체'라는 뜻을 나타낸다.

例文 ① 門前成市(문전성시) ② 門前沃畓(문전옥답) ③ 門外漢(문외한)

2

問 = 門 + 口		甲骨文字	金文	篆文
7급/11획	(물을 **문**)			

解說 '門(문 문)'과 '口(입 구)'를 조합한 글자임. '신(神)을 섬기는 건물(門)에서 '신(神)에게 바치는 축문이 든 그릇(口)을 두고, 그 신(神)에게 신의(神意)를 묻거나 계시(啓示)를 구한다'는 데서 '묻다/질문하다'는 뜻을 나타낸다. *중국 간체자는 '问'임.

例文 ① 問安(문안) ② 問題(문제) ③ 顧問(고문) ④ 拷問(고문)

3

聞 = 門 + 耳		甲骨文字	金文	篆文
6급/14획	(들을 **문**)			

解說 '門(문 문)'과 '耳(귀 이)'를 조합한 글자임. 갑골문자(甲骨文字)에서는 '무릎을 꿇어앉거나, 까치발로 서서 귀를 크게 하여 열심히 듣는다'는 뜻을 나타낸다.

例文 ① 新聞(신문) ② 見聞(견문) ③ 風聞(풍문) ④ 聞一知十(문일지십)

4 | 1급 / 12획 | 悶 = 門 + 心
 (답답할 **민**)

解說　'門(문 문)'과 '心(마음 심)'을 조합한 글자임. '남에게 공개할 일이 못되어 집안(門)에 들어앉아 이것저것 마음(心) 속으로만 고민한다'는 데서 '답답하다/번민하다'는 뜻을 나타낸다. *중국 간체자는 '闷'임.

例文　① 苦悶(고민) ② 煩悶(번민)

5 | 4급 / 12획 | 閑 = 門 + 木
 (한가할 **한**) | 金文 | 篆文

解說　'門(문 문)'과 '木(나무 목)'을 조합한 글자임. '외부 사람의 출입을 막기 위해 문(門)앞에 나무(木)로 가로막았다'는 데서 '한가하다'는 뜻이다. *중국 간체자는 '闲'임.

例文　① 閑暇(한가) ② 忙中閑(망중한) ③ 閑散(한산) ④ 等閑視(등한시)

6 | 6급 / 12획 | 開 = 門 + 一 + 廾
 (열 **개**) | 古文 | 篆文

解說　'門(문 문)'과 '一', '廾(두손으로받들 공)'을 조합한 글자임. '대문(門)의 빗장(一)을 두 손(廾)으로 들어올리는 모습'에서 '열다/개방하다/오픈하다'는 뜻을 나타낸다. *중국 간체자는 '开'임.

例文　① 開門(개문) ② 開會式(개회식) ③ 開幕式(개막식) ④ 開放(개방)

7 | 4급 / 11획 | 閉 = 門 + 才
 (닫을 **폐**) | 金文 | 篆文

解說　'門(문 문)'과 '才'를 조합한 글자임. '대문(門)을 빗장(才)으로 달아 건 모양'에서 '문을 닫다/가두다/가로 막다'는 뜻을 나타낸다. *중국 간체자는 '闭'임. *원래 '才'는 거룩한 곳에 아무나 출입하지 말라는 출입금지의 표시이다.

例文　① 閉幕式(폐막식) ② 閉會式(폐회식) ③ 密閉(밀폐) ④ 閉店(폐점)

36 勿 (금지 물) 그룹 漢字

1. 勿

| 3급/4획 | (말/금지/깃발/바쁠 **물**) | 甲骨文字 | 金文 | 篆文 |

解說 갑골문자(甲骨文字)에서는 '활(弓) 시위를 절단한 모양'에서 '(싸움을) 그만두다/중지하다'는 뜻이고, 금문(金文)에서는 '농기구로 땅을 개간하는 모양'에서 '바쁘다'는 뜻이고, 전문(篆文)에서는 '깃발이 바람에 펄럭이는 모양'에서 '깃발'이라는 뜻을 나타낸다.

例文 ① 勿論(물론) ① 勿忘草(물망초) ② 勿失好機(물실호기)

2. 物 = 牛 + 勿

| 7급/8획 | (물건/만물 **물**) | 篆文 |

解說 '牛(소 우)'와 '勿(말/금지/깃발/바쁠 물)'을 조합한 글자임. '소(牛)는 우리 일상생활에서 가장 중요한 물건'이라는 데서 '물건/만물/재물'이라는 뜻을 나타내는 것 같다.

例文 ① 物心一如(물심일여) ② 物我一體(물아일체) ③ 物外閑人(물외한인)

3. 忽 = 勿 + 心

| 3급/8획 | (갑자기/소홀히할 **홀**) |

解說 '勿(말/금지/깃발/바쁠 물)'과 '心(마음 심)'을 조합한 글자임. '마음(心)을 쓰지 않는다(勿)'에서 '소홀히 하다/갑자기'라는 뜻을 나타낸다.

例文 ① 忽待(홀대) ② 忽然(홀연) ③ 疎忽(소홀)

4 惚 = 心 + 忽

1급/7획　　　(황홀할 **홀**)

解說　'心(마음 심)'과 '勿(말/금지/깃발 물)'을 조합한 글자임. '마음(心)이 갑자기(忽) 텅 비다'는 데서 '의식이 희미해지다/황홀하다/아찔하다'는 뜻을 나타낸다. *'心(마음 심)'이 다른 글자와 조합하여 글자 왼쪽에 오면 '忄(마음심변/심방변)'으로 글자 모양이 바뀐다.

例文　① 恍惚/慌惚(황홀)　② 恍惚境(황홀경)

5 笏 = 竹 + 勿

1급/10획　　　(홀 **홀**)

解說　'竹(대나무 죽)'과 '勿(말/금지/깃발 물)'을 조합한 글자임. '옛날, 천자(天子) 이하 대신(大臣)들이 조복(朝服)의 띠에 끼고 다니다가 천자의 명(命)을 잊지 않기(勿) 위해 기록해 두는 대쪽(竹)'이었으나, 훗날 천자(天子) 이하 대신(大臣)들의 신분을 나타내는 홀(笏)은 옥(玉)·상아(象牙) 등으로 만들었다.

例文　① 笏(홀)　② 笏擊(홀격 ; 홀(笏)로 때림)

1	未			𦫿	𣎵	𣎱
	4급/5획	(아닐/아직/미래 **미**)		甲骨文字	金文	篆文

解說 '나뭇가지가 무성하게 자란 나무 모양'을 본뜬 상형문자임. '나무(木)의 어린 가지가 하늘로 쭉쭉 뻗으며 자라는 삼각형(△) 모양'에서 '아직 멀었다/아직 아니다/아직/미래'라는 뜻을 나타낸다. *수명이 다 된 나무는 역삼각형(▽) '末(끝 말)'로 묘사한다.

例文 ① 未成年者(미성년자) ② 未開人(미개인) ③ 未來(미래)

2	味 = 口 + 未	
	4급/8획	(맛 **미**)

解說 '口(입 구)'와 '未(아닐 미)'를 조합한 글자임. '나뭇가지의 새순(未)은 맛(口)이 뛰어나다'는 데서 '맛/맛보다'는 뜻을 나타낸다.

例文 ① 味覺(미각) ② 甘味料(감미료) ③ 趣味(취미) ④ 意味(의미)

3	妹 = 女 + 未	
	4급/8획	(누이/손아랫누이 **매**)

解說 '女(여자 여)'와 '未(아닐 미)'를 조합한 글자임. '나뭇가지의 새순(未)처럼 아직도 계속 자라는 여자(女)'라는 데서 '누이동생'이라는 뜻을 나타낸다.

例文 ① 妹弟(매제) ② 妹兄(매형) ③ 姉妹(자매) ④ 男妹(남매)

4 魅 = 鬼 + 未

2급 / 15획　　　(매혹할 / 도깨비 **매**)

解說　'鬼(귀신 귀)'와 '未(아닐 미)'를 조합한 글자임. 고문(古文)에서는 '털이 많은 짐승'을 본뜬 상형문자이고, 전문(篆文)에서는 '鬼+彡=털이 많은 귀신'으로, '鬼+未=아직 귀신(鬼)은 아니다(未)'로 하여 '도깨비 / 사람을 호리다'는 뜻을 나타낸다. *중국 간체자(簡體字)에서는 '魅(14획)'으로 표기한다.

例文　① 魅力(매력) ② 魅了(매료) ③ 魅惑(매혹)

5 昧 = 日 + 未

1급 / 9획　　　(어두울 / 어둑새벽 **매**)

解說　'日(날 / 해 일)'과 '未(아닐 미)'를 조합한 글자임. '해(日)는 아직(未) 뜨지 않았다'는 데서 '어둡다 / 어둑새벽'이라는 뜻을 나타낸다.

例文　① 愚昧(우매) ② 讀書三昧境(독서삼매경) ③ 無知蒙昧(무지몽매)

6 寐 = 宀 + 爿 + 未

1급 / 12획　　　(잠잘 **매**)　　　　篆文

解說　'宀(집 면)'과 '爿(조각널 장)', '未(아닐 미)'를 조합한 글자임. 전문(篆文)에서는 '집 안(宀)의 침대(爿)에 누워 있는 사람(未) 모습'으로 묘사하여 '잠을 자다'는 뜻을 나타낸다.

例文　① 寤寐不忘(오매불망) ② 夢寐(몽매) ③ 寐語(매어 ; 잠꼬대)

38 米 (쌀 미) 그룹 漢字

1 米

| 6급 / 6획 | (쌀 **미**) | 甲骨文字 | 古文 | 篆文 |

解說 갑골문자(甲骨文字)에서는 '잘 여문 벼이삭'을 본뜬 상형문자이나, 고문(古文)에서는 禾(벼 화)에 획을 하나 더 그어서 '八', '十', '八'로 표현하고 있는데, 이것은 '쌀이 우리 입에 들어오기까지 八十八회의 과정을 거치는 농부들의 수고가 포함된다'고 한다.

例文 ① 白米(백미) ② 玄米(현미) ③ 米穀商(미곡상) ④ 米壽(미수 ; 나이 88세)

2 迷 = 米 + 辶

| 3급 / 10획 | (미혹할 / 헤맬 **미**) |

解說 '米(쌀 미)'와 '辶(쉬엄쉬엄갈 / 뛸 착)'을 조합한 글자임. '여러 갈래의 길(米)에서 어디로 가야할지 길(辶)을 헤맨다'는 데서 '헤매다 / 미혹하다'는 뜻을 나타낸다.

例文 ① 迷路(미로) ② 迷宮(미궁) ③ 迷信(미신) ④ 迷惑(미혹)

3 粟

| 3급 / 12획 | (조 / 좁쌀 **속**) |

解說 갑골문자(甲骨文字)에서는 '잘 여문 곡식'을 본뜬 상형문자(象形文字)이다.

例文 ① 粟米(속미 ; 벼 / 軍糧) ② 粟粒(속립 ; 좁쌀의 낱알)

1

美

| 6급/9획 | (아름다울 **미**) | 甲骨文字 | 金文 | 篆文 |

解說 '방어용 뿔이 양쪽으로 구부러진 양'의 모습을 본뜬 상형문자임. '신(神)에게 바치는 좋은 양(羊)은 크고(大) 흠이 없어야 한다'는 데서 '아름답다'는 뜻을 나타낸다.

例文 ① 美人(미인) ② 脚線美(각선미) ③ 美術(미술) ④ 美食家(미식가)

2

羹 = 羊 + 火 + 美

| 1급/19획 | (국/국끓일 **갱**) | 篆文 |

解說 '羊(양 양)'과 '火(불 화)', '美(아름다울 미)'를 조합한 글자임. 고문(古文)에서는 '羊＋火＋鬲'이고, 전문(篆文)에서는 '羔＋羔'으로 '양(羊)을 끓인 국'이라는 뜻이다.

例文 ① 羊羹(양갱) ② 羹粥(갱죽 ; 국과 죽)

3

窯 = 穴 + 羔

| 1급/15획 | (가마/오지그릇 **요**) | 古文 | 篆文 |

解說 '穴(구멍 혈)'과 '羔(양새끼/검은양 고)'를 조합한 글자임. '새끼 양(羊)을 불(火)에 굽듯이 가마(穴)에 넣어서 굽는다(羔)'는 데서 '가마/오지그릇'이라는 뜻을 나타낸다.

例文 ① 陶窯址(도요지 ; 도자기를 굽던 가마터) ② 窯業(요업)

40 眉(눈썹 미) 그룹 漢字

미 眉 媚

---

1 眉

| 3급 / 9획 | (눈썹 **미**) | 甲骨文字 | 篆文 |

🐛 **解說** 갑골문자(甲骨文字)에서는 '눈(目) 위에 털이 난 모양'을 본뜬 상형문자로, '눈썹'이라는 뜻을 나타낸다.

🐛 **例文** ① 兩眉間(양미간) ② 白眉(백미)

---

2 

媚 = 女 + 眉

| 1급 / 12획 | (아첨할 / 예쁠 **미**) |

🐛 **解說** '女(여자 여)'와 '眉(눈썹 미)'를 조합한 글자임. 갑골문자(甲骨文字)에서는 '눈썹(眉)과 눈 화장을 진하게 한 여자(女)의 모습'이나, '여자가 눈썹을 찡긋한다'는 데서 '아양을 떨다 / 아양을 부리다 / 아첨하다 / 예쁘다'는 뜻을 나타낸다.

🐛 **例文** ① 媚態(미태 ; 아양떠는 태도) ② 媚語(미어 ; 아첨하는 말)

---

1   微 = 彳 + 耑 + 攴 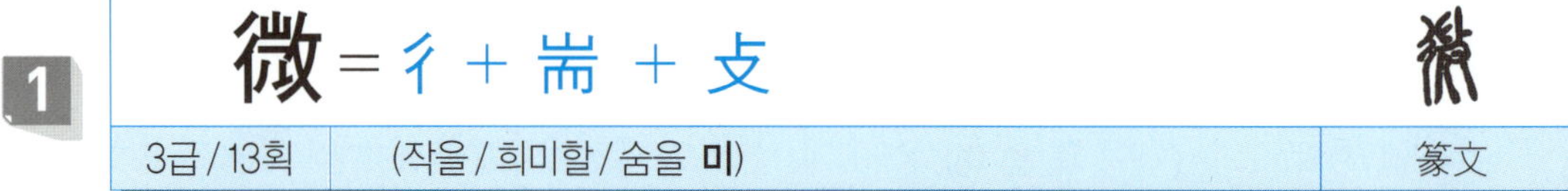

3급 / 13획	(작을 / 희미할 / 숨을 **미**)	篆文

解說   '彳(조금걸을 척)'과 '耑(무당 단)', '攴(때릴 / 칠 복)'을 조합한 글자임. '적군의 무당(耑)을 사로잡아다가 길(行)에 앉혀놓고 몽둥이로 때려서(攴) 그 주술(呪術)의 힘을 약하게 만든다'는 데서 '작다 / 희미하다 / 숨다'는 뜻을 나타낸다고 한다. *옛날에는, 적군(敵軍)을 물리치는 여러 가지 방법 중에서 무당(耑)을 동원하여 저주하는 방법도 있었다고 많은 자료에서는 알려 주고 있다. *일본 상용한자에서는 '微(12획)'으로 표기한다. *손(又)에 몽둥이 / 매를 들고 있는 모습의 '攴(칠 / 때릴 복)'이 다른 글자와 조합하여 글자 오른쪽에 오면 '攵'으로 글자 모양이 바뀐다.

例文   ① 微粒子(미립자) ② 微量(미량) ③ 微細(미세) ④ 微笑(미소)

---

2   薇 = 艸 + 微 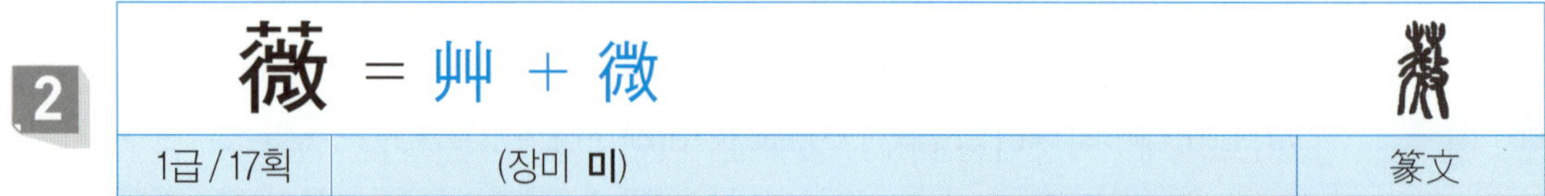

1급 / 17획	(장미 **미**)	篆文

解說   '艸(풀 초)'와 '微(작을 / 희미할 / 숨을 미)'를 조합한 글자임. 전문(篆文)에서는 '무당(耑)의 손에 든(攴) 꽃(艸)'으로 묘사되어 있다. *약자(略字)는 '薇(16획)'으로 표기한다. *'艸(풀 초)'가 다른 글자와 조합하여 글자 위쪽에 오면 '艹(초두머리)'로 글자 모양이 바뀐다.

例文   ① 薔薇(장미)

---

3 

| 3급 / 15획 | (부를/구할 **징**) | 金文 1 | 金文 2 | 篆文 |

解說 '微(작을/희미할/숨을 미)'에서 '几' 대신 '王'을 조합하여 만든 글자임. 금문(金文)에서는 '彳+長(길/어른 장)'과 '彳+長(길/어른 장)+貝(돈/재물/조개 패)'으로 '적국(敵國)의 벼슬이 높은 사람(長)을 붙잡아다가 길거리(行)에 앉혀놓고 몽둥이(攴)로 때리면서 어떤 재물(貝)를 요구한다'에서 '부르다/요구하다'는 뜻을 나타내는 것 같다. *일본 상용한자에서는 '徴(14획)'으로 표기한다.

例文 ① 徵兵(징병) ② 徵用(징용) ③ 徵收(징수) ④ 徵兆(징조)

4 懲 = 徵 + 心

| 3급 / 19획 | (징계할 **징**) |

解說 '徵(부를/구할 징)'과 '心(마음 심)'을 조합한 글자임. 금문(金文)에서의 '徵(징)'은 '彳+長(길/어른 장)'과 '彳+長(길/어른 장)+貝(돈/재물/조개 패)'으로 묘사하여 '적국(敵國)의 벼슬이 높은 사람(長)을 붙잡아다가 길거리(行)에 앉혀놓고 몽둥이(攴)로 때리면서 어떤 재물(貝)를 요구하는 장면'인데, '마음심(心)'을 더하여 '혼나는(徵) 마음(心)'이라는 데서 '징계하다'는 뜻을 나타낸다. *일본 상용한자에서는 '懲(18획)'으로, 중국 간체자(簡體字)에서는 '惩'으로 표기한다.

例文 ① 懲戒(징계) ② 懲役(징역) ③ 懲罰(징벌)

5 徽 = 微 + 糸

| 2급 / 17획 | (아름다울 **휘**) | | 篆文 |

解說 '微(작을/숨을 미)'에서 '几' 대신 '糸(실 사)'를 조합하여 만든 글자임. 적국(敵國)의 무당(耑)을 사로잡아다가 길거리(行)에 앉혀두었는데, '그 무당의 모습이 여러 가지 색깔의 실(糸)로 꾸몄다'는 데서 '아름답다'는 뜻을 나타낸다.

例文 ① 徽號(휘호) ② 徽文(휘문) 중학교/고등학교

1 民

8급 / 5획	(백성 **민**)	金文	篆文

解說 금문(金文)에서는 '노예가 도망가지 못하게 눈(目)을 바늘(丨)로 찔러 장님'으로 만든 슬픈 사연의 글자임. 그 당시 '장님'은 주로 신(神)을 섬기는 직책에서 일하였기 때문에, 장님과 식민지 사람은 보고 듣는 것이 없어야 다스리기 쉽다 하여 '백성/국민'이라는 뜻을 나타내게 되었다.

例文 ① 民主主義(민주주의) ② 民間人(민간인) ③ 民心(민심) ④ 民法(민법)

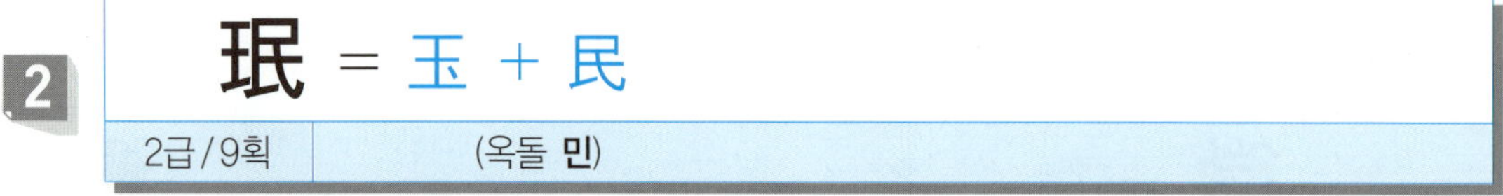

2 珉 = 玉 + 民

2급 / 9획	(옥돌 **민**)

解說 '玉(구슬 옥)'과 '民(백성 민)'을 조합한 글자로, 주로 인명(人名)에 사용한다.

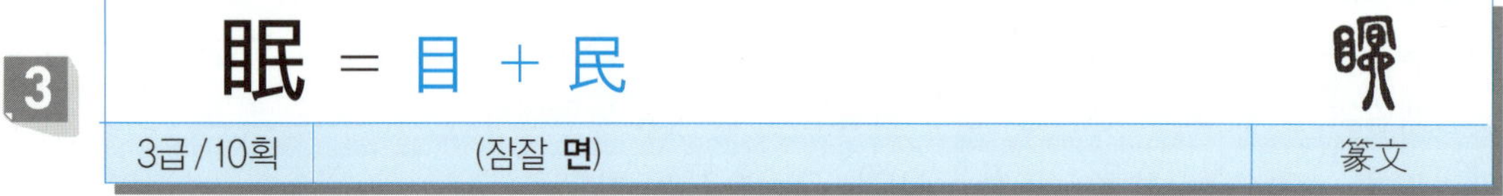

3 眠 = 目 + 民

3급 / 10획	(잠잘 **면**)	篆文

解說 '目(눈 목)'과 '民(백성 민)'을 조합한 글자임. '장님(民)의 눈(目)은 항상 감겨 있어서 잠자는 것 같다'는 데서 '잠자다/졸다'는 뜻을 나타낸다.

例文 ① 休眠(휴면) ② 睡眠劑(수면제) ③ 冬眠(동면) ④ 不眠症(불면증)

부록

ㄱ	却(각) 59	柑(감) 42	槪(개) 223	虔(건) 429
	脚(각) 59	疳(감) 42	蓋(개) 60	傑(걸) 68
加(가) 10	殼(각) 120	紺(감) 43	慨(개) 223	桀(걸) 68
伽(가) 10	干(간) 25	邯(감) 43	漑(개) 224	怯(겁) 60
架(가) 11	刊(간) 25	敢(감) 44	凱(개) 222	劫(겁) 60
嘉(가) 11	奸(간) 25	瞰(감) 44	皆(개) 57	揭(게) 41
迦(가) 11	肝(간) 26	監(감) 46	介(개) 55	偈(게) 40
駕(가) 11	竿(간) 26	鑑(감) 46	价(개) 55	鬲(격) 69
袈(가) 12	杆(간) 26	甲(갑) 49	芥(개) 55	觳(격) 71
跏(가) 12	臤(간) 34	岬(갑) 49	箇(개) 107	格(격) 20
可(가) 13	幹(간) 34	鉀(갑) 49	塏(개) 222	擊(격) 71
呵(가) 13	間(간) 36	閘(갑) 50	愷(개) 214	激(격) 155
苛(가) 14	簡(간) 36	匣(갑) 50	客(객) 20	隔(격) 69
柯(가) 14	墾(간) 29	江(강) 126	羹(갱) 438	檄(격) 155
哥(가) 13	揀(간) 32	講(강) 174	醵(갹) 194	覡(격) 422
軻(가) 14	艱(간) 29	康(강) 93	去(거) 59	膈(격) 70
歌(가) 14	姦(간) 237	糠(강) 93	巨(거) 61	开(견) 74
家(가) 16	諫(간) 32	慷(강) 93	距(거) 61	犬(견) 72
稼(가) 16	澗(간) 36	岡(강) 51	拒(거) 61	見(견) 75
嫁(가) 16	懇(간) 30	綱(강) 51	居(거) 107	遣(견) 79
叚(가) 17	艮(간) 29	剛(강) 51	倨(거) 107	臤(견) 77
暇(가) 17	柬(간) 32	崗(강) 52	据(거) 108	堅(견) 77
假(가) 17	癎(간) 37	鋼(강) 52	車(거) 63	繭(견) 65
賈(가) 115	曷(갈) 38	腔(강) 126	渠(거) 62	譴(견) 79
價(가) 115	渴(갈) 38	畺(강) 53	據(거) 194	夬(결) 80
佳(가) 190	葛(갈) 38	彊(강) 53	乾(건) 34	決(결) 80
街(가) 190	褐(갈) 39	疆(강) 53	巾(건) 65	缺(결) 80
各(각) 19	喝(갈) 39	薑(강) 54	建(건) 66	潔(결) 103
閣(각) 19	鞨(갈) 39	開(개) 432	健(건) 66	訣(결) 81
恪(각) 19	竭(갈) 39	改(개) 213	鍵(건) 67	結(결) 227
角(각) 23	甘(감) 42	個(개) 107	腱(건) 67	兼(겸) 82

謙(겸) 82	憬(경) 87	痼(고) 106	瓜(과) 134	敎(교) 323
亟(경) 84	界(계) 56	敲(고) 112	夸(과) 136	交(교) 150
經(경) 84	械(계) 100	袴(고) 136	誇(과) 136	校(교) 150
京(경) 87	契(계) 103	賈(고) 115	顆(과) 138	較(교) 150
景(경) 87	階(계) 57	谷(곡) 117	郭(곽) 139	橋(교) 153
境(경) 95	桂(계) 191	穀(곡) 120	廓(곽) 139	僑(교) 154
警(경) 96	戒(계) 100	哭(곡) 119	槨(곽) 139	巧(교) 127
敬(경) 96	季(계) 101	梏(곡) 111	毌(관) 140	矯(교) 153
傾(경) 94	癸(계) 102	鵠(곡) 111	官(관) 142	郊(교) 151
卿(경) 418	誡(계) 100	昆(곤) 121	館(관) 142	喬(교) 153
鏡(경) 95	繫(계) 71	棍(곤) 121	輨(관) 144	轎(교) 154
庚(경) 92	悸(계) 101	骨(골) 122	觀(관) 144	膠(교) 333
硬(경) 90	高(고) 112	滑(골) 122	管(관) 142	嬌(교) 154
輕(경) 85	考(고) 322	工(공) 123	寬(관) 75	絞(교) 151
璟(경) 88	告(고) 109	公(공) 128	慣(관) 140	皎(교) 151
頃(경) 94	古(고) 104	共(공) 131	貫(관) 140	咬(교) 151
徑(경) 84	固(고) 106	空(공) 124	灌(관) 144	狡(교) 152
更(경) 90	故(고) 104	孔(공) 130	顴(관) 145	驕(교) 154
睘(경) 98	苦(고) 105	功(공) 123	棺(관) 143	蛟(교) 152
勁(경) 85	庫(고) 63	攻(공) 123	琯(관) 143	敎(교) 155
脛(경) 85	顧(고) 116	供(공) 131	光(광) 147	九(구) 157
驚(경) 97	雇(고) 116	恭(공) 131	胱(광) 147	究(구) 157
莖(경) 85	孤(고) 134	拱(공) 132	卦(괘) 191	具(구) 169
磬(경) 99	呱(고) 134	貢(공) 124	傀(괴) 188	冓(구) 173
頸(경) 85	稿(고) 112	恐(공) 124	槐(괴) 188	構(구) 173
痙(경) 85	辜(고) 106	控(공) 124	塊(괴) 187	溝(구) 174
脛(경) 85	枯(고) 105	鞏(공) 125	魁(괴) 188	丘(구) 163
梗(경) 90	膏(고) 113	科(과) 284	愧(괴) 187	求(구) 168
鯨(경) 88	姑(고) 105	果(과) 137	宏(굉) 149	邱(구) 163
竟(경) 95	拷(고) 322	課(과) 137	轟(굉) 63	球(구) 168
儆(경) 97	錮(고) 106	菓(과) 137	肱(굉) 149	區(구) 170

救(구)	168	苟(구)	165	揆(규)	102	襟(금)	207	耆(기)	321
購(구)	173	匊(국)	176	糾(규)	160	擒(금)	206	琪(기)	220
句(구)	164	菊(국)	176	硅(규)	190	衾(금)	202	麒(기)	220
拘(구)	164	鞠(국)	176	閨(규)	190	級(급)	208	祈(기)	196
舊(구)	166	軍(군)	177	逵(규)	347	急(급)	209	沂(기)	197
毆(구)	171	弓(궁)	179	叫(규)	160	及(급)	208	幾(기)	225
驅(구)	170	窮(궁)	179	窺(규)	192	扱(급)	208	棋(기)	219
俱(구)	169	躬(궁)	179	葵(규)	102	汲(급)	209	騏(기)	220
仇(구)	157	穹(궁)	180	橘(귤)	406	兢(긍)	193	欺(기)	219
鳩(구)	158	宮(궁)	305	極(극)	413	矜(긍)	203	淇(기)	219
嶇(구)	171	權(권)	145	劇(극)	194	亘(긍)	210	璣(기)	226
矩(구)	62	券(권)	181	克(극)	193	基(기)	218	綺(기)	216
鷗(구)	170	卷(권)	181	戟(극)	35	機(기)	225	崎(기)	216
駒(구)	165	勸(권)	145	剋(극)	193	氣(기)	214	飢(기)	183
歐(구)	171	顴(권)	145	根(근)	30	期(기)	219	嗜(기)	321
軀(구)	172	圈(권)	182	近(근)	195	豈(기)	222	騎(기)	215
鉤(구)	165	拳(권)	181	勤(근)	198	記(기)	211	杞(기)	212
狗(구)	164	捲(권)	182	菫(근)	198	器(기)	119	譏(기)	226
廐(구)	224	倦(권)	182	槿(근)	199	己(기)	211	饑(기)	226
瞿(구)	175	眷(권)	182	謹(근)	199	紀(기)	212	碁(기)	221
懼(구)	175	軌(궤)	158	瑾(근)	199	起(기)	211	畸(기)	216
嘔(구)	171	几(궤)	183	斤(근)	195	奇(기)	215	肌(기)	183
謳(구)	172	櫃(궤)	185	饉(근)	200	寄(기)	215	緊(긴)	77
玖(구)	161	潰(궤)	185	僅(근)	198	其(기)	218	吉(길)	227
樞(구)	162	机(궤)	183	覲(근)	199	畿(기)	225	拮(길)	227
臼(구)	166	貴(귀)	185	今(금)	202	箕(기)	220	喫(끽)	103
舅(구)	166	鬼(귀)	187	金(금)	205	旗(기)	218		
枸(구)	165	圭(규)	189	禁(금)	207	旣(기)	223	**ㄴ**	
久(구)	161	奎(규)	189	錦(금)	205	琦(기)	216	羅(나)	292
灸(구)	161	規(규)	192	禽(금)	206	汽(기)	214	裸(나)	138
衢(구)	175	珪(규)	189	琴(금)	202	忌(기)	212	螺(나)	341

量(량) 303	漣(련) 313	鷺(로) 324	流(류) 342	里(리) 353
良(량) 297	戀(련) 311	彔(록) 327	柳(류) 418	俚(리) 354
兩(량) 300	煉(련) 33	錄(록) 327	留(류) 344	李(리) 412
糧(량) 303	憐(련) 359	綠(록) 327	劉(류) 345	离(리) 357
亮(량) 114	輦(련) 64	鹿(록) 329	硫(류) 342	離(리) 357
梁(량) 302	烈(렬) 314	麓(록) 329	琉(류) 342	梨(리) 355
輛(량) 300	列(렬) 314	祿(록) 328	溜(류) 344	裏(리) 353
涼(량) 88	裂(렬) 314	碌(록) 328	瘤(류) 344	罹(리) 292
樑(량) 302	劣(렬) 307	論(론) 349	榴(류) 345	悧(리) 355
諒(량) 88	廉(렴) 82	籠(롱) 336	謬(류) 332	痢(리) 356
倆(량) 300	濂(렴) 83	瓏(롱) 337	坴(륙) 346	釐(리) 354
梁(량) 302	簾(렴) 83	聾(롱) 336	陸(륙) 346	裡(리) 354
麗(려) 329	巤(렵) 316	壟(롱) 337	戮(륙) 332	籬(리) 357
呂(려) 304	獵(렵) 316	賴(뢰) 331	侖(륜) 348	吝(린) 429
盧(려) 326	領(령) 318	賂(뢰) 22	倫(륜) 348	隣(린) 358
勵(려) 376	令(령) 318	廖(료) 332	輪(륜) 348	麟(린) 359
侶(려) 304	嶺(령) 318	寥(료) 332	崙(륜) 349	燐(린) 358
閭(려) 304	玲(령) 319	料(료) 284	淪(륜) 349	鱗(린) 359
戾(려) 306	齡(령) 320	療(료) 335	綸(륜) 349	林(림) 360
礪(려) 377	零(령) 319	僚(료) 334	栗(률) 350	淋(림) 360
驪(려) 330	鈴(령) 319	遼(료) 335	慄(률) 350	立(립) 362
力(력) 307	怜(령) 320	瞭(료) 335	勒(륵) 307	笠(립) 362
攊(력) 309	囹(령) 319	聊(료) 417	肋(륵) 307	粒(립) 362
歷(력) 309	靈(령) 423	寮(료) 334	夌(릉) 351	
曆(력) 309	例(례) 315	燎(료) 334	陵(릉) 351	ㅁ
瀝(력) 310	老(로) 321	龍(룡) 336	凌(릉) 351	馬(마) 366
礫(력) 293	盧(로) 325	累(루) 341	綾(릉) 352	麻(마) 368
蓮(련) 313	路(로) 324	婁(루) 339	菱(릉) 352	摩(마) 368
連(련) 313	露(로) 324	樓(루) 339	稜(릉) 352	磨(마) 368
練(련) 33	爐(로) 325	淚(루) 306	理(리) 353	魔(마) 369
鍊(련) 33	蘆(로) 325	屢(루) 339	利(리) 355	痲(마) 369

幕(막) 370	罔(망) 382	免(면) 393	茅(모) 405	拇(무) 403
膜(막) 371	惘(망) 382	眠(면) 442	摸(모) 372	畝(무) 162
莫(막) 370	茫(망) 381	冕(면) 393	冒(모) 409	憮(무) 425
漠(막) 370	忙(망) 381	麪(면) 392	侮(모) 384	文(문) 427
寞(막) 371	芒(망) 381	麵(면) 396	暮(모) 372	門(문) 431
曼(만) 374	賣(매) 387	眄(면) 391	模(모) 371	問(문) 431
萬(만) 376	買(매) 387	緬(면) 396	木(목) 410	聞(문) 431
灣(만) 312	梅(매) 384	俛(면) 394	睦(목) 346	汶(문) 427
滿(만) 301	昧(매) 436	蔑(멸) 421	沐(목) 410	紋(문) 427
晩(만) 394	每(매) 384	明(명) 399	冡(몽) 416	紊(문) 428
慢(만) 374	埋(매) 354	命(명) 320	蒙(몽) 416	蚊(문) 428
漫(만) 374	媒(매) 407	名(명) 398	苗(묘) 419	勿(물) 433
鰻(만) 375	魅(매) 436	銘(명) 398	畝(묘) 162	物(물) 433
蠻(만) 312	妹(매) 435	冥(명) 400	描(묘) 419	美(미) 438
蔓(만) 375	邁(매) 376	溟(명) 400	墓(묘) 373	微(미) 440
饅(만) 375	枚(매) 411	暝(명) 400	卯(묘) 417	未(미) 435
娩(만) 394	煤(매) 408	螟(명) 401	昴(묘) 417	味(미) 435
彎(만) 312	寐(매) 436	皿(명) 397	猫(묘) 419	米(미) 437
挽(만) 394	罵(매) 366	酩(명) 398	武(무) 424	尾(미) 402
瞞(만) 301	麥(맥) 299	袂(몌) 81	無(무) 425	迷(미) 437
輓(만) 395	黽(맹) 390	糢(모) 373	貿(무) 345	眉(미) 439
末(말) 378	盟(맹) 399	母(모) 403	舞(무) 426	薇(미) 440
襪(말) 421	孟(맹) 389	毛(모) 402	務(무) 405	媚(미) 439
抹(말) 378	猛(맹) 389	募(모) 372	茂(무) 420	靡(미) 369
沫(말) 379	盲(맹) 382	謨(모) 372	巫(무) 422	民(민) 442
靺(말) 378	萌(맹) 399	慕(모) 371	戊(무) 420	閔(민) 428
望(망) 380	覓(멱) 76	謀(모) 407	霧(무) 405	敏(민) 385
亡(망) 380	丏(면) 391	帽(모) 409	撫(무) 425	憫(민) 428
網(망) 382	沔(면) 391	某(모) 407	蕪(무) 426	旼(민) 429
忘(망) 380	面(면) 396	耗(모) 402	誣(무) 422	旻(민) 429
妄(망) 381	勉(면) 393	矛(모) 405	毋(무) 403	玟(민) 429

編著者 **김영진** [김영진 일본어 문화원 원장 : www.jajaja.or.kr]

編著者의 主要著書 紹介
1975年 [김영진 日本語 漢字읽기 사전]
1989年 [김영진 日本語 漢字읽기 요령]
1990年 [김영진 日本漢字 마스터 코스]
1996年 [김영진의 점프 논술 급수漢字 (7급/8급)]
2008年 [찾기쉬운 김영진 日本語 漢字읽기 사전 (중형판)]
2009年 [새로운 김영진 日本語 漢字읽기 사전 (포켓판)]

※상기 외에도 일본어 교재 40여 권을 집필하였습니다.

알기쉽게 설명하여
저절로 외워지는 한자 1급용

2009. 11. 30 초판 1쇄 인쇄
2009. 12. 10 초판 1쇄 발행

지은이 | 김영진
펴낸이 | 이종춘
펴낸곳 | BM 성안당
주소 | 경기도 파주시 교하읍 문발리 출판문화정보산업단지 536-3
전화 | 031) 955-0511
팩스 | 031) 955-0510
등록 | 1973.2.1 제13-12호
독자 상담 서비스 | 080-544-0511
출판사 홈페이지 | www.cyber.co.kr

ISBN | 978-89-315-7438-8 (13730)
정가 | 23,000원

이 책을 만든 사람들
책임 · 진행 | **최옥현**
교정 · 교열 | **최옥현**
표지디자인 | **변재은**
본문디자인 | **신흥미디어**
홍보 | **박재언**
제작 | **구본철**